Makuliert!
entwidmet aus den Beständen
der Stadtbibliothek Mitte

Gerhard Roth

Bildung braucht Persönlichkeit

Wie Lernen gelingt

Klett-Cotta

Dr. Otto Kirchhoff und dem Friedrichsgymnasium Kassel in Dankbarkeit.

Klett-Cotta
www.klett-cotta.de
© 2011/2015 by J. G. Cotta'sche Buchhandlung
Nachfolger GmbH, gegr. 1659, Stuttgart
Alle Rechte vorbehalten
Printed in Germany
Umschlag: Rothfos & Gabler, Hamburg
Gesetzt von Dörlemann Satz, Lemförde
Gedruckt und gebunden von CPI – Clausen & Bosse, Leck
ISBN 978-3-608-98055-4

Überarbeitete und erweiterte Auflage 2015

Bibliografische Information der Deutschen Nationalbibliothek
Die Deutsche Nationalbibliothek verzeichnet diese Publikation in der
Deutschen Nationalbibliografie; detaillierte bibliografische
Daten sind im Internet über <http://dnb.d-nb.de> abrufbar.

Inhalt

Vorwort zur Neuausgabe 11

Vorwort zur ersten Auflage 13

Einleitung: Besser Lehren und Lernen – aber wie? 17

1 Was soll Bildung, was kann Schule? 35

2 Persönlichkeit 41
   Persönlichkeit aus Sicht der Psychologie 42
   Die neurobiologischen Grundlagen der Persönlichkeit 47
      Das neurobiologische Vier-Ebenen-Modell der Persönlichkeit .. 48
   Neuromodulatoren und Persönlichkeit 56
      Stressverarbeitung 58
      Selbstberuhigung 61
      Selbstbewertung und Motivation 62
      Impulskontrolle 63
      Bindung und Empathie 64
      Realitätssinn und Risikowahrnehmung 66
   Ein neurobiologisch inspiriertes Modell der Persönlichkeit 67
   Die Entwicklung der Persönlichkeit und des Ich 70
   Die Bedeutung frühkindlicher Einflüsse
   und der Bindungserfahrung 76

3 Emotionen und Motivation 82
   Was sind Emotionen, und welche gibt es? 82
   Emotion und Bewusstsein 86
      Die neurobiologischen Grundlagen von Emotionen 89
   Was sind Motive, und wie entstehen sie? 91
      Welche Motive gibt es? 92
      Kongruenz und Inkongruenz von Motiven und Zielen 98

4 Lernen und Gedächtnisbildung 102
Arten des Lernens 102
Habituation und Sensitivierung 102
Klassische Konditionierung und Kontextkonditionierung 105
Operante Konditionierung 108
Weitere Lernformen 111
Gedächtnisbildung 113
Die Zeitstruktur des Gedächtnisses 118
Neurobiologische Grundlagen des Gedächtnisses 120
Schlaf und Gedächtnisbildung –
Gibt's der Herr den Seinen wirklich im Schlaf? 130
Erinnern und Vergessen 133

5 Aufmerksamkeit, Bewusstsein und Arbeitsgedächtnis ... 140
Aufmerksamkeit 141
Das Bewusste, das Vorbewusste und das Unbewusste 147
Das Arbeitsgedächtnis 153
Die neurobiologischen Grundlagen des Bewusstseins,
der Aufmerksamkeit und des Arbeitsgedächtnisses 156

6 Intelligenz 162
Was ist Intelligenz, und wie misst man sie? 163
Intelligenz: angeboren oder erworben? 165
Kritische Diskussion der Intelligenz-Vererbungsforschung 167
Die Bedeutung des sozioökonomischen Status 175
Geschlecht und Intelligenz 177
Hochbegabung 179
Lässt sich Intelligenz trainieren? 185
Neurobiologische Grundlagen von Begabung
und Intelligenz 189
Die Hypothese der »neuronalen Effizienz« 193
Intelligenzminderung und Lernbeeinträchtigung 196
Lernbeeinträchtigungen ohne Intelligenzminderung 196
Lernbehinderungen mit einer möglichen
Intelligenzminderung – Autismus 201
Geistige Behinderung 203

7 Lernen, Emotionen und Vertrauensbildung ... 206
Emotionen und Gedächtnisleistungen ... 209
Neurobiologische Grundlagen des Zusammenhangs
von Emotion und Gedächtnisleistungen ... 214
Emotionale Kommunikation und Vertrauenswürdigkeit .. 217
Was bedeutet dies für die Schule und das Lernen? ... 225

8 Faktoren für den schulischen, akademischen und beruflichen Erfolg ... 227
Begabung und Intelligenz ... 227
Schichtenzugehörigkeit ... 230
Wie sehen »Sieger« aus? ... 232
Was bedeutet dies für die Schule und das Lernen? ... 236

9 Sprache ... 238
Sprechen ... 238
Sprache hören ... 243
Sprache verstehen ... 245
Lesen ... 252
Lesenlernen ... 257

10 Bedeutung und Verstehen ... 261
Verstehen und Erklären ... 261
Wissensvermittlung als Informationsübertragung ... 266
Die Kontextabhängigkeit von Bedeutung ... 272
Die individuelle Konstruktion von Bedeutung ... 277
Das Erkennen der »Kuh« als Modell des Verstehens ... 279
Wie ist Verstehen zwischen autonomen Systemen
möglich? ... 282

11 Zeitgenössische didaktische Konzepte ... 288
Bildungstheoretische und kritisch-konstruktive Didaktik . 290
Lerntheoretische Didaktik ... 292
Kommunikative und subjektive Didaktik ... 296
Programmiertes Lernen, Kybernetische Pädagogik
und lernzielorientierte Didaktik ... 298

Konstruktivismus und konstruktivistische Didaktik 304
　　Neurodidaktisch-neuropädagogische Konzepte 309
　　　»Pädagogische Neurobiologie« 309
　　　Ratgeber für »hirngerechtes« Lehren und Lernen 314
　　　Neurodidaktik und Neuropädagogik 318
　　　Das Konzept des »selbstregulierten Lernens« 319
　　　Die Hattie-Studie und ihre Folgen 325
　　Abschlussbemerkung 328

12 Bessere Schule, bessere Bildung 333
　　Die Bedeutung der Lehrerpersönlichkeit 333
　　　Glaubwürdigkeit 334
　　　Fachliche Kompetenz 336
　　　Feinfühligkeit und Kritikfähigkeit 336
　　　Motivationsfähigkeit 338
　　Die Bedeutung der Schülerpersönlichkeit 339
　　　Zielorientierung und Selbstmotivation 340
　　　Anstrengungsbereitschaft, Ausdauer und Fleiß 341
　　»Hirngerechter« Unterricht 342
　　　Die Bedeutung des Arbeitsgedächtnisses 344
　　　Aufmerksamkeit und Konzentration 345
　　　Die Anschlussfähigkeit des Stoffes 347
　　　Wiederholung 348
　　　Der Methoden-Mix 349
　　　Ganztagsunterricht mit fächerübergreifender Thematik 351
　　Wie sieht nach alledem ein guter, »hirngerechter«
　　Unterricht aus? 352
　　Abschlussbemerkung 356

Anhang 1: Wie ist unser Gehirn aufgebaut, wie funktioniert es und wie entwickelt es sich? 358
Bau und Funktion des menschlichen Gehirns 358
　　Die Großhirnrinde 358
　　Das subcorticale limbische System 367
　　Die zellulären Bausteine des Gehirns 371

Anhang 2: Wie verbessere ich mein Gedächtnis? 378

Literatur 382
Sachindex 401
Personenindex 410
Abbildungsverzeichnis 413
Autorenangaben 415

Vorwort zur Neuausgabe

Ich habe die vorliegende Taschenbuchausgabe zum Anlass genommen, den Text zu aktualisieren und zu ergänzen. Anlass zu Ergänzungen war zum einen das Erscheinen der deutschen Ausgabe der Studie von John Hattie mit dem Titel »Lernen sichtbar machen« vor zwei Jahren, was eine bis heute andauernde Diskussion um die Faktoren des Lernerfolges und insbesondere um die Bedeutung der Lehrperson sowie um die Wirksamkeit des »selbstregulierten Lernens« in Gang setzte, und zum anderen die eigenen Erfahrungen bei der Einführung eines fächerübergreifenden Projekttages an einer Reihe von Schulen. Entsprechend habe ich das Kapitel 11 »Zeitgenössische didaktische Konzepte« um Unterkapitel über selbstreguliertes Lernen und über die Hattie-Studie ergänzt und das Kapitel 12 »Bessere Schule, bessere Bildung« neu geschrieben. Dabei wurde die Bedeutung der Aussagen des vorliegenden Buches für die Schulpraxis ausführlich dargestellt. Außerdem wurden das 2. Kapitel »Persönlichkeit« und das 6. Kapitel überarbeitet und aktualisiert. Ich hoffe, dass das Buch dadurch an Aktualität gewonnen hat.

Danken möchte ich den Personen, die mir geholfen haben, die hier vorgestellten pädagogisch-didaktischen Vorstellungen zu entwickeln und in die Praxis umzusetzen. Dies sind Herr Michael Koop von der Gesamtschule Bremen Ost, das Ehepaar Barbara Manke-Boesten und Egon Boesten vom Leibniz-Gymnasium Elmshorn und Bad Bramstedt, Frau Andrea Honer von der Albert-Schweitzer-Realschule Böblingen, Frau Angela Huber vom Schulamt in Böblingen sowie – last but not least – meinen Bremer »Mitstreiterinnen« Frau Gisela Gründl von der Universität Bremen und Frau Anja Krüger von der Oberschule Ronzelenstraße.

Die vorliegende Taschenbuchausgabe ist meinem früheren Kasseler Lehrer Dr. Dr. Otto Kirchhoff, genannt »Moppel«, gewidmet. »Moppel« war von seinem Aussehen (er war fast so breit wie hoch) und Verhalten her ein Unikum und für mich wie viele andere Schüler des Friedrichsgymnasiums Kassel ein mitreißender Lehrer in Latein und Griechisch. Er hat es auch in die seriösere Literatur hinein geschafft, nämlich in das Buch »Zeit für ein Lächeln« von Rudolf Hagelstange, der ebenfalls in den Genuss von »Moppels« Lehrkünsten und Persönlichkeit gekommen war. Otto Kirchhoff liebte das Leben in seiner ganzen Breite und Tiefe. Es wurde über lange Jahre erzählt, er sei aus dem Leben geschieden, indem er in Griechenland (das er über alles liebte) weinselig vom Esel gefallen sei. Leider hat sich diese hochromantische Geschichte später als unzutreffend herausgestellt. Ebenso ist das Buch dem altsprachlichen Friedrichsgymnasium (FG) in Kassel gewidmet, dem Otto Kirchhoff über viele Jahre als Oberstudiendirektor diente. Ich besuchte das FG zwischen 1954 und 1963. Ich hatte überwiegend hervorragende Lehrer, die auch heute noch den gehobensten pädagogisch-didaktischen Ansprüchen genügen würden, indem sie es verstanden, Begeisterung für Lernen und Wissen zu wecken.

Lilienthal, Mai 2015

Vorwort zur ersten Auflage

Meine intensive Beschäftigung mit dem Thema »Lehren und Lernen« begann, abgesehen von meiner Lehrtätigkeit als Professor, vor rund zwölf Jahren mit der Bitte des damaligen Bremer Bildungs- und Wissenschaftssenators Willi Lemke an mich, im schönen Bremer Rathaus vor einer größeren Anzahl von Bremer Lehrerinnen und Lehrern einen Vortrag mit dem Titel »Warum sind Lehren und Lernen schwierig?« zu halten. In diesem Vortrag versuchte ich, eine Brücke zwischen den Fragen der schulischen Bildung und den neuen Erkenntnissen der Psychologie und der Hirnforschung zu Lehren und Lernen zu schlagen. Dies stieß auf großes Interesse, insbesondere bei meiner Kollegin Gisela Gründl von der Universität Bremen, die sich zusammen mit meinem Kollegen Prof. Heinz-Otto Peitgen mit Fragen der Mathematikdidaktik beschäftigte, und dies führte dann zur Gründung des »Forums Lehren und Lernen« an der Universität Bremen. Meine Berufung zum Rektor des Hanse-Wissenschaftskollegs (HWK) in Delmenhorst gab mir Gelegenheit und Mittel, solche Initiativen weiter zu verfolgen, wiederum ermutigt von dem damaligen HWK-Stiftungsratsvorsitzenden Willi Lemke. Es folgten zahlreiche Veranstaltungen mit Pädagogen, Didaktikern, Schulleitern, Lehrern und Lehramtskandidaten, in denen wir zusammen mit einer größeren Schar weiterer Verbündeter versuchten, unsere Ideen in die Schulen und Klassenräume zu tragen.

Nach anfänglicher Begeisterung mussten wir ernüchtert feststellen, dass dies erst einmal nicht gelang. Die Gründe hierfür sind komplex, und wir haben wohl die Schwierigkeit eines direkten Transfers neurowissenschaftlich-psychologischen Wissens in den Unterricht unterschätzt. Hinzu kommt, dass die Situation, in der sich unser Schulsystem in je nach Bundesländern unterschiedlicher Weise befand und auch heute noch befindet, äußerst verworren ist und das Kompetenzgerangel in der Bremer Bildungsbehörde sein Übriges tat. Jedenfalls hatte ich inzwischen bis auf gelegentliche Vorträge die Lust am Thema »Lehren und Lernen« verloren, bis mich der engere Kontakt zu Leitern und Lehrern von Schulen in Bremen und Umgebung wieder dazu brachte, mir die Frage des Transfers neurobiologisch-psychologischen Wissens in Schule und Bildung erneut zu stellen. Dies wurde bestärkt durch Gespräche mit dem Vorstandsvorsitzenden der Klett-Verlagsgruppe Philipp Haußmann und durch die vertrauensvolle Zusammenarbeit mit Dr. Heinz Beyer vom Lektorat des Klett-Cotta-Verlags, die mich dazu brachten, das vorliegende Buch zu schreiben.

Im Rahmen der Vorbereitung zu diesem Buch habe ich während rund zweier Jahre versucht, mich mit den aktuellen Problemen der schulischen Bildung erneut vertraut zu machen. Dies geschah in enger Zusammenarbeit mit den Schulleitungen und Lehrerinnen und Lehrern der Privatschule Gut Spascher Sand in Wildeshausen bei Bremen und der Gesamtschule Bremen-Ost (GSO). Es kam zusammen mit Frau Dr. Monika Lück (Orbitak AG, Roth GmbH Bremen) zu zahlreichen Treffen mit diesem Personenkreis, und im ersten Halbjahr 2010 konnte ich als Zuhörer und gelegentlicher Mitwirkender am Mathematikunterricht in der GSO teilnehmen. Dem Schulleiter Herrn Bertold Seidel und seinem Stellvertreter Herrn Klaus Rumpel (Gut Spascher Sand) sowie dem Schulleiter Herrn Franz Jentschke und seiner Stellvertreterin Frau Annette Rüggeberg (GSO) danke ich herzlich für ihre Unterstützung. Mein besonderer Dank gilt Herrn Michael Koop, der als Lehrer an der GSO zusammen mit zahlreichen Kolleginnen und Kollegen meine »Erkundungen« nachhaltig unterstützt hat, und an dessen Mathematikunterricht ich teilnehmen durfte.

Mein weiterer Dank gilt den langjährigen Mitstreiterinnen im »Forum Lehren und Lernen« Frau Gisela Gründl (Universität Bremen) und Frau Anja Krüger (Oberschule Ronzelenstraße Bremen) sowie Herrn Jürgen Langlet (Schulleiter des Gymnasiums Johanneum Lüneburg), die mich über die vielen Jahre sachkundig unterstützt haben. Dank gilt auch meiner Kollegin und Frau Prof. Dr. Ursula Dicke für neurobiologisch-fachlichen Rat, meinem Bruder Dr. Jörn Roth, der auch Teile dieses Buches kritisch gelesen hat, Frau Anna-Lena Dicke (Universität Tübingen), die mich im Bereich der pädagogischen Psychologie beraten hat. Fachlichen Rat erhielt ich auch von meinen Kollegen Prof. Dr. Detlev Rost (Marburg) und Prof. Dr. Günter Trost (Bonn). Danken möchte ich – last but not least – Herrn Senator Willi Lemke, inzwischen UN-Sonderberater für Sport, für seine unermüdliche Arbeit für die schulische Ausbildung im Lande Bremen und die Förderung des Forums »Lehren und Lernen« an der Universität Bremen und am Hanse-Wissenschaftskolleg Delmenhorst.

Brancoli und Lilienthal, September 2010

EINLEITUNG

Besser Lehren und Lernen – aber wie?

Klagen darüber, dass Schüler und Erwachsene in den bestehenden Bildungseinrichtungen zu wenig bzw. wenig Brauchbares lernen, existieren, seit es Hochkulturen gibt. Das hat sich auch in der Moderne nicht geändert, in der es Schulpflicht und eine systematische staatliche Lehrerausbildung gibt, in die die Gesellschaften sehr viel Geld investieren und in der Pädagogik, Didaktik und Lehr- und Lernforschung als etablierte akademisch-wissenschaftliche Disziplinen betrieben werden. Nicht nur in Deutschland werden seit 100 Jahren regelmäßig Bildungskrisen ausgerufen, die entsprechende Schulreformbewegungen nach sich ziehen. Hierzu gehörte die Reformpädagogik an der Wende vom 19. zum 20. Jahrhundert und die berühmte Reichsschulkonferenz im Jahre 1920, dann die in den 1960er Jahren vom Philosophen und Pädagogen Georg Picht ausgerufene Bildungskatastrophe, die erneut viele Maßnahmen im gesamten Bildungssystem hervorrief und u.a. zur Einführung der Gesamtschulen führte, bis zum PISA-Schock vor rund zehn Jahren, als die internationalen Schulvergleichsstudien in den OECD-Ländern Deutschland ein sehr mäßiges Abschneiden bescheinigten. Daran hat sich seither nicht viel geändert, wenngleich zwischen den einzelnen Bundesländern starke Unterschiede bestehen.

Die Schuldigen sind jeweils schnell ausgemacht: die Kultusministerien, die Schulen, die Lehrer, die akademische Lehrerausbildung, die Schüler, der hohe Anteil an Migrantenkindern, die Lehrpläne, der exzessive Fernsehkonsum, der Zerfall der Familie, das Versagen der Eltern usw. Allerdings kann heutzutage kein Experte verlässlich erklären, welche dieser Faktoren am meisten zum angeblichen oder tatsächlichen Elend der Schule und zum Frust von Lehrenden und Lernenden beitragen, und wo man entsprechend am dringendsten ansetzen müsste. Bemerkenswert ist die Tatsache, dass auf vielen Gebieten sehr viele Reformmaßnahmen durchgeführt und ausprobiert werden, sich aber an den PISA-Ergebnissen Deutschlands im Vergleich zu anderen OECD-Ländern und zwischen den Bundesländern wenig geändert hat. Für einen kritischen Beobachter ist diese Situation typisch für ein Vorgehen, bei dem an zu vielen Punkten gleichzeitig angesetzt wird, nur ungenügend erprobte Mittel zum Einsatz kommen und mit zu wenig Geduld und unkoordiniert vorgegangen wird.

Die geringe Geduld ist dabei am ehesten verständlich, wenn man den großen Zeitdruck bedenkt, der auf den verantwortlichen Politikern und Beamten lastet. Die anderen Punkte sind schwerer zu durchschauen. Auffällig ist, dass die drei Institutionen, die für das Bildungssystem in unserer Gesellschaft verantwortlich sind, nicht oder nur sehr unwillig miteinander interagieren. Dazu gehören zum einen die Vertreter der staatlichen Bildungsbehörden. Diese sind von ehemaligen Lehrern durchsetzt, die alle froh sind, nicht (mehr) in der Schule arbeiten zu müssen. Dieser Umstand hindert sie aber nicht daran, den Schulen eine bestimmte, meist parteipolitisch erwünschte Schulpraxis vorzuschreiben. Die zweite Gruppe wird gebildet von Professoren der Pädagogik und Didaktik, denen die Lehramtsstudenten ausgesetzt sind. Auch ich gehörte vor mehreren Jahrzehnten in meinem geisteswissenschaftlichen Studium zu diesen Lehramtsstudenten, und was wir damals im Bereich der Pädagogik gelernt haben, war für den Lehrberuf nutzlos und von unseren Professoren auch gar nicht als nützlich intendiert. Von führenden Pädagogen und Didaktikern wie Ewald Terhart wird bescheinigt, dass die akademische pädagogische Ausbildung für die spätere Praxis der Schul- und Weiterbildung weitgehend wertlos ist. Die in diesem Bereich an den Hochschulen tätigen Kolleginnen und Kollegen betonen in Gesprächen immer wieder, wie froh sie darüber sind, mit der Schule nichts (mehr) zu tun zu haben. Leider bescheinigen Experten auch der empirischen Lehr- und Lernforschung eine ähnliche Abstinenz vom Schulalltag – es heißt, man konzentriere sich auf das von der Forschung am einfachsten Umsetzbare, und ich kann zumindest aus meiner eigenen Kenntnis des Schulalltags bestätigen, dass die Ergebnisse der Lehr- und Lernforschung in den Unterricht bis heute (2015) keinen großen Eingang gefunden haben.

Schließlich gibt es die große Gruppe der Lehrenden in den Schulen, die sich mehr oder weniger redlich abmühen. Ihre Situation ist wiederum besonders bemerkenswert. Zum einen kennen sie die modernen pädagogisch-didaktischen Konzepte nicht bzw. haben das, was sie davon in der Hochschule einmal erfahren haben, längst vergessen, zum anderen halten sie solche Konzepte hinsichtlich ihres Berufsalltags oft für wertlos, und diese Einschätzung schließt nicht nur die akademische Ausbildung ein, sondern häufig auch die Ausbildung an den staatlichen Ausbildungsstätten für Lehramtskandidaten (vgl. Tenorth 1991; Terhart 2002; Becker 2006). Was aber am meisten beeindruckt, ist die Tatsache, dass alle Lehrer, mit denen ich in den vergangenen Jahren zu tun hatte, sich ihr Unterrichtskonzept *individuell erarbeitet* haben und überdies der festen Meinung sind, das sei gut so und ginge auch gar nicht anders. Das bedeutet: so viele Lehrer, so viele Unterrichtskonzepte! Dies verbindet sich mit der unter Lehrern noch immer verbreiteten Neigung, sich nicht in die Karten schauen zu lassen und mit anderen Lehrern keine Erfahrungen auszutauschen. Warum sollte man auch, wenn jeder Lehrer seine ganz individuellen Unterrichtsformen finden muss!

Über so viel Individualismus mag man erschrecken, man mag ihn auch als »gottgegeben« oder sogar als positiven Zustand ansehen, wie viele Lehrer dies tun. Wenn es gilt, dass »kein Schüler ist wie der andere«, dann gilt dies wohl auch für den Lehrer. Dieser hat durch Versuch und Irrtum oder eigenes Nachdenken »selbstorganisiert« herauszubekommen, wie optimales Lehren funktioniert, genauso wie konstruktivistische Lehr- und Lerntheoretiker dies behaupten (davon später mehr). Wenn dies zuträfe, dann könnte man sich jede systematische Lehrerausbildung und erst recht jede Pädagogik und Didaktik sparen. Gutes Unterrichten – so die Abwandlung einer Äußerung der Lernpsychologin Elsbeth Stern – wäre dann *erlernbar*, aber nicht *lehrbar*.

Obgleich ich einen solchen »pädagogischen Agnostizismus« nicht teile (sonst hätte ich das vorliegende Buch nicht geschrieben), ist die geschilderte Situation dennoch ernst zu nehmen. Bedenkenswert ist die Feststellung führender Experten wie Ewald Terhart (vgl. Terhart 2002) oder Hilbert Meyer (Meyer 2004) und vieler Lehrenden, dass die heute vorliegenden pädagogisch-didaktischen Konzepte wenig hilfreich für die Unterrichts- und Bildungspraxis sind. Dieses Manko kann zweierlei Ursachen haben. Zum einen kann es sein, dass sich Pädagogen und Didaktiker – wie viele Experten ihnen vorwerfen – zu sehr um das Konzeptuelle und Prinzipielle kümmern und nicht um die Praxis. Zum anderen kann es aber auch daran liegen, dass sie sich nicht genügend um Erkenntnisse der empirischen Wissenschaften wie der Psychologie oder – neuerdings – der Neurobiologie kümmern, sondern »im eigenen Saft schmoren«.

Dies mag für einen beträchtlichen Teil der Pädagogen und Didaktiker gelten, die fernab von empirisch arbeitenden Disziplinen innerhalb philosophisch-soziologischer Denkweisen ihre Konzepte zu entwickeln versuchen. Für sie ist alles Empirisch-Experimentelle wertlos und ideologieverdächtig, man orientiert sich lieber an einer philosophischen Hermeneutik und/oder an sozialkritischen Utopien (vgl. Kapitel 11). Es hat jedoch in der modernen Geistesgeschichte immer wieder intensive Bemühungen gegeben, Einsichten der empirisch-experimentellen Disziplinen, namentlich der Psychologie, zu nutzen, die immer schon pädagogische Konzepte entwickelt hat.

Einer der einflussreichsten Pädagogen war in neuerer Zeit Johann Friedrich Herbart (1776–1841), der eine auf der Psychologie basierende umfangreiche Lehr- und Lerntheorie entwickelte. Diese erlangte im 19. Jahrhundert und bis ins 20. Jahrhundert hinein als »Herbartianismus« eine weit über Deutschland hinausreichende Bedeutung, allerdings in einer aus heutiger Sicht stark verfälschten Form eines starren und autoritären Erziehungsstils. Herbarts eigene Anschauungen waren dagegen sehr liberal und klingen sogar heute noch fortschrittlich, wenn er fordert: »Machen, dass der Zögling sich selbst finde, als wählend das Gute, als verwerfend das Böse: Dies oder nichts ist Charakterbildung! Dies Erhebung zur selbstbewußten Persönlichkeit soll ohne Zweifel im Gemüte des Zöglings selbst vorgehen und durch dessen eigene Tätigkeit vollzogen werden; es wäre Unsinn, wenn der Erzieher das eigentliche Wesen der Kraft dazu erschaffen und in die Seele eines anderen hineinflößen wolle« (J. F. Herbart, zitiert nach Benner 1997, S. 49). Für Herbart stand die *Persönlichkeitsbildung* eindeutig im Vordergrund.

Das genaue Gegenteil dieses Herbartschen Ansatzes war das pädagogische Konzept, wie es gut 100 Jahre später der amerikanische Behaviorismus vertrat und unter dem Schlagwort »Instruktionspädagogik«, »Instruktionspsychologie« und »lernzielorientierte Didaktik« in abgewandelter Form auch heute noch bedeutsam ist. Der amerikanische Behaviorismus ist sicher die bisher erfolgreichste und folgenreichste Theorie menschlichen und tierischen Verhaltens. Er stellte eine radikale und strikt empiriegeleitete Auseinandersetzung mit einer philosophisch orientierten Humanpsychologie dar, die ihr Hauptziel in einer »verstehenden« Erklärung von Phänomenen wie Bewusstsein, Erleben, Geist und allgemein mentalen Leistungen sah. Deren Vorgehen bestand im Wesentlichen in der *Introspektion*, d.h. der Analyse des eigenen Erlebens – also aus etwas, das in den Augen des Behaviorismus nicht objektiv nachweisbar und daher unwissenschaftlich war.

Als der eigentliche Begründer des amerikanischen Behaviorismus ist der Psychologe John Broadus Watson (1879–1958) anzusehen. Watson wollte die Psychologie zur Lehre von der Kontrolle und Voraussage von menschlichem und tierischem Verhalten machen. Bei der Erklärung solchen Verhaltens lehnte er »mentalistische« oder »internalistische« Begriffe wie Bewusstsein, Wille und Absicht radikal ab. Verhalten kann und muss nach Watson ausschließlich über die *Beziehung von Reiz und Reaktion* erklärt werden und über die sich daraus ergebende Ausbildung von Gewohnheiten (*habits*). Diese sind nichts anderes als komplexe Verkettungen einfacher, konditionierter Verhaltensweisen. Nach Watson gelten für tierisches und menschliches Verhalten dieselben »objektiven« Gesetze; deshalb gibt es auch nur eine einzige Art von Psychologie, und zwar die Lehre von der Veränderung des Verhaltens nach den Prinzipien der klassischen und operanten Konditionierung, die für tierisches und menschliches Verhalten gleichermaßen zutrifft. *Jedes* Verhalten ist hierdurch gezielt veränderbar, wenn man nur genügend Geduld und Umsicht aufbringt.

Andere Behavioristen, wie Clark Hull (1884–1952), betonten gegenüber dem reinen Erlernen der Verkettung von Ereignissen die Bedeutung eines Reizes als Belohnung (*reward*). Nach Hull liegt jedem Lernen das Streben zugrunde, ein bestimmtes Bedürfnis zu befriedigen bzw. einen sich daraus ergebenden Triebzustand zu beseitigen (*need reduction*): Kein Lernen ohne Belohnung! Diese Überzeugung übernahm auch der letzte große und vielleicht bedeutendste Behaviorist Burrhus F. Skinner (1904–1990). Sein Hauptwerk ist das Buch »Science and Human Behavior« von 1953 (dt. 1973 »Wissenschaft und menschliches Verhalten«). Skinner erlangte in der Lernpsychologie und Verhaltensbiologie allein schon dadurch große Bedeutung, dass er die experimentellen Bedingungen der Erforschung menschlichen und tierischen Verhaltens stark verbesserte und verfeinerte sowie das Konzept der operanten Konditionierung zu seiner klassischen Form entwickelte, die uns noch beschäftigen wird. Jedes willkürliche (also nicht reflexbedingte) Verhalten von Mensch und Tier – so lautet das Glaubensbekenntnis von Skinner und seinen Anhängern – wird über Verstärkungs- und Vermeidungslernen gesteuert, und zwar über die *Konsequenzen des Verhaltens*. Skinner verwandte große Sorgfalt darauf, die Wirkung unterschiedlicher Verstärkungsschemata oder Verstärkungsprogramme auf den Lernerfolg zu analysieren.

Alldem liegt ein ungehemmter Erziehungsoptimismus zugrunde, der lautete, dass jedes Tier und jeder Mensch zu jedem erwünschten Verhalten erzogen werden kann, vorausgesetzt, die körperlichen Fähigkeiten dazu sind gegeben. Dies passte wunderbar in die USA der 1940er bis 1960er Jahre und hatte entsprechend einen großen Einfluss auf Pädagogik, Didaktik und Politik. Auch in Deutschland wurde dieser Ansatz mit der entsprechenden Verzögerung sehr populär, vornehmlich in Form der »kybernetischen Pädagogik«, wie sie von Felix von Cube und Helmar Frank proklamiert wurde, sowie in Form »programmierten Lernens«. Darauf und auf das vorläufige Scheitern solcher Ansätze werde ich im 11. Kapitel noch genauer eingehen.

In den USA und in Großbritannien begann in den 1960er Jahren der Niedergang des Behaviorismus, während er zur selben Zeit in Deutschland erst richtig Fuß zu fassen begann. Dieser Niedergang, den man als die »kognitive Wende« in der Psychologie bezeichnet, wurde durch Arbeiten des Linguisten Noam Chomsky und der Psychologen Albert Bandura, Donald Broadbent und Eric Neisser eingeleitet. Zu den Prozessen, die man nun untersuchte, gehörten komplexe Wahrnehmung, Denken, Vorstellen und Erinnern – also genau das, was der Behaviorismus als Untersuchungsgegenstand strikt abgelehnt hatte. Die so entstehende *Kognitionspsychologie*, auch *Kognitivismus* genannt, befasste sich mit der Frage, wie Menschen ihre Erfahrungen strukturieren, ihnen *Sinn* beimessen, und wie sie ihre gegenwärtigen Erfahrungen zu vergangenen, im Gedächtnis gespeicherten Erfahrungen in Beziehung setzen. Interessanterweise geschah dies nicht wirklich empirisch-experimentell, wie dies heutzutage Psychologen im Verein mit Neurobiologen tun, wenn sie Hirnaktivitäten messen, die bei kognitiven Leistungen auftreten.

Was man hingegen in weiterhin behavioristischer Manier prüfte, waren Reiz-Reaktionsbeziehungen in Form von *Reaktionszeitmessungen*. Diesem Verfahren, das wesentlich von dem deutschen Physiologen und Begründer der experimentellen Psychologie Wilhelm Wundt (1832–1920) entwickelt worden war, lag die – erst einmal rein hypothetische – Annahme zugrunde, dass eine »Informationsverarbeitung« im Gehirn umso einfacher verläuft, je schneller sie geschieht. Je komplexer die kognitiven Aufgaben, z.B. das Identifizieren von einzelnen abweichenden Reizen in einer großen Menge einförmiger Reize, desto länger fällt die Reaktionszeit aus. Dasselbe galt für die Verarbeitung von bedeutungshaften Reizen wie Wörtern oder Sätzen oder die Übereinstimmung oder Nichtübereinstimmung unterschiedlicher Reiztypen wie Farbwörter und Farben (im sogenannten »Stroop-Test«). Hierbei mussten mehr »kognitive Ressourcen« aktiviert werden, und dies führte zu einer Verlängerung der Verarbeitungszeit.

Die Ergebnisse solcher Experimente wurden benutzt, um hypothetische Flussdiagramme über den Verlauf der »kognitiven Arbeit« zu erstellen, in denen es Input-, Verarbeitungs- und Outputmodule beliebiger Anzahl gab. Diese Vorgänge wurden und werden als Prozesse der Informationsverarbeitung betrachtet, wie man sie zur selben Zeit innerhalb der »Informatik« (englisch »Computer Science«) benutzte, und zwar aufgrund der von Claude Shannon und Warren Weaver Ende der 1940er Jahre entwickelten *Informationstheorie* und parallel dazu der von Norbert Wiener geprägten *Kybernetik* als der Lehre von Steuerungs- und Regelungsprozessen. Kognitive Leistungen wie Lehren und Lernen waren entsprechend »regelgeleitete Prozesse der Informations- oder Symbol-Verarbeitung« (vgl. Anderson 1996).

Eine typische Schwierigkeit des Kognitivismus bestand und besteht darin, dass ganz unklar bleibt, was bei kognitiven Leistungen mit »Information« gemeint ist. In der Informationstheorie der Nachrichtentechnik und elektronischen Datenverarbeitung geht es um elektrische Signale bzw. Ladungszustände und etwa darum, auszurechnen, wie solche Signale schnell, verlässlich und kostengünstig übertragen bzw. wie viele solcher Signale auf einer Festplatte gespeichert werden können. All dies hat – wie Informationstheoretiker seit Shannon und Weaver stets betonen – *nichts* mit »Information« im Sinne von bedeutungshaften Inhalten zu tun. Solche Signale sind grundsätzlich bedeutungsfrei, und ihre *Bedeutung* ergibt sich daraus, dass ein kognitives, d.h. mit Nervensystem bzw. Gehirn ausgestattetes System diese *interpretiert*.

Natürlich geht es bei den Flussdiagrammen der kognitiven Psychologie um die Verarbeitung *bedeutungshafter* Inhalte und nicht nur um »Nullen und Einsen« wie im Computer, aber kein Kognitionspsychologe hat bisher aufgrund eines rein kognitivistischen Ansatzes erklären können, wie aus Signalen Bedeutung wird. Abgesehen von diesem Grundproblem besteht zugleich die große Unzulänglichkeit des Kognitivismus darin, dass »Symbolverarbeitung« allein als *logisch-begriffliche, d.h. regelgeleitete Operationen* verstanden wird (Anderson 1996). Wir werden hingegen sehen, dass es Bedeutungen nicht ohne Prozesse der internen Bewertung gibt, die im limbischen System des Gehirns ablaufen, und die wir als Emotionen und Motive erleben. Ohne Emotionen und Motive gibt es kein Lernen. Allerdings lässt sich bisher das Emotionale und Motivationale nicht als »Symbolverarbeitung« im kognitivistischen Sinne verstehen, da es nicht (oder zumindest bisher nicht) »begrifflich« im Sinne der Aussagenlogik erfassbar ist.

Es ist deshalb kein Wunder, dass viele Kognitionspsychologen auf eine Theorie der Informationsverarbeitung zurückgegriffen haben, die ebenfalls aus der Regelungstechnik und Kybernetik stammte und als *Konnektionismus* bezeichnet wird. Es handelt sich um »künstliche Netzwerke«, die im einfachsten Fall aus einer Eingabe- und einer Ausgabeschicht bestehen, die miteinander verknüpft sind und logische Operationen ausführen wie »und«, »oder«, »nicht«, »größer«, »kleiner« usw. Im komplexeren Fall gibt es eine »Zwischenschicht« (auch »verborgene Schicht« genannt) oder mehrere davon, was dazu führt, dass die sich ergebenden Verbindungen zwischen Eingabe- und Ausgabeschicht beliebig komplex werden und die Operationen solcher Netzwerke nicht mehr explizit verstehbar sind.

Es lag natürlich nahe, die Eingangsschicht als *Sensorium* eines Organismus, die Ausgangsschicht als *Motorium* und die Zwischenschicht bzw. Zwischenschichten als Teile des dazwischen befindlichen *Nervensystems* bzw. *Gehirns* anzusehen. In der Tat gibt es Ähnlichkeiten zwischen natürlichen und künstlichen neuronalen Netzwerken, die sich u. a. darin ausdrücken, dass in einem solchen Netzwerk niemand etwas explizit wissen muss, dass kein »oberstes Kontrollzentrum« notwendig ist, und dass das Ganze nicht wie ein herkömmlicher sequenziell arbeitender Computer funktioniert, sondern auf einer *Parallelverarbeitung* beruht. Diese Art der Verarbeitung ist ein entscheidendes Merkmal von natürlichen Nervensystemen und Gehirnen und eine der Hauptgründe für deren Leistungsfähigkeit (Roth 2010).

Die Hinwendung der Psychologie zum Konnektionismus und zur subsymbolischen Informationsverarbeitung innerhalb künstlicher neuronaler Netzwerke ermöglichte eine ungeheure Steigerung der Leistungsfähigkeit, wie sie heute überall in der Technik und Industrie genutzt wird. Zugleich stößt man jedoch auf Schallmauern, wenn es um das Verständnis komplexer Ereignisse geht, z.B. beim Erfassen des Sinnes gehörter oder geschriebener Worte und Sätze, bei der Interpretation bildlicher Darstellung, bei komplexen Analysen und Entscheidungen etwa im Bereich der Ökonomie. Menschen und viele Tiere nehmen anders wahr, lernen, erinnern und entscheiden anders als rein kognitive Informationsverarbeitungssysteme (vgl. Kapitel 10). Insofern erscheint heute die kognitive Psychologie auch mithilfe des Konnektionismus oder einer Verbindung symbolischer und subsymbolischer Informationsverarbeitung als *das* Modell für Lernen wenig brauchbar.

Aber welchen Weg soll man einschlagen? Woran können und sollen sich Pädagogik und Didaktik halten? Soll man weiterhin von traditionellen Vorstellungen einer geisteswissenschaftlich-hermeneutischen Pädagogik und Didaktik ausgehen? Von denen, die in der Nachfolge von Wilhelm Dilthey – dem Begründer des Begriffs »Geisteswissenschaften« –, von Hermann Nohl, Eduard Spranger und Theodor Litt dem naturwissenschaftlichen »Erklären« das geisteswissenschaftliche »Verstehen« entgegensetzten? Aus diesen Konzepten entwickelten sich dann vornehmlich mit dem Pädagogen-Didaktiker Wolfgang Klafki und zahlreichen Nachfolgern und Schülern eine »*bildungstheoretische Didaktik*« und später eine *kritisch-konstruktive Didaktik*. Oder soll man dem – ebenfalls geisteswissenschaftlich ausgerichteten – »Berliner Modell« Paul Heimanns oder dem daraus entwickelten stark sozialkritischen »Hamburger Modell« von Wolfgang Schulz folgen (vgl. Jank und Meyer 2009, und das 11. Kapitel dieses Buches)?

Anfang der 1980er Jahre trat eine scheinbar völlig neue Denkrichtung, der *Konstruktivismus*, auf den Plan, der als Vermittlungsversuch zwischen geisteswissenschaftlich-hermeneutischen und biologisch-psychologisch-informationstheoretischen Ansätzen erscheint. Begründet wurde er – von zahlreichen Vorläufern, insbesondere dem Biologen und Entwicklungspsychologen Jean Piaget abgesehen – teilweise unabhängig voneinander vom österreichisch-amerikanischen »Kybernetiker« Heinz von Foerster, den chilenischen Neurobiologen und Systemtheoretikern Humberto Maturana und Francisco Varela und dem österreichisch-amerikanischen Psychologen Ernst von Glasersfeld, dem Begründer des »radikalen Konstruktivismus« (Glasersfeld 1995).

Der radikale Konstruktivismus stellt den Behaviorismus, für den es ja nur Input- und Output-Beziehungen, aber keine erfahrbaren internen Geschehnisse gibt, auf den Kopf. Für ihn gibt es keinen Input und Output, alles sind nur interne Geschehnisse. Insofern stellt er für Didaktik und Pädagogik eine große Herausforderung dar, denn eine Wissensvermittlung und -übertragung von einem Lehrenden zu einem Lernenden und eine objektive Überprüfung des vermittelten Wissens kann es nicht bzw. nicht im eigentlichen Sinne geben. Der Konstruktivismus erfreut sich innerhalb der Pädagogik und Didaktik, besonders im Zusammenhang mit Konzepten des »selbstorganisierten« oder »selbstbestimmten« Lernens, einer großen Beliebtheit.

Teils im Zusammenhang mit der Übernahme konstruktivistischer Konzepte durch Pädagogen und Didaktiker, teils unabhängig davon erleben seit einigen Jahren Pädagogik und Didaktik die vorerst letzte Welle von Versuchen, sich ein wissenschaftlichempirisches Fundament zu verschaffen, und zwar in Form einer »Neuropädagogik« bzw. »Neurodidaktik«. Dies stimmt überein mit Darstellungen von Prozessen des Lehrens und Lernens durch Neurowissenschaftler. Diese Autoren gehen so weit, dass sie der herkömmlichen Pädagogik und Didaktik die Existenzberechtigung absprechen und sie durch die direkte Anwendung neurowissenschaftlicher Erkenntnisse in der Schulpraxis ersetzen wollen.

Diese doppelte Bewegung hin auf eine »Neuropädagogik/Neurodidaktik« genießt nach wie vor eine erhebliche Popularität unter den Lehrerinnen und Lehrern, die sich von der klassischen Pädagogik und Didaktik nicht angesprochen fühlen. Es wird aber zu prüfen sein, in welchem Maße Neurowissenschaftler einschließlich der empirisch-experimentell arbeitenden Psychologen Prozesse des Lehrens und Lernens, der Gedächtnisausbildung und des Gedächtnisabrufs, der Aufmerksamkeit und der Art, wie diese Leistungen von Emotionen und Motivationszuständen bestimmt werden, bereits soweit verstehen, dass daraus konkrete Schlüsse für die Unterrichts- und Bildungspraxis gezogen werden können.

Bei all diesen Versuchen der gegenwärtigen Pädagogik und Didaktik, sich »von außen« mit einem theoretischen Fundament zu versorgen, wird ein eklatantes Defizit bei der Kenntnisnahme derjenigen Erkenntnisse sichtbar, die in den vergangenen Jahren in den Bereichen der Persönlichkeits-, Emotions- und Motivationspsychologie ebenso wie in der Intelligenz- und Begabungsforschung gewonnen wurden. Hierzu gehören auch die Erkenntnisse über die Entwicklung der Psyche und Persönlichkeit des Säuglings, Kindes und Jugendlichen einschließlich der Ergebnisse der Bindungsforschung (vgl. hierzu S. Pauen 2000; Eliot 2001; Strauß et al. 2002; Roth 2003; Roth und Strüber 2014). Insgesamt versucht diese Forschung, die Entwicklungsbedingungen und Entwicklungsmuster der Persönlichkeit eines Menschen im Spannungsfeld zwischen genetischer Determination, früher psychosozialer Prägung und sich anschließender Sozialisation aufzuklären. Die Neurowissenschaften haben sich in den letzten Jahren verstärkt dieser psychologischen Forschung im Rahmen von entwicklungsneurobiologischen, neuropharmakologischen und neurophysiologischen Untersuchungen einschließlich der funktionellen Bildgebung angeschlossen, so dass inzwischen ein zunehmend einheitliches psycho-neurobiologisches Konzept der Persönlichkeit entsteht (Roth und Strüber 2014). Dieses Konzept ist in Pädagogik und Didaktik bisher kaum bekannt, und es wird die Hauptaufgabe dieses Buches sein, es so zu vermitteln, dass es für Theorie und Praxis des Lehrens und Lernens nutzbar wird.

Halten wir fest: Pädagogik und Didaktik müssen ohne Wenn und Aber gesicherte Erkenntnisse der Psychologie und Neurobiologie über »Lehren und Lernen« aufnehmen und in ihre Konzepte einbringen. Gleichzeitig müssen sie sich intensiv um die Alltagspraxis des »Lehrens und Lernens« kümmern und Antworten auf diejenigen Fragen suchen, die dieser Alltagspraxis entstammen. Dies gilt für die Schule genauso wie für andere Bildungsinstitutionen. Die Schule steht hier meist nur deshalb im Vordergrund, weil hierzu sehr viel geschrieben und auch ausprobiert wurde. Dies lässt sich für die Erwachsenenbildung und Weiterbildung leider nicht in diesem Ausmaß sagen. Das meiste von dem, was ich in diesem Buch an Erkenntnissen und Einsichten vorstellen werde, ist aber für beide großen Bereiche des Bildungssystems gültig. Nötig ist eine fruchtbare Dreiecksbeziehung zwischen (1) Psycho-Neurowissenschaftlern als empirisch arbeitenden Wissenschaftlern, (2) den Pädagogen-Didaktikern und (3) den Schul-, Erwachsenen- und Weiterbildungspraktikern, wobei der Prüfstein ein empirisch überprüfter Lehr- und Lernerfolg ist und nicht die Eleganz eines Konzeptes.

Obwohl ich als Neurobiologe von der großen Bedeutung empirisch-experimenteller neurobiologischer und psychologischer Erkenntnisse zur Persönlichkeit und zum Lehren und Lernen überzeugt bin, vertrete ich *nicht* die Meinung, diese Erkenntnisse könnten direkt in den Schulalltag hineingetragen werden. Solche Erkenntnisse bedürfen der kritischen Diskussion der Pädagogen, Didaktiker und Lehr- und Lernpraktiker. Nichtsdestoweniger ist dieses Buch aus Sicht der Psycho-Neurowissenschaften geschrieben, auch wenn ich mich hierbei mit Gegenständen der Pädagogik, Didaktik und Praxis der Wissensvermittlung beschäftige.

Andererseits teile ich auch nicht die oben erwähnte Auffassung, jeder Lehrende müsse für sich selber durch »Versuch und Irrtum« herausbekommen, wie ein erfolgreicher Unterricht aussieht. Bei aller nötigen Flexibilität des Schul- und Bildungsalltags und der großen Variabilität in den Eigenschaften der beteiligten Personen gibt es klar darstellbare psychologisch-neurobiologische Rahmenbedingungen für einen erfolgreichen Unterricht, die vielen Lehrerinnen und Lehrern und leider auch vielen Pädagogen und Didaktikern nicht bekannt sind. Wären sie das, würde man sich viel Reibung und Misserfolg ersparen. Dass letztendlich jeder Lehrende seine eigene Adaptation solcher in pädagogisch-didaktische Konzepte eingebrachten Erkenntnisse erbringen muss, wird zugleich von mir nicht angezweifelt.

An diesen Grundüberzeugungen orientiert sich das vorliegende Buch in seinem Aufbau. Das 1. Kapitel befasst sich mit der grundlegenden Frage »Was soll Bildung, was kann Schule?« Über die Ziele der Schule und des weiteren Ausbildungssystems gibt es bekanntlich große Meinungsverschiedenheiten. Kommt es darauf an, möglichst viel Wissen zu vermitteln? Wenn ja, *welches* Wissen soll vermittelt werden? Ist es ebenso wichtig, gesellschaftliche Bildung zu vermitteln – und wenn ja, welcher Art? Gehört zur schulischen und nachschulischen Aus- und Weiterbildung auch die Förderung einer »reifen Persönlichkeit« – und wenn ja, wie soll diese denn aussehen?

Das 2. und 3. Kapitel bauen auf der Grundthese des Buches auf, dass Lehren und Lernen im Rahmen der Persönlichkeit des Lehrenden und des Lernenden geschieht, und dass über den Erfolg des Lehrens und Lernens die Merkmale dieser Persönlichkeit entscheiden, seien diese kognitiver, emotional-motivationaler oder psychosozialer Natur. Ich werde deshalb im 2. Kapitel erläutern, welche psychologischen Konzepte der Persönlichkeit es gegenwärtig gibt und welche Erkenntnisse hierzu in den Neurowissenschaften vorliegen. In diesem Zusammenhang werde ich ein neues *Modell der Persönlichkeit* präsentieren, das ich in den vergangenen Jahren zusammen mit Psychologen und Psychiatern entwickelt habe. Hierauf aufbauend gehe ich im 3. Kapitel auf Emotionen und das Entstehen von Motivation ein.

Das 4. und 5. Kapitel befassen sich mit den psychologischen und neurobiologischen Grundlagen des Lernens und der Gedächtnisbildung sowie mit Aufmerksamkeit und Bewusstsein. Die Erkenntnisse auf diesem Gebiet sind wichtig für die Antwort auf die Frage, wie man einen nachhaltig erfolgreichen Unterricht gestaltet.

Das 6. Kapitel befasst sich mit Intelligenz und Kreativität und ihren neurobiologischen Grundlagen. Dies ist ein in der Psychologie und Pädagogik besonders umstrittenes Thema, und deshalb ist es nötig, diejenigen Erkenntnisse hierzu aus der psychologischen und neurobiologischen Forschung zu präsentieren, die als gesichert gelten können. Auch hier wird die enge Verschränkung der Intelligenzentwicklung mit den emotional-motivationalen und psychosozialen Merkmalen der Persönlichkeit sichtbar werden. Das 7. Kapitel untersucht den Einfluss emotionaler und motivationaler Zustände und Begleitumstände auf den Lernerfolg. Dies führt uns im 8. Kapitel zu der Frage, welche Faktoren den schulischen, akademischen und beruflichen Erfolg bedingen. Wir werden sehen, dass Intelligenz ein wichtiger, aber neben Motivation und Fleiß eben nur ein Faktor für den Erfolg ist.

Das 9. Kapitel befasst sich mit dem Sprachverstehen beim Hören und Lesen als der Grundlage jeder Ausbildung. Es wird sich zeigen, dass das hörende und lesende Verstehen von Sprache einen überaus komplizierten Prozess der *individuellen Bedeutungskonstruktion* darstellt, bei dem die wichtigste Voraussetzung die *Vorerfahrung* ist. Dies führt uns dann im 10. Kapitel zur Entwicklung einer psychologisch-neurobiologischen Theorie der Bedeutungsentstehung und des Verstehens.

Im 11. Kapitel geht es um die Darstellung und Bewertung gängiger pädagogischer und didaktischer Konzepte. Hierzu gehören die geistes- und sozialwissenschaftlich ausgerichteten Konzepte der bildungstheoretischen und kritisch-konstruktiven Didaktik Klafkis, der lerntheoretischen Didaktik des »Berliner« bzw. »Hamburger Modells« sowie der kommunikativen Didaktik in Anlehnung an Jürgen Habermas und seiner »Theorie kommunikativen Handelns«. Ebenso gehört der vom Behaviorismus ausgehende »Instruktionismus« in Form des programmierten Unterrichts und der »curricularen Didaktik« dazu, die konstruktivistischen Pädagogiken und Didaktiken und schließlich die verschiedenen Erscheinungsformen einer »Neuropädagogik« und »Neurodidaktik«. Neuropädagogische und neurodidaktische Konzepte sind natürlich deshalb besonders interessant, weil hierbei in der Regel unterstellt wird (oft in Form von pädagogischen »Ratgebern«), man könne Erkenntnisse der Neurowissenschaften bzw. das, was hierfür ausgegeben wird, direkt in die Schul- und Bildungspraxis übertragen.

Am Ende dieses Kapitels werde ich ausführlich auf das Buch von John Hattie »Lernen sichtbar machen« eingehen, das seit seinem Erscheinen in englischer Sprache (2009) und in der deutschen Übersetzung (2013) großes Aufsehen erregt hat und immer noch erregt und zu zahlreichen zustimmenden wie auch kritischen Stellungnahmen aus pädagogisch-didaktischen Kreisen geführt hat (vgl. Terhart 2014).

Dies leitet im 12. Kapitel zur zentralen Frage des Buches über, wie aus Sicht der in diesem Buch präsentierten Erkenntnisse und Einsichten der Psychologie und Neurobiologie ein guter Unterricht aussehen könnte. Natürlich steht hierbei schon aus rein quantitativen Gründen der schulische Unterricht im Vordergrund, aber es werden Schlüsse gezogen, die für jeden Bildungs- und Ausbildungsprozess wichtig sind. Das 13. Kapitel gibt eine Zusammenfassung des Buches. Diesen Kapiteln folgt als erster Anhang eine Darstellung des Aufbaus und der Funktionen des menschlichen Gehirns. Ich habe mich zu dieser Anordnung entschlossen, um den Leser auf seinem Weg durch die Kapitel nicht mit zu vielen neurobiologischen Details zu belasten. Der zweite, kurze Anhang besteht aus Ratschlägen zur Verbesserung der Lern- und Gedächtnisleistungen. Solche hilfreichen Maßnahmen sind zum Teil seit dem Altertum bekannt, werden aber im heutigen Schul- und Ausbildungsbetrieb aus mir nicht bekannten Gründen nicht gelehrt, was bedauerlich ist.

Es sollte klar geworden sein, dass mein Buch sich als Aufforderung zu einem vertieften Dialog zwischen Psychologen, Neurobiologen, Pädagogen-Didaktikern und Schul- und Bildungspraktikern versteht, nicht als Ausdruck von Dogmatik und Besserwisserei.

KAPITEL 1

Was soll Bildung, was kann Schule?

Schule und Ausbildung haben stets mehreren Zwecken gedient, nämlich erstens der Vermittlung von speziellen Kenntnissen und Fertigkeiten für eine bestimme Berufstätigkeit (Verwaltung, Militär, Rechts-, Gesundheits-, Verkehrssystem usw.), zweitens der Vermittlung umfassenderer, wissenschaftlich abgesicherter Kenntnisse auf diesem Gebiet (in der Regel an Hochschulen und Universitäten), drittens der Vermittlung von Basiswissen über Staat und Gesellschaft und viertens der Ausbildung des Kindes oder Jugendlichen zu einer »reifen Persönlichkeit«. Mit diesen Zielen sind keine bestimmten Inhalte verbunden, diese werden von den jeweiligen gesellschaftlichen und politischen Verhältnissen bestimmt, und dies betrifft natürlich vornehmlich das dritte und vierte Ziel. Was das Basiswissen über Staat und Gesellschaft umfasst, so hängt dieses selbstverständlich von der jeweiligen Staatsideologie ab und war im Deutschland des Kaiserreiches, des Nationalsozialismus, des Nachkriegsdeutschlands in BRD und DDR und ist im heutigen wiedervereinigten Deutschland sehr verschieden. Kaum etwas wurde und wird so sehr politisiert wie das Schul- und Bildungssystem, und dies zeigt sich auch an den unterschiedlichen Schul- und Bildungsplänen der einzelnen Bundesländer.

In diesem Rahmen ist nach wie vor umstritten, worauf der Hauptakzent der Schulbildung denn eigentlich liegen soll: Steht die Vermittlung praxisnaher Kenntnisse und Fertigkeiten im Vordergrund? Kommt es auch wesentlich auf das gesellschaftliche und politische Basiswissen an – und wie sieht dieses aus? Hat die Schule überhaupt die Aufgabe bzw. den Auftrag, die Persönlichkeit der Kinder und Jugendlichen zu formen, oder greift sie damit in die Rechte der Eltern oder das Selbstbestimmungsrecht der Schülerinnen und Schüler ein?

Die Tatsache, dass Schule einschließlich der Vorschule einen bedeutenden Beitrag zur Entwicklung der Persönlichkeit der Schülerinnen und Schüler leisten darf und sogar muss, wird nur noch selten kategorisch bestritten – dazu sind die Defizite in der familiären Unterstützung der Persönlichkeitsentwicklung der Kinder viel zu offensichtlich –, aber es herrscht verbreitet Ratlosigkeit, *wie* dies geschehen sollte. Gleichzeitig existiert über ihre Grundlagen unter den Lehrerinnen und Lehrern, aber auch unter vielen Schulpsychologen ein eklatantes Nichtwissen. Jeder und jede machen es so, wie er oder sie es für richtig halten, genauso wie dies für die Form des Unterrichts gilt (s. Einleitung). Aus eigener Erfahrung weiß ich, dass an ein und derselben Schule Lehrerinnen und Lehrer einen höchst unterschiedlichen Akzent auf die Vermittlung des Unterrichtsstoffes, auf die Vermittlung sozialer Kompetenzen und auf die Persönlichkeitsentwicklung setzen. Dies ist nicht die Schuld dieser Lehrer, sondern des Systems, in dem sie ausgebildet bzw. nicht ausgebildet wurden, und natürlich auch Ausfluss der Tatsache, dass die staatlichen Bildungsbehörden sich über den »Zweck der Schule« ausschweigen.

Die hier vertretene Sicht lautet, dass Schule einen *umfassenden Bildungsauftrag* hat, der sich auf die Förderung der kognitiven, psychischen und psychosozialen Fähigkeiten der Schülerinnen und Schüler bezieht. Wie ich im weiteren Verlauf dieses Buches zeigen werde, ist die kognitive Entwicklung der Kinder und Jugendlichen als Grundlage des Erwerbs von Wissen aufs Engste mit ihrer emotional-motivationalen Entwicklung verbunden. Die nach dem PISA-Schock häufig zu hörende Feststellung, die Schulkinder (besonders im Norden und Osten Deutschlands) »wüssten zu wenig«, wird oft massiv von der Forderung begleitet, man müsse sowohl den Umfang des Unterrichtsstoffes als auch den Leistungsdruck erhöhen. Dies widerspricht aber den aktuellen wissenschaftlichen

Erkenntnissen über die Bedingungen erfolgreichen Lehrens und Lernens. Der Grundsatz »weniger ist oft mehr« trifft auch hier in dem Sinne zu, dass ein Stoff begrenzten Umfangs, systematisch aufbereitet, vermittelt bzw. angeeignet und überprüft, einen wesentlich höheren Behaltensgrad besitzt als ein immer umfangreicherer Stoff, der mit Hochdruck durch den kognitiv-emotionalen »Flaschenhals« des Schülers durchgepresst werden soll.

Alles Lehren und Lernen findet im Rahmen der Persönlichkeit des Lehrenden und des Lernenden und damit im Rahmen seiner kognitiven, emotionalen und motivationalen Fähigkeiten statt. Darauf nicht Rücksicht zu nehmen, mindert den Bildungserfolg dramatisch. Wie aber sollen die Persönlichkeit eines Lehrenden und die eines Lernenden aussehen?

Der Lehrende hat eine Kindheit und Jugend sowie eine fachliche und pädagogisch-didaktische Ausbildung und ein freundliches oder weniger freundliches Schicksal hinter sich, und daran ist meist wenig, aber doch etwas zu ändern. Hier geht es um fachliche und pädagogisch-didaktische Kompetenz, in Grenzen um die weitere Ausformung der eigenen Persönlichkeit, insbesondere in Richtung auf Selbstvertrauen, Selbst- und Fremdmotivation, um die Einsicht in den Zweck des eigenen Tuns und um Feinfühligkeit im Umgang mit den Schülerinnen und Schülern, aber auch um Stressmanagement bei sich selbst und bei Anderen. Hier liegt vieles im Argen, aber da es sich bei Lehrern um Erwachsene handelt, sind positive Änderungen schwer zu erreichen, und zwar umso schwerer, je mehr sie die Kernpersönlichkeit betreffen, und umso leichter, je mehr sie allein kognitive Fähigkeiten und Fertigkeiten angehen. Die positive Botschaft lautet hier zugleich: Auch Erwachsene können sich ändern, wenn sie entweder durch bestimmte Umstände stark motiviert sind, oder wenn sie über längere Zeit denselben Einflüssen ausgesetzt sind. Dies ist der zu wählende Ansatzpunkt, nicht die momentane Begeisterung oder Belehrung.

Bei Kindern ist hingegen viel zu erreichen – aber in welcher Richtung? Ohne familiäre Zustände früherer Zeiten romantisieren zu wollen (die meisten davon waren nur oberflächlich gesehen »heil« und in Wirklichkeit von Unterdrückung, Bevormundung und Strafandrohung gekennzeichnet), ist zuzugeben, dass heute viele Kinder und Jugendliche mit erheblichen psychischen und psychosozialen Schwierigkeiten bis hin zu latenten oder gar offenen psychischen Erkrankungen in die Schule gehen. Man kann aufgrund der Ergebnisse der Bindungsstudien zwar davon ausgehen, dass rund 60 % der Kinder »sicher gebunden« sind und damit eine hohe Widerstandkraft gegenüber psychischen Belastungen besitzen (vgl. Kapitel 2), und abgeschwächt lässt sich dies auch für die Gruppe der »Unsicher-Vermeidenden« sagen, aber es bleiben dann immer noch 20 % Kinder mit erheblichen psychischen Problemen übrig, die meist aus der frühen familiären Erfahrung herrühren. Dieser Prozentsatz ist bei Kindern aus Familien mit Migrationshintergrund z. T. noch höher, und er wird aufgrund der Schrumpfung der Kernfamilie, der größeren Zahl von Einelternfamilien, der häufigeren Berufstätigkeit der Mütter, der größeren Mobilität und einer Langzeitarbeitslosigkeit der Eltern weiter deutlich anwachsen. Gleichzeitig sind diese Herkunftsfamilien oft außerstande, diese Defizite auszugleichen, so dass notgedrungen Kindergarten, Vorschule und Schule kompensatorisch einspringen müssen. Dabei geht es keineswegs nur um emotional-psychische, sondern auch um kognitive Defizite, die sich in Lern- und Gedächtnisschwierigkeiten niederschlagen.

Was müssen die Ziele solcher kompensatorischen Maßnahmen sein? Selbstverständlich geht es um das allgemeine Ziel, den jungen Menschen zu einer »autonomen Persönlichkeit« werden zu lassen. Das ist leicht dahingesagt und schwer genau festzulegen, denn es handelt sich – wie wir noch sehen werden – hierbei um ein schwieriges Gleichgewicht zwischen Egozentriertheit und Sozialität, zwischen Stresstoleranz und Feinfühligkeit, Flexibilität und Durchsetzungsvermögen. Die Kindergarten- und Schulzeit ist diejenige Periode, in der die Sozialisation über die engere Familie hinaus stattfindet. Freunde und Kameraden sind dabei sehr wichtig, insbesondere weil es sich hierbei um eine gleichberechtigte (reziproke) und nicht um eine hierarchische Beziehung wie mit den Eltern handelt. Nach Ansicht von Fachleuten hat die Entwicklung von Freundschaften einen hohen diagnostischen Wert; es gibt – so heißt es – kein Merkmal, das psychisch auffällige und unauffällige Kinder und Jugendliche so gut voneinander trennt wie das Vorhandensein oder Fehlen von Freunden. Freunde haben eine schützende (protektive) Funktion, und die Unterstützung durch Freunde trägt in hohem Maße zum Wohlbefinden und zur Stressminderung bei. Manche Kinder und Jugendliche erfinden sogar Phantasiefreundinnen oder -freunde, wenn sie unter Einsamkeit, Verlust, Verlassenwerden oder Zurückweisung leiden. Gleichzeitig besteht hierdurch auch die Gefahr, sich zu konform zu verhalten, um »zur Gruppe zu gehören«, und die Bereitschaft zu risikoreichem Verhalten (Jugendstreiche in »Banden«) ist groß. Zum Glück verringert sich diese Gefahr beim Übergang zum Erwachsenenalter, und ein fortdauerndes Bedürfnis nach starker Gruppenbindung ist ein wichtiger Risikofaktor der weiteren psychischen Entwicklung.

Die Ausbildung sozial-emotionaler Kompetenzen beinhaltet die Fähigkeit zur Emotionsregulation, d.h. zum Umgang mit Wut und Zorn, und zur Impulshemmung, insbesondere zur Kontrolle aggressiver Impulse (vornehmlich bei Jungen) und zur Kontrolle verbaler Gewalt und Beziehungsgewalt (vornehmlich bei Mädchen). Weiterhin gehören hierzu die Entwicklung einer *Theory of Mind*, d.h. der Fähigkeit, sich in das Denken und Fühlen der Anderen hineinzuversetzen und die Gefühle und das Verhalten Anderer antizipieren zu können, Signale des Gegenübers korrekt wahrzunehmen, Empathie auszubilden, Aushandeln und Tauschen anstelle von bloßer Durchsetzung eigener Interessen usw. (vgl.

Kapitel 2). Bei Mädchen ist der Umgang mit dem Körperselbstbild höchst wichtig; es besteht die Gefahr von Essstörungen in Form von Bulimie und Anorexie. Es geht zugleich um die Entwicklung des Selbstwertgefühls, das richtige Einschätzen der eigenen Kräfte und der Art und Stärke der Herausforderungen, um Selbstmotivation, ein ausgewogenes Verhältnis zu Lob und sonstiger Anerkennung, Durchhaltevermögen, Fleiß, Konzentration und Zielbewusstsein. Schließlich geht es um Offenheit und Toleranz, ohne wankelmütig oder opportunistisch zu werden, um Neinsagen-Können, um die Fähigkeit zum Belohnungsaufschub und gelegentlich um Belohnungsverzicht, und vor allem um Gerechtigkeitssinn: »Würdest du wollen, dass Andere so mit dir umgehen, wie du mit Anderen umgehst?«

Das alles stellt große Aufgaben dar, aber zum Glück finden die meisten Kinder und Jugendlichen den Weg zu einer reifen und ausgeglichenen Persönlichkeit zum großen Teil selbst und in der Interaktion mit ihren Freunden und Schulkameraden. Jedoch ist die Hilfe der Schule sehr wichtig als anregender und gegebenenfalls eingrenzender Faktor.

Die Schule muss natürlich auch ein Ort der Herausforderung und der Selbstbewährung sein. Wie wir noch sehen werden, ist milder Stress als Herausforderung förderlich für das Lernen, genauso wie die drei Hauptfaktoren *Intelligenz*, *Motivation* und *Fleiß*. Jedes Gehirn lernt nur dann bereitwillig, wenn es den Sinn des Lernens begreift und wenn es eine Belohnungserwartung damit verbindet. Zugleich werden wir erfahren, dass Belohnungen sich nur dann nicht schnell abnützen, wenn sie als verdient empfunden wurden. Dies alles bürdet den Lehrenden eine hohe Verantwortung auf, gleichgültig ob sie vor der Klasse stehen und unterrichten oder Gruppen- und Einzelarbeit überwachen.

KAPITEL 2

Persönlichkeit

Die Hauptthese dieses Buches lautet, dass Lehren und Lernen stets im Rahmen der Persönlichkeit des Lehrenden und des Lernenden stattfinden, also der höchst individuellen Art des Wahrnehmens, Denkens, Fühlens, Wollens, Handelns sowie der Bindungs- und Kommunikationsfähigkeit eines Menschen. Mit anderen Worten: Die Art, wie jemand lehrt und lernt, wird bestimmt durch seine Persönlichkeit. Dies ist jedoch eine komplexe Angelegenheit – es gehört zu den großen Herausforderungen der Psychologie und der Neurowissenschaften, zu erklären, wie man die Persönlichkeit eines Menschen bestimmt und warum jemand so ist, wie er ist.

Diesen Fragenkomplex will ich in diesem Kapitel behandeln. Zuerst gehe ich auf die gängigen Verfahren der Psychologie ein, mit denen man die Persönlichkeit eines Menschen zu erfassen versucht und zeige, dass sie mit erheblichen Schwächen behaftet sind, wenn sie nicht mit den Erkenntnissen der Hirnforschung über die Verankerung der Persönlichkeit im Gehirn zusammengebracht werden. In diesem Zusammenhang werde ich das Vier-Ebenen-Modell der neurobiologischen Grundlagen der Persönlichkeit vorstellen und zeigen, wie die beteiligten Hirnzentren über die neuromodulatorischen Systeme zusammenwirken. Wir werden sehen, dass sich hierdurch der Aufbau der Persönlichkeit eines Menschen besser verstehen lässt. Schließlich werde ich in Grundzügen die psychische und kognitive Entwicklung des Kindes und Jugendlichen darstellen. Das für das Thema dieses Buches wichtige weitere Persönlichkeitsmerkmal »Intelligenz« werde ich in Kapitel 6 ausführlich behandeln.

Persönlichkeit aus Sicht der Psychologie

Beim wissenschaftlich-systematischen Erfassen der Persönlichkeit eines Menschen gibt es mehrere, grundsätzlich unterschiedliche Ansätze. Ein Ansatz besteht darin, das »Wesen« einer Person zu erfassen, indem man sie einem festen Persönlichkeits- oder Charaktertyp zuordnet. Am bekanntesten ist die »Lehre von den Temperamenten«, die seit dem Altertum die Einteilung in vier Grundpersönlichkeiten kennt, nämlich in aufbrausende Choleriker, trübsinnige Melancholiker, träge Phlegmatiker und lebhafte Sanguiniker (man denke an Dürers Darstellung der vier Temperamente anhand der vier Apostel Markus, Paulus, Johannes und Petrus).

Eine zweite und in der modernen Persönlichkeitspsychologie dominierende Vorgehensweise besteht darin, die Persönlichkeit von Menschen nicht starren Typen zuzuordnen, sondern sie als ein *Mosaik vieler einzelner Persönlichkeitsmerkmale* anzusehen, die wiederum unterschiedliche Ausprägungen aufweisen (»jemand ist oder hat mehr oder weniger von …«); man nennt solche Merkmale oder Größen »dimensional«, weil ihre Ausprägungen auf einer Achse zwischen zwei Extrempunkten angeordnet werden können. Menschen unterscheiden sich dann im individuellen Mosaik der Ausprägungen relevanter Persönlichkeitsmerkmale.

Aber welche Merkmale sind geeignet für einen solchen differenziellen Ansatz? Hier hat man das sogenannte lexikalische Verfahren angewandt, das darin besteht, dass man aus gängigen Lexika alle nur erdenklichen Vokabeln nimmt, mit denen menschliche Eigenschaften beschrieben werden. Dabei handelt es sich um viele Tausende von solchen Wörtern, die natürlich in ihrer Bedeutung erst einmal hochgradig redundant sind, d.h. mehr oder weniger dasselbe ausdrücken – man denke nur daran, wie viele Wörter es für den Umstand gibt, dass eine Person geistig etwas beschränkt ist. Man kann nun diese Fülle durch wiederholtes

Zusammenfassen mithilfe mathematisch-statistischer Verfahren (der sog. Faktorenanalyse) auf immer weniger Grundmerkmale der Persönlichkeit reduzieren, bis sich schließlich je nach Autor eine Liste von wenigen, z. B. zwei bis sieben Grundmerkmalen als optimal herausstellt. Die jeweiligen Autoren nehmen an, dass die entsprechenden Grundmerkmale weitestgehend überschneidungsfrei sind.

Besonders einflussreich war in der modernen Persönlichkeitspsychologie der deutsch-britische Psychologe Hans Jürgen Eysenck (1916–1997). Er vertrat anfangs die Meinung, dass es zwei Grunddimensionen der Persönlichkeit gebe, nämlich zum einen die Dimension »Neurotizismus«, welche in unterschiedlicher Ausprägung die Merkmale Instabilität, Ängstlichkeit und Besorgtheit umfasst, und zum anderen das Gegensatzpaar »Extraversion-Introversion«, welche die Spannbreite von einer gesellig-offenen bis hin zu einer zurückgezogen-verschlossenen Persönlichkeit bezeichnet. Später nahm er noch das Merkmal »Psychotizismus« hinzu, das Merkmale der Aggressivität, Gefühlskälte, aber auch Impulsivität und Kreativität bezeichnet. Diese Dimension wird aber häufig aus der Beschreibung einer »normalen« Person herausgenommen und der Psychopathologie zugeordnet (z. B. zur Kennzeichnung der sogenannten Psychopathen).

In der Weiterentwicklung dieses Ansatzes kamen die Psychologen Paul Costa und Robert McCrae zu den bekannten fünf Grundfaktoren, »Big Five« genannt, die Extraversion, Verträglichkeit, Gewissenhaftigkeit, Neurotizismus und Offenheit umfassen und nach Meinung vieler Experten eine Persönlichkeit am ehesten zu charakterisieren vermögen (Costa und McCrae 1992; dt. Borkenau und Ostendorf 2008). Diese »großen Fünf« können positiv (im Sinne »trifft eindeutig zu«) oder negativ (»trifft nicht zu«) ausgeprägt sein, natürlich mit Zwischenstufen entsprechend der sogenannten Likert-Skala (trifft eher zu, teils-teils, trifft eher nicht zu).

So umfasst der Faktor *Extraversion* in seiner positiven Ausprägung die Eigenschaften gesprächig, bestimmt, aktiv, energisch, offen, dominant, enthusiastisch, sozial und abenteuerlustig, und in seiner negativen Ausformung die Eigenschaften still, reserviert, scheu und zurückgezogen. Der Faktor *Verträglichkeit* bezeichnet im positiven Sinne die Eigenschaften mitfühlend, nett, bewundernd, herzlich, weichherzig, warm, großzügig, vertrauensvoll, hilfsbereit, nachsichtig, freundlich, kooperativ und feinfühlig, und im negativen Sinn die Eigenschaften kalt, unfreundlich, streitsüchtig, hartherzig, grausam, undankbar und knickrig. Der Faktor *Gewissenhaftigkeit* bezeichnet in seiner positiven Ausprägung die Eigenschaften organisiert, sorgfältig, planend, effektiv, verantwortungsvoll, zuverlässig, genau, praktisch, vorsichtig, überlegt und gewissenhaft, und im gegenteiligen Sinne die Eigenschaften sorglos, unordentlich, leichtsinnig, unverantwortlich, unzuverlässig und vergesslich. Der Faktor *Neurotizismus* bezieht sich in seiner positiven Ausprägung (im Sinne von »trifft zu«) auf die Eigenschaften gespannt, ängstlich nervös, launisch, besorgt, empfindlich, reizbar, furchtsam, selbst bemitleidend, instabil, mutlos und verzagt, und in seinem Gegensatz auf die Eigenschaften stabil, ruhig und zufrieden. Der Faktor *Offenheit* schließlich umfasst im positiven Sinne die Eigenschaften breit interessiert, einfallsreich, phantasievoll, intelligent, originell, wissbegierig, intellektuell, künstlerisch, gescheit, erfinderisch, geistreich und weise, und im negativen Sinne gewöhnlich, einseitig interessiert, einfach, ohne Tiefgang und unintelligent. Die Persönlichkeit eines Menschen kann also als ein Mosaik unterschiedlicher Ausprägungen der genannten Persönlichkeitsmerkmale verstanden werden.

Die Diskussion geht in der Persönlichkeitspsychologie nun seit Langem darum, wie trennscharf diese Big Five tatsächlich sind. So gibt es klare Überlappungen zwischen »Extraversion« und »Offenheit«: Ein geselliger Mensch ist oft auch für Neues offen (z. B. neue Bekanntschaften). Zwischen »Neurotizismus« und »Gewissenhaftigkeit« existieren ebenso Verknüpfungen: Vorsichtig-ängstliche Menschen sind oft auch sehr pingelig. Deshalb gibt es in der Persönlichkeitspsychologie Bemühungen, die Big Five wieder zu reduzieren. Auch wird Intelligenz von vielen Persönlichkeitspsychologen inzwischen als unabhängiges Persönlichkeitsmerkmal angesehen (vgl. Kapitel 6).

Der britische Psychologe Jeffrey A. Gray (1934–2004), ein Schüler Eysencks, unternahm deshalb eine wichtige Abänderung von Eysencks Persönlichkeitstheorie. Gray ersetzte Eysencks Grunddimensionen »Extraversion« und »Neurotizismus« durch die Merkmale »Impulsivität« und »Ängstlichkeit«. Er deutete dabei »Impulsivität« als eine Kombination von hohem Neurotizismus und hoher Extraversion im Sinne Eysencks und »Ängstlichkeit« als eine Kombination von hohem Neurotizismus und niedriger Extraversion (Gray 1990).

Hierauf aufbauend entwickelte Gray seine »Verstärkungs-Empfänglichkeits-Theorie«. Danach ist Impulsivität korreliert mit einer hohen Empfänglichkeit für Belohnung: Verhalten, Gefühle und kognitive Funktionen werden durch Belohnungen wie Essen, soziale Anerkennung, Geld, sexuelle Lust und einen attraktiven Partner und ebenso durch die Aussicht auf derartige Belohnungen verstärkt. Belohnungsempfängliche Menschen suchen aktiv nach solchen Verstärkern und nehmen dabei das Risiko eines Scheiterns oder Misserfolgs in Kauf (»Manches geht eben schief, aber es lohnt sich, was zu riskieren!«). Ängstlichkeit ist hingegen gekoppelt mit einer besonderen Empfänglichkeit für Bestrafung, entweder in Form schmerzhafter oder anstrengender körperlicher Zustände bzw. ihrer Erwartung oder in Form psychischer Zustände wie Enttäuschung, Verlust oder soziale Missachtung. Bestrafungssensitive Menschen gehen immer auf »Nummer sicher« und vermeiden deshalb riskante Situationen, auch wenn ihnen dadurch viele Chancen entgehen.

Der amerikanische Persönlichkeitsforscher Marvin Zuckerman entwickelte hingegen ein Modell der »alternativen Five«, das als Grundfaktoren der Persönlichkeit Geselligkeit, Neurotizismus-Angst, Aggression-Feindseligkeit, impulsive Sensationslust, Neugier und Aktivität annimmt, allerdings mit engem Bezug auf die originalen »Big Five« von Costa und McCrae (Zuckerman 2005). Zuckerman sieht die vier ersten Faktoren seines Modells eng verbunden mit Extraversion, Neurotizismus, Verträglichkeit und Gewissenhaftigkeit der Big Five. Impulsive Sensationslust ist allerdings neben Extraversion und intellektueller Offenheit auch oft verbunden mit einer geringen Ausprägung von Gewissenhaftigkeit und Verträglichkeit. Das Merkmal »Aktivität« wiederum ist stark verbunden mit Extraversion und einer geringen Ausprägung von Gewissenhaftigkeit.

Ein weiterer bekannter Ansatz in der Persönlichkeitspsychologie stammt von dem amerikanischen Psychologen C. Robert Cloninger, der eine »Sieben-Persönlichkeitsfaktoren-Theorie« entwickelte (Cloninger 2000). Hierbei unterscheidet Cloninger zwischen Temperament und Charakter. Temperament ist für ihn bestimmt durch drei weitgehend genetisch determinierte Grundmerkmale, nämlich Erlebnishunger bzw. Abwechslungssucht (*novelty seeking*), Frustrationsvermeidung (*harm avoidance*) und Belohnungssucht (*reward dependence*). Erlebnishunger ist charakterisiert durch ein ständiges Bedürfnis nach Abwechslung, neuen und neuartigen Erlebnissen und die Bereitschaft, zu deren Erlangung große Risiken einzugehen, sowie durch mangelnde Ausdauer, d.h. Aufgeben, wenn der Erfolg sich nicht schnell einstellt. Frustrationsvermeidung ist verbunden mit großer Angst vor Misserfolgen und dem Ausbleiben von Belohnung und mit einer Abneigung gegenüber neuartigen Dingen. Belohnungsabhängigkeit schließlich ist charakterisiert durch eine hohe Empfänglichkeit für bzw. Abhängigkeit von Belohnung und eine starke Resistenz dieses Verhaltens gegen Löschung durch Misserfolge, ein entsprechend hohes Durchhaltevermögen, eine hohe Emotionalität und ein hohes Bedürfnis nach Sozialität. Solche Leute verfolgen hartnäckig ihre Ziele, auch wenn vieles schiefgeht.

Allgemein geht die Persönlichkeitspsychologie von zwei bis sieben grundlegenden Persönlichkeitsmerkmalen aus. Wirkliche Grundmerkmale der Persönlichkeit stellen aber offenbar nur *Extraversion, Neurotizismus* und *Sensationslust* dar. Intellektuelle Offenheit kann man gut mit Extraversion in Verbindung bringen, d.h. ein extravertierter Mensch ist auch meist offen für neue Erlebnisse, und ebenso kann man zwischen Neurotizismus und Gewissenhaftigkeit deutliche Verbindungen herstellen: Ein neurotizistischer Mensch ist häufig gewissenhaft bis pingelig. Sensationslust existiert weitgehend unabhängig davon, stellt aber verbunden mit Gewissenlosigkeit einen deutlichen Gegensatz zu »Gewissenhaftigkeit« dar.

Kritisch muss angemerkt werden, dass die genannten Persönlichkeitsmerkmale rein quantitativ-statistisch gewonnen wurden und aus naturwissenschaftlicher Sicht »in der Luft hängen«. Aus Sicht eines naturwissenschaftlich Denkenden wäre es wünschenswert herauszubekommen, warum es gerade diese und nicht andere Persönlichkeitsmerkmale sind, auf die es ankommt. Eine Möglichkeit, dies herauszufinden, besteht darin festzustellen, wie die jeweils angenommenen Grundfaktoren der Persönlichkeit im Gehirn verankert sind.

Die neurobiologischen Grundlagen der Persönlichkeit

Aus Sicht der Neurowissenschaften, die inzwischen auch von den meisten Persönlichkeits- und Entwicklungspsychologen geteilt wird, hängt die Persönlichkeit eines Menschen (also sein Temperament und sein Charakter) mit den Eigenschaften seines Gehirns zusammen. Diese Aussage bedeutet allerdings *nicht*, dass Persönlichkeit etwas Unveränderbares, rein genetisch Bedingtes ist. Vielmehr wird, wie wir sehen werden, der Charakter eines Menschen stark durch Umweltfaktoren bestimmt, und zwar in höherem Maße als das Temperament. Diese Umweltabhängigkeit hängt wiederum mit der Tatsache zusammen, dass das Gehirn kein fest verdrahtetes System darstellt, sondern plastisch ist, wenngleich in unterschiedlichem Ausmaß in verschiedenen Funktionsbereichen (z.B. in kognitiver, emotionaler und motorischer Hinsicht), und dass sich diese funktionsspezifische Plastizität des Gehirns ganz unterschiedlich im Laufe des Lebens verändert.

Im Folgenden werde ich zeigen, auf welchen strukturellen und funktionalen Ebenen des Gehirns sich diese Interaktion zwischen Genen und Umwelt in je unterschiedlicher Weise vollzieht. Es wird dabei ersichtlich, in welcher Weise sich die wichtigsten Anteile unserer Persönlichkeit in früher Kindheit und unbewusst oder zumindest nicht erinnerungsfähig entwickeln, so dass sie der Selbsterkenntnis unzugänglich bleiben. Das Erinnerungsfähig-Bewusste ist aus dieser Sicht nur die Spitze des Eisberges, auch wenn wir dies nicht so wahrnehmen.

Das neurobiologische Vier-Ebenen-Modell der Persönlichkeit
Zahlreiche Teile des Gehirns tragen in ganz unterschiedlicher Weise zur Persönlichkeit bei. Sie gehören mehrheitlich zum limbischen System. Das limbische System (vgl. Anhang 1) ist der Entstehungsort von Affekten, Gefühlen, Motiven, Handlungszielen, Gewissen, Empathie, Moral und Ethik, und damit ist es diejenige Instanz, die unser individuell-egoistisches ebenso wie unser soziales Handeln bestimmt. Hierzu zählt man einerseits Zentren, die tief im Innern des Gehirns sitzen und von der Großhirnrinde, dem Cortex, umhüllt werden – deshalb spricht man von *subcorticalen* Hirnzentren. Diese Zentren sind grundsätzlich dem Bewusstsein verschlossen.

Zum anderen gehören zum limbischen System auch nichtsechsschichtige Teile des Cortex, die mit Emotionen und Motivation befasst sind, und deren Aktivität zumindest teilweise bewusst erlebt werden kann. Neben dem limbischen System gibt es diejenigen Hirnzentren, die unsere kognitiven Leistungen wie Wahrnehmen, Erkennen, Denken, Intelligenz, Vorstellen, Erinnern und Handlungsplanung bestimmen. Sie bilden den größten Teil der Großhirnrinde, des Isocortex, der sich anatomisch vom limbischen Cortex durch einen durchgehend sechsschichtigen Aufbau unterscheidet. Die Art der Wechselwirkung zwischen dem limbischen und dem kognitiven System ist ein wesentliches Merkmal der Persönlichkeit eines Menschen. Im Folgenden gehe ich auf anatomische und physiologische Details nur so weit ein, wie dies für das Verständnis des Gesagten notwendig ist, eine Darstellung weiterer anatomischer Details findet sich im Anhang 1.

Wie Abbildung 1 zeigt, ist die unterste Ebene der Persönlichkeit die vegetativ-affektive Ebene. Sie wird von der limbisch-vegetativen Grundachse des Gehirns repräsentiert, die die mediale septale Region, die präoptisch-hypothalamische Region, die zentrale Amygdala, das zentrale Höhlengrau und vegetative Zentren des Hirnstamms (Mittelhirn, Brücke, Verlängertes Mark) umfasst.

Diese Hirngebiete sichern über die Kontrolle des Stoffwechselhaushalts, des Kreislaufs und Blutdrucks, der Temperaturregulation, des Verdauungs- und Hormonsystems, der Nahrungs- und Flüssigkeitsaufnahme, des Wachens und Schlafens unsere biologische Existenz. Defizite in diesen Regulationssystemen führen zu schweren körperlichen Beeinträchtigungen. Ebenso werden durch diese Ebene unsere elementaren affektiven Verhaltensweisen und Empfindungen wie Angriffs- und Verteidigungsverhalten, Flucht und Erstarren, Aggressivität, Wut und Sexualverhalten gesteuert.

Diese Antriebe und Affektzustände sind in ihrer Art weitgehend genetisch bedingt – wir teilen sie mit den Säugetieren und insbesondere den Primaten – und sind durch Erfahrung und willentliche Kontrolle nur wenig beeinflussbar. Die zugrundeliegenden Mechanismen laufen völlig unbewusst ab; bewusst werden

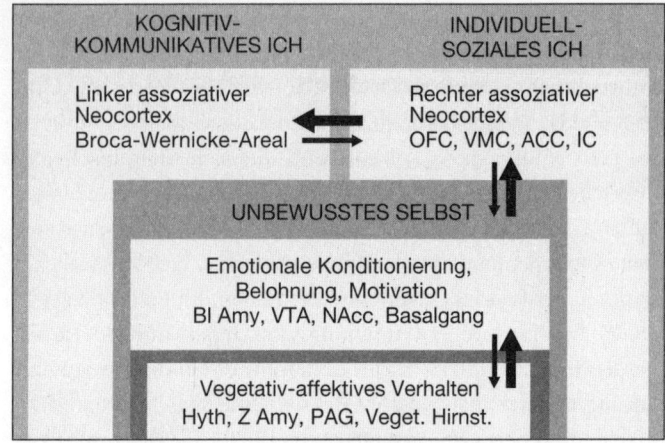

Abbildung 1: Die vier Ebenen der Persönlichkeit. Die untere limbische Ebene des vegetativ-affektiven Verhaltens und die mittlere limbische Ebene der emotionalen Konditionierung, Bewertung und Motivation bilden zusammen das »unbewusste Selbst«. Auf bewusster Ebene bildet die obere limbische Ebene das »individuell-soziale Ich«, dem das »kognitiv-kommunikative Ich« gegenübergestellt wird. Abkürzungen: ACC = Anteriorer cingulärer Cortex, Basalgang = Basalganglien, Bl Amy = Basolaterale Amygdala, Hyth = Hypothalamus, IC = Insulärer Cortex, NAcc = Nucleus accumbens, PAG = Zentrales Höhlengrau, OFC = Orbitofrontaler Cortex, Veget. Hirnst. = Vegetative Hirnstammzentren, VMC = Ventromedialer präfrontaler Cortex, VTA = Ventrales tegmentales Areal, Z Amy = Zentrale Amygdala. Weitere Erläuterungen im Text.

sie nur über Erregungen, die von hier in die bewusstseinsfähige Großhirnrinde dringen.

In ihrer individuellen Ausformung legen die Eigenschaften dieser Zentren das *Temperament* fest, mit dem die Personen auf die Welt kommen, d.h. sie bestimmen, ob eine Person neugierig-draufgängerisch oder vorsichtig ist, kommunikativ oder wortkarg, mutig oder ängstlich. Diese Ebene bildet sich im Gehirn bereits in den ersten Schwangerschaftswochen aus.

Die zweite, darüber angeordnete Ebene ist die der *emotionalen Konditionierung* und des individuellen emotionalen Lernens. Hieran sind vornehmlich die corticale, mediale und basolaterale Amygdala und das mesolimbische System (Nucleus accumbens, ventrales tegmentales Areal und Substantia nigra) beteiligt. Die basolaterale Amygdala ist der Ort der erfahrungsgeleiteten, d.h. auf Konditionierung beruhenden Verknüpfung emotionaler, überwiegend negativer oder überraschender, aber auch positiver Ereignisse mit den angeborenen Grundgefühlen der Furcht, Angst, Abwehr und Überraschung. Hierzu gehört auch das Erkennen der Bedeutung von emotional-kommunikativen Signalen wie Mimik, Gestik, Sprachintonation und Körperhaltung. Die mediale und corticale Amygdala verarbeitet Geruchs- und Geschmackspräferenzen sowie soziale Geruchssignale, Pheromone genannt, die bei den individuellen Sympathien und Antipathien eine wichtige Rolle spielen. Diese Präferenzen sind teils genetisch bzw. epigenetisch (d.h. hinsichtlich eines bestimmten Aktivierungsmusters der Gene) bestimmt, teils erfahrungs- bzw. prägungsbedingt.

Gegenspieler und gleichzeitig Interaktionspartner der Amygdala ist das mesolimbische System. Es dominiert bei der Registrierung und Verarbeitung natürlicher Belohnungsereignisse (»das ist gut gelaufen« bzw. »das hat Spaß gemacht«) und stellt über die Ausschüttung hirneigener lusterzeugender Stoffe (vornehmlich der sogenannten endogenen Opioide) das *zerebrale Belohnungssystem* dar. Dies bedeutet, dass alles, was Befriedigung, Lust und Freude in uns erzeugt, in direkter oder indirekter Weise an die Ausschüttung bestimmter Stoffe im Gehirn gebunden ist. Zum anderen ist das mesolimbische System das grundlegende *Motivationssystem*, das über die Ausschüttung des Neuromodulators Dopamin Belohnungen »in Aussicht stellt« und damit unser Verhalten motiviert, wie wir noch in Kapitel 3 hören werden.

Diese mittlere limbische Ebene entsteht etwas später als die untere Ebene, aber auch bereits vor der Geburt und entwickelt sich stark in der ersten Zeit nach der Geburt. Auf ihr formen sich die unbewussten Anteile des Selbst, und zwar aufgrund frühkindlicher Erfahrungen, insbesondere früher Bindungserfahrungen. Hierbei entstehen die Grundstrukturen des Verhältnisses zu uns selbst (Selbstbild) und zu den Mitmenschen (Empathiefähigkeit) und die Grundkategorien dessen, was aus infantil-egoistischer Sichtweise gut oder schlecht ist. Diese Grundstrukturen und -kategorien sind zwar Ergebnis unbewusster oder zumindest nicht erinnerungsfähiger Lernprozesse, sie verfestigen sich aber zunehmend bereits im Kindesalter und tragen ihrerseits positiv wie negativ zur Gestaltung von Beziehungsmustern bei.

Auf dieser mittleren limbischen Ebene wird festgelegt, was wir aufzusuchen bzw. zu wiederholen trachten, weil es mit Bedürfnisbefriedigung und Lust verbunden ist, und was wir zu vermeiden und abzuwehren haben, weil es mit Bedürfnissteigerung, Schmerz und Unlust verbunden ist. Diese Ebene ist damit die für das Psychische entscheidende Ebene, und zwar sowohl hinsichtlich einer normalen als auch einer krankhaften Entwicklung.

Die dritte Ebene ist die der *bewussten, überwiegend sozial vermittelten Emotionen*. Sie umfasst die limbischen Anteile der Großhirnrinde. Hierzu gehören der insuläre, cinguläre und orbitofrontale Cortex. Der insuläre Cortex ist der Verarbeitungsort der Schmerzempfindung, d.h. er bestimmt, wann und wie eine Körperverletzung weh tut. Er ist auch Ort der affektiv-emotionalen Eingeweidewahrnehmung, des berühmten »Bauchgefühls«. Der vordere cinguläre Cortex (ACC) hat mit seinem unteren (ventralen) Teil mit Risikowahrnehmung und -bewertung und mit der affektiven Tönung von Schmerzempfindungen zu tun, insbesondere mit Schmerzerwartung, im oberen Teil ist er mit kognitiver Aufmerksamkeit und Fehlerüberwachung befasst (Brown und Braver 2007).

Der über den Augenhöhlen (Orbita) liegende orbitofrontale

Cortex (OFC), also das untere Stirnhirn, und der innen angrenzende ventromediale frontale Cortex (VMC, mit Übergängen zum anterioren cingulären Cortex) sind in gewissem Sinne der »oberste« limbische Cortex (Schoenbaum et al. 2009; Forbes und Grafman 2010): Läsionen im OFC und VMC führen zum Verlust der Fähigkeit, den sozial-kommunikativen Kontext, z.B. die Bedeutung von Szenendarstellungen, die Mimik von Gesichtern oder die emotionale Tönung der Stimme, zu erfassen. Die betroffenen Patienten sind auch unfähig, negative oder positive Konsequenzen ihrer Handlungen längerfristig vorauszusehen und sich danach zu richten, wenngleich unmittelbare Belohnung oder Bestrafung von Aktionen ihr Handeln beeinflussen können. Der OFC ist Sitz der Regeln moralischen und ethischen Verhaltens, also derjenigen Verhaltensweisen, die geeignet sind, uns die Unterstützung und Wertschätzung unserer Mitmenschen im engeren Sinne und der Gesellschaft im weiteren Sinne zu erhalten. Er ist derjenige Hirnteil, der die längste Reifezeit benötigt und erst im Alter von 16–20 Jahren einigermaßen ausgereift ist.

OFC und VMC haben eine zügelnde, impulshemmende Funktion gegenüber der unteren, affektiven Ebene und gegenüber den egoistisch-infantilen Antrieben aus den Zentren der mittleren Ebene, d.h. der Amygdala und des mesolimbischen Systems, und zwar auf der Grundlage sozial vermittelter Erfahrung. Hier bilden sich die bewussten Anteile des Selbst und des affektiv-emotionalen, auch sozial vermittelten Ich aus, und zugleich formen sich hier Elemente von Moral und Ethik, die von Sigmund Freud als Über-Ich bezeichnet wurden.

Diesen drei limbischen Ebenen steht als weitere Ebene die kognitiv-sprachliche Ebene gegenüber, die in der Großhirnrinde im engeren Sinne, dem sechsschichtigen Isocortex, angesiedelt ist. Hier finden sich exekutive, d.h. handlungsvorbereitende Areale, insbesondere der dorsolaterale präfrontale Cortex (PFC) (Förstl 2002). Im linken PFC befindet sich auch das Brocasche Sprachareal, das die neuronale Grundlage der menschlichen syntaktisch-grammatikalischen Sprache ist (vgl. Kap. 9). Der PFC ist Sitz des Arbeitsgedächtnisses und der innegeleiteten Aufmerksamkeit. Er hat mit der zeitlich-räumlichen Strukturierung von Sinneswahrnehmungen zu tun, mit planvollem und kontextgerechtem Handeln und Sprechen und mit der Entwicklung von Zielvorstellungen. Läsionen führen zu Defiziten im Problemlöseverhalten, insbesondere zur Unfähigkeit, die sachliche Relevanz externer Ereignisse einzuschätzen, aber auch zu schweren Beeinträchtigungen des Arbeitsgedächtnisses.

Die kognitiv-sprachliche Ebene ist auch die Ebene des rationalen Ich, des Verstandes und der Intelligenz. Zum einen wird hier als Realitätssinn geprüft, was »Sache« ist, und zum anderen geht es um Problemlösen und zweckrationale Handlungsplanung. Schließlich ist dies die Ebene der Darstellung und Rechtfertigung des bewussten Ich vor sich selbst und vor den Anderen. Diese Ebene ist eng mit den sensorischen (d.h. visuellen, auditorischen und taktilen) Arealen und mit den motorischen Zentren der Großhirnrinde verbunden, hat aber nur wenige kontrollierende Verbindungen zu den genannten limbischen Zentren einschließlich des OFC und VMC (Ray und Zald 2012). Das bedeutet, dass das obere Stirnhirn als Sitz von Intelligenz und Verstand nur geringen Einfluss auf das untere Stirnhirn als Instanz für moralisch-ethische Kontrolle, Risikobewertung und Gefühlskontrolle besitzt, während der umgekehrte Einfluss massiv sein kann. Die unmittelbare Konsequenz dieser erstaunlichen Tatsache kennen wir alle, nämlich, dass vernünftige Ratschläge und Einsichten *allein* nicht in der Lage sind, Menschen nachhaltig zu beeinflussen. Wir können uns gegenüber einem Freund, der riskante Dinge tun will, den Mund »fusselig reden«, er wird auf unsere rationalen Argumente so lange nicht hören, wie sie nicht mit emotional bewegenden Argumenten verbunden sind, z.B. mit Hinweisen auf die negativen Folgen der Handlung.

Diese teilweise Unabhängigkeit von PFC und OFC ist keine Fehlkonstruktion des Gehirns, sondern eine biologisch sinnvolle Sache. Das obere Stirnhirn soll Entwürfe zu möglichem Handeln liefern, Alternativen und ihre jeweiligen Konsequenzen und Risiken (zusammen mit dem cingulären Cortex) aufzeigen, aber das soll ohne eine Tendenz zu sofortigem Handeln geschehen. Die Entscheidung darüber, was tatsächlich getan wird, fällt dann in den subcorticalen und corticalen limbischen Arealen. Insofern ist der PFC ein intelligenter Berater, der uns sagt: Wenn du das und das tun willst, dann wird das die und die Folgen haben – *willst du diese Folgen?* Entscheiden müssen wir, nicht der Berater. Wir können auch mithilfe des PFC ganz rational und gefühlskalt Abstand von ansonsten stark emotionalisierenden Ereignissen und Fakten nehmen und etwa mathematisch-statistische Berechnungen über die Säuglingssterblichkeit in Afrika anstellen. Umgekehrt übermannen uns manchmal die Gefühle, wenn wir eigentlich klar denken müssten. Das Ausmaß der Fähigkeit, Verstand und Gefühle zu trennen, ist ein wichtiges Persönlichkeitsmerkmal, das natürlich auch stark von Erfahrung abhängig ist.

Schließlich können wir aufgrund dieses höchst einseitigen Kontrollverhaltens zwischen dem unteren und oberen Stirnhirn (OFC und PFC) dasjenige, was wir tatsächlich über uns denken und wie wir uns selbst fühlen, von dem trennen, was wir Anderen über uns mitteilen. Beides – das subjektive Denken und Fühlen und das Sprechen darüber – kann mehr oder weniger übereinstimmen, sofern wir gelernt haben, unsere Gedanken und Emotionen auszudrücken, aber sie können aus Höflichkeit, beim Verstellen oder Lügen auch völlig auseinandergehen. Wir können uns in einer bestimmten Weise gegenüber anderen Personen so darstellen, wie uns dies am günstigsten erscheint, ohne dass dem irgendetwas in uns entsprechen muss. Das hier vorgestellte hirnstrukturelle »Vier-Ebenen-Modell« der Persönlichkeit, das noch um Informationen über Intelligenz ergänzt wird, erklärt uns gut die ganze Komplexität der Persönlichkeit und trägt zum Verständnis der psychischen Entwicklung des Kindes bei, die weiter unten dargestellt wird. Allerdings bleibt dieses Modell statisch, wenn wir nicht die wichtigen Funktionen der beteiligten Neurotransmitter und sonstigen neuroaktiven Substanzen (Neuropeptide und Neurohormone) hinzunehmen.

Neuromodulatoren und Persönlichkeit

Wir haben soeben gesehen, wie unsere Persönlichkeit hirnanatomisch und funktional aufgebaut ist, nämlich als ein komplexes Netzwerk, das auf der Interaktion »tiefer«, »mittlerer« und »oberer« limbischer Zentren untereinander und mit den kognitiven Zentren der Großhirnrinde beruht. Dieses Schema erklärt aber nicht vollständig, warum die Menschen so viele verschiedene Persönlichkeiten haben. Diese Unterschiede kommen zustande durch drei weitere Faktoren: (1) wie die beteiligten limbischen und kognitiven Zentren arbeiten, (2) in welcher Weise (z.B. erregend oder hemmend) sie miteinander wechselwirken, und (3) in welchem Maße die Aktivität der Zentren und die Art ihrer Wechselwirkung genetisch oder durch die Umwelt – oder beides – bestimmt werden. All dies hat mit der Funktionsweise von Neuromodulatoren, Neuropeptiden und Neurohormonen zu tun, die als psychisch wirksame Signalüberträger im Gehirn fungieren.

Neuromodulatoren wie Adrenalin/Noradrenalin, Serotonin, Dopamin und Acetylcholin beeinflussen, »modulieren« die Wirkungsweise sogenannter schneller Transmitter wie Glutamat, GABA und Glycin (s. Anhang 1). Hinzu kommen längerfristig wirkende Neuropeptide und Neurohormone, die eng mit den Neuromodulatoren wechselwirken. Zusammen bilden sie die Grundlage des Psychischen und Mentalen, was beides in unserer Persönlichkeit zum Ausdruck kommt; Defizite in ihren Haushalten sind stets mit psychischen bzw. mentalen Defiziten und damit auch mit Persönlichkeitsstörungen verbunden. Die Frage ist, wie dies im Einzelnen aussieht.

Viele neurophysiologisch orientierte Persönlichkeitspsychologen gingen anfangs davon aus, dass ein bestimmtes Persönlichkeitsgrundmerkmal wie Extraversion und Neurotizismus im Sinne von Eysenck und den »Big Five« von Costa und McCrae bzw. das Impulsivitätssystem und das Ängstlichkeitssystem von Gray von genau einem Neuromodulator über einzelne Hirnzentren bestimmt werden. Die Forschungen der letzten Jahre haben jedoch gezeigt, dass der Zusammenhang zwischen Persönlichkeit und Neuromodulatoren bzw. -peptiden und -hormonen viel komplizierter ist (Hennig und Netter 2005; Roth und Strüber 2014). Dies hat mehrere Gründe. Zum einen hat sich herausgestellt, dass die drei genannten neuromodulatorischen Systeme, d.h. das dopaminerge, serotonerge und noradrenerge und in begrenzterem Maße auch das cholinerge System sowie die mit der Stressverarbeitung zusammenhängenden Substanzen (s. unten) bereits in sich viel komplexer sind als bisher angenommen und z.T. aufgrund unterschiedlich wirkender »Andockstellen« (Rezeptoren) unterschiedliche und sogar gegenteilige Wirkungen haben. Zum zweiten ist wichtig, ob diese Substanzen pulsartig (»phasisch«) oder längerfristig (»tonisch«) wirken. Drittens haben die limbischen Zentren des Gehirns als »Zielorgane« dieser Substanzen teilweise ganz unterschiedliche Wirkung; so ist die Amygdala, anders als früher angenommen, auch an der Registrierung positiver Ereignisse beteiligt, und der Nucleus accumbens reagiert auch auf negative Ereignisse. Viertens schließlich wechselwirken die genannten Stoffe in verstärkender oder hemmender Weise miteinander.

Im Folgenden gehe ich von sechs neurobiologisch-psychischen Grundsystemen aus, die durch ein spezifisches Zusammenwirken neuromodulatorischer Substanzen in bestimmten limbischen und kognitiven Hirnzentren charakterisiert sind und die neurobiologischen Grundlagen einer Persönlichkeit besser widerspiegeln. Diese Grundsysteme entstehen zum Teil zu unterschiedlichen Zeiten im Zusammenwirken genetischer und Umweltfaktoren.

Stressverarbeitung

Das Stressverarbeitungssystem soll den Organismus befähigen, mit körperlichen und psychischen Belastungen fertigzuwerden. Es beginnt seine Entwicklung bereits in den ersten Schwangerschaftswochen, ist aber erst am Ende des ersten nachgeburtlichen Lebensjahres gut funktionsfähig. Dieses System wird vornehmlich aktiviert durch den Hypothalamus und die Amygdala, die für das Erkennen lebenswichtiger bzw. potenziell bedrohlicher Ereignisse zuständig sind, und reagiert hierauf in zwei Schritten entlang dessen, was man *Stressachse* oder *Hypothalamus-Hypophysen-Nebennieren (HHN)-Achse* nennt. Die sehr schnelle erste Stressreaktion beruht auf einer Aktivierung der Neuromodulatoren Noradrenalin im Locus coeruleus (»blauer Kern«) im Hirnstamm und Adrenalin im Nebennierenmark (Aston-Jones und Cohen 2005; Berridge 2008). Dies führt im Bruchteil einer Sekunde zu einer Erhöhung des Muskeltonus, der Reaktionsbereitschaft und der Aufmerksamkeit. Diese erste Reaktion ist identisch mit dem blitzartigen Schreck, der uns bei plötzlich auftauchender Gefahr durchzuckt. Adrenalin und Noradrenalin lösen ihrerseits die zweite und langsamer verlaufende Stressreaktion aus (Gunnar und Quevedo 2007). Diese beginnt mit der Freisetzung des Corticotropin-Ausschüttungshormons (CRF, oft auch CRH genannt) in Zellen des Hypothalamus, das dann zum Vorderlappen der Hirnanhangsdrüse (Hypophyse) wandert und dort Produktion und Freisetzung des Adrenocorticotropen Hormons (ACTH) bewirkt. Dieses wandert nun über die Blutbahn zur Nebennierenrinde, wo es die Bildung von Glucocorticoiden, beim Menschen überwiegend Cortisol, anregt. Cortisol wandert seinerseits über die Blutbahn in den Körper und das Gehirn, wo es vielfältige Wirkungen auslöst. Es mobilisiert über eine Erhöhung des Glucose- und Fettsäurespiegels im Blut unseren Stoffwechsel und versetzt den Körper damit in die Lage, erhöhte Leistungen zu vollbringen. Es wirkt unterdrückend auf das Immunsystem und damit entzündungshemmend; in hohen Dosen kann es zu einer gefährlichen Schwächung der Immunabwehr des Körpers führen.

Im Gehirn wirkt Cortisol auf zwei unterschiedliche Rezeptoren ein, nämlich auf Mineralocorticoid- und Glucocorticoid-Rezeptoren. Geringe Dosen von Cortisol und milder Stress aktivieren vornehmlich die Mineralocorticoid-, stärkerer Stress die Glucocorticoid-Rezeptoren (Charmandary et al. 2005; Sousa et al. 2008; Loman und Gunnar 2009). Durch Letztere erhöht sich die Aktivierung derjenigen Hirnzentren, die Verhaltensweisen zur Beseitigung der Belastung oder Bedrohung auslösen, z.B. Flucht, Abwehr, Kampf oder komplexere Maßnahmen. Gleichzeitig wirkt das Cortisol über die Mineralo- und Glucocorticoid-Rezeptoren direkt oder per Umweg über den Hippocampus und den orbitofrontalen Cortex hemmend auf die Freisetzung von CRF und ACTH ein. Es liegt hier also eine *negative Rückkopplung* zwischen Cortisol einerseits und CRF und ACTH andererseits vor, die verhindern soll, dass bei einer Stressreaktion zu viel CRF und ACTH und damit Cortisol erzeugt werden. Eine besondere Rolle bei dieser negativen Rückkopplung des CRF-ACTH-Cortisol-Systems spielt der Hippocampus, der mit Corticosteroid-Rezeptoren vollgepackt ist und besonders sensibel auf starken Stress reagiert. Das Zurückfahren der stressbedingten Aufregung wird unterstützt durch die gleichzeitige Ausschüttung von endogenen Opioiden und anderen »hirneigenen Drogen« sowie von Serotonin, die in diesem Zusammenhang einen beruhigenden und angstdämpfenden Effekt haben.

Leichter Stress ist notwendig, um Körper und Gehirn für die Auseinandersetzung mit und Bewältigung von Problemen und

Gefahren zu rüsten. Hoher Stress kann kurzfristig zur Freisetzung »ungeahnter Kräfte« führen. Bei langfristigem, »chronischem« Stress versagt jedoch die erwähnte negative Rückkopplung der Stressachse, und es kommt zu einer andauernden Überproduktion von CRF, ACTH und Cortisol, »Hypercortisolismus« genannt, der insbesondere den Hippocampus schädigt. Man spricht beim Verlauf der Stressreaktion von einer »umgekehrten U-Form«, d.h. leichter Stress hat positive, starker Stress negative Wirkungen mit einem Optimum dazwischen. Chronischer Stress führt zu den bekannten Konsequenzen wie physischem und psychischem Leistungsabfall, Schlaflosigkeit, Überreiztheit, Depression, Magen- und Kopfschmerzen, Vergesslichkeit und starkem Absinken sexueller Aktivität.

Menschen unterscheiden sich in der Art, wie sie mit Stress umgehen, wie viel Stress sie vertragen können, d.h. welche *Stress-Resilienz* sie zeigen, wie schnell und effektiv sie potenziell negative und bedrohliche Dinge erkennen, wie schnell die Stressachse Körper und Gehirn aktiviert und wie schnell diese wieder die Aufregung herunterregulieren kann. Hohe Stressbelastungen können bereits beim ungeborenen Kind, übertragen durch das Gehirn einer traumatisierten Mutter, oder nach der Geburt, durch direkte Einwirkung auf den Säugling, große Schäden anrichten, weil hier die Stressachse noch unfertig und besonders verletzbar (»vulnerabel«) ist (Caspi et al. 2003; Davis et al. 2005; Lupien et al. 2009). Aber auch im späteren Leben kann akuter starker Stress, z.B. ein schwerer Unfall, körperliche Misshandlung, großes psychisches Leid, zu psychischer Traumatisierung und zur Ausbildung einer posttraumatischen Belastungsstörung (PTBS) führen, die vor allem mit strukturellen und funktionalen Defiziten im Hippocampus und im orbitofrontalen Cortex einhergehen (Loman und Gunnar 2009; McLelland et al. 2011).

Selbstberuhigung

Das zweite psychische Grundsystem ist das interne Beruhigungssystem. Es entwickelt sich zum Teil ebenfalls vor der Geburt und intensiv früh nachgeburtlich. Es ist wesentlich vom Neuromodulator Serotonin (5-Hydroxytryptamin, abgekürzt 5-HT) gekennzeichnet (Hensler 2006; Cools et al. 2008; Berger et al. 2009; Dayan und Huys 2009). Serotonin wird in Zellgruppen (»Kernen«) produziert, die auf der Mittellinie oder »Naht« (griechisch-lateinisch »raphe«) des Hirnstamms sitzen und deshalb »Raphe-Kerne« genannt werden. Von den vorderen Raphe-Kernen aus wird das Serotonin über unterschiedliche Nervenfaserbahnen im Gehirn verteilt, vor allem in limbischen Zentren wie Amygdala, Hypothalamus, mesolimbisches System, Hippocampus, Basalganglien, orbitofrontaler, cingulärer und insulärer Cortex. Serotonin wirkt dort, aber auch direkt an seinem Entstehungsort, den Raphekernen, auf eine Vielzahl von Rezeptoren ein, die auf ihre Trägerzellen sehr unterschiedliche Wirkungen haben können. Eine Gruppe von Serotonin-Rezeptoren, sogenannte 5-HT-1A-Rezeptoren, sind an der Regulation von Nahrungsaufnahme, Schlaf und Temperatur beteiligt, psychisch bewirken sie eine Dämpfung und Beruhigung und sind wesentlich an der Unterdrückung schädlicher Handlungsimpulse beteiligt (s. unten). Eine mangelhafte Produktion von Serotonin, eine Beeinträchtigung seiner Wirkung im synaptischen Spalt über eine Fehlfunktion des sogenannten Serotonintransporters sowie eine Aktivierung von 5-HT-2A-Rezeptoren rufen hingegen Schlaflosigkeit, Depression, Ängstlichkeit, Risikoscheu, reaktive Aggression und Impulsivität hervor. Betroffene Menschen interpretieren typischerweise die Welt als bedrohlicher und fühlen sich ständig beunruhigt, was sich – meist bei Männern – in »reaktiver« körperlicher Gewalt äußert (»Man muss sich ja schließlich wehren!«), bei Frauen eher in Selbstverletzung und bei beiden Geschlechtern in Depression.

Menschen unterscheiden sich neben ihrer Fähigkeit, mit Belastungen umzugehen, durch den Grad an Zuversicht oder Ängstlichkeit, Ausgeglichenheit oder innerer Unruhe, Frustrationstoleranz und Bedrohtheitsgefühl, und all dies ist wesentlich vom Funktionszustand des serotonergen Systems bestimmt, das eng mit dem Stresssystem und mit Stoffen wie den endogenen Opioiden und dem »Bindungshormon« Oxytocin (s. unten) wechselwirkt. Starker Stress und starke psychische Traumatisierung in früher Kindheit, etwa in Form von körperlicher oder psychischer Misshandlung oder Vernachlässigung und sexuellem Missbrauch, führt zu einer nachhaltigen, z.T. irreversiblen Schädigung des Selbstberuhigungssystems bzw. zu einem Defizit in der Expression des Serotonintransporter-Gens (Caspi et al. 2003; Canli und Lesch 2007).

Selbstbewertung und Motivation
Das dritte psychische Grundsystem ist das interne Bewertungs- und Motivationssystem. Dieses System umfasst im Wesentlichen die Aktivität der Amygdala und des mesolimbischen Systems. Beide bewerten alles, was eine Person erlebt oder tut, nach den Konsequenzen für das eigene Wohlergehen und legen das Resultat dieser Bewertung im emotionalen Gedächtnis nieder. Mit dieser Bewertung verbunden ist das Registrieren positiver und negativer Ereignisse. Ersteres ist mit der Ausschüttung hirneigener Opioide durch Zentren des Hypothalamus verbunden, die auf Rezeptoren im mesolimbischen System einwirken, vornehmlich im Nucleus accumbens, aber auch in der Amygdala und im orbitofrontalen, cingulären und insulären limbischen Cortex. Dies bewirkt ein Gefühl der Belohnung und damit Freude, Vergnügen und Lust. Die Erfahrung negativer Ereignisse geht mit der Ausschüttung von Substanz-P (»P« für »pain«), Arginin-Vasopressin und Cholezystokinin einher und erzeugt Gefühle der Unlust, des Schmerzes, der Bedrohung bis hin zur Panik. Hiermit eng verbun-

den sind auch ein Defizit im Serotoninhaushalt sowie eine erhöhte Produktion von CRF, ACTH und Cortisol. Diese Positiv-Negativ-Bewertung legt jeweils fest, wie stark eine Person auf Belohnung und auf Bestrafung reagiert. Entsprechend wird diese Person eher belohnungsempfänglich oder bestrafungsempfänglich im Sinne von Jeffrey Gray sein (Gray 1990; vgl. Asendorpf und Neyer 2012).

Dieses Bewertungssystem ist Grundlage des *Motivationssystems*, indem es festlegt, dass Dinge und Handlungen, die zu Belohnung führten, *wiederholt* und Dinge und Handlungen, die zu Bestrafung führten, *vermieden* werden. Die Wiederholungstendenz beruht auf der unbewussten oder bewussten Annahme, dass sich bei Wiederholung einer Handlung erneut die Belohnung einstellt – sie ist also durch die »Belohnungserwartung« getrieben. Im Gehirn wird dies durch das Dopamin-System bewirkt (Schultz 2007; Phillips et al. 2008). Diese drei Systeme bilden die Grundlage dreier weiterer psychischer Grundsysteme, die sich anschließend entwickeln und dem egozentrischen Kern unserer Persönlichkeit einen sozial vermittelten »Mantel« hinzufügen.

Impulskontrolle

Zu diesem »Mantel« gehört das Impulskontroll- oder Impulshemmungssystem. Das Verhalten von Säuglingen und Kleinkindern ist in der Regel impulsiv und duldet keinen Belohnungsaufschub (»ich will alles, und zwar sofort«). In der Phase des frühkindlichen Trotzverhaltens entwickeln sich (hoffentlich) Impulshemmung und Toleranz gegenüber Belohnungsaufschub bzw. Aufschub bei der Beseitigung negativer Dinge vom zweiten Lebensjahr an bis zum Erwachsenenalter. Verantwortlich ist hierfür auf hirnorganischer Seite das Ausreifen des orbitofrontalen, ventromedialen und anterioren cingulären Cortex als der »oberen limbischen Ebene« (s. oben) und ihrer hemmenden Bahnen zu den subcorticalen limbischen Zentren der unteren und mittleren limbischen

Ebene (Hypothalamus, zentrales Höhlengrau, Amygdala, mesolimbisches System), die auf impulsive Reaktionen und unmittelbare Befriedigung egozentrischer Motive ausgelegt sind (Kringelbach et al. 2004). Angetrieben wird dieses System durch das motivationale Dopamin-System, die Hemmung erfolgt über das Serotonin-System (Cools et al. 2008; Berger et al. 2009; Dayan und Huys 2009). Im unteren und medialen Frontalhirn sind viele Serotonin-Rezeptoren vorhanden, und eine Aktivierung des Frontalhirns über diese Rezeptoren verstärkt die Hemmung der Nervenbahnen auf die genannten subcorticalen limbischen Zentren (über dort vorhandene inhibitorische Neuronen). Dies gilt sowohl für appetitive wie aversive Reaktionen, d.h. den Drang nach sofortiger Belohnung als auch die Tendenz zu sofortiger Flucht, Abwehr oder sofortigem Angriff. Dies erklärt, warum ein Mangel an Serotonin und damit eine Unteraktivität im Frontalhirn sowohl bei Angststörungen und gewalttätigem antisozialem Verhalten als auch bei Erlebnissucht, Spielsucht und hochriskantem Verhalten gehäuft auftritt (Brown et al. 2006).

Bindung und Empathie
Das nächste System ist das Bindungs- und Empathiesystem. In seiner primären Stufe als Bindungssystem entwickelt es sich ab den ersten Wochen und Monaten nach der Geburt, wenn der Säugling beginnt, seine Mutter oder eine andere primäre Bezugsperson gezielt anzulächeln und mit ihr zu interagieren (Strauß et al. 2002).

Hierdurch wird die emotionale Kopplung zwischen Kleinkind und Bezugsperson verstärkt und die Ausdifferenzierung der Gefühlswelt des Säuglings und Kleinkindes vorangetrieben und dabei wesentlich auf die Emotionalität der Mutter geprägt. Es konnte gezeigt werden, dass eine depressive Mutter die negativen Gefühle ihres Kindes einseitig verstärkt. Dadurch wird neben der Weitergabe depressionsfördernder Gene beim Kind eine Tendenz zur

Depression auf nicht-genetische Weise gesteigert (Goodman und Gotlib 1999). Eine wesentliche Rolle bei dieser Bindung spielt das im Hypothalamus produzierte Neuropeptid Oxytocin, das vor der Geburt die Wehen beeinflusst und nach der Geburt den Milchfluss fördert. Bei Säugetieren einschließlich des Menschen tritt es bei Mutter-Kind-Beziehungen und auch bei erwachsenen Paarbeziehungen und Sexualverhalten, aber auch allgemein bei vertrauensvollen sozialen Kontakten als »Bindungshormon« in hohen Dosen auf (Campbell 2008; Heinrichs et al. 2009; Ross und Young 2009; Rilling und Young 2014). Verstärkt wird die »bindende« Wirkung von Oxytocin durch die Ausschüttung endogener Opioide und von Serotonin, die das Wohlgefühl bei intensiven sozialen Beziehungen verstärken.

Empathie entwickelt sich offenbar aus dem Bindungssystem und beruht auf zwei Fähigkeiten, nämlich zum einen der Fähigkeit, die Gefühle, Gedanken und Absichten eines Mitmenschen erkennen (»lesen«) zu können, die man etwas unglücklich auch »Theorie des Geistes« (»Theory of Mind«; Förstl 2012) nennt, und zum anderen der Fähigkeit zum »Mitleiden«, also Empathie im engeren Sinne.

Das menschliche Empathiesystem umfasst sowohl subcorticale limbische Zentren wie das mesolimbische System und die Amygdala (insbesondere beim Erkennen des Gesichtsausdrucks) als auch corticale limbische Zentren, vor allem den orbitofrontalen, anterioren cingulären und insulären Cortex für die Wahrnehmung des »Schmerzes« bei Anderen (Singer et al. 2004), sowie Bereiche des Scheitel- und Schläfenlappens, die mit dem Erkennen von Mimik und Gebärden befasst sind. Unglücklicherweise wird dieses corticale System oft als »Spiegelneuronen-System« bezeichnet in Anlehnung an die bei Makakenaffen entdeckten und dort genauer untersuchten Spiegelneuronen (Rizzolatti und Craighero 2004; Bauer 2005, Rizzolatti und Fabbri-Destro 2008). Die Spiegelneuronen haben bei den Makaken aber nichts mit

Empathie oder Imitation zu tun – Makaken zeigen weder das Eine noch das Andere –, und sie liegen auch nicht in einer limbischen Region des Cortex wie beim Menschen, sondern in einer prämotorischen Region (Fecteau et al. 2008).

Realitätssinn und Risikowahrnehmung
Das letzte psychische Grundsystem, das hier vorgestellt wird, ist das System des Realitätssinns und der Risikowahrnehmung. Es entwickelt sich relativ spät, nämlich erst nach dem dritten Lebensjahr, wenn sich die kognitiven Fähigkeiten des Gehirns, insbesondere in Hinblick auf Aufmerksamkeit und Gedächtnisleistungen allmählich entwickeln. Dieses System ist hauptsächlich an den Neurotransmitter und Neuromodulator Acetylcholin gebunden. Acetylcholin wird vornehmlich im basalen Vorderhirn (diagonales Band von Broca, Nucleus basalis Meynert) gebildet. Das basale Vorderhirn beeinflusst massiv die kognitiven Bereiche der Großhirnrinde, besonders das Stirnhirn, sowie den für Lernen und Gedächtnis zentralen Hippocampus (vgl. Kapitel 4). Acetylcholin erhöht die Aufmerksamkeit und Konzentration durch eine Fokussierung neuronaler Aktivität im Arbeitsgedächtnis des Stirnhirns und beim gezielten Abruf von deklarativen Gedächtnisinhalten (Sarter et al. 2005). Eine Störung des basalen Vorderhirns (z.B. bei der Alzheimerschen Altersdemenz) und eine damit verbundene Senkung des Acetylcholinspiegels führen zu mangelnder Konzentration, reduzierten Gedächtnisleistungen bis hin zu Demenz.

Zu den Funktionen dieses Systems gehört auch die Fähigkeit, Risiken einer bestimmten Situation und mögliche negative Folgen des eigenen Handelns zu erkennen. Hier spielt vornehmlich die Aktivität des dorsalen Anteils des anterioren cingulären Cortex eine Rolle, der mit dem benachbarten dorsolateralen präfrontalen Cortex eine enge Beziehung hat. Man geht heute davon aus, dass der anteriore cinguläre Cortex die Risiken »erkennt« und entsprechende Signale an den präfrontalen (kognitiven) und orbitofrontalen (emotionalen und ethischen) Cortex weiterleitet, woraus dann bestimmte Handlungsstrategien resultieren, z.B. bestimmte riskante Handlungsimpulse zu hemmen (s. oben). Personen mit Defiziten im anterioren cingulären und präfrontalen Cortex können Risiken nicht erkennen, während Personen mit Defiziten im orbitofrontalen Cortex fähig sind, hochriskante Dinge zu tun, auch wenn sie um diese Risiken wissen. Sie besitzen bei normaler oder gar hoher Intelligenz und Rationalität keine genügende Impulshemmung (Anderson et al. 1999; Brown und Braver 2007; Smith et al. 2009).

Ein neurobiologisch inspiriertes Modell der Persönlichkeit

Diese Zusammenhänge versetzen uns in die Lage, die verschiedenen Ebenen und Aspekte einer menschlichen Persönlichkeit besser zu verstehen. Wir haben gesehen, dass sich von der Grundorganisation des Gehirns her die Persönlichkeit aus einer unteren, mittleren und oberen limbischen Ebene und einer kognitiv-sprachlichen Ebene zusammensetzt. Dabei bestimmen die Eigenschaften der unteren limbischen Ebene unser – überwiegend angeborenes – Temperament, während die mittlere Ebene der Ort der emotionalen Konditionierung ist. Beide Ebenen zusammen konstituieren die überwiegend unbewussten und egozentrierten Anteile unserer Persönlichkeit. Auf der oberen limbischen Ebene vollziehen sich die Prozesse der Sozialisierung, d.h. Bindungsfähigkeit im weiteren Sinne, Empathie, Moral, Ethik und Gewissen. Die kognitiv-sprachliche Ebene schließlich dient der Kommunikation und in diesem Rahmen der Selbstdarstellung vor sich und den Anderen, sie ist auch der Ort der Intelligenz und Handlungsplanung. Während die drei limbischen Ebenen eng miteinander verwoben sind, arbeitet die kognitiv-sprachliche Ebene weithin unabhängig von diesen drei Ebenen.

Alle hier vorgestellten psychischen Grundsysteme sind gekennzeichnet durch eine hochkomplexe positive und negative Interaktion von Neurotransmittern, -modulatoren, -peptiden und -hormonen, die ihrerseits jeweils unterschiedliche, z.T. gegensätzliche Wirkungen haben, und zwar je nach Rezeptortyp und Aktivitätsmuster (z.B. phasisch-tonisch), und die schließlich in den unterschiedlichen limbischen und kognitiven Hirnzentren ganz unterschiedlich wirken können.

Beispielhaft können wir nun einen Menschen mit einer »*normalen*« *Persönlichkeit* beschreiben: Ein solcher Mensch erkennt gut Risiken und Gefahrenquellen, regt sich entsprechend auf und wieder ab, hat eine mittlere Frustrationstoleranz, d.h. er überreagiert nicht auf tatsächliche oder potenziell negative Situationen mit Flucht, Abwehr, Panik oder Angriff, ist längerfristig und nicht nur kurzfristig ziel- und belohnungsorientiert und nicht von einem einzigen Ziel »besessen«, kann seine kurzfristigen affektiven Impulse kontrollieren, verfügt über ein gutes Bindungspotenzial und über Empathiefähigkeit, ohne seine eigenen Interessen aus dem Auge zu verlieren, ist gesellig und offen für neue Erfahrungen. Diese psychische Ausgeglichenheit wird über ein teils genetisch, teils über Umwelteinflüsse und eigene Erfahrungen bedingte höchst komplexe, aber recht stabile Interaktion vieler Botenstoffe und Hirnzentren bewirkt, die als Gesamtergebnis ein stabiles, sozial ausgewogenes Selbstgefühl und einen hohen Grad an Selbstwirksamkeit liefern.

Der *leicht neurotizistische Typ* ist hingegen schnell aus dem seelischen Gleichgewicht zu bringen, weil sein Stressverarbeitungssystem überreagiert und/oder den Stress nicht genügend zurückfährt, er nimmt die Welt negativer wahr als der Durchschnitt, ist deshalb immer aus tausend Gründen besorgt, häufiger erschüttert, betroffen, beschämt, unsicher, verlegen, nervös, ängstlich oder traurig. Er ist aufgrund einer erhöhten Risikowahrnehmung und Bestrafungsempfänglichkeit gewissenhaft bis pingelig, mäßig risikoscheu, eher kontaktarm und gehemmt. Dies resultiert aus einer Kombination eines leicht defizitären Stressverarbeitungs- und Selbstberuhigungssystems, einer starken Impulshemmung, einer ausgeprägten Realitäts- und Risikowahrnehmung und einer geringen Belohnungssensibilität. Abhängig von der Ausprägung seines Bindungssystems ist er entweder eher auf enge Bindung (»Klammern«) aus oder hält die Anderen auf Distanz zu sich.

Der stark neurotizistische Typ ist getrieben von einer diffusen Sorge und Angst, ist risikoscheu, kontaktarm bis zur Sozialphobie, zwanghaft ordnungsliebend, phobisch, depressiv und sehr gehemmt. Hier liegt eine Kombination eines stark defizitären Stressverarbeitungs-, Selbstberuhigungs- und Bindungssystems mit einer starken Impulshemmung und einer pathologischen Risikowahrnehmung vor, die wiederum in der Regel durch ein Zusammenspiel genetischer Defizite (meist im Cortisol-, Serotonin- und Oxytocinhaushalt) und frühkindlicher Traumatisierung verursacht ist (s. unten).

Der *leicht extravertierte Typ* ist optimistisch, deutlich belohnungsorientiert, offen, kreativ, selbstsicher, aktiv, gesprächig, energisch, heiter, gesellig, liebt Aufregungen, zeigt Wagemut, gleichzeitig eine gewisse Sorglosigkeit und Unzuverlässigkeit. Hier liegt eine leichte Dominanz des dopaminergen Systems und des Bindungssystems bei leichter Schwächung der Impulshemmung und Risikowahrnehmung vor. Der *stark extravertierte Typ* hingegen ist stark belohnungsorientiert, zeigt eine hohe Impulsivität und oft auch eine Rücksichtslosigkeit bei der Durchsetzung seiner Ziele, geht häufig hohe Risiken ein, hat deutliche Empathiedefizite, ist gewissenlos, ist oft drogen- und alkoholabhängig, neigt zum Glücksspiel und riskanten Beschäftigungen. Gleichzeitig erleben diese Personen eine ständige innere Unruhe, die durch Glückserlebnisse nur kurz beseitigt wird. Hier liegt eine emotionale Überreaktivität vor, verursacht durch einen erhöhten Cortisol- und

Noradrenalinspiegel unter Stress, eine starke Dominanz des dopaminergen Systems und der Belohnungsempfänglichkeit, verbunden mit deutlichen Defiziten in der Impulshemmung, der Selbstberuhigung und des Empathiesystems. Auch dies ist meist verursacht durch epigenetische Defizite (sogenannte Polymorphismen) vornehmlich im Dopamin- und Noradrenalinsystem, kombiniert mit frühkindlicher Traumatisierung, die sich hier »nach außen« und nicht »nach innen« wendet wie beim stark neurotizistischen Typ.

Es bestätigt sich also die Vermutung von Eysenck und Gray, dass Neurotizismus und Extraversion die Grundpole der Persönlichkeit darstellen, die durch die ersten drei psychischen Grundsysteme, d.h. das Stressverarbeitungssystem, das Selbstberuhigungssystem und das Belohnungs- und Motivationssystem bestimmt werden. Die anderen Systeme, die ontogenetisch etwas später entstehen, modulieren und erweitern diese Grundzustände, z.B. in Richtung auf die Persönlichkeitsmerkmale *Verträglichkeit* (Bindung, Sozialität, Empathie), *Gewissenhaftigkeit* (Angst vor dem Versagen, vor Risiken) und *Offenheit gegenüber Neuem*.

Die Entwicklung der Persönlichkeit und des Ich

Der Entwicklungspsychologie und insbesondere der Säuglingsforschung der letzten Jahre ist es gelungen, die wesentlichen Etappen der Entwicklung der kindlichen Persönlichkeit und des Ich herauszuarbeiten (S. Pauen 2000; Eliot 2001; Roth und Strüber 2014). Die erste Etappe dieser Entwicklung vollzieht sich im Mutterleib, vor allem während der letzten Wochen der Schwangerschaft. Die Sinnesorgane und primären Sinneszentren des Gehirns sind zu dieser Zeit bereits aufnahmefähig; ebenfalls hat das limbische System als zentrales Bewertungssystem des Gehirns seine Arbeit aufgenommen. Gleichzeitig stehen Körper und Gehirn des Fötus über den Blutkreislauf noch in engster Verbindung mit Körper und Gehirn der Mutter, und mütterliche Botenstoffe beeinflussen das sich entwickelnde fötale Gehirn. Hierüber gelangen auch Informationen über emotional-affektive Zustände der Mutter in das Gehirn des Fötus. Deshalb können sich starke psychische Beeinträchtigungen der Mutter während der Schwangerschaft sehr ungünstig auf das noch unreife Gehirn und das ebenso unreife Stressverarbeitungssystem des ungeborenen Kindes auswirken (van Goozen et al. 2006). Bekannt ist, dass das ungeborene Kind bereits im Uterus die Stimme seiner Mutter zu erkennen lernt, insbesondere deren emotionale Tönung.

Folgende Phasen der nachgeburtlichen Persönlichkeits- und Ich-Entwicklung werden unterschieden (S. Pauen 2000): (1) Die primäre Unterscheidung von Ich und Nicht-Ich über den Körper und die Entwicklung einer körperlichen Perspektive; (2) die Entwicklung des Bewusstseins der Autorschaft der eigenen Handlungen; (3) die Entwicklung des Selbst in der Kommunikation und die Ausbildung zweckgerichteter (intentionaler) Zustände; (4) die Entwicklung des sprachlich-sozialen Ich und (5) die Entwicklung kognitiver Fähigkeiten.

Den Beginn der Ich-Entwicklung beim Kleinkind stellt die Unterscheidung des eigenen Körpers von der belebten und unbelebten Umwelt (körperliches Ich vs. Nicht-Ich) dar. Wahrnehmungen von körpereigenen Zuständen werden anders erfahren als Wahrnehmungen von Dingen und Geschehnissen außerhalb des Körpers. Wenn wir mit unserer Hand einen Gegenstand ergreifen und die Hand gleichzeitig ansehen, dann gibt es eine Parallelität zwischen den Motorkommandos der Großhirnrinde, den somatosensorischen Rückmeldungen der Erregungszustände der Haut, der Muskeln, Sehnen und Gelenke (*Propriozeption*) und der visuellen Wahrnehmung der Hand, die beim bloßen Anblick eines externen Gegenstandes nicht auftritt. Ganz deutlich wird der Unterschied zwischen Körper und Nicht-Körper, wenn wir – was der Säugling ja ständig tut – uns selbst berühren; dann haben wir nämlich eine zweifache Parallelität zwischen Motorkommandos und Propriozeption, was beim Ergreifen eines Gegenstandes nicht der Fall ist.

Während für den Säugling in den ersten Wochen nach der Geburt Gesichter von Menschen und von Tieren gleichermaßen interessant sind, kommt es mit drei Monaten zu einer deutlichen Bevorzugung menschlicher Gesichter (Pascalis et al. 2002). In diesem Zusammenhang vollzieht sich auch die Unterscheidung des eigenen Gesichts von fremden Gesichtern. Ab dem fünften Monat unterscheiden Kinder eigene und fremde Gliedmaßen. Der eigene Körper wird in seiner Wahrnehmungsperspektive erlebt, er spielt bei Verdeckungen und Drehungen eine besondere Rolle als »Mittelpunkt der Welt«. Hieraus ergibt sich ein primäres egozentrisches Weltbild.

Die zweite der oben genannten Entwicklungsphasen besteht in der Wahrnehmung der eigenen Handlungen als Auswahl aus einer Vielfalt von Möglichkeiten. Die Entwicklung zielgerichteter, absichtsvoller (intentionaler) Handlungen beginnt ab dem dritten bis vierten Monat. Dies schließt z. B. das Abschätzen der eigenen Reichweite, das Erkunden der Umgebung und die (wahrscheinlich erst rudimentär bewusste) Wahrnehmung der eigenen Handlungspläne ein (Rochat 1989).

Eine weitere frühe Phase betrifft die Wahrnehmung des Selbst in der Kommunikation. Bereits wenige Stunden nach der Geburt kann es beim Säugling zu Imitationen einfacher Handlungen anderer Personen kommen, etwa des Zunge-Herausstreckens; dies verliert sich allerdings schnell (Meltzoff und Moore 1992; Meltzoff und Gopnik 1993; Tomasello 2002). Es kommt auch zum erstmaligen Fixieren der mütterlichen Augen. Mit zwei bis drei Monaten treten unterschiedliche Lächelreaktionen gegenüber Personen und gegenüber unbelebten Objekten auf (die Unterscheidung zwischen »belebt« und »unbelebt« ist dem Kind wahrscheinlich angeboren). Das Lächeln wird auch als Vorhandensein konkreter

Kommunikationserwartungen bereits wenige Wochen nach der Geburt gedeutet (Trevarthen 1993).

Mit drei bis vier Monaten zeigt das Kind erstmals situationsgebundene Verhaltenserwartungen, und es folgt der Blickrichtung der Bezugsperson. Es unterscheidet intentionale Bewegungen, z.B. Zeigen und Greifen einer Person, von künstlichen Bewegungen. Es beginnt, sich und anderen Personen Wahrnehmungen, Gedanken und Intentionen zuzuschreiben. Auf dieser Basis beginnt während einer Periode zwischen 9 und 12 Monaten (der Neunmonatsrevolution, wie Tomasello sie nennt) die Ausbildung der Fähigkeit, das, was ein Anderer denkt, bei den eigenen Plänen und Absichten in Rechnung zu stellen und andere Menschen als intentionale Akteure zu verstehen (»Theory of Mind«). Dieser Prozess dauert allerdings bis zum Erwachsenenalter an.

Besonders aussagekräftig für die Ich-Entwicklung ist der Zeitpunkt, ab dem sich Kinder im Spiegel erkennen können. Diese Fähigkeit findet sich neben Menschen auch bei anderen Menschenaffen, Delphinen, Elefanten und wahrscheinlich auch bei Rabenvögeln, ist aber bei diesen Tieren, anders als beim Menschen, nicht mit großer Attraktivität verbunden, d.h. die genannten Tiere schauen sich offenbar nicht gern an (vgl. dazu Roth 2010). Nach Butterworth (1992) entwickelt sich diese Fähigkeit beim Menschenkind in folgender Weise: (1) Bevorzugung des Anblicks fremder Personen gegenüber dem eigenen Anblick (0 bis 3 Monate); (2) Erkennen des Zusammenhangs zwischen Eigenbewegung und der Wahrnehmung beim Betrachten der eigenen Person (3 bis 8 Monate); (3) das Bewusstsein, dass die eigene Person auch außerhalb der unmittelbaren Spiegelwahrnehmung eine dauerhafte Existenz hat (8 bis 12 Monate); (4) die Unterscheidung zwischen dem Anblick der eigenen Person und dem anderer Personen aufgrund charakteristischer Merkmale der äußeren Erscheinung (12 bis 15 Monate) und (5) Bestehen des »Rouge-Tests«. Hierbei wird dem Kleinkind unbemerkt ein roter

Klecks auf die Nase aufgetragen, und es wird überprüft, ob das Kind dem Spiegelbild oder sich selbst den Klecks abzuwischen versucht. Ein Kleinkind tut Letzteres zwischen 15 und 24 Monaten, im Mittel um 18 Monate.

Die vierte Phase, oder besser der vierte Strang der Persönlichkeits- und Ich-Entwicklung, umfasst die Entstehung des sprachlichen Ich (Grimm 1995): Die mütterliche Stimme wird bereits im Mutterleib erlernt (s. oben). Schon drei Tage nach der Geburt zeigen Neugeborene bei entsprechenden Tests eine Präferenz für die mütterliche Stimme, und zwar für das verfremdete Klangbild, das diese Stimme für den Fötus hatte. Während der ersten zwei Monate nach der Geburt entwickelt sich die Fähigkeit zum Erfassen der Prosodie, d.h. der Sprachmelodie, etwa im Zusammenhang mit der sogenannten Ammensprache. Zwischen dem vierten und sechsten Monat werden erste Vokale produziert; es wird bereits gut zwischen eigenen und fremden Sprachlauten unterschieden. Die erste Nachahmung mütterlicher Intonationsweisen tritt im Alter von sechs Monaten auf, gelegentlich früher. Ab dem neunten Monat werden erste Konsonanten gebildet, dann setzt das Lall-Stadium mit Zwei-Silben-Lauten (dada, mama usw.) ein. Zwischen dem zehnten und zwölften Monat geschieht die Einengung der Sprachlaute auf die Laute der Muttersprache (Cheour et al. 1998). Zwischen dem achten und dem 20. Monat (im Durchschnitt im Alter von zwölf Monaten) werden erste Wörter gebildet. Ab dem 18. Monat treten erste Objektbezeichnungen auf, ab dem 20. Monat kommen Verben und andere Wörter (Hilfsverben, Präpositionen usw.) hinzu.

Mit 18 Monaten ist die 50-Wörter-Marke erreicht, ab dann beschleunigt sich die Sprachentwicklung. Zwischen dem 18. und 25. Monat beginnt das Kleinkind Wörter zu kombinieren und Zwei-Wort-Sätze zu bilden. Zwischen dem 22. und dem 24. Monat verfügt das Kind über ca. 200 Wörter, und jeden Tag kommen durchschnittlich neun Wörter hinzu. Diese Phase ist durch starkes Eigenlernen und eine schnelle Zuordnung von Wörtern und Bedeutungen charakterisiert, was meist aufgrund von Versuch und Irrtum geschieht. Mit zwei Jahren besteht die Sprache der Kleinkinder aus Zwei- bis Drei-Wort-Sätzen in einem »telegraphischen« Stil, jedoch in korrekter Reihenfolge; dies wird als Anzeichen für eine bereits vorhandene Grund-Syntax gedeutet (vgl. Kapitel 9).

Gegen Ende des zweiten Lebensjahres kommt es zur Formulierung der Wörter »ich«, »mein« usw., was nicht bedeutet, dass die Kinder bereits genau wissen, was damit gemeint ist. Im dritten Jahr beginnen Kleinkinder Singular und Plural zu gebrauchen und stellen die berühmten Fragen: »Was ist das?« bzw. »Warum ist …?«. Mit zweieinhalb Jahren werden Sätze mit mehreren Phrasen gebildet; dies ist der eigentliche Beginn einer syntaktischen Sprache. Mit vier bis fünf Jahren werden die hauptsächlichen Satzkonstruktionen der Muttersprache beherrscht. Mit acht Jahren ist ein explizites Sprachwissen vorhanden; Kinder korrigieren sich in ihrer Sprache und begründen ihre Fehler.

Zweifellos spielt die Ausbildung einer syntaktischen Sprache für die Ich-Entwicklung eine entscheidende Rolle. Mithilfe der Sprache können Wörter wie »ich« und »mein« in Kombination mit Zuständen und Handlungen zu Zentren von Erlebnis- und Gedächtnisassoziationen und damit so etwas wie überdauernde Objekte werden. Vergangenheit und Zukunft werden dadurch ebenfalls sprachlich vermittelbar.

Die kognitive Entwicklung des Kindes beginnt nach neuen Befunden viel eher als zuvor im Anschluss an Piaget angenommen. Die Übertragung von Sinneserfahrungen von einem Sinnesgebiet (Modalität) in ein anderes und die Kategorisierung des Wahrgenommenen tritt bereits ab der vierten Woche auf, bald gefolgt vom Verständnis für einfache Addition und Subtraktion. Mit drei Monaten ist der Säugling fähig, zwischen möglichen und unmöglichen physikalischen Erscheinungen zu unterscheiden (z. B. dass losgelassene Gegenstände zu Boden fallen und nicht etwa aufsteigen). Ab dem zweiten Monat bildet sich ein Arbeitsgedächtnis aus, das allerdings noch wenig leistungsfähig ist und nur eine Spanne von drei Sekunden umfasst). Dies steigert sich ab dem neunten Monat auf neun Sekunden. Zusammen mit der bereits erwähnten »Neunmonatsrevolution« entstehen ein erstes echtes Begreifen der Welt und das Nachvollziehen von Motiven und Aufmerksamkeit Anderer. Vergleichsweise spät, nämlich erst mit vier bis fünf Jahren, entwickelt sich eine verlässliche Unterscheidung zwischen Schein und Wirklichkeit – damit wird die »Traumwelt« des Kleinkindes verlassen und ein Realitätssinn ausgebildet. Ab dem sechsten Lebensjahr zeigen Kinder die ersten »Vernunftleistungen« und die ersten deutlichen Anzeichen einer willentlichen Kontrolle ihres zuvor meist impulsiven Verhaltens. Hiermit ist gleichzeitig die Schulreife erreicht.

Mit dem Eintritt in den Kindergarten und spätestens in die Schule beginnt die Phase der außerfamiliären Sozialisation und damit die Entwicklung von Mustern sozialen Handelns wie kooperativer Altruismus (hilfst du mir, helfe ich dir), Tauschen, Kompromisse-Schließen, Kontrolle verbaler und körperlicher Aggression, aber auch Realitätssinn und korrekte Einschätzung der eigenen Kräfte, über die ich bereits im Zusammenhang mit der oberen limbischen Ebene gesprochen habe.

Die Bedeutung frühkindlicher Einflüsse und der Bindungserfahrung

Viel ist darüber gestritten worden, welche Bedeutung die ersten Lebensjahre für die Entwicklung der Persönlichkeit tatsächlich haben. Während einige Psychologen und Pädagogen den frühkindlichen Erfahrungen keine besondere Bedeutung zuschreiben und von einer gleichmäßigen lebenslangen Verformbarkeit des Menschen ausgehen, ist inzwischen die Mehrheit der Überzeugung, dass die ersten drei bis fünf Jahre und in geringerem Maße die Pubertät prägend für das spätere Leben einer Person sind, insbesondere was ihr Temperament angeht (Thomas und Chess 1980; Rothbarth 1989).

Fest steht inzwischen, dass traumatische Ereignisse kurz vor, während und nach der Geburt wie etwa Gewalteinwirkung, starke psychische Belastungen und Drogeneinnahme bzw. massiver Alkohol- und Nikotinmissbrauch der Mutter gegen Ende der Schwangerschaft eine hohe Übereinstimmung mit späterem selbstschädigenden Verhalten einschließlich eines erhöhten Selbstmordrisikos des Individuums aufweisen (van Goozen und Fairchild 2006; Tyrka et al. 2009). Dies erklärt sich dadurch, dass das noch sehr unreife und sich schnell entwickelnde Gehirn des Ungeborenen äußerst empfänglich für Umwelteinflüsse ist, die entweder direkt auf den Fötus oder indirekt über das Gehirn der Mutter, das ja mit dem des Fötus eng zusammenhängt, einwirken. Alles, was die Mutter an Schädigungen sich selbst zufügt oder was ihr zugefügt wird, beeinflusst ihr Gehirn, und dort werden als Reaktion bestimmte Substanzen wie Cortisol freigesetzt, die dann über die Blutbahn zum Ungeborenen und seinem Gehirn laufen und dort Schaden anrichten können und gleichzeitig prägend wirken. So werden auch die Fähigkeit, Stress zu ertragen, und die Empfindlichkeit für Schmerz im Erwachsenenalter vorgeburtlich und durch die Ereignisse während der Geburt bestimmt. Untersuchungen haben gezeigt, dass die Stresstoleranz des Erwachsenen deutlich erniedrigt und die Schmerzempfindlichkeit deutlich erhöht ist, wenn die Umstände der Geburt für das Neugeborene stark belastend bzw. schmerzvoll waren (Anand und Scalzo 2000).

Der frühen Mutter-Kind-Beziehung bzw. der frühkindlichen Bindungserfahrung wird seit den bahnbrechenden Untersuchungen des österreichisch-amerikanischen Mediziners und Psychologen René Spitz (1887–1974) eine besondere Bedeutung für die Entwicklung der Persönlichkeit eines Menschen zugeschrieben. Spitz erkannte als erster, dass die Art der emotional-nichtverbalen Kommunikation zwischen dem Säugling und seiner Bezugsperson, vornehmlich der leiblichen Mutter, entscheidend für die weitere psychisch-kognitive Entwicklung des Säuglings und Kindes ist (Spitz 1967). Defizite in diesem Bereich können schwere und häufig irreparable psychische Schäden hervorrufen, wie die jüngsten Untersuchungen an russischen und rumänischen Waisenkindern zeigen, die später als zwei Jahre nach der Geburt adoptiert wurden (Gunnar et al. 2007; Marshall 2014).

Diese Erkenntnisse aus der Mitte des vorigen Jahrhunderts stießen anfangs auf Desinteresse und gar Ablehnung. Ein großer Durchbruch ergab sich erst durch die Arbeiten von John Bowlby und Mary Ainsworth. Der englische Kinderpsychiater John Bowlby (1907–1990) begründete die systematische Erforschung der psychischen Entwicklung des Kleinkindes und thematisierte im Rahmen der Bindungsforschung die grundlegende Bedeutung der Mutter-Kind-Beziehung. Die amerikanische Psychologin und Mitarbeiterin Bowlbys Mary Ainsworth (1913–1999) entwickelte diesen Ansatz weiter, insbesondere durch die Erstellung von Bindungstypen aufgrund einer experimentellen Standardsituation, der sogenannten »fremden Situation« (Ainsworth 1964; vgl. Strauß et al. 2002): Kinder im Alter zwischen 12 und 18 Monaten betreten zusammen mit ihrer Mutter einen Beobachtungsraum, den sie beide erkunden. Dann betritt eine fremde Frau den Raum und nimmt Kontakt mit beiden auf. Daraufhin verlässt die Mutter den Raum, und die fremde Person bleibt mit dem Kind allein. Schließlich kommt die Mutter zurück (»erste Wiedervereinigung«), und die fremde Person geht hinaus. Die Mutter verlässt nun zum zweiten Mal den Raum und lässt das Kind allein zurück. Die fremde Frau betritt wieder den Raum und nach einiger Zeit auch wieder die Mutter (»zweite Wiedervereinigung«), und die Fremde geht wieder hinaus. Bei diesem ganzen Vorgang wird das

Verhalten des Kindes bei der Trennung von der Mutter und der Wiedervereinigung mit ihr registriert, um festzustellen, wie das Kind den damit verbundenen Stress bewältigt.

Ainsworth hat aufgrund solcher Untersuchungen drei kindliche Bindungstypen ermittelt. Der erste ist der *sicher-gebundene Typ*: Das Kind zeigt seinen Trennungskummer offen, kann aber schnell getröstet werden. Es zeigt eine gute Balance zwischen Nähe zur Mutter (Bindung) und Erkundungsdrang (Exploration der Umgebung). Der zweite Typ ist der *unsicher-vermeidende Typ*: Das Kind zeigt wenig Kummer über die Trennung, konzentriert sich auf das Spielen und vermeidet nach Rückkehr der Mutter eher ihre Nähe. Es zeigt weniger eine Tendenz zur Nähe und eher eine Tendenz zur Exploration. Der dritte Typ ist der *unsicher-ambivalente Typ*: Das Kind weint heftig bei der Trennung und lässt sich bei der Rückkehr der Mutter kaum beruhigen. Es zeigt eher eine Tendenz zur Nähe (Klammern) als zur Exploration. Aufgrund von Untersuchungen von Main und Solomon (1986) kam später noch ein vierter Typ hinzu, der *desorganisiert-desorientierte Bindungstyp*. Diese Kinder können auf die Trennung nicht einheitlich reagieren und zeigen Verhaltensauffälligkeiten wie Bewegungsstereotypien, Erstarren und Angst gegenüber einem Elternteil. Bei ihnen zeigt sich später überdurchschnittlich häufig eine Tendenz zur Psychopathie. In großen Bindungsstudien zeigte sich, das ca. 60 % aller untersuchten Kinder dem Typ »sicher-gebunden« angehören, 20 % dem Typ »unsicher-vermeidend«, 12 % dem Typ »ambivalent-unsicher« und der Rest (8 %) dem Typ »desorganisiert-desorientiert«. Dieser besondere Typ tritt vornehmlich bei Kindern auf, die entweder missbraucht oder misshandelt wurden oder den Verlust eines Elternteils noch nicht verarbeitet haben.

Wichtig für die Frage nach der Persönlichkeit ist der inzwischen vielfach bestätigte Befund, dass der so ermittelte frühkindliche Bindungstyp mit dem erwachsenen Bindungsverhalten eng zusammenhängt, d.h. mit der Weise, wie eine Person kognitiv, emotional und motivational mit den Menschen in ihrer engeren familiären oder beruflichen Umgebung umgeht (vgl. Strauß et al. 2002).

Es ergeben sich im Rahmen des sogenannten Bindungs-Interviews (Adult Attachment Interview – AAI) bei Erwachsenen folgende Bindungstypen: (1) *Sicher-autonom*: Die Person gibt eine offene, kohärente und konsistente Darstellung ihrer positiven und negativen Bindungserfahrungen. Sie hat leichten Zugang zu diesen Gedächtnisinhalten. (2) *Bindungsdistanziert*: Die Person liefert nur inkohärente und unvollständige Angaben, zeigt Erinnerungslücken, Abwehr schmerzlicher Erinnerungen und liefert meist positive Erinnerungen ohne Details. (3) *Bindungsverstrickt*: Die Person liefert ausufernde, oft von Ärger durchsetzte Darstellungen, so als ob sie einen bestimmten Konflikt und den damit verbundenen Ärger gerade erst erlebt hätte; sie oszilliert zwischen positiven und negativen Darstellungen und Beurteilungen, ohne sich dessen bewusst zu sein, und zeigt eine allgemeine Verwirrtheit und Vagheit. (4) *Unverarbeitetes Trauma*: Die Person liefert eine konfuse Darstellung, zeigt häufige Erinnerungsverwechslungen und irrationale Darstellungselemente. Dieser letztere Typ entspricht dem kindlichen desorganisiert-desorientierten Bindungstyp und tritt entsprechend vornehmlich bei Personen mit unverarbeiteten Verlust- oder Missbrauchserfahrungen auf.

Wie bereits erwähnt gibt es einen deutlichen Zusammenhang zwischen dem kleinkindlichen und dem erwachsenen Bindungstyp, wobei Letzterer auch die Art und Weise einschließt, wie man sich gegenüber den eigenen Kindern bindungsmäßig verhält. Dies ist besonders wichtig für das in letzter Zeit intensiv diskutierte Phänomen des trans- oder intergenerationellen Transfers von Bindungserfahrungen und anderen frühkindlichen Erfahrungen: Eine Person gibt an ihre eigenen Kinder häufig diejenigen Erfahrungen weiter, die sie selbst frühkindlich erfahren hat. Dies ist insbesondere bei Personen mit psychischen Erkrankungen wie

Depression oder schwerer frühkindlicher psychischer Traumatisierung (z.B. bei Überlebenden des Holocaust) der Fall.

Zusammengefasst dürfte klar geworden sein, welch kompliziertes Gebilde die menschliche Persönlichkeit ist, und warum Psychologen große Schwierigkeiten haben, dieses Gebilde richtig zu erfassen. Jeder von uns ist ein höchst individuelles Mosaik verschiedener Merkmale, das die Art, wie wir wahrnehmen, fühlen, denken, erinnern und unsere Handlungen planen und ausführen, festlegt. Es ist in seinem Kern, dem Temperament, schon bei der Geburt deutlich ausgeprägt und in seiner weiteren Ausprägung durch frühkindliche Erfahrungen in größerem Ausmaß veränderbar, verfestigt sich aber mit zunehmendem Alter.

Die Art, wie wir lehren und lernen, wird von unserer Persönlichkeit bestimmt, genauer vom Ausmaß an Neugier und Interesse, Selbstvertrauen und Vertrauen in die eigenen Kräfte, Fähigkeit zur Regulation unserer Gefühle und zur Impulskontrolle, Geduld, Aufmerksamkeit, Fähigkeit zum Vertrauen in Andere, Kooperativität, Realitätssinn gegenüber eigenem Handeln und natürlich von Intelligenz und Motivation. Davon werden wir in den nächsten Kapiteln hören.

KAPITEL 3

Emotionen und Motivation

Was sind Emotionen, und welche gibt es?

Emotionen, d.h. Gefühle, sind neben Wahrnehmen und Denken die Grundzustände unseres Erlebens. Im Gegensatz zu Wahrnehmen und Denken gehen sie meist mit deutlichen körperlichen Empfindungen einher. Das Herz hüpft uns vor Freude, der Angstschweiß steht uns auf der Stirn, unsere Knie schlottern, wir sind kreidebleich vor Schreck, hochrot vor Zorn und werden grün (oder gelb) vor Neid. Beim Gedanken an die morgige Prüfung oder an ein unangenehmes Gespräch mit dem Vorgesetzten verspüren wir ein flaues Gefühl in der Magengegend, eine erregte Diskussion begleiten wir mit starker Gestik.

Diese Zuordnung von Gefühlen zu bestimmten körperlichen Zuständen und Reaktionen ist weitgehend angeboren: Der körperliche Ausdruck der Freude, der Furcht, der Wut, der Trauer, der Enttäuschung, des Interesses, der Unterwerfung, aber auch des Flirtens (z.B. über den Augengruß) ist – soweit bekannt – überall auf der Welt derselbe und wird auch spontan zwischen Kulturen verstanden (Ekman 2004). Diese Emotionen gehen bei allen Menschen mit physiologischen Zuständen einher, sie sind also in gewissem Maße objektivierbar. Ein Mensch, dessen Hautwiderstand und Adrenalinspiegel sich beim Anblick eines bedrohlichen Objektes oder einer gefährlichen Szene nicht deutlich ändert, verspürt auch keine Furcht. Das Umgekehrte gilt übrigens nicht zwingend, denn die genannten physiologischen Vorgänge können durchaus auftreten, ohne dass die Person bewusst Furcht empfindet. Nichtsdestoweniger wird ihr Verhalten nachweislich durch diese unbewusste Furcht beeinflusst.

Zu den Emotionen im weiteren Sinne gehören Erlebniszustände, die zusammen mit biologischen Grundbedürfnissen und ihrer Befriedigung bzw. ihrem Entzug auftreten, z.B. im Zusammenhang mit Nahrungs- und Flüssigkeitsaufnahme (empfunden als Hunger und Durst), Wachen und Schlafen (Wachheit und Müdigkeit), Wärmehaushalt (Frieren, Schwitzen), Fortpflanzung (sexuelle Lust), Angriffs- und Verteidigungsverhalten (Aggression, Wut), Verletzungen (Schmerz) und Sozialverhalten (Fürsorge, Geborgenheit, Verlassenheitsgefühl). Solche elementaren Affektzustände müssen nicht erlernt werden, sondern sind angeborenermaßen vorhanden und zumindest allen Säugetieren gemeinsam. Die hierfür zuständigen Hirnzentren lassen sich gut identifizieren (s. unten). Die Tatsache, dass diese elementaren Affektzustände zur Grundausrüstung der Säugetiere einschließlich des Menschen gehören, schließt ihre Veränderbarkeit durch Erfahrung und Training in engen Grenzen nicht aus; die Mehrzahl von ihnen ist allerdings nicht völlig unterdrückbar.

Die meisten Emotionspsychologen, vor allem der amerikanische Emotionsforscher Paul Ekman (1999, 2004), schließen einige der genannten elementaren Affektzustände in den Begriff der Emotionen ein, z.B. Aggression, Wut, Fürsorge-, Geborgenheits- und Verlassenheitsgefühl und sexuelle Lust, während sie andere wie Hunger, Durst, Müdigkeit, Frieren und Schwitzen nicht als Emotionen oder Affekte, sondern als körperliche Bedürfniszustände ansehen. Andere Autoren beschränken Emotionen auf diejenigen Zustände, die wie Furcht, Freude, Glück, Verachtung, Ekel, Neugierde, Hoffnung, Enttäuschung und Erwartung durch positive oder negative Erfahrungen in stärkerem Maße veränderbar sind. Für diese Autoren stellen Emotionen eine erfahrungsabhängige nicht-kognitive Form der Bewertung (*appraisal*) lebens- und überlebensrelevanter Ereignisse dar, besonders was unser soziales Leben und Überleben betrifft.

Nach wie vor umstritten ist, ob es beim Menschen (und eventuell bei Tieren) eine Grundausstattung mit einer gewissen Anzahl unabhängig voneinander existierender Affekte bzw. Emotionen gibt, oder ob sich alle Affekte/Emotionen auf nur eine Grundpolarität – zurückführen lassen, meist zwischen »positiv/erstrebenswert« und »negativ/zu vermeiden«, und sich entlang dieser Achse nur in ihrer Intensität und »Einfärbung« unterscheiden lassen. Ekman (1999) geht von insgesamt 15 »grundlegenden Emotionen« (basic emotions) aus, nämlich Glück/Vergnügen (happiness/amusement), Ärger (anger), Verachtung (contempt), Zufriedenheit (contentment), Ekel (disgust), Verlegenheit (embarrassment), Aufgeregtheit (excitement), Furcht (fear), Schuldgefühl (guilt), Stolz auf Erreichtes (pride in achievement), Erleichterung (relief), Trauer/Kummer (sadness/distress), Befriedigung/Zufriedenheit (satisfaction), Sinneslust (sensory pleasure) und Scham (shame). Dagegen sind Trauer (grief), Eifersucht (jealousy), schwärmerische Liebe (romantic love) und elterliche Liebe (parental love) für Ekman eher längerfristige affektive Zustände oder Stimmungen und daher nicht unbedingt als Emotionen anzusehen.

Zumindest diese 15 Emotionen sind für Ekman bei allen Menschen durch eine einzigartige Kombination von körperlichen Merkmalen charakterisiert, z. B. durch einen typischen Gesichtsausdruck, eine typische Lautäußerung (Schmerz-, Trauer-, Freudelaute usw.) und einen charakteristischen Zustand des vegetativen Nervensystems. Sie stellen für ihn deshalb emotionale Universalien dar. Ekman führte hierzu ausgedehnte interkulturelle Untersuchungen durch, in denen er nachwies (oder nachgewiesen zu haben glaubte), dass zumindest sechs emotionale Zustände, nämlich Glück, Überraschung, Furcht, Verachtung, Trauer und Ärger durch unterschiedliche Gesichtsausdrücke und Lautäußerungen charakterisiert sind, die von der großen Mehrheit aller Menschen in 21 Völkern der Erde spontan richtig gedeutet wurden (s. Ekman 1999, 2004). Ähnliches scheint seiner Meinung nach für Verlegenheit zu gelten. Interessanterweise fand er heraus – ebenso wie eine

Reihe anderer Autoren –, dass Furcht und Überraschung noch am ehesten miteinander verwechselt werden.

Viele Autoren gehen von einer Polarität von Affekten und Emotionen in »positiv« und »negativ« bzw. Annäherung und Vermeidung aus, z.B. der amerikanische Forscher Richard Davidson (1999) und der schwedische Forscher Arne Öhman (1999). Eine solche Auffassung wird unterstützt durch eine Auswertung von 23 Studien zur Korrelation von Emotionen mit Reaktionen des vegetativen Nervensystems wie Herzschlagrate, Fingertemperatur, Hautwiderstand, Muskelanspannung oder Lidschlag während induzierter oder vorgestellter Emotionen, z.B. Ärger, Furcht, Trauer, Freude, Überraschung und Ekel, die Cacioppo und Mitarbeiter durchführten (vgl. Cacioppo et al. 2000). Die Autoren kamen zu dem Schluss, dass die Korrelationen zwischen Emotionen und physiologischen Reaktionen selbst bei einer eingeschränkten Anzahl von Emotionen nicht signifikant sind und große Überlappungen aufweisen. Die Unterschiede werden allerdings umso klarer, je stärker die Emotionen sind. Am deutlichsten zeigen sich Korrelationen, wenn nur positive oder nur negative Emotionen (bzw. die entsprechenden Gesichtsausdrücke) mit vegetativen Reaktionen verglichen werden. Richard Davidson ordnet der polaren Organisation der Emotionen zwei »basale emotionale Schaltkreise« im Gehirn zu, nämlich ein »Annäherungssystem« (*approach system*), das Verhalten hin zu erstrebenswerten Ereignissen und Objekten fördert, und ein »Rückzugssystem« (*withdrawal system*), das zur Vermeidung negativer Ereignisse und Objekte führt.

Während viele Autoren Affekte und Emotionen einerseits und kognitive Leistungen andererseits als voneinander unabhängige, wenn auch miteinander interagierende psychische Zustände ansehen, sind Clore und Ortony (2000) entschiedene Verfechter einer *kognitiven* Theorie der Emotionen, wie sie auch vom Schweizer Psychologen Scherer vertreten wird (Scherer 1999). Emotionen sind für sie Bewertungszustände (appraisals) und haben immer eine kognitive Komponente, im Gegensatz zu den Affekten. Sie beziehen sich, gleichgültig ob bewusst oder unbewusst, immer auf das Erfassen der Bedeutung einer Situation oder eines Gegenstandes.

Emotion und Bewusstsein

Wir verbinden Gefühle bzw. Emotionen mit bestimmten Erlebniszuständen. Emotionen müssen aber nicht bewusst erlebt werden. Wie bereits kurz erwähnt, können bestimmte Geschehnisse limbische Zentren wie Amygdala und mesolimbisches System aktivieren, ohne dass wir dies erleben. So können wir unbewusst auf Dinge positiv oder negativ emotional konditioniert werden und verhalten uns dann in bestimmter Weise, ohne dass wir wissen, warum. In der Werbung wird versucht, dies auszunützen.

Es liegt eine Reihe von Untersuchungen zur Wirkung unbewusst wahrgenommener Reize und Reizsituationen auf das limbisch-emotionale System vor (Übersicht bei Öhman 1999). Untersucht wurden z. B. Versuchspersonen, die eine starke Furcht (Phobie) vor Schlangen hatten, jedoch nicht vor Spinnen oder anderen belebten oder unbelebten Objekten. Bei ihnen führte eine maskierte, d.h. durch einen zweiten Reiz am Bewusstwerden gehinderte Darbietung von Schlangenbildern zu starken vegetativen Furchtreaktionen (Veränderung des Hautwiderstandes, des Herzschlages, des Blutdrucks usw.). Dies war bei der unbewusstmaskierten Darbietung von Spinnenbildern und anderen für sie nicht furchterregenden Bildern nicht der Fall. Ähnliche Resultate ergaben Versuche, in denen Personen mithilfe eines milden Elektroschocks auf ein bestimmtes Objekt (Spinnen, Schlangen) furchtkonditioniert wurden; auch diese Personen zeigten bei maskierter Darbietung dieses Objekts unbewusste vegetative Reaktionen. Dies gelang jedoch nicht mit positiv besetzten Objekten (Blumen, Pilze); deren Wirkung auf das vegetative Nervensystem konnte durch den Maskierungsreiz ausgelöscht werden. Ebenso erkannten Versuchspersonen, die auf Spinnen und Schlangen als furchterregende Objekte konditioniert worden waren, in einer visuellen Suchaufgabe solche Objekte schneller, wenn diese in neutrale oder positive Objekte (Blumen oder Pilze) eingebettet waren, als umgekehrt. Dies zeigt, dass im Bereich unbewussten Wahrnehmens das Erkennen bedrohlicher Reize Priorität vor dem Erkennen neutraler oder positiver Reize hat. Öhman spricht in diesem Zusammenhang von einer automatisierten Sensibilität für Bedrohungen.

Auf der Grundlage unserer Kenntnis über die Verknüpfung der subcorticalen limbischen Zentren mit der bewusstseinsfähigen Hirnrinde einerseits und den vegetativen Zentren andererseits kann man, im Anschluss an Vorstellungen des amerikanischen Neurobiologen Joseph LeDoux (1998), ein Konzept über die unterschiedliche Rolle unbewusster und bewusster Emotionen entwickeln. Dieses Konzept sieht folgendermaßen aus: Ein positiv oder negativ erregendes visuelles Ereignis wird zuerst subcortical-unbewusst verarbeitet, und zwar bei einer visuellen Wahrnehmung vornehmlich durch die Netzhaut des Auges und den dorsalen Thalamus (s. Anhang 1). Von bestimmten Teilen des dorsalen Thalamus aus laufen Aspekte des Seheindrucks zu limbischen Zentren, z.B. entweder direkt oder indirekt über die primäre Sehrinde zur basolateralen Amygdala, und von dort aus unbewusst zu den vegetativen Zentren, wo sie entsprechende Reaktionen wie Lidschlag, Erhöhung der Pulsrate oder der Hautleitfähigkeit auslösen. Dies passiert in dem gerade geschilderten Fall der unbewussten Darbietung eines spezifischen »aversiven« Reizes bei einem Phobiker. Dasselbe passiert aber auch bei Nicht-Phobikern beim unbewussten bzw. vorbewussten Erkennen eines bedrohlichen Reizes. Auch hier wird die Gefahr erkannt und blitzschnell zur Amygdala und zu den Zentren geleitet, die Schreck- und Abwehrreaktionen auslösen. Wir zucken zusammen, machen

Abwehrbewegungen oder fliehen, ehe wir erkannt haben, was uns bedroht.

Gleichzeitig laufen die Erregungen von einem anderen Teil des dorsalen Thalamus (dem lateralen Kniehöcker) zur primären Sehrinde und von dort zu temporalen und parietalen visuellen Cortexarealen. Im Cortex verbinden sich diese neutralen visuellen Erregungen mit deklarativen Gedächtnisinhalten, die durch den Hippocampus und die ihn umgebende limbische Hirnrinde aktiviert wurden. Dies macht die Wahrnehmung des Ereignisses bewusst, und so erleben wir, was uns bedroht. Aufgrund der Tätigkeit des basalen Vorderhirns werden sie auf ein erhöhtes Aufmerksamkeitsniveau gehoben, und schließlich werden sie – vermittelt durch die Aktivität von Amygdala und mesolimbischem System und über deren Projektionen in den Cortex – mit Inhalten des emotionalen Gedächtnisses verknüpft (vgl. Kapitel 7). Aufgrund der komplexen Interaktion vieler corticaler und subcorticaler Zentren entsteht dann in den entsprechenden assoziativen visuellen Arealen die bewusste, inhaltsreiche Emotion. Derartige bewusst-corticale Zustände sind anschließend in den meisten Fällen in der Lage, die weiteren Verhaltensweisen zu verstärken oder abzuschwächen, indem corticale, z.B. präfrontale Areale auf die limbischen Zentren einwirken.

Unbewusste und bewusste emotionale und verhaltensrelevante Zustände treten also zwar zeitversetzt auf (die unbewussten zuerst, dann die bewussten), sind aber beide kausal wirksam, wenn auch in unterschiedlicher Weise. Unbewusste Wahrnehmungen und die durch sie ausgelösten emotionalen und vegetativen Reaktionen besitzen einen geringeren Detailreichtum und eine geringe Flexibilität. Ihre Informationsverarbeitung ist »flach«. Gefahrensituationen werden vom unbewussten Gehirn in aller Regel nur schematisch erkannt (z.B. als drohender dunkler Schatten, als etwas Schlangenhaftes) und relativ stereotyp beantwortet (z.B. mit Erstarren, Abwehr oder Flucht). Bewusste Wahrnehmung dagegen ist meist detailreich, und bewusste Handlungssteuerung ist flexibel. Durch das bewusste Erleben einer Gefahrensituation sind wir in aller Regel in der Lage, genauer zu erkennen, »was wirklich Sache ist«, und uns situationsadäquat zu verhalten. Wir erkennen z.B., dass es sich bei der Schlange um eine Ringelnatter und nicht um eine Kreuzotter handelt. Es macht daher einen deutlichen Unterschied, ob man eine Gefahr bewusst oder unbewusst wahrnimmt bzw. ob man bewusst oder unbewusst eine entsprechende Vermeidungshandlung ausführt.

Neben der genaueren Analyse einer Situation durch die bewusste Wahrnehmung und neben einer flexibleren Verhaltenssteuerung hat das Bewusstwerden von Gefühlen noch eine andere Funktion, nämlich das Ermöglichen einer längerfristigen Handlungsplanung, insbesondere in Hinblick auf unsere soziale Umwelt. Werden Emotionen nicht bewusst erlebt, dann können sie zwar unmittelbare motorische und vegetative Reaktionen hervorrufen, aber nicht in die komplexe corticale Informationsverarbeitung eingreifen. Wir haben aufgrund aufgerufener Inhalte des emotionalen Gedächtnisses bei unserer Handlungsplanung positive oder negative Erwartungsvorstellungen. Dieses Wirksamwerden schließt natürlich Erlebnisse (etwa traumatischer Art) ein, die irgendwann einmal bewusst erlebt wurden, jedoch – aus welchen Gründen auch immer – ins Unbewusste »abgesunken« sind.

Die neurobiologischen Grundlagen von Emotionen
Gefühle entstehen im limbischen System (LeDoux 1998; Roth und Dicke 2006; vgl. Anhang 1). Die starken Affekte wie Wut, Gewalt und Panik entstammen der unteren limbischen Ebene, während Gefühle im umgangssprachlichen Sinne wie Furcht, Angst, Freude und Glück auf der mittleren Ebene entstehen, vornehmlich in der Amygdala und im mesolimbischen System. Andere Gefühle, die auch soziale Beziehungen verarbeiten und kognitive Komponenten haben wie Verachtung, Ekel, Neugierde, Hoffnung, Enttäu-

schung und Erwartung, haben ihren Ursprung auf der mittleren und oberen limbischen Ebene. Bis vor Kurzem nahm man an, dass negative Gefühle wie Furcht und Angst ausschließlich in der Amygdala und positive Gefühle wie Freude und Glück ausschließlich im mesolimbischen System entstehen, aber neue Erkenntnisse zeigen, dass bei positiven wie negativen Gefühlen beide Bereiche auf komplizierte und nicht ganz verstandene Weise beteiligt sind.

Gefühle sind mit der Ausschüttung bestimmter Substanzen im Gehirn verbunden. Bei Gefühlen der Zufriedenheit, des Glücks, der Freude bis hin zu Euphorie und Ekstase geht es um die Ausschüttung ganz unterschiedlicher Substanzen, zu denen der Neuromodulator Serotonin und zahlreiche Neuropeptide wie Endorphine, Enkephaline und Endocannabinoide, Neuropeptid Y, Vasoaktives Intestinales Peptid, Prolactin und Oxytocin gehören. Die meisten davon haben eine schmerzlindernde (analgetische) und stressmindernde Funktion und rufen zudem unterschiedliche Stufen von Wohlbefinden hervor. Es gibt also nicht das eine »Glückshormon«, sondern ein ganzer Cocktail unterschiedlicher chemischer Substanzen ist am Gefühl der Zufriedenheit, des Glücks, der Freude und der Lust beteiligt.

In entsprechender Weise gibt es Stoffe, die im Gehirn negative Gefühlszustände bewirken. Hierzu gehört vor allem Substanz-P. Dieser Stoff vermittelt, wie bereits kurz erwähnt, Schmerzsignale, steigert allgemein die Erregung und Aggressivität und das männliche Sexualverhalten. Arginin-Vasopressin reguliert den Blutdruck und steigert bei Männern ebenso wie Substanz-P das sexuelle Appetenzverhalten und die Aggression (die Kopplung von Aggression und Sexualität ist typisch für das männliche Verhalten im Gegensatz zu dem der Frauen). Cholezystokinin kann Panikattacken auslösen, Corticotropin-Releasing-Hormon (CRH) löst über die Produktion von ACTH und Cortisol Stressgefühle und -reaktionen aus (s. Kapitel 2).

Was sind Motive, und wie entstehen sie?

Menschen streben danach, Ereignisse herbeizuführen, die zu positiven Gefühlszuständen führen, und solche zu vermeiden, die von negativen Gefühlszuständen begleitet sind (vgl. Weiner 1994; Kuhl 2001; Myers 2014). Dies nennt man in der Motivationspsychologie »Affektoptimierung«. Man will damit ausdrücken, dass jeder danach strebt, dass es ihm unter den gegebenen Umständen maximal gut geht, d. h. dass er Freude und Lust erlebt, Spaß hat, gut drauf ist, optimistisch in die Zukunft sieht usw. Gleichzeitig versucht er, Schmerzen zu vermeiden, nicht furchtsam, ängstlich, depressiv, verzweifelt oder traurig zu sein. Dies nennt man »Appetenz« (Streben nach Positivem) und »Aversion« (Vermeiden von Negativem).

Das Grundprinzip der Entstehung von Motiven besteht darin, dass bestimmte Ereignisse in der Umwelt oder im eigenen Körper in Zentren des limbischen Systems (unbewusst in der Amygdala und im mesolimbischen System und bewusst in corticalen limbischen Arealen) registriert werden, die dann in differenzierter Weise auf verhaltenssteuernde Zentren einwirken. Es ist aber nicht eigentlich das Erleben von Lust und Unlust bzw. das Vermeiden von Unlust, das uns vorantreibt, uns motiviert, sondern vielmehr das *Streben* nach Lustzuständen und nach Unlustvermeidung und -beendigung bzw. die Vorstellung davon. Die Erfahrung von Lust bzw. Unlustvermeidung bedeutet nämlich nicht automatisch, dass man nach einer Wiederholung dieser Erfahrung strebt. Ich kann mich an einen wunderbaren Aufenthalt in Paris erinnern, muss aber nicht unbedingt den Wunsch verspüren, sofort wieder nach Paris zu fahren. Damit ein solcher Wunsch aufkommt, müssen andere Bedürfnisse vorhanden sein, die beim ersten Aufenthalt nicht befriedigt wurden – z. B. weil der Louvre oder ein berühmtes Restaurant geschlossen waren und ich deshalb unbedingt wieder nach Paris muss!

Dem entspricht die Tatsache, dass es im Gehirn zumindest für positive Geschehnisse zwei ganz unterschiedliche Systeme gibt, nämlich ein System, das den Lustgewinn eines Ereignisses repräsentiert, und ein anderes, das ein Ereignis erstrebenswert macht. Das eine befriedigt, das andere treibt voran, motiviert. In der englischsprachigen Literatur werden entsprechend das »liking-System« und das »wanting-System« unterschieden (Berridge 2006).

Welche Motive gibt es?
In der Motivationspsychologie (vgl. Weiner 1994, Myers 2014) unterscheidet man *biogene* Motive, die zu unserer biologischen Ausrüstung gehören wie das Stillen von Bedürfnissen in Form von Hunger, Durst und Sexualität, und *soziogene* Motive. Bei Letzteren werden in der Motivationspsychologie vor allem drei Grundmotive oder Motivbereiche genannt, nämlich Anschluss bzw. Intimität, Macht und Leistung (vgl. Asendorpf und Neyer 2012). Allerdings ist diese Unterscheidung nicht besonders scharf, denn alle soziogenen Motive müssen, um wirksam zu sein, letztendlich mit biogenen Motiven verbunden sein.

Anschluss ist das Streben nach sozialer Nähe, also nach Geborgenheit, Freundschaft und Zuneigung. Dieses Motiv ist nicht immer positiv, denn Menschen, die vom Anschluss-Motiv beherrscht werden, fühlen gleichzeitig eine Furcht vor dem Verlust von Anschluss, d.h. Alleinsein, Zurückweisung und Nichtbeachtung. Dies geht oft einher mit dem Persönlichkeitsmerkmal »Neurotizismus«, d.h. einer erhöhten Ängstlichkeit und Ich-Schwäche, die ihrerseits, wie geschildert, ihre Wurzeln in einer defizitären kindlichen Bindungserfahrung haben kann. Solche Personen laufen häufig Gefahr, Anderen mit ihrem Bedürfnis nach Nähe und Zuspruch auf die Nerven zu gehen, und erreichen damit das Gegenteil von dem, was sie sich wünschen. Das Motiv *Intimität* hingegen findet sich vorwiegend bei extravertierten, d.h. positiv gestimmten Personen, die selbst Vertrauen, Wärme und Gegenseitigkeit ausstrahlen. Sie sind z.B. typische »Zuhörer«. Es ist wahrscheinlich, dass bei ihnen ein hoher Oxytocin-Spiegel vorliegt.

Das Motiv *Macht* ist gekennzeichnet durch das Streben nach Status, Einfluss, Kontrolle und Dominanz. Kennzeichnend ist hier die Verbindung mit einem erhöhten Spiegel von Testosteron. Interessanterweise ist dies deutlicher bei Frauen als bei Männern zu erkennen, sofern die Frauen dominantes Verhalten zeigen bzw. »machthungrig« sind, die Abweichung von der Norm des Testosteronspiegels bei Frauen ist dann höher. Aufschlussreich ist der (vorübergehende) Anstieg des Testosteron-Spiegels bei »Gewinnern« (vornehmlich im Sport) und entsprechend der Abfall bei den Verlierern. Der Testosteron-Spiegel ist positiv mit der Ausschüttung von Dopamin (»Tu was!«) und negativ mit Serotonin (»Es ist gut, wie es ist!«) gekoppelt. Der häufig vermutete Zusammenhang zwischen Testosteron und Aggressivität ist allerdings nur bei Gewalttätern signifikant. Hingegen gibt es bei Männern einen deutlichen Zusammenhang zwischen Macht und Dominanz auf der einen Seite und sexuellem Appetenzverhalten auf der anderen. Dies hängt vor allem damit zusammen, dass bei Männern ein bestimmter Kern des Hypothalamus (der mediale präoptische Kern) beide Funktionen steuert. Diese Kopplung von Macht-Dominanz und Sexualität ist bei den vielen männlichen Säugetieren wichtig, die einen »Harem« und gleichzeitig ein Revier zu verteidigen haben. Vielleicht ist dies auch beim Menschen der Grund dafür, dass Macht (angeblich) »sexy« macht und reiche und mächtige Menschen (angeblich) sexuell aktiver sind als arme Schlucker.

Das Machtmotiv geht meist einher mit der Furcht vor Machtverlust, und zwar aus gutem Grund. Bei Harems- und Revier-besitzenden männlichen Säugetieren, aber auch bei den sogenannten Alpha-Tieren der Primaten einschließlich des Menschen dauert der uneingeschränkte Machtbesitz nur kurze Zeit, bis ein

Stärkerer kommt. Fatal wirkt sich hier – zumindest im Tierreich – die biologisch an sich sinnvolle Kopplung männlicher Dominanz mit Sexualität aus: Der aus langen Kämpfen siegreich Hervorgegangene muss sofort bei seinen Weibchen zur Tat schreiten, und das entkräftet ihn häufig so sehr, dass er einem neuerlichen Konkurrenten nichts mehr entgegenzusetzen hat. Den ereilt allerdings möglicherweise bald dasselbe Schicksal.

Das Motiv *Leistung* ist komplex und äußert sich im Bedürfnis, Dinge gut oder besser zu machen, sich zu übertreffen, schwierige Aufgaben zu meistern, etwas Neues anzufangen, Dinge zu erobern, Hindernisse zu überwinden und den Status zu erhöhen (hier besteht eine Nähe zum Machtmotiv). Dies nennt man auch das Streben nach Selbstwirksamkeit im Sinne des kanadischen Psychologen Albert Bandura (Bandura 1997). Das Leistungsmotiv ist mit Neugier gekoppelt. Mit ihm zusammen tritt aber – ähnlich wie beim Machtmotiv – auch die Angst vor dem Versagen auf.

Das Leistungsmotiv

Die Motivationspsychologie hat sich im Zusammenhang mit Bildung und Schule natürlich vornehmlich mit dem Leistungsmotiv beschäftigt. Am einflussreichsten ist hier das von dem Psychologen John Atkinson (Atkinson 1964) entwickelte »Erwartung-mal-Wert-Modell«. Dieses Modell besagt im Wesentlichen, dass das Ausmaß, in dem eine Person etwas in Angriff nimmt, dem entspricht, wie ihre subjektive Einschätzung der Erfolgsaussichten ist und welchen Wert das zu erreichende Ziel für die Person besitzt. Entsprechend wird sich eine Person wenig um das Erreichen eines Zieles bemühen, wenn entweder die Erfolgsaussichten gering sind oder wenn der Wert des angestrebten Ziels gering ist. Ihre Motivation wird besonders niedrig sein, wenn beides, Erfolgsaussichten und Wert, gering sind. Umgekehrt wird sie sich sehr bemühen, wenn eine gute Chance besteht, das Ziel zu erreichen, und wenn dafür eine hohe Belohnung winkt.

Bei »Wert« muss man natürlich bedenken, dass es nur wenige Dinge gibt, die generell wertvoll sind, wie die Erfüllung lebenswichtiger individueller oder sozialer Bedürfnisse. Ansonsten sind die Werte und Ziele, nach denen Menschen streben, so unterschiedlich wie die Personen selbst – ja sie sind ein direkter Ausdruck ihrer Persönlichkeit. Menschen streben gewöhnlich nach unterschiedlichen Zielen, und dies nicht zu beachten, sondern zu meinen, alle Menschen hätten mehr oder weniger dieselben Ziele (meist diejenigen, die man selbst hat), ist einer der am weitesten verbreiteten Fehler im Umgang mit Menschen.

Die Belohnungserwartung und die damit verbundene Risikoeinschätzung einer Person sind sicherlich noch komplizierter als die individuell verfolgten Ziele. Das Ausmaß der – natürlich streng subjektiven – Erfolgserwartung hängt nach Erkenntnissen der Motivationspsychologen von der Einschätzung (1) der eigenen Kompetenzen ab, (2) der zeitlichen und räumlichen Erreichbarkeit des Zieles (etwas tritt selten oder völlig unregelmäßig auf und/oder ist nur schwer zugänglich) und (3) des Aufwandes, den die Person betreiben muss, um das Ziel zu erreichen. Die Einschätzung der eigenen Kompetenzen ist wiederum in sich ein komplexer Prozess, der einerseits von der Persönlichkeitsstruktur und andererseits von der individuellen Erfolgsgeschichte abhängt. Die Regel »nichts ist so erfolgreich wie der Erfolg« ist allgemein durchaus zutreffend, d.h. die meisten Menschen erwerben durch häufigeren Erfolg Zutrauen zu sich selbst und werden durch häufigen Misserfolg demotiviert. Wie wir aber gesehen haben, gibt es erfolgs- und misserfolgsorientierte Persönlichkeiten, d.h. auf der einen Seite solche, die nach Erfolg streben und sich dabei durch Misserfolge kaum bremsen lassen, und andererseits solche, die eher den Misserfolg fürchten und deshalb lieber nichts riskieren, auch wenn die objektiven Erfolgsaussichten eigentlich nicht schlecht sind. Haben sie Erfolg, so schreiben sie ihn eher dem Zufall als eigenem Können zu.

Die Erfolgsaussichten einer Person werden natürlich auch dadurch bestimmt, in welchem Maße sie bestimmte Begabungen und Fähigkeiten besitzt, klare Realisationsstrategien verfolgt (»Wie gehe ich vor?«) und über Durchhaltevermögen und Fleiß verfügt. Auch hier können beliebige Kombinationen vorliegen: Ein hochbegabter Mensch weiß nicht automatisch genau, wie er vorzugehen hat, und er hat nicht automatisch ein hohes Durchsetzungsvermögen und großen Fleiß. Die jeweilige Kombination wird von der Persönlichkeitsstruktur bestimmt.

Extrinsische und intrinsische Motive
In der Motivationspsychologie wird üblicherweise zwischen *intrinsischen* und *extrinsischen* Motiven unterschieden. Intrinsische Motive liegen dann vor, wenn eine Tätigkeit »selbstbelohnend« ist, wenn man also etwas aus Spaß macht wie Sport, Musizieren, Lesen oder Wissen erwerben. Das wiederum ist am ehesten dann der Fall, wenn die Antriebe den bewussten oder unbewussten Motiven innerhalb der Persönlichkeitsstruktur entsprechen. Ein fiktives Beispiel: Ich wollte seit meiner Kindheit schon immer Musiker werden, und jetzt, wo ich älter bin, setze ich alles daran, diesen Kindheitswunsch zu verwirklichen. Unterschiedliche Fachleute haben hierfür ganz unterschiedliche Begriffe geprägt, wie der bereits erwähnte Albert Bandura, der von »Selbstwirksamkeit« spricht, womit er das Vermögen eines Menschen bezeichnet, etwas Bestimmtes »richtig zu machen«. Natürlich kann eine solche Selbstwirksamkeit bei unterschiedlichen Menschen in Stärke, Inhalt und Anspruchsniveau sehr unterschiedlich ausfallen. Andere Psychologen wie Deci und Ryan (1985) gehen davon aus, dass Selbstbestimmung das höchste intrinsische Motiv ist, und zwar verbunden mit einem hohen Grad an Kontrolle über die Konsequenzen eigenen Handelns.

Extrinsische Motive können materiell-finanzielle Antriebe sein, aber auch immaterielle wie der Drang nach Erfolg, Anerkennung, Macht und Einfluss. Ich tue in diesem Falle etwas, bei dem das Erreichen des Zieles nicht Selbstzweck ist, z.B. Musiker zu werden, sondern »Mittel zum Zweck«. Es kann also sein, dass man mir einredet, das Musikerleben sei entbehrungsreich und schlecht bezahlt, und die Chance, ein berühmter und damit reicher Musiker zu werden, sehr gering. Also gebe ich diesen Wunsch auf und werde stattdessen Rechtsanwalt oder Mediziner, weil mich dabei die Aussicht auf schnellen Reichtum lockt. Dann bin ich nach Ansicht vieler Psychologen eher extrinsisch motiviert. Extrinsische Motivation – so die Schlussfolgerung – macht aber nicht dauerhaft glücklich; im konkreten Falle würde ich meiner nicht verfolgten Musikerkarriere ein Leben lang nachtrauern.

Eine solche Unterscheidung zwischen intrinsischen und extrinsischen Zielen bzw. Motiven ist aber unbefriedigend. Extrinsische Motive und Ziele im strengen Sinne kann es eigentlich gar nicht geben, sondern nur den Widerstreit unterschiedlicher Ziele. Im ersten Fall ist mein Wunsch, Musiker zu werden, so stark, dass ich alle Warnungen vor Misserfolg und Armut in den Wind schlage. Das geht aber nur, wenn ich gleichzeitig kein starkes Bedürfnis nach Reichtum und Anerkennung verspüre. Wenn aber dieses Bedürfnis nach Reichtum und Anerkennung ebenfalls stark ist, so wird dies in Konkurrenz zu meinem Wunsch treten, Musiker zu werden, und vielleicht gewinnen. Es ist mir bei genügender Intelligenz und Lernbereitschaft dann auch egal, ob ich Jurist oder Mediziner werde – Hauptsache, ich werde reich und berühmt. Ich habe dann einen Teil meiner personalen Wünsche verwirklicht, und den anderen Teil eben nicht. Dann bin ich nicht mit »vollem Herzen« Rechtsanwalt oder Mediziner, aber immerhin kann ich ja noch in meiner Freizeit Klavier spielen oder in einem Streichquartett musizieren.

Ziele und Motive können uns immer nur antreiben, wenn es für sie in unserer unbewussten oder bewussten Persönlichkeit einen Angriffspunkt gibt. Nicht für alle Menschen hat Geld einen hohen Wert, und sie sind deshalb nicht oder nur in gewissem Umfang durch finanzielle Anreize motivierbar, und dasselbe gilt für Ruhm und Macht. Im universitären Bereich trifft man bei vielen Frauen auf die Aussage »eine Dauerstelle genügt mir – es muss nicht gleich ein Lehrstuhl sein«. Ob das dann die Wahrheit ist oder die Angst vor dem Versagen, sei dahingestellt. Umgekehrt kann es sein, dass man vorgibt, bestimmte Dinge um des reinen Wohls der Menschheit willen oder um »Gotteslohn« zu tun, während die wahren Ziele das Streben nach Macht oder nach Anerkennung sind. Öffentlich als Wohltäter zu gelten, stellt immerhin eine hohe soziale Belohnung dar.

Schließlich kann etwas, das man aus extrinsischen Motiven heraus getan hat, nach und nach einen hohen Grad an innerer Befriedigung in Form von Selbstwirksamkeit oder Selbstbestimmung erreichen – man spricht dann von der *Internalisierung* ursprünglich extrinsischer Motive. Aber auch das Gegenteil kann passieren, dass man Dinge, die man anfangs mit großer Begeisterung getan hat, nur noch wegen des reinen Broterwerbs oder aus Pflichterfüllung tut.

Letztlich – so erkennen wir – tut niemand etwas um der Sache selbst willen, immer geht es darum, ein Bedürfnis zu befriedigen. Dieses mag offen zutage liegen wie das Bedürfnis nach Reichtum, Macht und Ruhm, oder versteckter sein wie das Bedürfnis nach sozialer Nähe (»es fällt mir schwer, allein zu sein«) oder nach Selbstwirksamkeit (»ich muss mich vor mir selber beweisen«). Schließlich gibt es die ganz tiefen Motive, die aus unserem Temperament und unserer emotionalen Konditionierung resultieren und die uns meist verborgen bleiben wie: »Ich muss der Größte werden!«.

Kongruenz und Inkongruenz von Motiven und Zielen
Motive entwickeln sich entweder unbewusst oder sind zumindest in ihrer primären Entstehung nicht erinnerungsfähig, oder sie

entwickeln sich als »Ziele« bewusst oder werden uns bewusst vermittelt. Es kann nun zwischen (unbewussten) Motiven und (bewussten) Zielen kleinere oder größere Abweichungen oder »Inkongruenzen« geben, die unterschiedliche Ursachen haben können. Nehmen wir an, jemand sei intelligent und begabt, von seiner genetischen bzw. epigenetischen Ausrüstung her ein eher ruhiger, ja in sich gekehrter Typ, und er habe als Säugling und Kleinkind eine eher problematische Bindungserfahrung mit seiner leicht depressiven Mutter erlebt. Er ist deshalb eher verschlossen und kontaktscheu und hat trotz Intelligenz und Begabungen ein geringes Zutrauen zu sich selbst und seinen Fähigkeiten. Dies ist seine Kernpersönlichkeit, die auf der unteren und mittleren limbischen Ebene angesiedelt ist. Er erlebt aber als Schulkind und Jugendlicher, dass seine Lehrer oder sonstige Erwachsene auf seine Intelligenz und Begabungen aufmerksam werden und ihn nach Kräften fördern. Dies tun sie dann entgegen seiner Kernpersönlichkeit. Er macht erfolgreich sein Abitur, absolviert ebenso erfolgreich sein Studium und ergreift wiederum erfolgreich einen bestimmten Beruf. Er wird aber trotz all dieser Erfolge unter der Nähe von Menschen leiden, auch wenn diese das Beste für ihn wollen. Er wird Angst vor Vorträgen und öffentlichen Auftritten haben, wird wichtige Entscheidungen, die von ihm besonderen Einsatz verlangen, so lange wie möglich hinausschieben, wird jeden Karriereschritt nur unwillig tun usw. Er ist bei allem Erfolg irgendwie unzufrieden mit seinem Leben.

Das Gegenteil kann auch passieren: Jemand ist von seinem Temperament her extravertiert, risikofreudig, neugierig und hat eine positive Bindungserfahrung und frühkindliche Sozialisation erlebt. Danach gerät er aber in die üblichen Ausbildungs- und Berufszwänge, die von ihm verlangen, zurückhaltend und vorsichtig zu sein. Gerade wenn er später einen verantwortungsvollen Posten innehat, wird ihm diese Tätigkeit zur Qual werden, weil alles zu langsam, zu unkreativ geht, weil die meisten Menschen nicht offen miteinander umgehen, weil er die Möglichkeiten, die in ihm stecken, nicht ausleben kann usw. Er wird ebenfalls unzufrieden mit seinem Leben sein.

In beiden Fällen gibt es eine *Inkongruenz* zwischen unbewussten personalen Motiven und bewussten Zielen einer Person. Von dieser Inkongruenz merkt die Person eventuell gar nichts, außer dass sie irgendwie unzufrieden mit ihrem Leben ist. Ihr geht es schlecht, sie wird krank, ohne dass die Ärzte irgendetwas Ernsthaftes finden (was die Sache nur noch schlimmer macht), sie geht zu anderen Ärzten, die auch nichts finden, wird depressiv bis hin zu Selbstmordgedanken. Aus alldem folgt, dass ein Leben nur dann subjektiv befriedigend verläuft, wenn die unbewussten und bewussten Ziele motiv-kongruent sind, d.h. wenn man das, was das unbewusste Selbst will, bewusst und aus vollem Herzen tun kann, und umgekehrt.

Kongruenz von Motiven und Zielen ist die Voraussetzung für Banduras Konzept der Selbstwirksamkeit. Selbstwirksame Menschen zeigen Persistenz, d.h. eine Hartnäckigkeit bei der Verfolgung von Zielen, deren Erreichen eine hohe Belohnung verspricht. Das Gegenteil sind die Vermeider: Sie sehen Hindernisse nicht als Herausforderung, sondern als Bedrohung und Gefahr eines Scheiterns an. Persistenz ist aber nicht die einzige Voraussetzung für Selbstwirksamkeit, die andere ist Realitätsorientierung. Man kann nämlich sehr hartnäckig ein bestimmtes Ziel verfolgen, ohne zu merken, dass man dieses Ziel nie erreichen wird oder dass dieses Ziel gar nicht so lohnend ist, wie man meint. Realitätsorientierung bedeutet, abschätzen zu können, welcher Aufwand sich für welches Ziel lohnt.

Es kommt also bei der Motivation immer auf die Kongruenz der unbewussten Motive und der bewussten Ziele an – nur dann sind wir zufrieden und leistungsfähig. Wir machen dann (neben der Liebe) die wichtigste Erfahrung in unserem Leben, nämlich dass das Verfolgen selbstbestimmter Ziele, das Meistern einer

Herausforderung eine starke Belohnung in sich trägt und keine von außen nötig hat. Dies geht einher mit einer hohen Eigenkontrolle der Leistung. Es zeigt sich allgemein, dass Menschen, die ein hohes Vertrauen in die eigenen Kräfte besitzen und ein hohes Maß an Eigensteuerung bei der Leistungserbringung haben, erfolgreicher sind als solche mit einem geringen Vertrauen in sich und einem geringen Maß an Selbststeuerung.

Typischerweise setzen sich Menschen vom ersteren Typ meist mittelschwere Ziele, d.h. solche, die mit Mühe erreichbar sind und deren Erreichen als Selbstbestätigung empfunden wird. Menschen vom letzteren Typ hingegen setzen sich aus Angst vor dem Versagen entweder zu leichte Ziele, deren Erlangen keine Befriedigung vermittelt, oder zu schwere Ziele, deren Nichterreichen dann auf die eine oder andere Weise leicht entschuldigt werden kann (»ich bringe sowieso nichts zustande« oder »ich habe nie Glück«) (Weiner 1994; Myers 2014).

Motivationspsychologen halten die Zuschreibung der »Kausalität« des Erfolges oder Misserfolges für motivations-entscheidend. Der erstere, selbstwirksame und extravertierte Typ neigt eher dazu, Erfolg eigener Anstrengung und glücklichen Umständen und Misserfolg mangelndem eigenen Einsatz zuzuschreiben, während der zweite, neurotizistische Typ Erfolg eher dem Zufall und nicht eigenem Können, Misserfolg aber der eigenen Unfähigkeit zuschreibt. Der erste Typ zieht daraus die Lehre, dass er sich beim nächsten Mal mehr anstrengen muss, der zweite Typ die Erkenntnis, dass es sowieso nicht klappt – er entmutigt sich selber.

KAPITEL 4

Lernen und Gedächtnisbildung

Arten des Lernens

Lernen ist eine universell verbreitete Fähigkeit zur mittel- und langfristigen Anpassung eines Organismus an seine Umwelt. Im Allgemeinen unterscheidet man zwischen *assoziativem* und *nichtassoziativem* Lernen. Zum nichtassoziativen Lernen gehören *Habituation* und *Sensitivierung*, assoziatives Lernen dagegen umfasst *klassische (Pawlowsche) Konditionierung* sowie *operante* oder *instrumentelle Konditionierung* in ihren verschiedenen Ausprägungen. Als komplexere Lernformen werden *Imitation* und *Einsichtslernen* angenommen (Pearce 1997; Edelmann 2000).

Habituation und Sensitivierung
Ein im strengen Sinne genetisch fixiertes Wissen reicht nicht aus, damit wir in unserer natürlichen und sozialen Welt überleben und uns zurechtfinden, das Meiste davon muss gelernt werden. Dies geschieht zwar auf ganz unterschiedliche Weise. Es geht aber immer darum, dass unser Gehirn herausfindet, was an den ungeheuer vielfältigen Ereignissen der Welt wichtig für uns ist und wie wir mit diesem Wichtigen umgehen. Das Wichtige kann positiv oder negativ sein, es kann potenziell oder tatsächlich unser Wohlergehen befördern oder bedrohen bzw. beeinträchtigen. Wie aber findet unser Gehirn heraus, was im positiven oder negativen Sinne wichtig und was unwichtig ist?

Wichtig sind erst einmal alle auffälligen und irgendwie ungewöhnlichen, d. h. *nicht zu erwartenden* Dinge. Um zu unterscheiden, was zu erwarten ist und was nicht, entwirft unser Gehirn aufgrund seiner Vorerfahrung ständig und weitgehend automatisch für jede Situation ein »Erwartungsbild« und registriert starke Abweichungen davon. Dieses wichtige Prinzip, dass die Wahrnehmung sich wesentlich auf *Abweichungen vom Erwarteten* konzentriert, wird uns noch beschäftigen, denn es ist ein höchst effektives ökonomisches Prinzip der Informationsverarbeitung in unserem Gehirn.

Bei den unerwarteten Ereignissen kann es sich im einfachsten Fall um auffallende Sinnesreize wie einen lauten Knall, einen grellen Blitz, einen stechenden Geruch, ein schnell bewegtes großes Objekt oder bizarre Bewegungen eines Menschen handeln. Derartige Sinnesreize fesseln automatisch unsere Aufmerksamkeit, denn es könnte sich ja um etwas Wichtiges, insbesondere Bedrohliches handeln. Wir zucken vielleicht erst einmal zusammen und wenden uns dem Ereignis zu, um genauer zu sehen, um was es sich handelt. Falls sich unsere »Alarm-Wahrnehmung« bestätigt (es war tatsächlich eine Explosion oder etwas anderes Bedrohliches), dann treffen wir entsprechende Schutzmaßnahmen (Abwehr, Flucht usw.). Falls sich aber unsere Befürchtungen nicht bestätigen und sich das Ereignis als harmlos herausstellt, dann schrecken wir, wenn es erneut auftritt, weniger zusammen. Sollte das Ereignis nun mehrfach wiederkehren, so lässt unsere Reaktion immer weiter nach – wir *gewöhnen* uns daran, unser Gehirn nimmt es in sein Erwartungsbild hinein. Wir sprechen bei diesem Nachlassen einer Reaktion entsprechend von Gewöhnung oder *Habituation*. Es handelt sich hierbei um einen elementaren Lernvorgang: Unser Gehirn hat gelernt, dass ein neuer, starker oder sonstwie auffallender Reiz *keine* unmittelbare Bedrohung darstellt, und es ändert entsprechend seine Reaktionsweise auf denselben Reiz.

Das Gegenteil von Habituation ist *Sensitivierung* oder »empfindlicher werden«: Etwas, das anfangs unauffällig war, erweist sich in seinen Folgen als wichtig im Sinne von vor- oder nachteilhaft. Dies erhöht die bisher geringe Aufmerksamkeit und macht unsere Wahrnehmung und damit unsere Reaktionen *sensibler*. Ein anfangs scheinbar bedeutungsloses Geräusch in unserer Umgebung oder an unserem Auto stellt sich als Vorbote nahenden Schadens heraus, und schon beim nächsten Mal sind wir *hellhöriger*. In freier Wildbahn versuchen Tiere und ihre Jäger kleinste Geräusche und Bewegungen als Anzeichen für Gefahr bzw. Jagderfolg wahrzunehmen. Dasselbe gilt für Menschen, die die Produktion von Geräten oder Stoffen kontrollieren müssen; sie sehen sprichwörtlich auf den ersten Blick Fehler, die wir als Ungeübte niemals erkennen würden. Ihr Blick hat sich, wie man sagt, »geschärft«. Dies ist nicht nur eine Folge der besseren Fokussierung von Aufmerksamkeit, sondern tatsächlich einer Verbesserung der Wahrnehmungsleistung.

Sensitivierung kann genauso wie Habituation natürlich auch viel komplexer sein. Anfangs läuft an der neuen Arbeitsstätte alles ganz gut, aber dann geht einem einiges zunehmend auf die Nerven, man wird dünnhäutiger – reagiert eben *sensibler* auf dieselben Dinge. Wir denken uns anfangs nichts dabei, wenn unsere Arbeitskollegen miteinander tuscheln, aber dann merken wir aufgrund negativer Ereignisse, dass es um uns geht. Auch hier werden wir buchstäblich »hellhörig«. Wir sind in der Lage, aus einem großen Stimmengewirr bestimmte Stimmen oder auch Wörter (z.B. unseren Namen) herauszuhören – man nennt dies »Cocktailparty-Effekt«. Die hohe selektive Empfindlichkeit einer jungen Mutter beim Registrieren des Baby-Geschreis in einer Geräuschkulisse ist sprichwörtlich, und dasselbe gilt für einen Dirigenten, der die Patzer der zweiten Geigen am dritten Pult sofort registriert.

Habituation und Sensitivierung beruhen auf einer *Neubewertung* von Wahrnehmungsinhalten durch unser Gehirn aufgrund der Konsequenzen der wahrgenommenen Geschehnisse: Etwas hat sich entweder als harmloser oder als wichtiger herausgestellt als erwartet, und diese Neubewertung stellt einen Lernvorgang dar, der mit einer Umstrukturierung von Nervennetzwerken einhergeht.

Klassische Konditionierung und Kontextkonditionierung

Das Prinzip allen Lernens, nämlich die Bewertung der Konsequenzen von Ereignissen, liegt auch den Formen von Lernen zugrunde, die man »assoziativ« nennt. Hier wird gelernt, dass zwischen bestimmten Ereignissen der Welt gewisse Beziehungen herrschen und so eine bestimmte Ordnungsstruktur bilden. Eine bekannte Form dieses »assoziativen Lernens« ist die *klassische Konditionierung* (Koch 2002). Hierbei geht es darum, dass eine Reaktion, die ein Mensch oder Tier in einer bestimmten Situation *spontan* oder *automatisiert* zeigt, über einen Lernvorgang durch Reize und Reizsituationen ausgelöst werden kann, die vorher nicht in dieser Weise wirksam waren. Hierzu gehören Speichelfluss beim Anblick leckeren Futters, Lidschlag beim Heranfliegen eines Insekts, eine Hautwiderstandsänderung bei Angst und Gefahr, ein Mundwinkelzucken bei einem bestimmten Ereignis, aber auch komplexere automatisierte Bewegungsabläufe wie sich an die Krawatte fassen, den Rock zurechtziehen oder Greifbewegungen ausführen.

Nehmen wir den Fall, dass wir hungrig sind und plötzlich Bratenduft riechen. Sofort wird uns das »Wasser im Mund zusammenlaufen«, d.h. unsere Speichelsekretion wird in Erwartung des Essens erhöht, und im Magen werden »auf Verdacht« Verdauungsenzyme produziert. Ein Versuchsleiter lässt nun jedes Mal eine Glocke erklingen, wenn wir hungrig sind, und verabreicht uns eine Dosis Bratenduft, auf die wir mit der üblichen erhöhten Speichelsekretion reagieren. Nach einer Reihe von Wiederholungen, in denen Bratenduft und Glocke zusammen dargeboten, also »gepaart« oder *assoziiert* wurden, kann man feststellen, dass das Glockenzeichen allein die Speichelsekretion erhöht. Das kann bewusst oder unbewusst geschehen.

Technisch gesprochen handelt es sich bei der spontanen Reaktion um eine *unbedingte Reaktion (UR)*, weil sie »ohne weitere Bedingungen« auftritt, und der sie normalerweise auslösende Reiz wird entsprechend *unbedingter Reiz (US = unconditioned stimulus)* genannt. Der neue Reiz (etwa das Glockensignal), der zuvor die UR nicht auszulösen vermochte (das muss natürlich überprüft werden), wird *neutraler Reiz* genannt. Er wird durch den Konditionierungsvorgang zum *bedingten Reiz (CS)*, weil er nur aufgrund der Lernbedingungen seine Wirkung erhalten hat, und die zuvor spontane Reaktion, die nun auch durch den CS allein ausgelöst werden kann, wird zur *bedingten Reaktion (CR)* (Menzel und Roth 1996).

Unser Gehirn lernt hierbei, dass bestimmte primär wichtige Reize (Nahrung, Feinde, Gefahr, Belohnung) regelmäßig und verlässlich zeitlich und räumlich zusammen mit anderen Reizen auftreten, und diese anderen Reize beeinflussen uns auch dann, wenn die primär wichtigen Reize gar nicht auftreten. Heute geht man davon aus, dass der bedingte Reiz bei einigen Organismen bzw. Lernparadigmen aufgrund eines statistisch erhöhten zeitlichen und/oder räumlichen Zusammentreffens mit dem unbedingten Reiz zu dessen »Vorhersager« (*Prädiktor*) wird (Lachnit 1993). Der Organismus stellt eine bestimmte Ordnung in den Geschehnissen der Umwelt fest, die ihm die Orientierung und insbesondere auch Vorbereitung erleichtern. In vielen Fällen beruht die Wirkung der klassischen Konditionierung auf einer präzisen zeitlichen Reihenfolge, bei der der bedingte Reiz *vor* dem unbedingten Reiz oder zusammen mit ihm auftreten muss; ein danach auftretender bedingter Reiz ist unwirksam. Es gibt aber auch klassische Konditionierung, die rein darauf beruht, dass der unbedingte und bedingte Reiz nur rein statistisch gehäuft miteinander auftreten. Wir merken diese Regelmäßigkeit dann gar nicht und werden völlig unbewusst konditioniert.

Einfache Konditionierungsvorgänge, in denen z.B. der Lidschlag-Schutzreflex einer Versuchsperson anfangs durch einen Luftstoß hervorgerufen und dann eine Zeitlang mit einem bestimmten Ton gepaart wurde, bis der Lidschlag durch den Ton allein auslösbar ist, lassen sich in kurzer Zeit im verhaltensbiologischen Praktikum bei Tier und Mensch erreichen. Eine Versuchsperson fängt hierbei an, heftig zu blinzeln, wenn bestimmte Töne oder Bilder präsentiert werden, nachdem sie mit einem unangenehmen Reiz wie dem Luftstoß genügend häufig gepaart wurden. Der bedingte Stimulus kann aber auch noch komplizierter sein und einen komplexen Kontext bilden, z. B. eine bestimmte *Umgebung* oder *Situation*, auf die ein Tier oder Mensch konditioniert wird.

Man spricht deshalb von *Kontextkonditionierung*. Hierbei lernt ein Tier oder Mensch, dass bestimmte Reize bzw. Ereignisse in einer ganz bestimmten Umgebung oder unter ganz bestimmten Verhältnissen, einem *Kontext*, eine positive oder negative Wirkung zeigen. Seine Reaktionen sind dann an diesen Kontext gebunden. So können wir in einer ganz bestimmten Umgebung oder Situation, in der es uns einmal schlecht ging (z. B. einem Klassenzimmer), Furcht empfinden, auch wenn die primär furchtauslösenden Reize gar nicht (mehr) vorhanden sind. Das Ganze kann bewusst, aber auch völlig unbewusst ablaufen. Nehmen wir an, wir sind als Kind beim Vorübergehen an einem bestimmten Haus in unserer Nachbarschaft von einem Hund gebissen worden, dann werden wir noch als Erwachsene eventuell einen Bogen um dieses Haus machen oder beim Vorübergehen ein mulmiges Gefühl empfinden. Wir mögen uns unter Umständen gar nicht mehr an die unangenehme Erfahrung mit dem Hund erinnern und das plötzliche mulmige Gefühl ganz anderen Dingen zuschreiben (z. B. dem anstehenden Gespräch mit dem Chef). Bei einem schlechten Schüler wird der bloße Anblick des Schulgebäudes, manchmal schon die Nennung des Namens der Schule oder der Straße, in der die Schule liegt, Erinnerungen an Niederlagen und Beschämungen hervorrufen, obwohl die Schule selbst, ihr Name oder die Straße über das Faktum hinaus, dass sie den Kontext der negativen Erfahrung bilden, nichts damit zu tun haben. Der Schüler wird auch Jahre später entweder bewusst oder ganz unbewusst einen großen Bogen um diese Straße, an der die Schule liegt, machen. Verbindet sich hingegen mit einer bestimmten Örtlichkeit ein romantisches Erlebnis in seiner Jugend (die Straße, in der »sie« wohnte!), dann wird er noch lange Zeit die Straße gern entlanggehen, gleichgültig, was später geschah und ob er sich an das Erlebnis erinnert oder nicht. Es ist so, als würde der an sich neutrale räumliche, zeitliche oder semantische Kontext durch den Prozess der Konditionierung schwarz oder rosarot »eingefärbt«.

Operante Konditionierung
Bei der klassischen Konditionierung geht es, wie dargestellt, darum, dass wir bereits etablierte spontane Reaktionen auf neue Ereignisse hin ausrichten, die von unserem Gehirn als »Voraussager« für wichtige Ereignisse fungieren. Das Verhaltensrepertoire wird hierbei nicht erweitert, sondern nur die Auslösesituation der Verhaltensweise. Bei der operanten oder instrumentellen Konditionierung geht es hingegen um *neue* oder *neugestaltete* Verhaltensweisen (Pearce 1997). Das Grundprinzip besteht darin, dass ein Tier oder Mensch in einer bestimmten Umgebung oder Reizsituation eine gewisse Anzahl von Standardverhaltensweisen zeigt. So wird eine Taube, die man in eine Testbox (auch »Skinnerbox« genannt) gebracht hat, relativ wahllos herumpicken, eine Ratte wird in einer solchen Testbox verschiedene Ecken beschnüffeln und mit der Pfote Dinge berühren, ein Mensch wird an einem Gerät, das er benutzen muss, dessen Mechanismus er aber nicht kennt, herumhantieren und beobachten, was passiert. Bei diesem Herumprobieren passiert entweder gar nichts oder etwas Positives, d.h. Taube und Ratte erhalten Futter, nachdem sie auf eine Scheibe gepickt bzw. einen Hebel gedrückt haben, beim Menschen geht das Gerät an, nachdem er auf den roten Knopf gedrückt hat. Es kann aber auch etwas Negatives passieren, d.h. Taube und Ratte erhalten danach einen leichten Elektroschock, das Gerät gibt mit einem kleinen Knall seinen Geist auf.

Als Folge dieser Ereignisse werden Taube, Ratte und Mensch diejenigen Handlungen bzw. Bewegungen, die positive Konsequenzen hatten, *vermehrt tun* (beim Menschen mag eine einmalige Erfahrung genügen) und diejenigen zunehmend oder sofort *vermeiden*, die negative Folgen hatten. Am Ende werden Taube oder Ratte, sobald sie in ihrer Skinner-Box sind, auf die Scheibe picken oder den Hebel betätigen, und der Mensch wird, um das Gerät in Gang zu setzen, sofort den roten Knopf drücken. Der Beobachter stellt fest: Tier und Mensch haben durch Ausprobieren (»Versuch und Irrtum«) herausgefunden, dass Scheibenpicken und Hebeldrücken Futterbelohnung nach sich zieht bzw. Drücken des roten Knopfs das Gerät startet. Man sagt, die positiven Folgen einer Handlung *verstärken* das Auftreten bzw. die Ausführung dieser Handlung, genauso wie die negativen Folgen das Auftreten bzw. Ausführen einer Handlung *abschwächen* oder *unterdrücken*. Diese Abschwächung tritt auch bei Handlungen auf, die *überhaupt keine* Folgen haben. Es gibt aber auch den Fall, dass eine bestimmte Reaktion dazu führt, den Eintritt von etwas Negativem zu *vermeiden*, was natürlich auch als ein positives Ereignis gewertet wird. Z. B. kann ein dreimaliges Scheibenpicken der Taube oder das Drücken eines Hebels der Ratte einen Stromstoß oder das Drücken des roten Knopfes das Explodieren einer Bombe verhindern. Diese Eigenschaft, das Auftreten von Negativem zu vermeiden, wirkt dann genauso als Verstärker für bestimmte Verhaltensweisen wie eine direkte Belohnung. Man spricht deshalb in beiden Fällen von »Verstärkungslernen«.

Das Ganze wird »operante« bzw. »instrumentelle« Konditionierung genannt, weil Mensch und Tier eine bestimmte Handlung aktiv ausführen (»agieren« oder »operieren«) und nicht einfach *re*agieren müssen wie bei der klassischen Konditionierung. Das funktioniert aber nur, wenn Tier oder Mensch ein bestimmtes motivierendes *Bedürfnis* haben, das durch das Ergebnis der Handlung oder Reaktion befriedigt wird, d. h. Taube und Ratte können ihren Hunger stillen, und der Mensch kriegt das Gerät in Gang, das er für irgendeinen Zweck dringend benötigt. Liegt eine solche Motivation nicht vor, dann funktioniert auch das Verstärkungslernen nicht. Auch muss das Verhalten zumindest in Ansätzen bereits vorhanden sein, so dass der Trainer daran ansetzen kann, z.B. Picken oder etwas herunterdrücken oder an Geräten herumhantieren. Diese Anfangsbewegung kann dann schrittweise »ausgebaut« werden (das nennt man »shaping«; vgl. Pearce 1997). So kann man eine talentierte Ratte oder Wüstenrennmaus schrittweise dazu bringen, zuerst ein Türchen aufzustoßen, dann an einem Seil entlang zu hangeln, eine Rutschbahn herabzugleiten und mit einer Seilbahn einen »Abgrund« zu überbrücken, um an Futter zu gelangen – Wüstenrennmäuse lernen dies in sehr kurzer Zeit.

Man unterscheidet folgende Typen der operanten Konditionierung: (1) *Belohnung* oder *positive Konditionierung*: Das Individuum muss eine erwünschte Reaktion zeigen, um eine Belohnung zu erlangen. (2) *Bestrafung*: Die Auftrittswahrscheinlichkeit einer unerwünschten Reaktion wird durch einen Strafreiz verringert. (3) *Belohnungsentzug*: Eine Belohnung wird entzogen, und das Individuum muss eine erwünschte Reaktion erbringen, um die Belohnung wiederzuerlangen. (4) *Vermeidungslernen* oder *negative Konditionierung*: Das Individuum muss eine erwünschte Reaktion zeigen, um einen Strafreiz zu vermeiden oder eine negative Situation zu beenden. Bei Belohnung und Bestrafung gibt es unterschiedliche Belohnungs- und Bestrafungsstrategien, die uns auch noch ausführlicher beschäftigen werden. So kann man jedes Mal, wenn ein Tier oder ein Mensch eine erwünschte Handlung ausgeführt hat, belohnen, man kann in festen oder variablen Intervallen belohnen, und man kann entsprechend bestrafen.

Weitere Lernformen

Ob es überhaupt Lernformen jenseits der soeben geschilderten Formen gibt, war lange Zeit umstritten. Viele Verhaltenspsychologen und -biologen, besonders die Anhänger Iwan Pawlows (die sogenannten »Reflexologen«) und die amerikanischen Behavioristen, vertraten die Auffassung, dass sich alles Lernen auf Habituation, Sensitivierung und klassische sowie operante Konditionierung zurückführen lässt. Heute sind allerdings die meisten Experten der Meinung, dass es beim Menschen, aber auch bei manchen Tieren, Lernformen gibt, die darüber hinausgehen. Hierzu gehören *Imitation* und *Lernen durch Einsicht*.

Imitation oder »Lernen durch Zuschauen« wurde lange Zeit als primitive Lernform im Sinne des »Nachäffens« angesehen und dem Einsichtslernen gegenübergestellt. Heute wird Imitation als eine höhere Form des Lernens angesehen (Byrne 1995; Roth 2010). Das *Auftreten neuer Verhaltensweisen* oder neuer Kombinationen vorhandener Verhaltensweisen ist ein wichtiges Merkmal von Imitation. Verhaltensforscher sind sich aber uneins, ob und in welcher Form Tiere Imitation zeigen. Manche bisher als Imitation beschriebenen Vorgänge werden heute als *Reizverstärkung, Reaktionsbahnung* oder *Emulation* (Nacheifern) angesehen. Ein Tier oder Mensch beobachtet, dass sich ein Artgenosse mit einem Gegenstand intensiv beschäftigt und eine positive Wirkung erzeugt. Das erregt die Neugier des Beobachters. Er beschäftigt sich dann ebenfalls intensiv mit dem Gegenstand, und durch Versuch und Irrtum erzielt er dieselbe positive Wirkung, ohne zu imitieren.

Echte Imitation liegt danach vor, wenn der Beobachtende nicht nur dazu gebracht wird, sich mit einer bestimmten Sache zu befassen, sondern wenn er die Aufgabe in mehr oder weniger derselben Weise löst wie der Beobachtete. Dabei ist es gleichgültig, ob der Beobachter den Sinn und Zweck der entsprechenden Handlung verstanden hat. Menschenaffen »äffen« in Gefangenschaft gern menschliche Handlungen und Bewegungen nach, gleichgültig, ob das Sinn macht oder nicht (Pearce 1997). Auch Menschen üben viele Gebräuche durch Imitation und Traditionsbildung nach, ohne sich des ursprünglichen Sinns bewusst zu sein (der eventuell schon lange vergessen ist).

Imitation spielt zu Beginn des Lebens in der Interaktion zwischen Säugling und Mutter bzw. Bezugsperson eine große Rolle. Säuglinge imitieren spontan bestimmte auffallende Gebärden oder Gesichtsausdrücke der Bezugsperson, z.B. Lächeln oder die Zunge herausstrecken (Meltzoff und Gopnik 1993). Das verliert sich dann für einige Zeit, spielt aber in komplexeren Zusammenhängen später eine große Rolle. Kinder imitieren in erheblichem Ausmaß ihre Eltern, älteren Geschwister oder älteren Spielkameraden in ihren Bewegungen, ihrem mimischen und gestischen Ausdruck und ihrer Sprechweise. Auch hier ist der Sinnaspekt für das imitierende Individuum nicht ausschlaggebend; offenbar macht Imitieren selbst Spaß und muss kein darüber hinausgehendes Ziel haben. Psychologen und Neurobiologen sehen natürlich dahinter das Ziel der sozialen Anpassung.

Der Sinnaspekt steht hingegen beim *Lernen durch Einsicht* im Vordergrund. Hierzu gehört die *Einsicht in das Prinzip*, z.B. beim Handhaben eines Werkzeugs. Das erlaubt die Abwandlungen der Prozedur und eine flexiblere Anwendung bei Veränderungen.

Dies kann man bei kleinen Kindern und bei vielen Tieren beobachten, die zwar Werkzeuge benutzen können, das zugrundeliegende Prinzip aber nicht begreifen (Byrne 1995). Die Fähigkeit zum Lernen durch Einsicht wird mit Funktionen des Stirnhirns in Verbindung gebracht, und das Ausreifen des Stirnhirns ist mit der Entwicklung der Fähigkeit zur Einsicht beim Problemlösen verbunden. Wie wir hören werden, ist auch Intelligenz in hohem Maße mit der Fähigkeit zur Einsicht in zugrundeliegende Mechanismen und tiefere Bedeutungen verbunden.

Gedächtnisbildung

Lernen und Gedächtnisbildung werden oft miteinander gleichgesetzt. Das ist meist auch richtig, denn es gibt kein wirkliches Lernen ohne Gedächtnis, aber es gibt ein Gedächtnis ohne längerfristigen Lernerfolg, z. B. wenn etwas für wenige Sekunden »behalten« wird, dann aber sprichwörtlich spurlos entschwindet. Dies passiert uns, wenn wir ohne besonderes Interesse einer Person zuhören oder einem Ereignis zuschauen. Dann können wir im Abstand von 1–2 Sekunden fast detailgetreu das Gehörte oder Gesehene wiedergeben, aber nach 5 Sekunden ist es »weg«, es sei denn, bestimmte Mechanismen sorgen dafür, dass es oder einiges davon länger behalten wird bzw. erhalten bleibt.

Genauso wie es ganz unterschiedliche Formen des Lernens gibt, gibt es auch verschiedene Formen des Gedächtnisses, die sich in Inhalt, Umfang und Zeitstruktur deutlich voneinander unterscheiden (vgl. Abbildung 2). Gängig ist die Unterscheidung in zwei Grundtypen, die auf den amerikanischen Psychologen Larry Squire (1987) zurückgehen.

Squire prägte in den 1980er Jahren das Gegensatzpaar »deklaratives« versus »prozedurales Gedächtnis«. Squires Kollege Daniel Schacter (1996) stellte ein »explizites« und »implizites Gedächtnis« gegenüber; andere gebräuchliche Gegensatzpaare sind »kontrolliert« versus »automatisiert«. Gemeinsam ist allen ersteren Begriffen, dass sie sich auf Gedächtnisinhalte beziehen, die von *Bewusstsein begleitet* sein und *sprachlich berichtet* werden können, während dies für letztere Begriffe nicht oder nicht notwendig gilt. Diese beiden Grundtypen von Gedächtnisleistungen beruhen auf der Aktivität sehr unterschiedlicher Gehirnzentren. Davon wird noch die Rede sein.

Das deklarative Gedächtnis wird im Anschluss an den estnisch-amerikanischen Gedächtnisforscher Endel Tulving weiter unterteilt in ein *episodisches Gedächtnis* und ein *Wissens-* bzw. *Fakten-*

gedächtnis (vgl. Markowitsch 1999, 2000). Das episodische Gedächtnis umfasst das »Erinnern« im eigentlichen Sinne *(remembering)*. Es beinhaltet das *autobiographische Gedächtnis* und bezieht sich auf inhaltlich, räumlich und zeitlich konkrete Erlebnisse mit Bezug auf die eigene Person (»was mir Montag voriger Woche in Hamburg passierte«) und Schicksale von Personen, die mit dem eigenen Schicksal verbunden sind. Es befasst sich auch mit dem räumlichen, zeitlichen und inhaltlichen *Kontext* von Gedächtnisinhalten und wird deshalb auch *Kontextgedächtnis* genannt. Es schließt das *Quellengedächtnis* mit ein, d.h. das Wissen darüber, wann, wo, wie und von wem man etwas erfahren oder gelernt hat. Dieses Quellengedächtnis spielt bei der Wissensvermittlung im Zusammenhang mit der Vertrauenswürdigkeit des Lehrenden eine besondere Rolle, wie wir noch sehen werden.

Das *Faktengedächtnis* hingegen umfasst *Wissen* (»*knowing*«) und betrifft personen-, orts-, zeit- und kontext-*unabhängige* Tatsachen (»zwei mal zwei ist vier«, »Julius Caesar wurde 44 v.Chr. ermordet«). Hierbei wissen wir in aller Regel nicht mehr, wann und von wem wir dies gelernt haben – das würde an der Bedeutung des Faktums nichts ändern. Schließlich gehört zum deklarativen Gedächtnis das *Bekanntheits-* oder *Vertrautheitsgedächtnis* (»*familiarity memory*«). Es sorgt dafür, dass wir darüber urteilen können, ob uns ein bestimmtes Objekt oder ein bestimmtes Geschehen bekannt bzw. vertraut ist oder nicht. Diese Gedächtnisart arbeitet mehr oder weniger automatisiert und mühelos. Meist kommt uns etwas bekannt oder unbekannt vor, ohne dass wir lange darüber nachdenken müssen. Wenn uns eine Serie von Objekten bzw. Gesichtern gezeigt wird und anschließend eine zweite Serie, so können wir in erstaunlich hohem Maße auf Anhieb und ohne Nachdenken sagen, ob wir ein Objekt oder Gesicht aus der zweiten Serie schon kennen oder nicht.

Alle drei Gedächtnisse können ineinander übergehen, d.h. das autobiographische Gedächtnis baut auf dem Faktengedächtnis

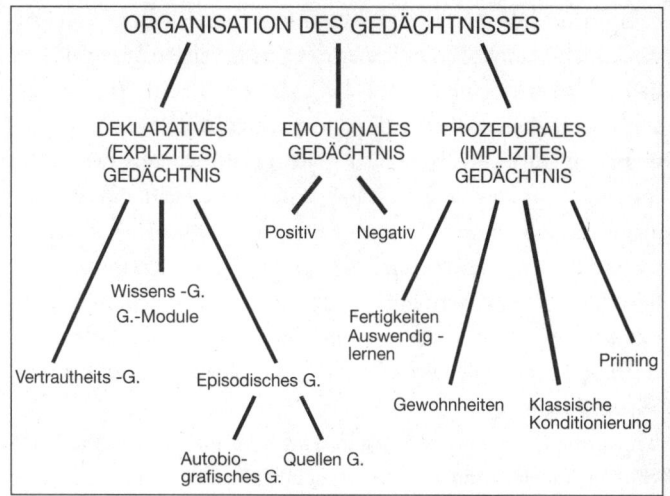

Abbildung 2: Schema der menschlichen Gedächtnisarten. Weitere Erklärung im Text.

auf und dieses seinerseits auf dem Bekanntheitsgedächtnis. Ich kann mich nicht an ein bestimmtes Geschehnis aus meinem Leben erinnern, ohne dass ich bestimmte Fakten kenne und ohne dass mir bestimmte Dinge bekannt vorkommen. Umgekehrt ist dies sehr wohl möglich. Man kann häufig bei sich selbst beobachten, dass episodische Erinnerungen zunehmend in das Faktenwissen und von dort in das Bekanntheitswissen übergehen. Zuerst erinnern wir uns noch an viele Details eines bestimmten Unterrichts oder Vortrags einer bestimmten Person, z.B. in Geschichte von Geschichtslehrer Müller, der eindrucksvoll und detailfreudig über Cäsars Ermordung durch Brutus im Theater des Pompeius im Jahre 44 v. Chr. berichtete (vielleicht sahen wir uns gemeinsam die berühmte Verfilmung des Shakespeare-Dramas mit Marlon Brando als Antonius an), und wir erinnern uns sogar daran, was Herr Müller an dem Tag anhatte. Später wissen wir das historische

Gedächtnisbildung 115

Faktum, dass der römische Feldherr und Diktator Cäsar von Brutus im Jahre 44 v. Chr. im Kreise des Senats ermordet wurde und dabei die berühmten Worte »Auch du, mein Sohn Brutus!« gesprochen haben soll. Den Geschichtslehrer Müller haben wir inzwischen ganz vergessen. Viel später, wenn wir uns nie wieder mit dieser Geschichte befasst haben, könnte es sein, dass uns der Name Cäsar irgendwie bekannt vorkommt, ohne dass wir wissen, warum und woher. Für die Zwecke der Wissensvermittlung ist besonders der Zusammenhang zwischen episodischem und semantischem Gedächtnis wichtig, denn erlebnishaft-episodisch erfahrene Dinge bleiben schneller und nachhaltiger hängen als reine Fakten.

Hieraus folgt ganz praktisch, dass man ein zu vermittelndes Wissen soweit möglich in detailreiche Episoden verpacken – also anschauliche Geschichten erfinden – muss, die dann schnell und gut bei den Zuhörern in deren episodischem Gedächtnis hängen bleiben. Variiert man das Ganze mehrfach, dann destilliert sich ganz von selbst das Faktenwissen heraus. »Nacktes« Faktenwissen ohne Anschaulichkeit wie Namen, Jahreszahlen, mathematische Formeln hingegen ist viel schwerer im Gedächtnis zu verankern. Auch hier hilft, dass man solches Wissen episodisch-anschaulich verpackt oder Eselsbrücken anbietet.

Das *prozedurale, nicht-deklarative* oder *implizite* Gedächtnis ist viel heterogener als das deklarative Gedächtnis. Es umfasst (1) alle *Fertigkeiten*, über die wir verfügen, seien sie kognitiver Art wie das schnelle Erkennen von Fehlern in einem Ablauf, oder motorischer Art wie Klavierspielen und Fahrradfahren, sowie die Ausbildung von *Gewohnheiten*. Weiterhin gehört zum prozeduralen Gedächtnis (2) das sogenannte *Priming*, d.h. das Reproduzieren von Wissen aufgrund von Stichwörtern und sonstigen Lernhilfen, (3) *kategoriales Lernen*, d.h. das Klassifizieren anhand von Prototypen, (4) *klassische Konditionierung* und (5) *nichtassoziatives Lernen*, d.h. Gewöhnung und Sensitivierung (s. oben).

Bei den *Fertigkeiten* wissen wir zwar gewöhnlich, *dass* wir über sie verfügen, haben jedoch meist keine Kenntnis über die Details. Sofern ich mich nicht ausführlich mit der speziellen Motorik beschäftigt habe, die ich beim Fahrradfahren oder Klavierspielen einsetze, habe ich keine Ahnung davon, was mit meinem Körper und dem Fahrrad geschieht, wenn ich radle bzw. was zwischen meinen Fingern und den Klaviertasten abläuft, wenn ich eine Bach-Fuge spiele. Bewusstsein kann sogar störend sein, wenn ich während des Klavierspielens darüber nachdenke, wie meine Finger ihre Aufgabe erledigen. Allerdings ist es für Fertigkeiten charakteristisch, dass wir *zu Beginn ihres Einübens* ein hohes Maß an Konzentration aufwenden müssen; wir können dabei auch gut beschreiben, was wir wie machen und wo unsere spezifischen Schwierigkeiten liegen. Je mehr wir aber mit dem Üben voranschreiten und je besser der Ablauf klappt, desto weniger Konzentration ist notwendig und desto »unbeschreibbarer« wird die Sache. Wenn uns dann jemand fragt: »Wie machst du das eigentlich?«, sagen wir meist: »Keine Ahnung, ich kann's eben.« Worauf dies beruht, werden wir noch erfahren.

Das *emotionale Gedächtnis* wurde früher als Untergedächtnis des prozeduralen Gedächtnisses angesehen. Man muss aber aus vielerlei Gründen das emotionale Gedächtnis neben dem deklarativen und dem prozeduralen Gedächtnis als dritte grundlegende Gedächtnisart behandeln. Es weist Merkmale des deklarativen und des prozeduralen Gedächtnisses auf. Es beruht auf emotionaler Konditionierung: Ein Organismus nimmt ein bestimmtes Ereignis (Reiz oder Situation) wahr oder führt eine bestimmte Handlung aus, die negative oder positive Folgen hat. Diese Konsequenzen werden mit einem entsprechenden Gefühl (Lust, Unlust, Freude, Furcht usw.) verbunden und zusammen mit der Wahrnehmung des Ereignisses oder der Ausführung der Handlung abgespeichert. Sobald das Ereignis erneut in derselben oder in einer sehr ähnlichen Weise eintritt, oder die Handlung in derselben oder einer sehr ähnlichen Weise ausgeführt wird, wird auch das Gefühl wieder aufgerufen. Dies führt, wie bereits erklärt, als Grundlage von Motivation zum *Aufsuchen* bzw. *Wiederholen* positiv besetzter und zum *Vermeiden* negativ besetzter Ereignisse oder Handlungen.

Die Zeitstruktur des Gedächtnisses

Wir erleben tagtäglich, dass wir einige Dinge lange behalten können, während andere vergessen sind, kaum dass wir uns von der unmittelbaren Beschäftigung mit ihnen abgewandt haben. Wir empfinden bestimmte Dinge als »hochinteressant«, und wenige Tage später können wir uns kaum mehr an sie erinnern. Viele Menschen empfinden diesen schnellen zeitlichen Zerfall von Gedächtnisinhalten als beängstigend.

Man unterscheidet in der Psychologie generell ein Kurzzeitgedächtnis und ein Langzeitgedächtnis, und diese können experimentell oder durch Verletzungen voneinander getrennt und gesondert beeinflusst werden. So kann eine Gehirnerschütterung zu einer retrograden Amnesie (s. unten) führen, bei der nur der Langzeitspeicher betroffen ist, während das Verabreichen von Stoffen (z. B. Antibiotika), welche die neuronale Aktivität, das Aktivieren bestimmter Gene oder die Eiweißsynthese in Neuronen des Gedächtnissystems blockieren, eine kombinierte retrograde *und* anterograde Amnesie verursachen kann. Eine ähnliche Wirkung kann der selektive Ausfall einer Gehirnregion als Folge einer Durchblutungsstörung oder eines Tumors haben. Die Zeitspanne des rückwirkenden Gedächtnisausfalls schwankt zwischen Sekunden und Jahren und hängt von der Art und Stärke der traumatischen Einwirkung ab. Wird aber die neuronale Aktivität des Gehirns im Tierexperiment nach einem Lernvorgang mit Elektroschocks kurzfristig und schwach blockiert, dann liegt die Spanne der retrograden Amnesie im Sekunden- und Minutenbereich. Daraus kann man schließen, dass neue Gedächtnisinhalte anfänglich in einer störbaren Form vorliegen und erst mit der Zeit in ein stabiles, langzeitiges Gedächtnis überführt werden (Menzel und Roth 1996; Markowitsch 2002).

Aus einer Reihe von experimentellen Befunden schließt man, dass bei jedem Lernvorgang Inhalte eines frühen, kurzzeitigen Gedächtnisses in Inhalte eines späten, langzeitigen Gedächtnisses überführt oder *konsolidiert* werden. Diese *Konsolidierungsphase* ist beim Menschen mit der mitunter auch bewussten Wiederholung des Lerninhalts (z.B. stilles Aufsagen einer neuen Telefonnummer) verbunden.

Die Befunde über die unterschiedlichen Formen des Gedächtnisses lassen sich folgendermaßen zusammenfassen: (1) Ein sensorischer Speicher, *sensorisches Gedächtnis* oder *Ultrakurzzeitgedächtnis* genannt, wird für 1–2 Sekunden *reizspezifisch erregt*. Dies ermöglicht uns, etwas soeben Gesehenes oder Gehörtes unmittelbar wiederzugeben. In dieser Zeit findet auch die Assoziation mit anderen Reizen oder mit inneren Zuständen statt. (2) Das bereits erwähnte *Kurzzeitgedächtnis* mit einer Behaltensspanne bis ca. 30 Sekunden *und* zum Teil identisch mit dem *Arbeitsgedächtnis*, ist durch seine *begrenzte Speicherkapazität* gekennzeichnet. Auf das Arbeitsgedächtnis werde ich im folgenden Kapitel ausführlicher eingehen. (3) Das *Langzeitgedächtnis* ist weitgehend unempfindlich gegen Störfaktoren und hat eine sehr große Speicherkapazität. Es ist wahrscheinlich, dass es mehrere Formen von Langzeitgedächtnissen gibt. Auch ist das Langzeitgedächtnis kein statischer Mechanismus wie eine Festplatte, sondern ein dynamisches Geschehen, d.h. unser Langzeitgedächtnis wird durch neue Erlebnisse und Erfahrungen ständig umgeschrieben und wiederaufgefrischt, und es unterliegt auch rein internen Reorganisationsprozessen, die an Datenkompression erinnern.

Umstritten ist, ob es sich bei der Abfolge von Ultrakurzzeit-, Kurzzeit- und Langzeitgedächtnis einschließlich einer Konsolidierungsphase um einen hintereinandergeschalteten (*sequenziel-*

len) Vorgang handelt, oder ob die Vorgänge parallel verlaufen. Im ersteren Fall geht der Inhalt des Kurzzeitgedächtnisses über die Konsolidierungsphase bzw. das intermediäre Gedächtnis in das Langzeitgedächtnis über, im letzteren Fall geht der Inhalt gleichzeitig in das Kurzzeit-, Intermediär- und Langzeitgedächtnis über, aber die Bearbeitungs- und Behaltenszeiten sind ganz unterschiedlich.

Neurobiologische Grundlagen des Gedächtnisses

Das deklarative Gedächtnis
Die Erforschung der neurobiologischen Grundlagen retrograder und anterograder Amnesie ergab, dass das deklarative Gedächtnis eindeutig mit dem verbunden ist, was der Neurobiologe Larry Squire das »mediale temporale System« genannt hat (Squire 1987). Hierzu gehören der Hippocampus sowie ihm anliegende Cortexanteile, nämlich der entorhinale und perirhinale Cortex. Eine beidseitige Zerstörung dieses Hirnteils, etwa in Zusammenhang mit der Entfernung eines Tumors oder eines epileptischen Herdes, führt zu einer anterograden und zumindest leichten retrograden Amnesie, wie dies bei dem berühmten Patienten H. M. geschah. Bei H. M. wurde im Alter von 27 Jahren aufgrund zunehmender epileptischer Anfälle auf einer Seite der Hippocampus entfernt. Dabei übersah man, dass der andere Hippocampus bereits verkümmert war, was allerdings zuvor nicht aufgefallen war, weil offenbar der gesunde Hippocampus die Funktionen des verkümmerten »so gut es ging« übernommen hatte (Scoville und Milner 1957).

Der *Hippocampus* (lateinisch für »Seepferdchen« wegen seines eigentümlich gewundenen Querschnitts, s. Abbildung 4B) befindet sich am unteren inneren Rand des Temporallappens und ist für das mittel- und langfristige »Abspeichern« und den Abruf (Erinnern) neuer Inhalte notwendig. Er ist aber nicht der langfristige

»Speicherort« des deklarativen *Langzeit*gedächtnisses, sondern dessen *Organisator* wie auch wahrscheinlich ein Zwischenspeicher (s. unten). Der Hippocampus legt offenbar fest, *wo* im Cortex *auf welche Weise* die entsprechenden Inhalte »abgelegt« werden, insbesondere in welchem *Bedeutungskontext*. Das ist, wie wir noch sehen werden, für den Abruf von Gedächtnisinhalten, d.h. die Erinnerung, ausschlaggebend. Man nimmt an, dass für jeden Gedächtnisinhalt räumliche, zeitliche und semantische Codes im Hippocampus abgelegt werden, die dann den Abruf ermöglichen.

Der Hippocampus ist also für die Ausbildung des Langzeitgedächtnisses notwendig und spielt beim Ultrakurzzeit-, Arbeits- und Kurzzeitgedächtnis keine wesentliche Rolle. Typisch für diese Gedächtnisse ist, dass Erlebnisse für wenige Sekunden anhalten und dann aus dem Bewusstsein und auch (größtenteils, aber nicht gänzlich) aus der Erinnerung verschwunden sind. Nicht benötigt wird der Hippocampus außerdem für alles Wissen, das hochgradig automatisiert ist, wie der eigene Name oder Wohnsitz, und natürlich alle Inhalte des prozeduralen Gedächtnisses, d.h. alle Fertigkeiten und Gewohnheiten. Diese sind in den Basalganglien gespeichert, auf die wir noch kommen werden.

Der Hippocampus hat als Organisator des deklarativen Gedächtnisses aber nicht nur engste Beziehungen mit dem Isocortex, sondern steht mit den für Emotionen und Motivation zuständigen corticalen und subcorticalen limbischen Zentren in enger Wechselwirkung. Diese limbischen Verbindungen vermitteln sowohl den Einfluss von Emotionen auf den Hippocampus und damit auf das deklarative Gedächtnis als auch den umgekehrten Einfluss des Hippocampus und damit der Wahrnehmungen und Erinnerungen auf die Emotionen. Es gibt eine enge Verflechtung mit der Amygdala und dem mesolimbischen System sowie mit dem basalen Vorderhirn bei der emotionalen Tönung deklarativer Gedächtnisinhalte.

Unser deklaratives Langzeitgedächtnis besteht aus vielen

»Schubladen« oder »Modulen«. Diese zahllosen »Module« sind über den gesamten assoziativen Cortex verteilt. Dies geschieht modalitätsspezifisch, d.h. visuelle Gedächtnisinhalte sind im assoziativen visuellen Cortex im Hinterhauptslappen abgespeichert, auditorische Inhalte im assoziativen auditorischen Cortex des Schläfenlappens, räumliche und taktile Inhalte im assoziativen somatosensorischen Cortex des Scheitellappens, sprachliche Gedächtnisinhalte in den Spracharealen des Cortex usw. Dort sind die Inhalte nach weiteren Merkmalskategorien aufgeteilt, im visuellen Gedächtnis nach Farben, Formen, Gestalten, Szenen, und innerhalb dieser Kategorien nach Unterkategorien wie den einzelnen Farben, den einzelnen Formen von Gegenständen, Gesichtern, Gebäuden usw. Schließlich gibt es Inhalte, die nach ihren *Funktionen* abgespeichert sind wie Werkzeuge oder Musikinstrumente, oder nach ihrem Kontext wie Erlebnissen, die mit einem bestimmten Aufenthaltsort zu tun haben.

Die neuronalen, insbesondere molekularen und zellulären Mechanismen, die der Gedächtnisbildung zugrunde liegen, sind trotz intensiver Untersuchungen in den vergangenen 30 Jahren immer noch nicht ganz klar. Dies liegt nicht nur an der großen Komplexität dieser Vorgänge, sondern auch daran, dass die mit Gedächtnisleistungen verbundenen molekularen und zellulären Vorgänge meist nur »in vitro«, d.h. an künstlich am Leben erhaltenen Hirngewebestücken (z.B. Hippocampus-Scheiben) detailliert untersucht werden können und damit weit entfernt von kognitiven, emotionalen und motorischen Prozessen. »Glücksfälle« für die Forschung sind Habituations-, Sensitivierungs- und Konditionierungsvorgänge, die in vergleichsweise einfachen, d.h. wenige große Zellen umfassenden und experimentell gut zugänglichen Gehirnstrukturen (z.B. in der Meeresschnecke *Aplysia*) analysiert wurden. In welchem Maße diese Befunde auf Wirbeltiere bzw. Säuger übertragbar sind, ist aber umstritten.

Allgemein glaubt man, dass das Einspeichern eines Gedächtnisinhaltes auf der Leistungssteigerung synaptischer Übertragungsmechanismen innerhalb kleinerer oder größerer Netzwerke beruht – beim deklarativen Gedächtnis des Menschen in Netzwerken des Isocortex. Hierdurch verändert sich der Erregungsfluss durch diese Netzwerke und damit deren Funktion. Die Veränderung der synaptischen Übertragungseffizienz kann entweder *präsynaptisch* oder *postsynaptisch* bzw. prä- *und* postsynaptisch erfolgen (s. Abbildung 3 und Anhang 1). Ein wichtiger Mechanismus ist hierbei die *Langzeitpotenzierung* (LTP). Über LTP ist seit der Pionierarbeit von Bliss und Lømo (1973) viel geforscht und geschrieben worden, insbesondere über LTP im Hippocampus, weil man meinte (zu Recht oder zu Unrecht – das ist umstritten), dieser Vorgang läge ganz allgemein Lernvorgängen zugrunde (vgl. Lynch 1986; Bliss und Collingridge 1993).

Langzeitpotenzierung ergibt sich dann, wenn in einer geeigneten Versuchsanordnung eine Synapse z.B. im Ammonshorn des Hippocampus hochfrequent gereizt wird. Dadurch erhöht sich die Kopplungsstärke, d.h. die Effektivität der Erregungsübertragung, zwischen Prä- und Postsynapse, und die Postsynapse antwortet stärker auf denselben Reiz als früher – sie ist für die einlaufenden Erregungen »sensibilisiert« worden. In anderen Anordnungen (unter Beteiligung hemmender Interneurone) tritt das Gegenteil ein, die Kopplungsstärke wird vermindert. Bei dieser Anordnung kann man einen kurzfristigen und einen langfristigen Effekt beobachten, die man *frühe* und *späte* LTP nennt (Kandel 2001; Abbildung 3).

Bei der *frühen* LTP genügt eine einzige kurze Salve hochfrequenter Reizung, um eine Steigerung der Antwortstärke der nachgeschalteten Nervenzelle um das Zwei- bis Dreifache zu erreichen. Diese Verstärkung beruht auf rein physiologischen Vorgängen und klingt nach einigen Minuten bis ca. 2 Stunden wieder ab. Die *späte* LTP wird im Hippocampus durch mehrfache Salven hochfrequenter Reizung ausgelöst und kann über viele Stunden bis

Tage andauern. Sie führt zu längerfristigen *anatomischen* Veränderungen an der Synapse, z.B. der Verkleinerung oder Vergrößerung bestehender Dornensynapsen an Pyramidenzellen oder der Ausbildung neuer und der Elimination vorhandener Synapsen. Diese Unterschiede in den Mechanismen des Kurzzeit- und des Langzeitgedächtnisses erklären die Flüchtigkeit des Ersteren und die Stabilität des Letzteren.

Das prozedurale Gedächtnis
Anders als das deklarative Langzeitgedächtnis ist das prozedurale bzw. implizite Gedächtnis *nicht* vom Hippocampus abhängig – der Patient H. M. zeigte in seinen Fertigkeiten keinerlei Beeinträchtigungen, er konnte konditioniert werden und reagierte auch auf Gedächtnisabrufhilfen (»Priming«). Der Erwerb von Fertigkeiten ebenso wie die Ausbildung von Gewohnheiten hängen vielmehr von der Unversehrtheit von Strukturen ab, die zu den Basalganglien gehören, besonders des Striato-Pallidum (s. An-

*Abbildung 3: Neuronale Grundlagen der Langzeitpotenzierung (LTP). In **A** ist der Hippocampus im Querschnitt gezeigt. Die Schafferkollateralen, die von CA3 zu den CA1-Neuronen ziehen, werden mit einer Salve oder mit vier Salven elektrischer Impulse gereizt. Registriert wird die postsynaptische Antwort von CA1-Pyramidenzellen. **B**: Bei Reizung mit einer Salve ergibt sich eine Erhöhung des erregenden postsynaptischen Potenzials (EPSP), das innerhalb von ca. 2 Stunden abfällt (»frühe LTP«). Wird das Neuron mit vier Salven stimuliert, dann dauert die LTP sehr viel länger an (»späte LTP«). **C**: Schema der zellulären und molekularen Vorgänge »früher« und »später LTP« an Schaffer-Kollateralen: Bei einer »frühen LTP« werden sogenannte N-Methyl-D-Aspartat- (NMDA-) Kanäle aktiviert, was zu einer kurzfristigen Erhöhung der Leitfähigkeit sogenannter AMPA-Kanäle führt. Bei »später LTP« kommt es zu einer Aktivierung von Genen im Zellkern und über Effektoren zu einem Wachstum von Spine-Synapsen, welche die Grundlage des Langzeitgedächtnisses darstellen (aus Kandel 2001; verändert).*

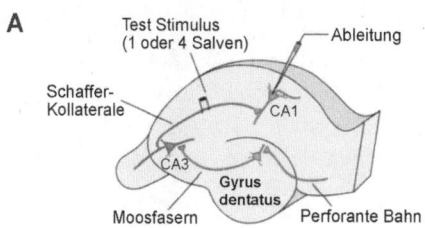

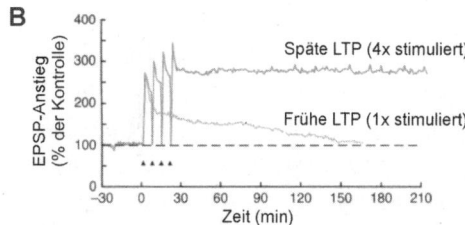

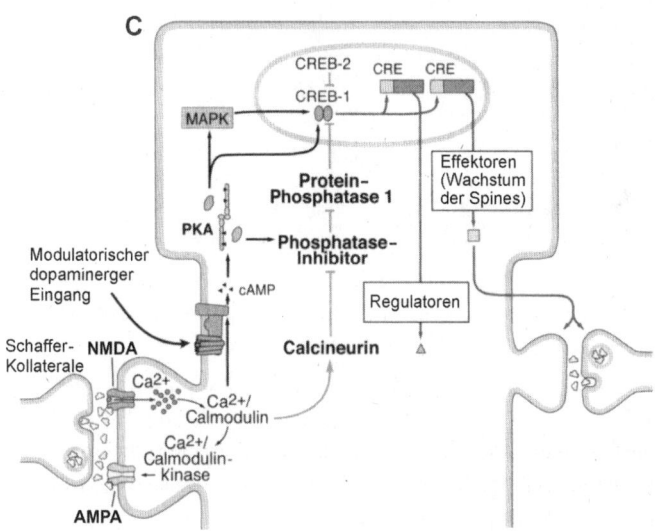

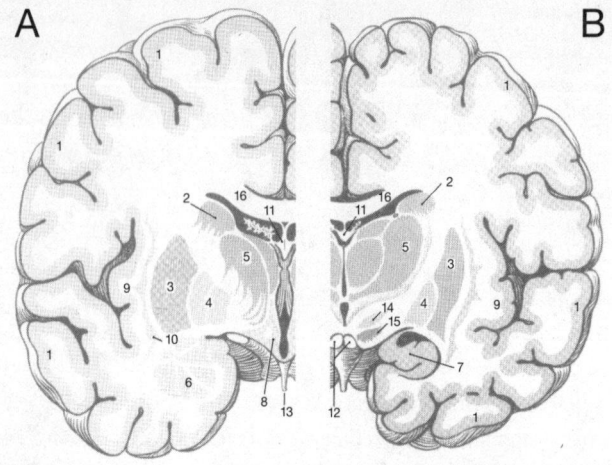

Abbildung 4: Querschnitte durch das menschliche Gehirn: **A** *Querschnitt auf Höhe des Hypothalamus, der Amygdala und des Striato-Pallidum;* **B** *Querschnitt auf Höhe des Thalamus und des Hippocampus. 1 Neocortex, 2 Ncl. caudatus, 3 Putamen, 4 Globus pallidus, 5 Thalamus, 6 Amygdala, 7 Hippocampus, 8 Hypothalamus, 9 Insulärer Cortex, 10 Claustrum, 11 Fornix (Faserbündel), 12 Mammillarkörper (Teil des Hypothalamus), 13 Infundibulum (Hypophysenstiel), 14 Nucleus subthalamicus, 15 Substantia nigra, 16 Balken (Corpus callosum) (nach Kahle 1976; verändert).*

hang 1, Abbildung 4A). Entsprechend finden sich – in Umkehrung der Befunde bei H. M. – bei Parkinson-Patienten, die eine Störung in den Basalganglien aufweisen, Beeinträchtigungen des *prozeduralen*, nicht aber des deklarativen Gedächtnisses. Die genauen neurobiologischen Mechanismen der Gedächtnisbildung im prozeduralen Gedächtnis sind nicht genau bekannt, es wird aber angenommen, dass sie dem LTP-Prozess entsprechen. Wichtig ist, dass das Erlernen von Fertigkeiten wie Fahrradfahren, eine Tastatur bedienen, Klavierspielen oder Seiltanzen anfangs schwer und nur bei voller Konzentration geschieht, und das spricht für eine massive Beteiligung der Großhirnrinde zu Beginn des prozeduralen Lernens. Wenn man aber durch ständiges Üben immer besser wird, dann wandert das Zentrum der Aktivität aus dem Cortex immer mehr in das Striato-Pallidum der Basalganglien (vgl. Anhang), und dies erleben wir als eine immer glatter werdende Abfolge der Bewegungen.

Gleichzeitig werden Bewusstsein und Konzentration dabei immer weniger gebraucht, und zum Schluss stört das Achten darauf, »wie man das eigentlich macht«, sogar den Ablauf. Ebenso entzieht sich das Geschehen mehr und mehr der detaillierten sprachlichen Beschreibung. All dies findet nach heutiger Ansicht im medialen Teil des Striatum statt. Werden nun bestimmte Abfolgen immer weiter automatisiert, dann verlagern sie sich in den lateralen Teil des Striatum und werden zu tiefsitzenden Gewohnheiten (Liljeholm und O'Doherty 2012). Sie sind dann noch weniger empfänglich für aktuelle willentliche Änderungswünsche, wie wir leidvoll wissen.

Das emotionale Gedächtnis
Die Amygdala und das mesolimbische System (s. Abb. 4A und Anhang 1, Abb. 11) sind die Hauptorte der unbewussten emotionalen Konditionierung (vgl. LeDoux 1998). In ihnen wird die neuronale Repräsentation des Erlebnisses oder Objekts und eines bestimmten emotionalen Zustands (Furcht, Freude bzw. Lust) über spezielle synaptische Kontakte so eng miteinander verbunden, dass beide regelmäßig zusammen auftreten. Manchmal, wenn ein Objekt oder ein Ereignis mit einem sehr starken emotionalen Erleben verbunden ist, kann eine feste »Assoziation« von Reiz und Emotion sofort erfolgen, aber in aller Regel bedarf es mehrerer solcher Erfahrungen, bis diese synaptische Kopplung stabil wird. Die Stabilität kann so groß werden, dass spätere gegenteilige Erfahrungen daran gar nichts oder nur über sehr lange Zeit hinweg etwas ändern können.

Dies kennen wir nur zu gut: Wenn wir mit einem Menschen oder einem Hund erst einmal schlechte Erfahrungen gemacht haben, dann ist es sehr schwer oder gar unmöglich, durch eine Reihe positiver Erfahrungen davon loszukommen. Auch wenn wir auf der Bewusstseinsebene gar keine Angst mehr vor dem Nachbarhund haben, der uns einmal gebissen hat, wird uns ein genau beobachtender Psychologe oder Psychiater nachweisen können, dass wir zögern, wenn wir auf das Tier zugehen – jedenfalls zögern wir länger als *vor* der negativen Erfahrung. Im Alltag spielen solche Konditionierungen eine große Rolle und bringen uns oft dazu, Dinge zu tun oder zu lassen, ohne dass wir eigentlich wissen, warum.

Ein wichtiger Grund hierfür ist, dass frühe oder mehrfach wiederholte positive und insbesondere negative Erfahrungen sich unbewusst auf der Ebene des mesolimbischen Systems und der Amygdala auf synaptischer Ebene so hartnäckig miteinander verbinden, dass es schwer oder gar unmöglich wird, diese Verbindungen später wieder zu lösen. Dies führt zu der bekannten Feststellung »die Amygdala vergisst nicht!« Damit ist gemeint, dass es – nach allem, was man aus neurobiologischer Sicht weiß – keine wirkliche Löschung einmal konditionierter Erfahrungen gibt, sondern lediglich ein *Neu-Lernen* an anderen Orten der entsprechenden Netzwerke, das einen neuen Zugriff auf die Verhaltenssteuerung erhält. Es überlagert sozusagen die alten Lerninhalte, die weiterhin vorhanden sind und unter starken Belastungen wieder »hochkommen« können. Dies ist auch für die Möglichkeiten und Grenzen der Psychotherapie ein wichtiger Umstand.

Viele dieser emotionalen Konditionierungen passieren also in einer Weise, die uns nicht oder erst nachträglich bewusst ist. Zum Teil finden sie in einer Zeit statt, in der wir noch gar kein oder kein erinnerungsfähiges Bewusstsein haben, nämlich im Mutterleib oder in den ersten Tagen, Wochen und Monaten nach unserer Geburt. Unser deklaratives, zu bewusster Erinnerung fähiges Gedächtnis (Cortex und Hippocampus) ist noch nicht so ausgebildet, dass ein längerfristiges Erinnern möglich ist – dies nennt man seit Sigmund Freud »infantile Amnesie«, die erst mit zweieinhalb bis drei Jahren beendet ist. Vor dieser Zeit lernt bereits unser limbisches, emotionales Gedächtnis aufgrund der Aktivität der Amygdala und des mesolimbischen Systems, was in unserer Umgebung (d.h. schon im Mutterleib) und an eigenen Handlungen (so begrenzt diese dort auch sein mögen) gut oder schlecht, lustvoll oder schmerzhaft, angenehm oder unangenehm ist. Besonders verhängnisvoll sind hierbei die stark negativen und traumatisierenden Erlebnisse (vgl. Roth und Strüber 2014). Indem bestimmte Geschehnisse einschließlich unserer eigenen Handlungen im limbischen Gedächtnis mit positiven oder negativen Gefühlen fest verbunden werden, erhalten sie eine *Bewertung*, und diese Bewertung trägt zu der Entscheidung bei, ob irgendetwas noch einmal getan oder gelassen werden soll. Dies erleben wir, sobald wir etwas älter geworden sind, als *Gefühle*, die uns raten, etwas zu tun oder zu lassen.

Da diese emotionale Bewertung seit dem Mutterleib ständig vorgenommen wird, häuft sich im Laufe des Lebens ein ungeheurer Schatz von Erfahrungen an, deren Details uns bewusstseinsmäßig gar nicht mehr gegenwärtig sind und von ihrer Fülle her es auch gar nicht sein können. Die meisten Dinge in unserem täglichen Leben tun wir dementsprechend intuitiv, d.h. aufgrund mehr oder weniger automatisierter Entscheidungen. Dabei wird das aktuell Wahrgenommene (ein Gegenstand, eine Person, eine Entscheidungssituation) zuerst unbewusst und dann gegebenenfalls bewusst identifiziert, und es wird das emotionale Gedächtnis nach eventuell vorliegenden emotionalen Bewertungen durchsucht. Ist die emotionale Bewertung eindeutig, so entscheiden wir uns ohne größeren bewussten emotionalen Aufwand in einer bestimmten Weise. Andernfalls erleben wir den Widerstreit der Motive buchstäblich am eigenen Leibe, bis wir uns – manchmal für uns selbst gar nicht nachvollziehbar – zu einer Entscheidung durchringen.

Unbekannt ist, ob die Amygdala auch längerfristiger Speicherort oder nur Kurzzeitspeicher und »Organisator« des emotionalen Gedächtnisses ist, so wie man dies für den Hippocampus in Hinblick auf das deklarative Gedächtnis annimmt. Da aber zumindest bei nichtmenschlichen Säugetieren bzw. bei Nicht-Primaten sowohl Hippocampus als auch Amygdala als Gedächtnisspeicher dienen, ist es wahrscheinlich, dass sie auch bei Primaten und Säugern gewisse Speicher-Grundfunktionen besitzen, dass diese aber von der viel größeren Speicherkapazität der Großhirnrinde überformt und stark erweitert wurden.

Schlaf und Gedächtnisbildung – Gibt's der Herr den Seinen wirklich im Schlaf?
Eine beliebte Methode zur Erhöhung des Lernerfolges besteht darin, das Buch, in dem der Lernstoff enthalten ist, während des Schlafes unter das Kopfkissen zu legen. Das ist mit der Hoffnung verbunden, dass die Informationen aus dem Buch auf geheimnisvolle Weise in den Kopf, genauer in das Gehirn, wandern. Allerdings gibt es dafür keine empirischen Belege. Der Zusammenhang zwischen Schlaf und Gedächtniskonsolidierung hingegen ist seit Langem bekannt, und zwar in der Form, dass sowohl Schlafentzug als auch sehr unruhiger Schlaf die Lern- und Behaltensleistungen stark beeinträchtigen und ein ruhiger Schlaf diese sehr begünstigen. Bis vor Kurzem war aber nicht bekannt, warum dies so ist.

Die Beantwortung dieser Frage wurde in den letzten Jahren deutlich vorangetrieben, vor allem durch die Untersuchungen des Lübecker Neurobiologen und Neuroendokrinologen Jan Born und Mitarbeiter (vgl. Marshall und Born 2007). Um diese Forschungsergebnisse zu verstehen, müssen wir uns kurz vor Augen halten, dass unser Gehirn während des Schlafes nicht etwa auch in Ruhestellung geht, sondern höchst aktiv ist, und zwar auf sehr unterschiedliche Weise. Man unterscheidet hier Phasen, die durch schnelle Augenbewegungen (*rapid eye movements* – REM) gekennzeichnet sind und deshalb *REM-Phasen* heißen, von solchen ohne diese REMs, daher *non-REM*-Phasen genannt. Bei letzteren werden wiederum flache und tiefe Phasen unterschieden. Die REM-Phasen sind durch Wellen im corticalen Elektroenzephalogramm im sogenannten Theta-Bereich (4–8 Hz) oder höher gekennzeichnet, die flachen non-REM-Phasen durch spindelartige Entladungen (»Schlafspindeln«) im Bereich von 10–15 Hertz und die tiefen non-REM-Phasen durch sehr langsame Wellen unterhalb von 4 Hz (oft auch weniger als 1 Hz). Die Schlafspindeln gehen auf den Einfluss des Thalamus auf den Cortex zurück. Die REM- und non-REM-Phasen wechseln sich während des Schlafes ungefähr alle 90 Minuten ab, wobei in der ersten Hälfte des Schlafes eher die non-REM-Phasen dominieren und in der zweiten Hälfte die REM-Phasen. Träume treten übrigens sowohl in den REM- als auch non-REM-Phasen auf.

Die Untersuchungen von Born und seinen Kolleginnen und Kollegen zeigen eine Verbindung zwischen dem non-REM-Schlaf und der Konsolidierung von Inhalten des *deklarativen* Gedächtnisses sowie zwischen dem REM-Schlaf und der Konsolidierung von Inhalten des *prozeduralen* und *emotionalen* Gedächtnisses (obwohl es hier auch Übergänge gibt). Dies kriegt man heraus, wenn man Versuchspersonen deklarative oder prozedurale Dinge lernen lässt und sie dann selektiv in den REM- bzw. non-REM-Phasen stört, die man im EEG leicht unterscheiden kann. Besonders interessant ist im vorliegenden Zusammenhang natürlich die Verbindung zwischen der Konsolidierung von Inhalten des deklarativen Gedächtnisses und dem non-REM-Schlaf. Das deklarative Gedächtnis beruht, wie wir erfahren haben, auf der Interaktion zwischen assoziativem Cortex und Hippocampus. Während der frühen Phase der Gedächtnisbildung, der sogenannten *Akquisi-*

tionsphase, ist der Cortex hochaktiv und zeigt entsprechend oft hochfrequente Oszillationen im oberen Bereich von 30–90 Hz (Gamma-Aktivität), die gewöhnlich bei kognitiven Leistungen auftritt. Der Hippocampus zeigt dabei eine viel niedrigere Aktivität im Theta-Bereich von 4–8 Hz. Dabei ist die Ansteuerung des Hippocampus durch das basale Vorderhirn (vermittelt durch den Neurotransmitter-Neuromodulator Acetylcholin), durch den Locus coeruleus (vermittelt durch Noradrenalin) und durch die Amygdala wichtig. Born und Mitarbeiter nehmen an, dass während dieser frühen Phase der Gedächtnisbildung der Hippocampus als eine Art Zwischenspeicher dient.

Der Akquisitionsphase folgt, wie gehört, die *Konsolidierungsphase*, in der das noch wenig verstandene intermediäre Gedächtnis tätig ist, und diese Phase leitet dann über in die Ausbildung des Langzeitgedächtnisses. Man nimmt an, dass während des non-REM-Schlafes die im Hippocampus zwischengespeicherten Gedächtnisinhalte in die jeweiligen Speicherorte des Langzeitgedächtnisses in der assoziativen Großhirnrinde sozusagen »offline« transferiert werden. Dies scheint mit dem Auftreten der Schlafspindeln und der langsamen Wellen während des non-REM-Schlafes zusammenzuhängen. Bei diesem Transfer müssen ja die Inhalte mit bestimmten bereits vorhandenen Inhalten so verbunden werden, dass keiner der beiden dabei zerstört wird. Zu diesem Zweck – so die Modellannahmen – werden die Theta-Aktivität des Hippocampus und auch die cholinerge Ansteuerung durch das basale Vorderhirn heruntergefahren – vielleicht damit die Einpassung der Gedächtnisinhalte nicht gestört wird. Zugleich wird angenommen, dass die niederfrequente Aktivität des Cortex die jeweils betroffenen corticalen Gedächtnisareale aktiviert und die Einpassung bewerkstelligt oder beeinflusst. Besonders interessant ist der Befund, dass von diesem Datentransfer vom Hippocampus zum Cortex nur solche Inhalte betroffen sind, die zuvor bewusst (»explizit«) gelernt wurden – implizite Inhalte wie Regelmäßigkeiten, die wir auch ohne Bewusstsein und Aufmerksamkeit erfassen können (das geht meist sehr langsam), sind davon nicht betroffen, ebenso wenig wie das Vertrautheitsgedächtnis. Inwieweit all dies mit dem Träumen zu tun hat, ist noch nicht klar. Träume treten entgegen der landläufigen Meinung sowohl während des REM- als auch während des non-REM-Schlafs auf, aber Menschen, die während des REM-Schlafs geweckt werden, können in doppelt so vielen Fällen von ihren Träumen berichten wie solche, die im non-REM-Schlaf geweckt wurden.

Die Bedeutung dieser Befunde zum Zusammenhang zwischen Schlaf und Gedächtnisausbildung für die Schule sind kaum zu überschätzen, insbesondere in Hinblick auf die häufig berichteten Schlafstörungen und dem ebenso häufigen Schlafentzug bei Jugendlichen. Die Anschauung, dass ein guter Schlaf unerlässlich für das Lernen ist, findet also eine nachhaltige wissenschaftliche Bestätigung. Genauso schädlich wie Schlafentzug sind aufregende Filme oder Lernen spät am Abend, wenn einem schon die Augen zufallen. Das Gehirn wird dadurch in unnötige Erregung versetzt, anstatt zur Ruhe zu kommen und mit der Konsolidierung des tagsüber Gelernten zu beginnen.

Erinnern und Vergessen
Vergessen ist ein höchst wichtiger Vorgang und zugleich wissenschaftlich wenig verstanden. Vergessen hat die bekannten negativen und positiven Seiten: Einerseits leiden wir im ganz normalen Leben unter den Folgen des Vergessens, das oft rätselhafte Züge annimmt (»Ich hatte doch so intensiv gelernt, und jetzt ist alles weg!«), und manchmal stehen wir in einem Raum unserer Wohnung und fragen uns: »Was wollte ich eigentlich hier?« Es ist aber auch gut, dass wir unwichtige und insbesondere unangenehme Dinge vergessen, sonst hätten wir nicht den Kopf frei für Neues und Erfreuliches. Allerdings vergessen wir unangenehme Dinge oft nicht im eigentlichen Sinne, sie verlieren nur

ihre negative Tönung, und wir sagen: »Es berührt mich jetzt nicht mehr so!«

Vergessen wird traditionell als ein Verschwinden von Inhalten aus dem Gedächtnis, als ein »Zerfall von Gedächtnisspuren« angesehen. Das ist aber wohl mehrheitlich falsch. Tatsache ist erst einmal, dass wir uns nicht mehr an Inhalte des deklarativen Gedächtnisses erinnern können oder dass wir nicht mehr genau wissen, wie wir bestimmte Dinge in ihrem Ablauf, also Inhalte des prozeduralen Gedächtnisses, »hinkriegen«, und schließlich können Inhalte des emotionalen Gedächtnisses entschwinden und uns nicht mehr aufregen. Beim deklarativen Gedächtnis können uns zwei Dinge passieren. Erstens können Erlebnisse, also Inhalte des episodischen Gedächtnisses, *verblassen*. Ich erinnere mich noch in vielen Details an den wunderbaren Aufenthalt in Istanbul vor zwei Wochen. Nach einem halben Jahr werden viel weniger Details erinnert, meist nur noch die besonders schönen, aufregenden oder schmerzlichen, und nach zwei oder drei Jahren ist vieles »weg«. Es scheint in der Tat so zu sein, dass hier »Gedächtnisspuren zerfallen«. Dagegen spricht aber, dass bestimmte Stichworte und Anlässe (meine Frau erzählt von einem bestimmten Ereignis in Istanbul) genügen, um höchst lebhafte Erinnerungen hervorzurufen, die ihrerseits einen Schwall weiterer Erinnerungen auslösen, so als ob etwas nur verschüttet war und jetzt wieder freigelegt wurde. Zweitens kann es sein, dass etwas nur momentan weg ist, z.B. ein Wissensinhalt in einer Prüfung oder die berühmte Geheimnummer vor dem Geldautomaten. Man spricht hierbei anschaulich von einer »Erinnerungssperre« oder einem »Brett vor dem Kopf«. Man weiß genau, dass das zu Erinnernde vorhanden ist, aber es ist momentan nicht zugänglich.

Beim prozeduralen Gedächtnis ist das meist anders. Unter normalen Umständen verschwinden Fertigkeiten nicht schlagartig, sondern langsam und abhängig von der Zeitspanne, in der wir sie nicht ausgeführt haben, es sei denn, sie sind mit Inhalten des deklarativen Gedächtnisses vermischt. Wenn ich in meinem Labor Versuche mache, muss ich viele Knöpfe und Hebel an vielen Apparaten bedienen und viele sonstige Dinge in der richtigen Reihenfolge tun. Es genügt schon ein Monat der Abwesenheit, um bei solchen Abläufen, die ich scheinbar hochautomatisiert ausführe, irgendwie durcheinander zu kommen. Dann entspanne ich mich und versuche, intuitiv und ohne nachzudenken vorzugehen, und das klappt meistens. Das Gegenteil ist auch der Fall: Wir glauben nach Jahren des Nicht-mehr-Klavier-Spielens oder Nicht-mehr-Fahrradfahrens, dass das gar nicht mehr geht. Aber kaum haben wir auf dem Klavier die ersten Töne gespielt oder sind beim Fahrradfahren gerade in die Pedale getreten, dann geht es schon wieder wie geschmiert – allerdings nur, wenn wir über vorherige jahre- bzw. jahrzehntelange Erfahrung verfügen. Wir können dann etwas, wissen aber nicht, dass wir es noch können.

Aus neurobiologischer und psychologischer Sicht ist erst einmal klar, dass Vergessen ebenso wichtig ist wie Behalten und Erinnern. Allerdings hat dies wenig bis nichts damit zu tun, dass unser Gedächtnis irgendwelche Speicherprobleme hätte, wie bei einer externen Speicherfestplatte, die »voll« ist. Unsere Großhirnrinde kann im Prinzip alles speichern, was wir jemals erlebt und erfahren haben, wie Menschen mit einem »Supergedächtnis« zeigen (Roth 2003). Es gibt den sprichwörtlichen Zerfall des Gedächtnisses, aber das ist teils ein natürlicher Hirnalterungsprozess, teils ein pathologischer Vorgang der Amnesie aufgrund einer Schädigung oder die Folge von Altersdemenz. Ansonsten hat Vergessen offenbar mit zwei Dingen zu tun, nämlich mit Veränderungen in der Verankerung bzw. Vernetzung von Inhalten und mit dem Prozess der *Verdrängung*. Schauen wir uns aber erst einmal die empirischen Befunde an.

Gedächtnisforscher haben sich schon früh mit dem Prozess des Vergessens beschäftigt. Einer der Väter der Gedächtnisforschung, der deutsche Psychologe Hermann Ebbinghaus (1850–1909), stellte beim Erlernen sinnloser Silben fest, dass wir bereits 20 Minuten nach dem Lernen nur noch 60 % des Gelernten abrufen können. Nach einer Stunde sind nur noch 45 % und nach einem Tag gerade mal 34 % des Gelernten im Gedächtnis. Sechs Tage nach dem Lernen ist das Erinnerungsvermögen bereits auf 23 % geschrumpft; dauerhaft werden nur 15 % des Erlernten gespeichert (Ebbinghaus 1885/1992). Das Vergessen verläuft also ungefähr negativ exponentiell, d.h. am Anfang wird prozentual viel, später der jeweilige Rest immer langsamer und weniger vergessen. Allerdings ist die Behaltens- bzw. Vergessensrate ganz wesentlich von der Art des Stoffes, seiner Bedeutungs- und Sinnhaftigkeit, seinem emotionalen Kontext und der Weise, wie gelernt wird, abhängig (bei Ebbinghaus handelte es sich absichtlich um sinnlose Silben, die besonders schwer zu behalten sind). Gleichzeitig stellt man fest, dass beim Lernen eines bestimmten Inhalts die Eigenheiten des Kurzzeit- oder Arbeitsgedächtnisses eine große Rolle spielen, insbesondere dessen starke Beschränktheit. So zeigt sich, dass früher Gelerntes besser behalten wird als später Gelerntes (das *Ribotsche Gesetz*) und dass ähnliche Dinge sich beim Behalten gegenseitig hemmen (*Interferenz-Effekt*). Wie erwähnt, muss man annehmen, dass Vergessen – von pathologischen Ereignissen abgesehen – nicht auf einem Zerfall von Gedächtnisinhalten beruht, sondern mit Problemen beim Einspeichern und beim Abrufen zusammenhängt. Beim Einspeichern sind Gestalthaftigkeit (also klare Erkennbarkeit und Abgrenzbarkeit), Sinnhaftigkeit, die Anschlussfähigkeit an früher erlernte Inhalte, die emotionale Einfärbung und der emotionale Kontext wichtig, und je schwächer diese Faktoren ausgeprägt sind, desto schneller vergessen wir die Inhalte.

Stellen wir uns das deklarative Gedächtnis als einen Behälter mit vielen übereinander angeordneten Netzen vor, die von oben nach unten zunehmend engere Maschen haben. Die zu lernenden Inhalte denken wir uns als kleine Plättchen. Die genannten Faktoren bilden so etwas wie Arme dieser Plättchen. Je länger diese Arme und je mehr davon vorhanden sind, desto höher ist die Wahrscheinlichkeit, dass die Gedächtnis-Plättchen sich in den oberen Netzwerken verhaken. Von dort können sie dann leicht beim Erinnern hervorgeholt werden. Haben sie hingegen ganz kurze oder ganz wenige Arme, dann fallen sie tief nach unten und sind kaum mehr hochzuholen, d.h. zu erinnern. So geht es mit Zahlen und Namen, die uns erst einmal »nichts sagen« und sehr schwer zu behalten sind, und dasselbe gilt für das Erlernen der ersten Vokabeln einer Fremdsprache, die wir partout nicht behalten können. Wenn es aber um höchst bedeutungshafte Dinge geht – z.B. etwas, das wir immer schon wissen wollten –, dann brennt sich dies in unser Gedächtnis ein. Ebenso fliegen uns die Wörter und Ausdrücke der Fremdsprache zu, wenn wir von dem Land begeistert sind oder dort eine romantische Beziehung erleben. Sie verhaken sich, um im Bild zu bleiben, dabei in den oberen Schichten des Gedächtnissystems.

Wichtig ist in diesem Zusammenhang auch die Zahl der Zugänge. Wenn wir etwas lernen wollen, das nur in einen sehr engen Kontext eingebettet ist – eben sinnlose Silben oder Zahlen –, dann gibt es beim Erinnern nur diesen einen Zugang. Sind sie hingegen in einen komplexen und aufregenden Kontext eingebettet (es geht um die Hausnummer einer Person, die wir dringend suchen), dann ergeben sich vielfältige und parallele Zugänge, nämlich über die Zahl selber, über die Person, die Stadt, die Angelegenheit, unsere Gefühle usw., und dies ist ein Grund dafür, dass wir diese Zahl nicht (so schnell) vergessen. Dies spricht sehr stark für einen fächerübergreifenden Unterricht (vgl. Kapitel 12).

Allerdings unterliegen alle Gedächtnisinhalte einer steten Veränderung. Vieles spricht dafür, dass die Inhalte immer weiter »komprimiert« werden, sofern sie nicht erneut aktiviert werden, z.B. durch Wiederholung. Wir können uns dies durchaus analog zur Datenkompression in der elektronischen Datenverarbeitung (etwa Bild- oder Audiodatenkompression) vorstellen, wo durch immer günstigere Codierung (z. B. Entfernung von Redundanzen) bei einem Bruchteil des Speicherplatzbedarfs die Originalinformation immer noch zur Verfügung steht, die dann »entpackt« werden kann. Bekannte Audiokompressionsverfahren wie MP3 arbeiten allerdings nicht verlustfrei, sondern lassen bei Musik oder Sprache dasjenige weg, was man sowieso nicht oder nur schwer hören kann. Weitere Kompression führt dann zu deutlichem Informationsverlust. Wir können vermuten, dass in unserem Gehirn beides passiert, nämlich sowohl eine mehr oder weniger verlustfreie Kompression, die bei der Erinnerung »entpackt« wird, als auch – im Normalfall – eine verlustbehaftete Kompression. Die auftretenden Verluste werden dann entweder bemerkt (»ich kann mich beim besten Willen nicht mehr an den Namen der Person erinnern«), oder diese Lücken werden mehr oder weniger phantasiereich ausgefüllt. Dies wird »Konfabulation« genannt. Dieses Lückenauffüllen kann mit der festen Überzeugung verbunden sein, Dinge seien so und nicht anders geschehen, wie dies im Zusammenhang mit Zeugenaussagen vor Gericht (den *»false memories«*) oft der Fall ist (vgl. Kapitel 7). Hinzu kommt, dass es zwischen den Gedächtnisinhalten eine höchst dynamische Interaktion gibt, d. h. diese Inhalte beeinflussen sich gegenseitig, auch wenn sie zwischenzeitlich nicht aktiviert werden, und insbesondere werden die Teile des »Altgedächtnisses« mit jeder neuen Erfahrung verändert.

Dem Vergessen wirkt neben den oben genannten Faktoren am stärksten das Wiederholen entgegen. Es ist dabei so, als ob mit jedem Wiederholen die Inhaltsplättchen des Altgedächtnisses hochgeholt und mit mehr oder längeren Ärmchen versehen werden und dadurch in immer höheren Etagen hängenbleiben, so dass sie immer leichter abrufbar sind. Sicherlich arbeitet auch das Wiederholen der genannten automatischen Datenkompression entgegen und sorgt wohl dafür, dass Inhalte in etwa in ihrer ursprünglichen Form erhalten bleiben. Allerdings ist beim Wiederholen das aktive Erinnern besonders effektiv. Mit diesem Thema werden wir uns im Zusammenhang mit der Frage nach gutem Unterricht noch ausführlich beschäftigen.

Rätselhaft ist der Prozess der Verdrängung. Er kann eintreten nach schockartigen Erlebnissen als psychische Amnesie, aber auch aufgrund einer radikalen Verarbeitung traumatischer Erlebnisse, z.B. nach sexuellem Missbrauch. In der Psychotherapie leugnen weibliche Patienten oft über lange Zeit ein solches Faktum, und es scheint ihnen tatsächlich nicht bewusst zu sein, bis es aus ihnen plötzlich »hervorbricht«. Aus psychoanalytischer Sicht geschieht dieses Verdrängen durch die Macht des Unbewussten und ist eine Art, das Leid emotional zu neutralisieren. Man kann Dinge aber auch aktiv verdrängen. Bei entsprechenden Experimenten kann man mithilfe der funktionellen Bildgebung zeigen, dass bei solcher aktiven Verdrängung der präfrontale Cortex hochaktiv ist und der Hippocampus in seiner Aktivität vermindert wird (Anderson et al. 2004). Das Gegenteil der Verdrängung ist das Nicht-Vergessen-Können bei psychischer Traumatisierung: Patienten, die unter einer posttraumatischen Belastungsstörung leiden, erleben dann in oft unvorhersehbarer Weise die schrecklichen Ereignisse filmhaft immer und immer wieder (»Intrusionen« genannt).

KAPITEL 5

Aufmerksamkeit, Bewusstsein und Arbeitsgedächtnis

Der Lehr- und Lernerfolg und damit die Stärke der Verankerung eines Inhaltes oder einer Fertigkeit im Gedächtnis hängen neben der Motivation in ihren vielfältigen Ausprägungen (Vertrauenswürdigkeit des Lehrenden, des Lernortes, des Interesses am Lerninhalt usw.) und dem Fleiß stark von der *Aufmerksamkeit* ab. »Hört mir zu, sonst kapiert ihr es nicht!«, ruft der Lehrer, und der Vater, der mir etwas beibringen will, sagt: »Konzentrier' dich gefälligst, sonst lernst du es nicht!« Oft stellen wir fest, dass wir uns auf bestimmte Dinge nicht konzentrieren können, wenn wir z.B. spätabends todmüde sind und noch etwas durchlesen müssen. Wir lesen dann eine Seite Text und wissen anschließend überhaupt nicht, was da stand. Oder wir fahren die Autobahn entlang und freuen uns schon auf die Ankunft, während wir das Geschehen auf der Straße mit nur oberflächlicher Aufmerksamkeit beobachten. Falls nichts Auffallendes geschieht, können wir schon wenige Sekunden später nichts mehr von dem berichten, was wir gesehen haben.

Auch kann es uns passieren, dass wir angestrengt nach etwas suchen und nicht merken, dass der gesuchte Gegenstand direkt vor uns liegt, weil er entweder nicht so aussah wie erwartet oder nicht an einem Platz lag, an dem wir ihn erwarteten – wir waren »wie blind«. Wir können so sehr in eine Lektüre vertieft sein, dass wir das Telefonläuten oder die Rufe der Mutter oder der Ehefrau zum Abendessen komplett überhören. Schließlich kann es uns aber auch passieren, dass wir mit höchstem Interesse dem Unterricht oder einem Vortrag folgen, aber nach einer gewissen Zeit unsere Konzentration nachzulassen beginnt, und wir immer mehr Mühe haben, dem Gehörten zu folgen, bis uns der Kopf brummt und wir »aussteigen«. Es wird uns einfach zu viel, und wir können auch mit größter Willensanstrengung nicht mehr zuhören. Dasselbe passiert uns natürlich auch bei der Lektüre eines anspruchsvollen Textes. All dies sind alltägliche und zugleich doch rätselhafte Zusammenhänge, und sie spielen beim Lehren und Lernen eine entscheidende Rolle. Wie aber können wir sie erklären?

Aufmerksamkeit

Aufmerksamkeit ist ein Zustand erhöhter Wahrnehmung. Wir nehmen Dinge umso deutlicher wahr, behalten und verstehen sie umso besser, je mehr wir ihnen unsere Aufmerksamkeit widmen. Aufmerksamkeit ist ein Mittel unseres Gehirns bzw. unseres Geistes, mit der großen Fülle von Informationen fertigzuwerden, die in jeder Sekunde über die Sinnesorgane auf uns einstürzen. Das Gehirn kann zwar ungeheure Mengen aufnehmen, aber es kann nicht all dies so verarbeiten, dass *bedeutungshafte* Informationen entstehen. Letzteres braucht viel Verarbeitungskapazität und auch Verarbeitungszeit. Das Gehirn muss also auswählen (*selektieren*), aber wonach wählt es aus?

Die Antwort des Psychologen lautet: Die Auswahl kann außen- bzw. reizgesteuert oder innengesteuert, d.h. erwartungs- und interessengesteuert sein (Müller und Krummenacher 2006). Die *Außensteuerung* haben wir schon im vorhergehenden Kapitel im Zusammenhang mit Gewöhnung kennengelernt: Ein auffallender Reiz, z.B. ein lauter Knall, eine Sirene, ein greller Blitz, eine blinkende Ampel oder ein stechender bzw. intensiver Geruch fesseln automatisch und zwanghaft unsere Aufmerksamkeit, denn das Gehirn interpretiert sie als *potenziell wichtig* bzw. *gefährlich*. Es kann sich aber auch um etwas weniger Dramatisches handeln, wie einen Fehler in einem regelmäßigen Muster, ein »schreiend«

buntes Kostüm einer Frau, eine auffallende Gestalt (man spricht hier von einem »pop-out-Effekt«), merkwürdige Bewegungen eines Menschen, aufgeregtes Reden und Agieren einer Menschengruppe, das »Nennen« unseres Namens und ganz allgemein etwas, das wir in dieser Umgebung oder zu dieser Zeit einfach nicht erwarteten. Wir werden durch diese *Abweichung vom Erwarteten* zwar nicht alarmiert, aber unser Interesse wird geweckt. All dies löst in der Regel eine Zuwendungs- und Annäherungsreaktion aus, es sei denn, das auffallende Ereignis wirkt stark bedrohlich und erschreckend, dann fliehen wir oder gehen in Deckung. Durch die Zuwendung gerät das Ereignis stärker in den »Fokus unserer Aufmerksamkeit«, d.h. wir sehen oder hören genauer hin, um festzustellen, um was es sich da handelt.

Die *innengeleitete Aufmerksamkeit* benötigt diesen auffälligen Außenreiz nicht, sondern sie kann sich auf Beliebiges und Unauffälliges ausrichten, aber dies muss für uns von Bedeutung sein. Meist ist Aufmerksamkeit mit Neugier, einer hohen Erwartung bis hin zur starken Aufregung verbunden. Wir warten höchst gespannt auf die Verkündigung des Ergebnisses einer Auslosung, eines Wettbewerbs oder unserer Examensnote. Wir horchen auf die leisesten Anzeichen eines sehnsüchtig erwarteten Autos, überprüfen ein Werkstück auf das Genaueste nach Fehlern usw. Hier ist es die Erwartung, die die Aufmerksamkeit steuert, aber es muss eine Erwartung sein, die auch enttäuscht werden kann. Niemand wird etwas aufmerksam beobachten, das er schon hundertmal in derselben Weise gesehen hat, ohne damit zu rechnen, dass die Sache auch anders verlaufen könnte. Vielmehr besteht bei sehr selten auftretenden Ereignissen die Gefahr, dass unsere Aufmerksamkeit nicht auf sie gerichtet ist, weil das Gehirn meint, es werde schon nichts passieren. Der Sonnenaufgang wird kaum unsere Aufmerksamkeit fesseln (es sei denn, er ist besonders schön), während eine Sonnenfinsternis ein höchst erregendes Schauspiel ist.

Aufmerksamkeit ist eng mit zwei anderen Phänomenen verbunden, nämlich mit dem Bewusstsein und dem Gedächtnis. Im Allgemeinen können wir die Intensität von Aufmerksamkeit mit der Intensität bewussten Erlebens gleichsetzen, auch wenn es Bedingungen gibt, unter denen beide voneinander abweichen. Aufmerksamkeit in Form von Konzentration ist die vielleicht stärkste Form von Bewusstsein: Geschehnisse erscheinen dabei klarer, plastischer, deutlicher und können erheblich besser erinnert und beschrieben werden, und umgekehrt verschwindet etwas umso schneller aus unserem Gedächtnis, je weniger Aufmerksamkeit wir ihm schenken: Experten haben festgestellt, dass ein Sinnesreiz nach 5 Sekunden aus dem Gedächtnis verschwindet, wenn er nicht unsere Aufmerksamkeit erregt.

Das hat das Phänomen der »Unaufmerksamkeits-Blindheit« (*inattentional blindness*) zur Folge, das besagt: Je stärker wir uns auf etwas »fokussieren«, desto mehr verschwindet alles außerhalb dieses Fokus aus unserem Bewusstsein – wir sind wie blind (vgl. Mack und Rock 1998). »Wie konntest du so etwas übersehen!«, heißt es vorwurfsvoll, »Das lag doch vor deiner Nase!« – Ja, aber wir haben es dennoch übersehen, weil es außerhalb des Fokus unserer Aufmerksamkeit lag, und zwar entweder räumlich oder geistig, oder weil wir es nicht bzw. nicht dort erwartet haben.

Neben der außen- bzw. reizgeleiteten und der innen- bzw. erwartungsgeleiteten Aufmerksamkeit gibt es entsprechend die wichtige Einteilung in eine räumliche und eine geistige Aufmerksamkeit, die dann jeweils außen- oder innengeleitet sein kann. Die räumliche Aufmerksamkeit hat damit zu tun, dass wir unser Auge, genauer die Sehgrube (*Fovea*) der Netzhaut als Ort schärfsten Sehens, auf das Objekt oder das Geschehen richten. In der Sehgrube sind die hochauflösenden und farbtüchtigen Zapfen konzentriert, während wir alles, was wir mit den Teilen der Netzhaut darum herum und somit überwiegend mit den Stäbchen wahrnehmen, nur in Grautönen und undeutlich erkennen – es sei denn, es handelt sich um auffallende Bewegungen, von denen wir aber typischerweise nicht sagen können, was sich da bewegt. Derjenige Teil des Gesichtsfeldes, den wir mit der Sehgrube wahrnehmen können, ist jedoch sehr klein (er entspricht der Breite unseres Daumens bei ausgestrecktem Arm), und deshalb bewegt unser Auge automatisch die »Lupe« der Sehgrube mit kleinen Bewegungen (*Sakkaden*) über den Gegenstand. Die dabei hintereinander entstehenden Bilder werden in unserem Bewusstsein zu einem einzigen Eindruck vereinigt, so dass wir von diesem »Scan-Vorgang« nichts merken. Je größer unsere innengeleitete Aufmerksamkeit, desto intensiver fallen diese Scan-Bewegungen der Fovea aus; schon dies erhöht die bildliche Auflösung. Studiert man unsere kleineren und größeren Sakkaden, so wird deutlich, dass sie im Wesentlichen durch unser besonderes Interesse gesteuert werden; so fährt bei der Gesichtererkennung die Sehgrube die beiden Augen, die Nase und den Mund – also die charakteristischen Merkmale eines Gesichts – besonders stark ab.

Beim Hören entspricht dem die Orientierung des Kopfes und bei Säugetieren mit beweglichen Ohren die Ohrenstellung. Beim aufmerksamkeitsgeleiteten Hören tritt allerdings ein ganz anderer Mechanismus hinzu, nämlich die Empfindlichkeitssteigerung des Innenohres durch die Aktivität der sogenannten äußeren Haarzellen, die anders als die primären Hörrezeptoren, die inneren Haarzellen, nicht die Erregungen ins Gehirn hineinleiten (über das Spiralganglion), sondern vom Gehirn (»efferent«) gesteuert werden. Dadurch kann – wie wir noch in Kapitel 9 lesen werden – aufmerksamkeitsabhängig die Hörsensibilität für bestimmte Tonlagen und Lautfolgen, also etwa für die Stimme einer bestimmten Person oder bedeutungshafte Wörter, gesteigert werden. Dies ist der Grund für den bereits in Kapitel 4 erwähnten *Cocktailparty-Effekt*, bei dem man aus einem Gemisch von Stimmen, wie es typisch für eine Cocktailparty ist, einzelne Stimmen, bestimmte Sätze oder die Nennung des eigenen Namens heraushören kann.

Letzteres ist ein gutes Beispiel für innengeleitete Aufmerksamkeit. Je höher meine Erwartungen und mein Interesse, desto stärker vertiefe ich mich in das Gehörte oder Gesehene, ich bin »gefesselt«, »gefangen« usw. – es gibt zahlreiche Ausdrücke für diesen Vorgang der extremen Aufmerksamkeitsfokussierung. Gleichzeitig versinkt die Welt um mich herum, ich bin »ganz Ohr« bzw. »ganz Auge«. Es gilt, dass dieser Fokus umso enger wird, je stärker wir unsere Aufmerksamkeit auf einen bestimmten Gegenstand oder ein Ereignis oder dessen Details beschränken, und umso mehr entschwindet alles andere aus unserem Bewusstsein – man spricht deshalb von der *Enge* der Aufmerksamkeit bzw. des Bewusstseins. Umgekehrt gilt: Je mehr Dinge und Ereignisse wir gleichzeitig beachten, desto geringer ist die Detailauflösung. Viele Zaubertricks beruhen auf dem Effekt des Scheinwerfers der Aufmerksamkeit und der Unaufmerksamkeits-Blindheit. Wir werden durch bestimmte Dinge, die der Zauberer tut, so abgelenkt, dass wir die für den Zaubertrick notwendigen Vorbereitungen nicht mitkriegen. Hinzu kommt natürlich die Schnelligkeit, mit der der Zauberer diese Vorbereitungen ausführt.

Das hat Psychologen zu der Ansicht gebracht, dass Aufmerksamkeit eine beschränkte Ressource ist, die einen Maximalwert besitzt. Das heißt am Beispiel des Scheinwerfers der Aufmerksamkeit: Ein Scheinwerfer kann eine maximale Lichtmenge abstrahlen, und je mehr Licht ich auf einen Gegenstand werfen will, damit ich ihn besser sehen kann, desto mehr muss ich den Lichtkegel bündeln, und je breiter ich ihn mache, desto schwächer ist die Beleuchtung pro Flächeneinheit. Dies gilt auch für die Zeitdauer der Aufmerksamkeit: Je intensiver ich mich auf ein Geschehen konzentriere, desto schneller sind meine Ressourcen erschöpft und desto weniger nehme ich Geschehnisse und Dinge außerhalb des Fokus meiner Aufmerksamkeit wahr.

Das hat wichtige Folgen für das Lernen. Einer anspruchslosen Plauderei des Lehrers (meist handelt es sich um »Erzählungen aus dem eigenen Leben«) kann ich stundenlang zuhören, aber bei schwierigen Zusammenhängen, die hohe Konzentration erfordern, steht mir bald der Schweiß auf der Stirn. Psychologen haben herausgefunden, dass wir nur für wenige Minuten (meist 3–5) konzentriert einer schwierigen Darstellung folgen können, und dass man dann erst einmal eine »Pause« machen muss, weil der »Aufmerksamkeitsvorrat« verbraucht ist und sich »erholen« muss. Diese Pause muss nicht in einem tatsächlichen Innehalten bestehen, sondern kann durch eine auflockernde Bemerkung, ein Witzchen, einen zusammenfassenden Satz oder eine Verständnisfrage erreicht werden. Es gehört zur hohen Kunst guter Lehrender, diesen Umstand in Rechnung zu stellen.

Psychologen haben sich seit jeher für diesen erstaunlichen Vorgang interessiert und sich gefragt, welche Mechanismen hierfür verantwortlich sind, und wo sie innerhalb des Seh- oder Hörsystems lokalisiert sind. Der bekannte britische Psychologe Donald Broadbent (1926–1993) war der Meinung, dass die Fokussierung schon sehr früh im Sehvorgang stattfindet. Für ihn kommt es bereits in den Eingangsstadien der visuellen Informationsverarbeitung zu einem »Ressourcenwettkampf«, in dem Inhalte miteinander kämpfen und ein bestimmter Inhalt nach dem »Alles oder nichts« (*Winner-take-all*)-Mechanismus gewinnt und die anderen Inhalte von der Weiterverarbeitung und insbesondere von dem Bewusstwerden ausschließt (Broadbent 1958). Nach diesem Konzept ist es nicht möglich, gleichzeitig unterschiedliche Dinge aufmerksam zu verfolgen, modisch *multi-tasking* genannt. Vielmehr springt die Aufmerksamkeit von einem Gegenstand zum anderen, was die schnelle Ermüdung und das hohe Fehlerrisiko solcher »geteilten Aufmerksamkeit« erklären könnte, insbesondere wenn es sich um sensorisch oder inhaltlich sehr verschiedene Dinge handelt (z. B. visuelle vs. auditorische Information).

Es hat sich allerdings in vielen Versuchen gezeigt, dass der frühe Verdrängungswettbewerb nicht total ist. Wenn man bei Versuchspersonen dem linken und dem rechten Ohr unterschiedliche Sprachlaute darbietet, dann konzentrieren die Personen sich abwechselnd auf den einen oder den anderen Eingang und können das jeweils konzentriert Gehörte gut wiedergeben. Sie können sich jedoch, wie die britisch-amerikanische Kognitionsforscherin Anne Treisman feststellte, an bestimmte auffallende oder bedeutungshafte Dinge, z.B. den eigenen Name oder Schimpfwörter, die dem *nicht-attendierten* Ohr dargeboten werden, erinnern (Treisman 1969). Treisman geht entsprechend nicht von einem kompletten Verdrängungswettbewerb, sondern von einer »Dämpfung« der nicht-attendierten Reize aus. Andere Forscher gehen hingegen von einer *späten* Selektion durch Aufmerksamkeit aus. Danach werden alle sensorischen Informationen über viele Etagen der visuellen Informationsverarbeitung gleich intensiv und zum großen Teil parallel bearbeitet, und erst auf einem hohen Verarbeitungsniveau knapp unterhalb des Bewusstseins wird entschieden, was ins Bewusstsein eindringen soll. Neue neurobiologische Untersuchen, von denen wir gleich noch hören werden, deuten aber darauf hin, dass es einen höchst variablen Einsatz der Aufmerksamkeit innerhalb der Hierarchie der visuellen Verarbeitung gibt, d.h. sie kann sowohl früh als auch spät oder gar »mittendrin« einsetzen.

Das Bewusste, das Vorbewusste und das Unbewusste

Das Bewusstsein ist für viele Philosophen, aber auch für Psychologen und Neurowissenschaftler eines der großen Rätsel. Der berühmte Berliner Neurophysiologe Emil Du Bois-Reymond (1818–1896) bezeichnete Bewusstsein sogar als ein nie lösbares »Welträtsel«. Allerdings haben Psychologen und Neurowissenschaftler in den vergangenen Jahrzehnten viel über dieses Thema geforscht, und es entsteht der Eindruck, dass es sich zwar um ein sehr schwieriges, aber wissenschaftlich dennoch befriedigend erklärbares Phänomen handelt.

Im Folgenden kann und will ich nicht auf das ganze Spektrum der Phänomene, Fragen, Befunde und Spekulationen zum Thema Bewusstsein eingehen, sondern mich auf das beschränken, was davon für Lehren und Lernen relevant ist (für einen größeren Überblick s. M. Pauen 1999; Roth 2003). Wichtig ist die Tatsache, dass es nicht *das* Bewusstsein als konkreten inhaltlichen Zustand gibt, vielmehr tritt Bewusstsein beim Menschen in einer Vielzahl unterschiedlicher Zustände auf. Die allgemeinste Form von Bewusstsein ist der Zustand der Wachheit oder *Vigilanz*. *Wachheit* ist meist mit konkreten Inhalten verbunden (Roth 2003). Diese können sein: (1) Sinneswahrnehmungen von Vorgängen in der Umwelt und im eigenen Körper, (2) mentale Zustände und Tätigkeiten wie Denken, Vorstellen und Erinnern, (3) Selbst-Reflexion, (4) Emotionen, Affekte, Bedürfniszustände, (5) Erleben der eigenen Identität und Kontinuität, (6) »Meinigkeit« des eigenen Körpers, (7) Autorschaft und Kontrolle der eigenen Handlungen und mentalen Akte sowie Willenszustände, (8) Verortung des Selbst und des Körpers in Raum und Zeit, (9) Realitätscharakter von Erlebtem und Unterscheidung zwischen Realität und Vorstellung. Einige dieser Zustände, z.B. die unter (5) bis (9) genannten, bilden zusammen eine Art »Hintergrund-Bewusstsein«, vor dem die unter (1) bis (4) genannten spezielleren Bewusstseinszustände mit wechselnden Inhalten und Intensitäten und in wechselnder Kombination auftreten. Bewusstsein ist also etwas, das zu ganz unterschiedlichen Inhalten *hinzutritt*. Dies könnte darauf hindeuten, dass es sich um einen besonderen Typ der Verarbeitung dieser Inhalte handelt.

Tatsächlich können wir drei Systeme der Informationsverarbeitung unterscheiden, nämlich ein bewusstes, ein vorbewusstes und ein unbewusstes System. Das erste, auch *explizites* oder *deklaratives System* genannt, arbeitet überwiegend seriell, langsam (d.h. im Bereich von Sekunden und Minuten) und mühevoll, ist in seiner Kapazität beschränkt und fehleranfällig, seine Informationsverarbeitung ist jedoch tief, d.h. auf die Verarbeitung komplexer und bedeutungshafter Inhalte ausgerichtet. Es ist zugleich flexibel und kann entsprechend neue oder neuartige Leistungen vollbringen. Beim Menschen ist dieses System mit der Berichtbarkeit verbunden, und dazu greift es auf das explizite oder deklarative Gedächtnis zurück (s. voriges Kapitel). Allerdings ist nicht alles Bewusste auch berichtbar, sondern nur dasjenige, auf das wir unsere Aufmerksamkeit richten oder das als besonders starker Reiz in unser Bewusstsein »dringt« – sonst ist es nach spätestens fünf Sekunden »weg«, wie wir gehört haben.

Dem bewusst-deklarativen System wird das zweite, unbewusst ablaufende System, *implizites, prozedurales* oder *nicht-deklaratives System* genannt, gegenübergestellt. Es ist in seiner Kapazität nahezu unbeschränkt, arbeitet überwiegend schnell und weitgehend fehlerfrei. Es ist aber in seiner Informationsverarbeitung »flach«, d.h. es verarbeitet Informationen anhand einfacher Merkmale oder Bedeutungen und ist relativ unflexibel bzw. variiert innerhalb vorgegebener Alternativen. Es ist außerdem nicht an Sprache gebunden bzw. einer sprachlich-bewussten Beschreibung nicht zugänglich.

Zum Unbewussten gehören auch alle bewussten Wahrnehmungsinhalte, *bevor* sie bewusst werden. Von der Reizaufnahme durch die Sinnesorgane an benötigt das jeweilige Sinnessystem einige 100 Millisekunden, um die Sinnesinformation auf vielerlei Ebenen zu bearbeiten, und dann entscheidet es sich, ob sie bzw. wie viele davon uns bewusst werden. Dies geschieht entweder außerhalb der Großhirnrinde oder in den primären und sekundären Arealen der Rinde, die nicht zum assoziativen Cortex gerechnet werden. Darüber werden wir gleich noch mehr erfahren.

Hier müssen wir allerdings eine wichtige Unterscheidung machen, nämlich zwischen dem *Vorbewussten* und dem *wirklich Unbewussten*. Zu Letzterem gehört alles, was in unserem Körper und allen Teilen unseres Gehirns außerhalb der assoziativen Großhirnrinde verarbeitet wird und keine Erregungen dorthin sendet. So nehmen wir nicht die Tätigkeit unserer Niere wahr, es sei denn, dieses Organ sendet über das vegetative Nervensystem Schmerzreize in die assoziative Großhirnrinde, was wir dann bewusst erleben. Wie unser Gehirn und unser Körper es bewerkstelligen, dass wir zielgerichtet nach der Kaffeetasse vor uns greifen können, davon haben wir kein bewusstes Erleben. Alles, was auf der unteren und mittleren limbischen Ebene, dem Hypothalamus, der Amygdala und den Basalganglien abläuft, ist uns ebenfalls bewusstseinsmäßig verschlossen, es sei denn, diese Hirnzentren erregen den assoziativen Cortex. Deshalb ist es auch ein Irrtum, wenn man in der Psychotherapie und insbesondere der Psychoanalyse in der Nachfolge von Sigmund Freud glaubt, man könne das Unbewusste bewusst machen. Was da bewusst gemacht wird, sind corticale Prozesse, die möglicherweise, aber nicht verlässlich, mit den subcorticalen limbischen Prozessen verknüpft sind – das ist ein großer Unterschied.

Was hingegen im Prinzip oder tatsächlich bewusst gemacht werden kann, und zwar durch Erinnern oder Erinnert-Werden (z. B. geduldiges Nachfragen des Psychotherapeuten), gehört zum *Vorbewussten*. Hierbei handelt es sich um Inhalte des deklarativen Gedächtnisses, die *aktuell* nicht bewusst sind, und zwar deshalb nicht, weil sie entweder gerade nicht abgefragt werden oder schwer zugänglich sind. Die unbewussten frühen Anteile der später bewussten Wahrnehmungen liegen zwar zeitlich vor dem Bewusstsein, sie gehören aber zum Unbewussten und nicht zum Vorbewussten, denn sie können auf keine Weise bewusst gemacht werden: So erlebe ich nicht, was in meiner Netzhaut oder in meinem Innenohr passiert, und auch nicht das, was in den entsprechenden Umschaltstationen im Thalamus oder im primären sensorischen Cortex geschieht.

Unser aktuelles Bewusstsein – also das, was wir im Augenblick »präsent« haben – ist nur ein winziger Ausschnitt aus dem, was wir insgesamt erleben und in unserem Langzeitgedächtnis niedergelegt ist. Dies ist die »Enge« von Aufmerksamkeit und Bewusstsein, und diese resultiert aus der extremen Beschränktheit unseres Arbeitsgedächtnisses, von dem wir gleich noch mehr hören werden. Bei bestimmten Gedächtnisinhalten ist der Abruf leicht: Ich kann meinen Namen und meine Anschrift ohne Zögern nennen, kann am Nachmittag meist auf Anhieb und relativ detailliert berichten, was ich am Vormittag gemacht habe, und kann bestimmtes eingeübtes Wissen schnell produzieren. Anderes hingegen fällt mir erst nach längerem Nachdenken ein, und wieder anderes überhaupt nicht oder zumindest nicht ohne fremde Hilfe. Dies alles ist, wie wir gehört haben, von der Qualität der Abspeicherung abhängig, z.B. aufgrund des mehrfachen Zugangs, der Häufigkeit des früheren Abrufs, der Wiederholung und der emotionalen Bedeutung. Die Inhalte des deklarativen Gedächtnisses sind also die meiste Zeit über vorbewusst, werden durch den Akt des Erinnerns bewusst, und anschließend gleiten sie wieder in das Vorbewusste zurück. Natürlich kann es zwischen dem Vorbewussten und dem Bewussten beliebig feine Übergänge geben: Manches können wir in vielen Details erinnern, anderes weniger deutlich und wieder anderes nur sehr vage. Wir haben auch schon darüber gesprochen, dass Dinge, die hochautomatisiert sind, sich nicht gut im Bewusstsein und damit im Arbeitsgedächtnis halten lassen. So müssen wir uns darauf konzentrieren, einen Vortrag, den wir schon viele Male gehalten haben, engagiert vorzutragen und ihn nicht herunterzuleiern.

Dies bringt uns zu der Frage, welche *Funktionen* das Bewusste, das Vorbewusste und das Unbewusste haben. Bewusstsein – so zeigt die einschlägige Forschung – tritt immer dann auf, wenn es um die Verarbeitung hinreichend *neuer*, *wichtiger* und *detailreicher* Informationen geht, für die noch keine »Routinen« ausgebildet wurden. Das bedeutet, dass bei jeder vorerst unbewussten Wahrnehmung spezielle Systeme in unserem Gehirn, die »Neuheitsdetektoren« enthalten, innerhalb von ca. 100 Millisekunden im Zusammenhang mit dem sogenannten N100-Potenzial feststellen, ob die vorverarbeiteten Wahrnehmungsinhalte *neu* oder *bekannt* sind, und anschließend – spätestens 300 Millisekunden nach Reizbeginn im Zusammenhang mit dem sogenannten P300-Potenzial – wird festgestellt, ob die Inhalte *wichtig* sind. Dies geschieht jeweils über einen »Schnelldurchgang« durch die entsprechenden Gedächtnisse.

Ist ein Inhalt ganz unwichtig, und zwar gleichgültig, ob neu oder alt, dann hat er geringe Chancen, bewusst zu werden. Allenfalls erreicht er unser Kurzzeitgedächtnis und ist dort fünf Sekunden lang vorhanden, ehe er verschwindet. Ist er wichtig, aber bereits bekannt, dann wird er unbewusst oder mit geringem Bewusstsein versehen in diejenigen Areale geschickt, die diesen Inhalt routinemäßig bearbeiten. So können wir ohne Anstrengung und mit geringer Beachtung Dinge wahrnehmen oder tun, die uns geläufig sind – und manchmal merken wir überhaupt nichts davon. Nur wenn Dinge wichtig und neu sind, gibt es eine Art Alarmsignal, und der Inhalt dringt in unser Bewusstsein ein.

Warum? Neue, wichtige Dinge müssen detailliert verarbeitet und entsprechend abgespeichert werden, und hierzu müssen neue und große Nervennetzwerke angelegt werden. Dies braucht Zeit und Stoffwechselenergie, und das kann nur in der Großhirnrinde geleistet werden, denn nur hier haben die synaptischen Verknüpfungen zwischen den Nervenzellen eine ausreichende *Plastizität*. Sobald unser Gehirn zunehmend vertraut damit wird, werden auch die Netzwerke kleiner, und das Bewusstsein zieht sich mehr und mehr daraus zurück. Wenn es sich um Inhalte des deklarativen Gedächtnisses handelt, werden sie dann – wie dargestellt – vorbewusst, können aber beim Erinnern mit mehr oder weniger Anstrengung wieder ins Bewusstsein zurückgeholt werden.

Das Vorbewusste ist, wie wir bereits gehört haben, identisch mit denjenigen Inhalten des deklarativen Gedächtnisses, die gerade nicht bewusst sind, aber im Prinzip bewusst gemacht werden können. Dieses Vorbewusste ist ständig aktiv und verarbeitet die Inhalte des deklarativen Gedächtnisses, allerdings in einer *hochgradig parallelen* Weise und nicht sequenziell wie das bewusste Arbeitsgedächtnis; diese Parallelverarbeitung ist Grundlage der ungeheuren Leistungsfähigkeit dieses Gedächtnisses, das wir zum Beispiel als *intuitives* und *kreatives Problemlösen* erfahren. Wir denken angestrengt über ein Problem nach, ohne eine Lösung zu finden, und plötzlich ist sie da, oft über Nacht beim Aufwachen. Manchmal empfinden wir sogar, dass wir einer Lösung nahe sind, ohne sie zu kennen (vgl. Roth 2015).

Das Arbeitsgedächtnis

Aufs Engste mit Aufmerksamkeit und Bewusstsein verbunden ist das Arbeitsgedächtnis. Die ursprüngliche Definition des Arbeitsgedächtnisses durch den britischen Psychologen Alan Baddeley (Baddeley 1986) umfasste die reine Gedächtnisleistung, die aus einem visuell-räumlichen Teil (»visuo-spatial sketch pad«) und einem sprachlichen Teil (»phonological loop«) besteht. Später nahm Baddeley auch noch einen Speicher für episodische Inhalte an (Baddeley 2000). In diesem episodischen Puffer sollen Informationen über ein Geschehen in multimodaler Weise codiert sein. Hinzu kommt eine »Kontrollinstanz«, welche die für die aktuelle Aufgabe des Arbeitsgedächtnisses nötigen Ressourcen verteil. Es wird angenommen, dass zumindest bei jungen Leuten das sprachliche Arbeitsgedächtnis links, das räumliche rechts angesiedelt ist. Diese Hemisphären-Asymmetrie scheint sich aber mit zunehmendem Alter zu reduzieren.

Das Arbeitsgedächtnis ist weitgehend identisch mit dem *Kurzzeitgedächtnis*. Es befasst sich mit den kognitiven Problemen des Erinnerns, Verstehens und Problemlösens, die innerhalb der laufenden Beschäftigung mit der Welt auftreten. So ist es aktiv, wenn wir einem Vortrag konzentriert folgen, ein komplexeres Geschehen verfolgen, über etwas nachdenken oder eine Handlung planen. Es hält für wenige Sekunden bestimmte Inhalte fest, z.B. einen bestimmten Teil der Wahrnehmungen oder Gedanken, aktiviert die hiermit verbundenen Gedächtnisinhalte und Vorstellungen und verarbeitet all dies zu einem momentan sinnvollen Inhalt. Dadurch ist es ein besonders wichtiger Teil unseres Bewusstseins – man spricht vom »Strom des Bewusstseins«. Das Arbeitsgedächtnis ist die wichtigste Grundlage der »allgemeinen Intelligenz«, wie wir im nächsten Kapitel erfahren werden, d.h. intelligentere Menschen haben ein effektiveres Arbeits- und Kurzzeitgedächtnis.

Das Arbeits- und Kurzzeitgedächtnis ist *modulartig* aufgebaut, insbesondere hinsichtlich der Modalitäten (visuell, auditorisch usw.) und Inhaltsarten (Namen, Zahlen, Geschehnisse, Gesichter usw.). Dies zeigt sich daran, dass wir verschiedene Elemente umso besser für kurze Zeit in unserem Gedächtnis behalten können, je *unähnlicher* sie in ihren physikalischen Eigenschaften und ihren Inhalten sind. Während ich vom Telefonbuch zum Telefon gehe (was heutzutage nicht mehr häufig passiert), kann ich meine Wohnungseinrichtung betrachten oder aus dem Fenster schauen, ohne die nachgeschlagene Telefonnummer zu vergessen. Wird mir jedoch dabei zufällig eine zweite Telefonnummer zugerufen, oder fragt mich meine Frau, wann wir abends bei Schulzes sein sollen, so ist sie meist unweigerlich fort. Entsprechend kommen sich unterschiedliche Bildeindrücke oder -vorstellungen »in die Quere«, während sich Bildeindrücke und Zahlen kaum etwas tun.

Das Arbeits- bzw. Kurzzeitgedächtnis bildet den berüchtigten »Flaschenhals« unseres Bewusstseins bzw. unserer Aufmerksamkeit; es ist für die berühmten »fünf plus-minus zwei«-Elemente des amerikanischen Psychologen George Miller verantwortlich, die wir gleichzeitig im Bewusstsein behalten und mit denen wir aktuell arbeiten können (Miller 1955). Neuere Forschungen kommen auf einen Durchschnitt von dreieinhalb solcher Elemente (Marois und Ivanoff 2005). Dabei handelt es sich allerdings nicht nur um drei bis fünf Namen oder Zahlen, sondern um *Bedeutungseinheiten* (englisch *chunks*), was dazu führt, dass die Kapazität des Arbeitsgedächtnisses erheblich erweitert werden kann, wenn wir bewusst oder intuitiv bestimmte Sachverhalte zu einfacheren Bedeutungseinheiten zusammenfassen (englisch *chunking* genannt) oder mithilfe von Gruppierungen und Musterbildungen, »Eselsbrücken« oder geeigneten Assoziationen mit Vorwissen verbinden können (z.B. eine räumliche Anordnung abstrakter Dinge). So ist die Zahl 09111989 schwer zu merken, d.h. sie verbraucht viele Ressourcen des Arbeitsgedächtnisses, aber als »neunter November 1989«, als Tag des Mauerfalls ist sie wesentlich besser zu behalten. Auch ist die Zahl 218517 als reine Zahlenfolge schlechter zu behalten als 21–85–17, wenn man sich je zwei Zahlen als »Päckchen« merkt, d.h. gliedert und sich diese »Päckchen« mehrfach laut vorsagt. Ein probates Mittel ist die gedankliche Verbindung von Zahlen mit Ereignissen oder Gegenständen (vgl. Anhang 2).

Unklar ist allerdings bis heute, ob diese Enge, Beschränkung und Langsamkeit aus der begrenzten Kapazität des Arbeitsgedächtnisses bei der Manipulation der Inhalte herrührt oder aus der zeitlichen und/oder inhaltlichen Beschränktheit des Abrufens und momentanen Speicherns von Informationen aus den Sinnes-, Gedächtnis- und Handlungssteuerungssystemen. Man nimmt heute zwei neuronale Anteile des Arbeits- und Kurzzeitgedächtnisses an, nämlich einen, der im hinteren Parietalcortex angesiedelt und zuständig ist für den Abruf und das Speichern, und einen anderen, der im präfrontalen Cortex angesiedelt ist und die handlungsrelevante »Manipulation« der Inhalte vornimmt.

Die neurobiologischen Grundlagen des Bewusstseins, der Aufmerksamkeit und des Arbeitsgedächtnisses

Am Entstehen von Bewusstsein wirken stets viele Hirnzentren mit, die über das ganze Gehirn verteilt sind; es gibt kein »oberstes« Bewusstseinszentrum. Allerdings können Geschehnisse uns nur dann bewusst werden, wenn sie von Aktivitäten der *assoziativen Großhirnrinde* begleitet sind, d.h. von Aktivitäten im hinteren und unteren Scheitellappen (parietaler Cortex), im mittleren und unteren Schläfenlappen (temporaler Cortex) und im Stirnlappen (frontaler und präfrontaler Cortex) (Übersicht in Creutzfeldt 1983; Kolb und Wishaw 1993; Roth und Strüber 2014). Alles, was *nicht* in der assoziativen Großhirnrinde abläuft, ist uns nach gegenwärtigem Wissen grundsätzlich nicht bewusst.

Allerdings hängt das Bewusstwerden nicht von der Großhirnrinde allein ab, sondern diese wird dabei vom sogenannten retikulären (d.h. netzwerkartigen) System (*Formatio reticularis*) gesteuert, bei dem es sich um eine Gruppierung von Kernen im Hirnstamm (genauer in der Brücke und im Verlängerten Mark) handelt. Diese sind mit dem bereits erwähnten Neuheitsdetetektor-System eng verbunden und senden Weck- und Alarmreize an den Thalamus im Zwischenhirn, der diese Reize dann an die Großhirnrinde weitergibt. Die retikuläre Formation erregt über den Thalamus Teile der Großhirnrinde. Parallel dazu schüttet der Locus coeruleus in der Brücke den Neuromodulator Noradrenalin aus, der ebenfalls in die Großhirnrinde dringt und sie seinerseits in Erregung versetzt (in Form der »ersten Stressreaktion«, s. 2. Kapitel).

Bei Aufmerksamkeit und anderen von Bewusstsein begleiteten kognitiven Zuständen wie Fehlerkorrektur und Handlungsentscheidung, aber auch bei der Schmerzempfindung spielt der an der Innenseite des Stirnhirns liegende *vordere Gyrus cinguli* (ACC, Abb. 10 und 11) eine wichtige Rolle (Brown und Braver 2007). Er erhält Eingänge von der retikulären Formation und allen limbischen Zentren, die mit bedeutungshaften Vorgängen zu tun haben, und aktiviert seinerseits das obere Stirnhirn, den präfrontalen Cortex (PFC, Abb. 10 und 11), mit der Aufforderung – bildlich gesprochen –, sich damit zu befassen und nach Lösungen zu suchen, denn der präfrontale Cortex ist der für Problemlösung zuständige Teil des Arbeitsgedächtnisses. Eine wichtige Rolle bei der Steuerung der Aufmerksamkeit, des Kurzzeitgedächtnisses und des Erfassens bedeutungshafter Ereignisse spielt das *basale Vorderhirn*, das unterhalb des cingulären Gyrus liegt. Dort befinden sich Zellen, die den Neuromodulator Acetylcholin produzieren. Mit seinen *cholinergen* Projektionsfasern sendet das basale Vorderhirn Acetylcholin in die Großhirnrinde und ist in der Lage, die Aktivität umgrenzter Regionen der Hirnrinde gezielt zu verstärken oder abzuschwächen. Gleichzeitig hat das basale Vorderhirn enge Beziehungen zum Hippocampus als Organisator des kognitiven Gedächtnisses und zur Amygdala als Organisator des unbewussten emotionalen Gedächtnisses. Das basale Vorderhirn hat auch enge Beziehungen zur Formatio reticularis. Wir sehen, dass das Bewusstwerden von Inhalten auf der Aktivität sehr ausgedehnter Netzwerke des Gehirns beruht.

Während der Bewusstseins- und Aufmerksamkeitszustände finden nach gegenwärtiger Anschauung *Umstrukturierungen* bereits vorhandener corticaler neuronaler Netzwerke aufgrund von Sinnesreizen und Gedächtnisinhalten statt, und zwar durch eine schnelle Veränderung synaptischer Übertragungsstärken und damit der Kopplungen zwischen Neuronen in einem bewusstseinsrelevanten corticalen Netzwerk. Hierbei spielen die uns bereits bekannten Neuromodulatoren Serotonin, Dopamin, Noradrenalin und Acetylcholin eine wichtige Rolle, die im Sekundentakt arbeiten. Derartige schnelle Reorganisationsprozesse sind stoffwechselintensiv und führen an den Synapsen zu einem überdurchschnittlichen Verbrauch an Glucose und Sauerstoff, was wiederum den lokalen corticalen Blutfluss erhöht. Dies macht man sich bei bildgebenden Verfahren wie der funktionellen Magnetresonanztomographie (fMRI) zunutze (Münte und Heinze 2001; Logothetis et al. 2001), denn hierdurch verändern sich die magnetischen Eigenschaften des Bluts. Die Veränderungen der corticalen Netzwerke erleben wir dann als Fluss neuer und (hoffentlich) kreativer und intelligenter Gedanken.

Es wird inzwischen von zahlreichen Neurobiologen vermutet, dass die oszillatorische Aktivität von Netzwerken und die wechselseitige Synchronisation neuronaler Felder eine Grundlage des Aufmerksamkeitsbewusstseins darstellen (Kreiter und Singer 1996; Crick und Koch 2003; Taylor et al. 2005). Ebenso wurden in EEG-Experimenten Synchronisationsvorgänge in zahlreichen Kontexten visueller Wahrnehmung nachgewiesen, etwa beim Anblick »bistabiler« visueller Muster wie dem bekannten Necker-Würfel oder dem Rubinschen Pokal-Profilmuster, bei denen die Wahrnehmung rhythmisch zwischen den beiden einander ausschließenden Erscheinungsformen wechselt (vgl. Strüber et al. 2014). Sehr ähnliche Ergebnisse erbrachten Aktivitätsmessungen an einzelnen Neuronen bei Makaken (Panagiotaropoulos et al. 2012). Hierbei zeigte sich, dass im primären und sekundären visuellen Cortex eine begrenzte Zahl von Neuronen (14–25 %) eine Aktivität aufweist, die exakt mit dem »Umkippen« bzw. der Hebelbetätigung korreliert. Eine wichtige Rolle beim Bewusstwerden von Wahrnehmungsinhalten scheint die gleichzeitige (*simultane*) oder hintereinander verlaufende (*sequenzielle*) Aktivierung primärer und assoziativer corticaler Areale zu sein, und zwar durch eine Kombination aufsteigender und absteigender, d.h. rückkoppelnder Verbindungen zwischen Cortexarealen. Entsprechend spekulieren Neurowissenschaftler, dass sensorische Erregungen nur dann bewusst werden, wenn sie aufsteigende Verbindungen zu den assoziativen Arealen und absteigende Verbindungen zu den primären Arealen aktivieren (Edelman und Tononi 2000; Lamme 2000; Lamme und Roelfsema 2000). Diese Annahme konnte durch Untersuchungen in einem visuellen Aufmerksamkeits- und Identifikations-Paradigma bestätigt werden, die auf einer Kombination der funktionellen Kernspintomographie und der Magnetenzephalographie beruhen (Noesselt et al. 2002).

Diese Ergebnisse sind für uns besonders interessant, denn sie zeigen, in welcher Weise Aufmerksamkeit »von oben nach unten« (*top-down*) in die Prozesse der Informationsverarbeitung eingreift. Die in den gerade genannten Versuchen dargebotenen Reize werden zuerst (nach ca. 100 ms) in den primären und sekundären visuellen Arealen auf gänzlich unbewusste Weise vorsortiert und vorverarbeitet. Anschließend werden sie zu höherstufigen assoziativen Arealen geleitet, die mit der Bedeutung der Inhalte zu tun haben, und schließlich werden sie, mit dieser Bedeutung versehen, erneut zu den primären und sekundären visuellen Arealen zurückgeleitet und mit deren Erregungen zusammengeführt.

Was heißt dies für die Frage nach dem Auftreten von Bewusstsein? Bewusstsein tritt nicht sofort dann auf, wenn die Inhalte den primären und sekundären Cortex erreichen. Dort werden sie nach visuellen, auditorischen oder taktilen *Elementarkategorien* verarbeitet, was im visuellen System Helligkeit, Kontrast, Kanten, Bewegungsrichtung, Geschwindigkeit usw. bedeutet, im Hörsystem die Gruppierung nach Sprach- oder Tonlauten. Sinn und Bedeutung hat das aber alles noch nicht. Dieses *Mosaik von Elementarkategorien* wird nun zu denjenigen Zentren geschickt, die mit der möglichen Bedeutung solcher Mosaike befasst sind, und diese Zentren erarbeiten – bildlich gesprochen – einen Interpretationsvorschlag. Dieser Vorschlag wird nun »heruntergeschickt«, und die Elementarkategorien werden so zusammengefügt, dass sie am besten zum Interpretationsvorschlag passen. Dies ist dann der Augenblick, in dem uns Dinge bewusst werden, und zwar sowohl in ihren Details als auch in ihrer Bedeutung. D.h. Bewusstsein tritt erst auf, wenn Details und Bedeutung zusammenkommen und ein sinnvolles Ganzes bilden.

Welche Rolle spielt nun hierbei die Aufmerksamkeit? Seit längerem ist bekannt, dass die Konzentration auf ein schwierig zu erkennendes Objekt in unserem Gesichtsfeld mit einer deutlichen Erhöhung der Antwortstärke von Neuronen im assoziativen visuellen Cortex, die mit diesem Teil des Gesichtsfeldes und der Art des dortigen Reizes zu tun haben, und bzw. oder der Unterdrückung des Hintergrundrauschens einhergeht; dies erhöht für die verarbeitenden neuronalen Netzwerke den Signal-Rausch-Abstand und damit die Deutlichkeit der Signale (Treue und Maunsell 1996; Kastner et al. 1998). Es kommen aber auch noch andere Mechanismen hinzu, zum Beispiel die von meinem Bremer Kollegen Andreas Kreiter und seinen Mitarbeitern nachgewiesene synchrone Aktivität, die offenbar die Informationsverarbeitung befördert, während die Neurone, die mit den Nebenreizen befasst sind, in ihrer Aktivität desynchronisiert und damit gehemmt sind.

Wir verstehen jetzt, warum Aufmerksamkeit als eine konzentrierte Form von Bewusstsein für das Lernen und die Gedächtnisbildung so wichtig ist. Im Zustand der Aufmerksamkeit verarbeitet das Gehirn neue und wichtige Informationen im Detail und »mit Nachdruck« und blendet zugleich alles aus, was in diesem Augenblick nicht wichtig ist. Dies geschieht im Arbeitsgedächtnis, und zwar unter Einwirkung der retikulären Formation und des basalen Vorderhirns als allgemeine Mittel zur Aktivierung des Hippocampus als Organisator des deklarativen Gedächtnisses und der Amygdala (und weiterer limbischer Zentren) als Organisatoren des emotionalen Gedächtnisses. Das Arbeitsgedächtnis versucht dann, das Neue mit bereits Bekanntem zu einem sinnvollen Ganzen zusammenzufügen. Je sinnvoller und klarer das Ergebnis dieser Arbeit ausfällt, desto wirkungsvoller wird es im deklarativen Gedächtnis verankert, und desto leichter ist es dort abrufbar.

Je mehr Aufmerksamkeit der Lehrende bei den Lernenden wecken kann, desto besser gelingt das Lernen. Das sollte nicht in ständigen Ermahnungen wie »Nun hört mir endlich zu!« geschehen, denn dies würde nur eine außengeleitete Aufmerksamkeit erzeugen, sondern mit inhaltlichen und motivationalen Mitteln. So kann ein guter Lehrer nicht nur im Frontalunterricht, sondern auch beim Gruppenunterricht und bei der Einzelarbeit mit geeigneten kognitiven, emotionalen und motivationalen Mitteln die Aufmerksamkeit der Schülerinnen und Schüler lenken, z.B. über spannendes und herausforderndes Material. Stets ist dabei aber die geringe Spannweite hoher Aufmerksamkeit zu beachten. Dies erfordert – wie wir noch hören werden – eine sorgfältige »hirngerechte« Untergliederung des Unterrichts.

KAPITEL 6

Intelligenz

Einer der umstrittensten Begriffe in Didaktik und Pädagogik ist »Intelligenz«, und ebenso umstritten ist die Brauchbarkeit von Intelligenztests. Viele Schulen und sonstige Bildungsinstitutionen in Deutschland lehnen solche Tests ab. Dies ist aber aus wissenschaftlicher Sicht unbegründet, denn in der Psychologie ist kaum etwas so gut untersucht wie das Merkmal »Intelligenz«, und keine psychologischen Tests sind aussagekräftiger als Intelligenztests.

In der Populärliteratur ebenso wie in der Fachliteratur findet man zum gesamten Fragenkomplex »Intelligenz« äußerst divergierende Standpunkte und Aussagen, die von der Auffassung, Intelligenz sei »hochgradig« angeboren und Förderung sei deshalb überflüssig bzw. Geldverschwendung, bis hin zum klassischen behavioristischen Dogma, dass jedes Kind das Zeug zum Genie habe, wenn man es nur richtig fördere (vgl. Hüther und Hauser 2012), reichen. Inzwischen gibt es unter den Eltern einen richtigen »Hype« in Form der Überzeugung, ihr Kind gehöre zu den Hochbegabten, und die Schule sei daran schuld, dass dieses Potenzial nicht verwirklicht werde.

Jedoch gibt es auch innerhalb der seriöseren Literatur eine große Spannbreite von Aussagen über die Erblichkeit von Intelligenzunterschieden, die – je nach analysierter Population und abhängig vom Alter – von 30 bis 80 % reichen (vgl. Asendorpf und Neyer 2012).

Im Folgenden werde ich auf diesen Problemkomplex in der gebotenen Kürze (die einschlägige Literatur ist nahezu unüberschaubar) und dabei insbesondere auf die Frage eingehen, was die als gesichert geltenden Erkenntnisse für die Praxis der Schul- und

Erwachsenenbildung bedeuten. Für eine detaillierte Auskunft verweise ich auf die Standardlehrbücher von Amelang und Bartussek (2001), Asendorpf und Neyer (2012) und die Monographien von Neubauer und Stern (2007) sowie Rost (2009, 2013).

Was ist Intelligenz, und wie misst man sie?

Intelligenz lässt sich ganz allgemein als »Fähigkeit zum Problemlösen unter Zeitdruck« definieren. Ein intelligenter Mensch ist jemand, der schnell sieht, was Sache ist, und dem ebenso schnell einfällt, was jetzt zu tun ist – und dabei meist Erfolg hat! Wichtig ist hierbei die auf den Intelligenzforscher Charles Spearman (1863–1954) zurückgehende Unterscheidung zwischen allgemeiner und bereichsspezifischer Intelligenz, die mit der Unterscheidung seines Schülers Raymond Cattell zwischen »fluider« und »kristalliner« Intelligenz übereinstimmt (Cattell 1963). Die allgemeine oder fluide Intelligenz korrespondiert mit der grundlegenden Schnelligkeit und Effektivität der Informationsverarbeitung im Gehirn, die bereichsspezifische oder kristalline Intelligenz mit dem Sachwissen in ganz unterschiedlichen Bereichen und seiner Verfügbarkeit, oft auch Expertenwissen genannt. Jemand muss schnell denken und Probleme schnell identifizieren können – das ist die allgemeine oder fluide Intelligenz –, aber er muss auch ein bestimmtes Wissen haben, um mit den Problemen fertig werden zu können. Die heutigen gängigen Intelligenztests prüfen sowohl die allgemeine Intelligenz als auch »bereichsspezifische Intelligenzen«.

Die Annahme der Existenz einer allgemeinen Intelligenz, die sich dann mit mehreren bereichsspezifischen Intelligenzen oder Begabungen kombiniert, ist nicht unumstritten. So geht der amerikanische Psychologe Howard Gardner (1983, 2002) von (ursprünglich) acht ganz unterschiedlichen Intelligenzen aus, nämlich einer sprachlichen, logisch-mathematischen, räumlichen, musikalischen, körperlich-kinästhetischen, interpersonalen, intrapersonalen und naturalistischen Intelligenz. Inzwischen hat Gardner die Anzahl dieser unabhängigen Intelligenzen weiter vermehrt. Jeder dieser Intelligenzen entspricht nach Gardner ein bestimmtes Modul im Gehirn. Kritiker wie Asendorpf und Neyer (2012) führen allerdings gegen dieses Modell an, dass es sich hier weniger um Intelligenzfaktoren als um Fähigkeiten und Begabungen handelt. Ebenso stellt Rost (2009) fest, dass diesem Modell der »multiplen Intelligenzen« trotz seiner Popularität bisher jede weitergehende empirische Fundierung fehlt. Die Frage, ob es tatsächlich eine allgemeine Intelligenz gibt und wie man dies überprüfen kann, wird uns weiter unten ausführlicher beschäftigen.

Intelligenztests wie der bekannte Hamburg-Wechsler-Intelligenztest für Erwachsene (HAWIE-R, gültig für Personen im Alter von 16–74 Jahren) beziehen sich in der gegenwärtigen Form auf vier »Intelligenz-Bereiche«: Sprachverständnis, wahrnehmungsgebundenes logisches Denken, Arbeitsgedächtnis und Verarbeitungsgeschwindigkeit. Die Aussagen der Tests sind immer auf eine Altersgruppe bezogen (Kinder, Jugendliche, Erwachsene), sind meist nicht kulturübergreifend, und geben über die Teilbegabungen der getesteten Person Aufschluss; am Ende wird ein *Gesamt-Intelligenzquotient*, abgekürzt IQ, ermittelt. Daraus ergeben sich Aufschlüsse über individuelle Begabungen bzw. intellektuelle Stärken und Schwächen, die für die Schul- und Berufswahl genutzt werden können. Sie können aber auch Aufschluss über spezifische Leistungsabfälle bei älteren Menschen, etwa hinsichtlich der Gedächtnisleistungen liefern.

Es wird deutlich, dass bei den gängigen IQ-Tests sowohl eine allgemeine Schnelligkeit der »Informationsverarbeitung« als auch bereichsspezifische Begabungen oder Defizite ausschlaggebend sind. Die Tatsache, dass Menschen unterschiedlich begabt sind, entspricht auch der Alltagserfahrung: Der Eine kann gut reden und schreiben, hat aber Probleme mit der räumlichen Orientierung oder dem Rechnen, beim Anderen ist es genau umgekehrt. Jedoch gilt, dass ein intelligenter Mensch in vielen Bereichen begabt ist; das unterscheidet ihn von einem Menschen mit einer sogenannten »Inselbegabung«. Hierauf werde ich noch zurückkommen.

Die üblichen Angaben eines »Intelligenz-Quotienten« (IQ) beziehen sich auf einen Durchschnitt unterschiedlicher Begabungen bei einer Person, wobei der IQ auf eine lebensaltersabhängige Durchschnittsintelligenz normiert ist. Das heißt, dass niemand »an und für sich« intelligent ist, sondern immer nur im Vergleich zu seiner Altersstufe. Für bestimmte Altersstufen gibt es entsprechend eine durchschnittliche Intelligenz, die definitionsgemäß bei »100« liegt. IQs über 100 zeigen entsprechend eine überdurchschnittliche, unter 100 eine unterdurchschnittliche Intelligenz an. Die Intelligenz einer Altersstufe ist definitionsgemäß normal- oder Gauß-verteilt; dies bedeutet statistisch, dass knapp 70 % aller Menschen einen IQ relativ eng um den Mittelwert (im Abstand einer Standardabweichung) aufweisen, genauer innerhalb des Intervalls zwischen 85 und 115. Menschen mit einem IQ unter 85 machen einen etwas »minderbemittelten« Eindruck, und solche mit einem IQ über 115 einen deutlich intelligenten Eindruck. Hochbegabte haben in der Regel einen IQ von 135 oder mehr und umfassen ca. 1 % ihrer Altersgruppe. Auf diese Gruppe werde ich noch gesondert zurückkommen. Man wird gelegentlich mit Aussagen wie »unsere Tochter hat einen IQ von 190« oder »ich kenne jemanden mit einem IQ von 220« konfrontiert. Man sollte dies unkommentiert lassen, denn unterhalb eines IQ von 50 und oberhalb eines IQ von 150 sind Intelligenzaussagen nicht mehr sinnvoll, weil nicht mehr statistisch verlässlich bestimmbar.

Intelligenz: angeboren oder erworben?

Seit langem wird heftig darüber diskutiert, in welchem Maße Intelligenz genetisch bedingt ist oder von Umweltfaktoren abhängt. Während man in unserem Land bis in die 1970er Jahre allgemein von einem hohen genetischen Anteil ausging, schlug unter dem verspäteten Einfluss des amerikanischen Behaviorismus und Soziologismus das Pendel radikal um. Am deutlichsten abzulesen ist dieser Wandel in dem 1969 von meinem Namensvetter und Pädagogen Heinrich Roth herausgegebenen Band Nr. 4 »Begabung und Lernen«, der innerhalb der Gutachten und Studien der Bildungskommission erschienen ist, die im Auftrag des Bildungsrates seit 1966 tätig war. Dieser Bildungsrat hatte den Auftrag, Empfehlungen für die Entwicklung und Reform des als veraltet angesehenen deutschen Bildungssystems zu entwickeln.

In dem von Heinrich Roth geschriebenen Teil »Einleitung und Überblick« wird in aller Klarheit ein anti-biologischer Begriff von Lernen und Begabung vertreten: »Man kann nicht mehr die Erbanlagen als wichtigsten Faktor für Lernfähigkeit und Lernleistungen (= Begabung) ansehen, noch die in bestimmten Entwicklungsphasen und Altersstufen hervortretende, durch physiologische Reifevorgänge bestimmte Lernbereitschaft. Begabung ist nicht nur Voraussetzung für das Lernen, sondern auch dessen Ergebnis. Heute erkennt man mehr als je die Bedeutung der kumulativen Wirkung früher Lernerfahrung, die Bedeutung der sachstrukturell richtigen Abfolge der Lernprozesse, der Entwicklung effektiver Lernstrategien, kurz: die Abhängigkeit der Begabung von Lernprozessen und die Abhängigkeit aller Lernprozesse von Sozialisations- und Lehrprozessen« (a.a.O., S. 22).

Es ist bezeichnend, dass man damals von Seiten staatlicher Aufsichtsämter jungen Biologielehrern den Gebrauch des Begriffs »angeboren« im Unterricht schlicht verbot, und auch heute noch haben viele Lehrerinnen und Lehrer ein ungutes Gefühl bei diesem Begriff.

Schauen wir uns die empirischen Befunde an. Es geht erst einmal darum zu prüfen, in welchem Maße Intelligenz überhaupt ein *stabiles Merkmal* ist, und anschließend ist zu fragen, in welchem Maße Intelligenz angeboren oder erworben ist. Die erstere Frage lautet in einer anderen Formulierung, in welchem Maße man bei einer einzelnen Person aus den Ergebnissen eines gerade durchgeführten Intelligenztests die Resultate weiterer Tests im Abstand von einem Jahr, von zehn oder zwanzig Jahren usw. vorhersagen kann. Das kann man über den sogenannten Korrelationskoeffizienten (KK) ausdrücken, der angibt, in welchem Maße unterschiedliche Größen miteinander übereinstimmen. Ein KK von 1 zeigt eine vollkommene Übereinstimmung an, ein Wert von 0 eine völlige Unabhängigkeit, und ein Wert von minus 1 eine so genannte »Anti-Korrelation«, d.h. zwei Merkmale verhalten sich zueinander entgegengesetzt.

Der Korrelationskoeffizient zwischen der gemessenen Intelligenz im vierten und im vierzehnten Lebensjahr beträgt 0,65 und ist damit schon überraschend hoch; die Korrelation zwischen der Intelligenz im vierzehnten und im neunundzwanzigsten Lebensjahr beträgt trotz des viel längeren Zeitraums 0,85, ist also sehr hoch; dies zeigt an, dass sich die Intelligenz bereits mit vierzehn Jahren sehr stabilisiert hat. Nach Aussage von Experten korreliert die Intelligenz im Alter von sechs Jahren mit derjenigen im Alter von vierzig Jahren mit einem Koeffizienten von 0,6 (Asendorpf und Neyer 2012). Dies ist ein erstaunlich hoher Wert und bedeutet, dass man aufgrund der Kenntnis der Intelligenz einer sechsjährigen Person deren Intelligenz im Alter von vierzig Jahren ziemlich gut vorhersagen kann. Damit ist natürlich nicht die Frage beantwortet, woher diese Stabilität kommt, denn sie kann genetisch bedingt sein, aber auch daher rühren, dass sich Intelligenz als Folge bestimmter prägender oder anhaltender Umwelteinflüsse (z.B. ein förderliches Elternhaus) oder als Mischung von »Anlage und Umwelt« zunehmend verfestigt.

Kritische Diskussion der Intelligenz-Vererbungsforschung
Die Psychologie hat sich zur Klärung dieser Frage seit längerem ein Experiment der Natur zu Nutze gemacht, und zwar in Form

vergleichender Untersuchungen an eineiigen Zwillingen, die entweder bei ihren leiblichen Eltern aufwuchsen oder nach der Geburt aufgrund von Adoption oder Schicksalsschlägen wie Kriegswirren voneinander und von ihren leiblichen Eltern getrennt wurden und entsprechend in verschiedenen Familien bzw. Umwelten aufwuchsen. Eineiige Zwillinge haben dieselben Gene, und die Grundidee ist, dass man über den Vergleich der IQs von gemeinsam bzw. getrennt aufgewachsenen eineiigen Zwillingen das Ausmaß der genetischen Determiniertheit bzw. der Umweltabhängigkeit der Intelligenz und natürlich anderer Persönlichkeitsmerkmale abschätzen kann. Ebenso vergleicht man die Intelligenz beider Gruppen mit zweieiigen Zwillingen sowie mit »normalen«, d.h. zu unterschiedlichen Zeiten geborenen Geschwistern. Genetisch gesehen sind beide gleich, allerdings haben die zweieiigen – ebenso wie die eineiigen – Zwillinge eine mehr oder weniger identische vorgeburtliche und frühe nachgeburtliche Umwelt, was bei den normalen Geschwistern nicht der Fall ist. Schließlich vergleicht man die Intelligenz der Zwillinge mit derjenigen der leiblichen Eltern und der Adoptiveltern.

Falls sich eineiige Zwillinge, die bei ihren leiblichen Eltern aufwuchsen, in ihrem IQ sehr ähneln, während dies bei zweieiigen Zwillingen weniger der Fall ist und bei normalen Geschwistern noch weniger, dann spricht dies für einen starken Einfluss der »Gene« gegenüber der Umwelt. Ebenso gilt: Falls eineiige Zwillinge, die von früher Kindheit an in unterschiedlichen familiären Umwelten aufwuchsen, später in ihrer Intelligenz große Übereinstimmung zeigen, dann zeigt dies erneut die »Macht der Gene« gegenüber den Einflüssen des Milieus. Falls sie sich hingegen stark unterscheiden und stattdessen ihren jeweiligen Adoptiveltern ähneln, dann bedeutet dies ein großes Gewicht der Umwelt- und Erziehungseinflüsse und ein nur geringes Gewicht der genetischen Faktoren.

Statistisch wird dies durch das Ausmaß der Korrelation zwischen den jeweils untersuchten Größen (zwischen den jeweiligen IQs der beiden Zwillinge, zwischen ihren IQs und denen ihrer leiblichen Eltern bzw. Adoptiveltern usw.) bestimmt. Dieser bereits genannte Korrelationskoeffizient (KK) dient dann zur Aufklärung der beobachteten Streuung (*Varianz*) der Werte, hier des IQs, einer untersuchten Gruppe von Personen, und dazu wird der Korrelationskoeffizient quadriert. Ein KK von 0,7 ergibt dann einen quadrierten Wert von 0,49, und dies bedeutet, dass statistisch gesehen der untersuchte Zusammenhang (z.B. zwischen den IQs eineiiger Zwillinge) zu 49 % zur Aufklärung der beobachteten Streuung beiträgt und entsprechend als der vermutlich stärkste Kausalfaktor angesehen werden kann. Wichtig zu beachten ist dabei, dass sich solche Aussagen immer auf die untersuchte Gruppe von Personen beziehen und nicht auf Individuen dieser Gruppe.

Obwohl die Zwillingsforschung seit Jahrzehnten wichtige Ergebnisse zum Thema »Vererbung von Intelligenz« liefert, begegnet man bei einigen Experten einer großen Skepsis gegenüber den Versuchen, den genetischen und den umwelt- und erfahrungsbedingten Anteil von Intelligenz genauer zu überprüfen. Ein erster Kritikpunkt betrifft den tatsächlich oder vermeintlich unkritischen Gebrauch des Begriffs »Erblichkeit«, wie er in der quantitativen Genetik und vornehmlich im Bereich der Pflanzen- und Tierzüchtung verwandt wird. Die Erblichkeit (Heritabilität) ist dort als genotypische Varianz mathematisch definiert als die Differenz zwischen der phänotypischen Varianz eines bestimmten Merkmals (Körpergröße, Intelligenz usw.) minus der Varianz der relevanten Umweltfaktoren. »Erblichkeit« ist somit ein relatives, kein absolutes Maß und hängt kritisch vom Ausmaß der Unterschiede in den Umwelteinflüssen ab.

Dies hat zur einigermaßen widersinnigen Folge, dass der Erblichkeits-Anteil an der phänotypischen Varianz notwendigerweise umso kleiner ausfällt, je stärker die Unterschiede in den

Umwelteinflüssen sind, und umso größer, je ähnlicher sich die Umwelteinflüsse sind. Dies könnte zumindest zum Teil erklären, warum man bei Bevölkerungsgruppen, die in unterstelltermaßen stark fluktuierenden sozialen Milieus leben wie Migranten oder Angehörige der sozialen Unterschicht, einen Anteil von 30 % oder noch weniger an Erblichkeit von Intelligenzunterschieden findet, und bei anderen Gruppen mit einem angeblich oder tatsächlich relativ konstanten sozialen Milieu wie der oberen Mittelschicht einen Anteil von 80 %. Daraus wird gefolgert, dass man Erblichkeitsaussagen dieser Art nur dann vornehmen kann, wenn gleiche Umweltschwankungen vorliegen oder experimentell erzeugt werden können – was in der Pflanzen- und Tierzucht möglich, im Humanbereich aber schwirig zu bewerkstelligen ist und in der Regel als unethisch abgelehnt wird.

Ein weiterer Kritikpunkt betrifft die Tatsache, dass Erblichkeitsaussagen nur dann sinnvoll sind, wenn es sich um klar definierbare und messbare Merkmale handelt. Körpergröße und -form, Haarfarbe und Wachstumsgeschwindigkeit sind gut messbare Größen, während »Intelligenz« von manchen Kritikern als etwas angesehen wird, das es in Wirklichkeit gar nicht gibt.

An diesem Argument ist insofern etwas Wahres, als es »die« Intelligenz in der Tat nicht gibt, sondern nur bestimmte Merkmale, die in den gängigen psychologischen Tests gemessen werden. Diese müssen aber gar nicht irgendeine »objektive« geistige Eigenschaft widerspiegeln, sondern – wie oben ausgeführt – nur gut messbar sein und den Schul- bzw. Berufserfolg bzw. bestimmte damit zusammenhängende Fähigkeiten und Leistungen hinreichend gut voraussagen; und dies leisten die Tests. Insofern ist das gängige Argument, die Intelligenztests mäßen nur eine »Test-Intelligenz«, gar kein Vorwurf. Die Voraussagekraft der Testergebnisse lässt sich durch Eichung an den tatsächlichen Leistungen überprüfen und gegebenenfalls steigern, und dies wird regelmäßig vorgenommen.

Weit schwieriger ist die Frage, was mit »erblich« in Bezug auf Intelligenz und ähnliche Persönlichkeitsmerkmale denn eigentlich gemeint ist. Die traditionelle Auffassung lautet, dass es jeweils wenige und gut abgrenzbare Gene (d.h. DNA-Sequenzen) gibt, die auch Persönlichkeitseigenschaften wie Intelligenz und Begabung zugrunde liegen (man sprach und spricht deshalb von »Intelligenz-Genen«, »Verbrecher-Genen«, »Depressions-Genen« usw.). Spätestens seit der vollständigen Sequenzierung des menschlichen Genoms hat sich dies aber in solchen Bereichen als großer Irrtum herausgestellt. Verhaltensgenetische Untersuchungen zu Intelligenzleistungen, Depression, Schizophrenie und anderen komplexen geistig-psychischen Funktionen haben ergeben, dass es jeweils viele, manchmal Hunderte von Genen gibt, die auf dem 0,01%- bis 0,1%-Niveau der Aufklärung der Varianz liegen. Dies bedeutet, dass an der Ausbildung derartiger Funktionen offensichtlich sehr viele Gene beteiligt und Intelligenz und Begabung also hoch-multifaktorielle Phänomene sind.

Diese Situation wird durch die Erkenntnis verschärft, dass der unterschiedlichen Ausprägung komplexer Merkmale keineswegs nur Unterschiede in den DNA-Sequenzen zugrunde liegen, sondern vielmehr Unterschiede im Expressionsmuster, d.h. der Umsetzung der DNA-Sequenzen in Proteine widerspiegeln, also *epigenetischen* Ursprungs sind. Solche Unterschiede in den Expressionsmustern nennt man »Polymorphismen«. Die Auswirkungen von Polymorphismen, wie sie in Bereichen der Persönlichkeitsentwicklung (z.B. in Hinblick auf die Stressachse, die Ausbildung von Depression und Angsterkrankungen sowie Persönlichkeitsstörungen) vorliegen, können im 1%- bis 3%-Bereich der Varianzaufklärung liegen und damit um mindestens eine Größenordnung höher als bei der reinen Gen-Analyse.

Die heute vorherrschende Meinung lautet, dass der Entwicklung komplexer Merkmale, zumal im Intelligenz- und Persönlichkeitsbereich, immer eine Gen-Umwelt-Interaktion zugrunde liegt, d.h. bestimmte Gene werden durch bestimmte Umweltreize aktiviert oder inaktiviert. Dies ist nicht ein bloßes An- und Abschalten, sondern kann auf vielfache Weise graduiert geschehen, indem die Umwelteinflüsse nicht die Gene selbst, sondern die epigenetischen, d.h. gen-regulatorischen Prozesse betreffen.

Das bedeutet, dass die Umwelt direkt in das Aktivierungsmuster der Gene eingreift und im Falle entwicklungsrelevanter Gene einen langfristigen Einfluss auf die psychisch-geistige Entwicklung eines Menschen haben kann. Sofern Keimzellen betroffen sind, können Umwelteinflüsse auch »genomisch« vererbt werden, während die Gene i. e. S. nicht verändert sind (vgl. Roth und Strüber 2014). Dies widerspricht eklatant dem über viele Jahrzehnte herrschenden »anti-lamarkistischen« Dogma in der Biologie, dass erworbene Eigenschaften nicht vererbt werden können.

Diese Tatsachen haben erstens zur Folge, dass dasjenige, was bisher als »genetisch bedingt« angesehen wurde, als Kombination von genetischen und epigenetischen Prozessen betrachtet werden muss, und dass zweitens dasjenige, was als »angeboren« angesehen wurde, keineswegs für identisch mit »genetisch determiniert« gehalten werden darf. Denn bestimmte Merkmale, die für die Persönlichkeits- und Intelligenzentwicklung wichtig sind, sind zum Zeitpunkt der Geburt zum Teil schon erheblich durch Umwelteinflüsse, meist über Auswirkungen der Geschehnisse im Gehirn der Mutter auf das Gehirn des ungeborenen Kindes, modifiziert (vgl. Roth und Strüber 2014). Die Gen-Umwelt-Interaktion gilt umso mehr für die ersten Tage, Wochen und Monate nach der Geburt, in denen Umwelteinflüsse nach neuester Auffassung eine besondere Bedeutung haben.

Für die richtige Interpretation der Ergebnisse der Zwillingsforschung ist dies von großer Bedeutung, denn eineiige Zwillinge weisen zwar identische Gene im engeren Sinne auf, aber keineswegs identische epigenetische Prozesse, und dies erklärt, warum eineiige Zwillinge in Psyche, Persönlichkeit und Intelligenz nicht identisch sind – von Messfehlern abgesehen. Überdies gilt es als erwiesen, dass pränatale Umwelteinflüsse keineswegs eine identische Wirkung auf die Zwillinge haben, und dass intrauterine Unterschiede in Lage, Ernährung, Körpergewicht usw. deutliche Auswirkungen haben können.

Wir müssen also bei der Berücksichtigung von Ergebnissen der Zwillingsforschung davon ausgehen, dass »angeborene« Merkmale immer auch schon aufgrund einer differenziellen Wirkung pränataler Einflüsse abgewandelt sein können, und dies gilt umso mehr in dem Maße, in dem die Zwillinge oft nicht unmittelbar nach der Geburt getrennt werden. Vielmehr wird eine Adoption erst acht Wochen nach der Geburt eines Kindes rechtsgültig, und in dieser Zeit, aber auch schon nach wenigen Tagen, kann die Umwelt auf vielfältige Weise prägend auf das Neugeborene einwirken.

Trotz all der genannten Einschränkungen sind die Ergebnisse der Zwillingsforschung wie auch der Entwicklungspsychologie für die Frage nach der »Erblichkeit« von Persönlichkeits- und Intelligenzmerkmalen wichtig. Hierbei zeigt sich folgendes Bild: Eineiige Zwillinge, die gemeinsam bei ihren Eltern und damit in etwa derselben Umgebung aufwuchsen, weisen einen IQ auf, der zu rund 74% übereinstimmt, während bei eineiigen Zwillingen, die getrennt voneinander und damit in mehr oder weniger unterschiedlichen Umgebungen aufwuchsen, dieser Wert zwischen 45 und 61% liegt. Dies lässt den Schluss zu, dass Intelligenzunterschiede rund zur Hälfte als »angeboren« im Sinne von »bei Geburt vorhanden« anzusehen ist. Wir stellen damit in Rechnung, dass es eine Reihe von Faktoren gibt, die bereits vor der Geburt positiv oder negativ auf die Entwicklung des Gehirns und damit der Intelligenz einwirken können. Bei den negativen Faktoren kann es sich um körperlichen oder psychischen Stress, Missbrauch, Misshandlung, Unterernährung, Infektionen wie Röteln handeln, die auf die werdende Mutter und ihr Gehirn und dann auf den Fötus einwirken.

Bei der Frage nach der Wirkung der Umwelt auf die Intelligenz nach der Geburt müssen wir bei den Negativfaktoren zwischen zwei Dingen unterscheiden: zwischen schweren Defiziten wie Unterernährung, sonstigen schweren physischen oder psychischen Vernachlässigungen und auch Misshandlungen und Missbrauch einerseits; und andererseits mangelnder emotionaler und kognitiver Anregung bei ansonsten normalen Entwicklungsbedingungen. Untersuchungen an russischen und rumänischen Waisenkindern, die sensorisch und emotional stark vernachlässigt wurden, wiesen einen durchschnittlichen Unterschied von 20 IQ-Punkten gegenüber normal aufgewachsenen Kindern auf, und dieser Unterschied konnte auch durch massive kompensatorische Maßnahmen meist nur mit mäßigem Erfolg verringert werden (Gunnar und van Dulmen 2007; Marshall 2014).

Wir können also ganz unabhängig vom Gen-Umwelt-Streit davon ausgehen, dass es sich auch bei Intelligenz und Begabungen um einen Merkmalkomplex handelt, der deutliche genetisch-epigenetische Grundlagen hat, zugleich aber schon vorgeburtlich und früh-nachgeburtlich von Umweltereignissen nachhaltig beeinflusst wird. Diese vorgeburtlichen und früh-nachgeburtlichen Einflüsse der Umwelt wurden bisher in der Erblichkeitsdebatte übersehen, und dies kann zumindest teilweise die große Variabilität und Rätselhaftigkeit der Befunde erklären. Wenn gefunden wird, dass Kinder, die unter problematischen familiären und sozialen Verhältnissen aufwachsen, einen niedrigeren IQ aufweisen, auch wenn sie später von Paaren aus »besseren Schichten« adoptiert wurden, so muss dies weder auf eine geringere genetische Intelligenz noch auf einen »unfairen« Intelligenztest zurückgehen, sondern kann auf negative Einflüsse während der Schwangerschaft, seien es Hunger, Mangelernährung, psychischer Stress der Mutter und auf negative Erlebnisse in den ersten Tagen und Wochen zurückzuführen sein. Wichtig ist hingegen, dass sich auch Merkmale kognitiver und emotionaler Art sehr schnell verfestigen und deshalb eine genetische Fixierung vorspiegeln können.

Es kann also keinen Zweifel daran geben, dass die vorgeburtlichen und früh-nachgeburtlichen Umwelteinflüsse auf die Entwicklung eine große Rolle spielen. Eine starke Häufung von Risikofaktoren kann zu einer Intelligenzminderung von 30 IQ-Punkten führen. Dies gilt auch für das Verhalten der Eltern. Hierzu gehört die Qualität des sprachlichen Umgangs ebenso wie ein warmherziger Erziehungsstil und die Ermutigung zu intellektuellen und künstlerischen Leistungen – oder deren Fehlen –, die ebenfalls zu einem großen Unterschied bei Intelligenzmessungen von 30–40 IQ-Punkten führen können.

Die Bedeutung des sozioökonomischen Status
Besonders umstritten ist das Ausmaß des Einflusses des sozioökonomischen Status (SöS) bzw. der sozioökonomischen Schichtzugehörigkeit der Eltern auf die Intelligenz der Kinder. In den SöS gehen auch Kennwerte wie Schulbildung und Berufe der Eltern, Familieneinkommen bis hin zur Anzahl von Büchern in einem Haushalt ein, wobei die soziale Schichtung einer Gesellschaft in sechs Kategorien eingeteilt wird, mit I als der höchsten sozialen Schicht und VI als der niedrigsten Schicht. Unbestritten ist eine deutliche Korrelation zwischen IQ und Schichtzugehörigkeit: Während Angehörige der obersten sozialen Schicht einen durchschnittlichen IQ von 113 aufweisen, beträgt dieser bei der untersten Schicht 92 und fällt auf 85 bei Männern ab, die zusätzlich in Wohngebieten geringster Qualität wohnen (bei Frauen ist dieser Effekt interessanterweise umgekehrt). Weiterhin ist unbestritten, dass der IQ der Kinderzeit die spätere Schichtzugehörigkeit signifikant vorhersagt, d.h. Erwachsene aus der obersten sozialen Schicht waren als Kinder überdurchschnittlich intelligent. Fragt man nach der sozialen Herkunft der Hochbegabten mit einem IQ ab 130, so stammen mehr als die Hälfte aus der Ober-

schicht und oberen Mittelschicht, knapp ein Drittel aus der mittleren und unteren Mittelschicht und nur 13 % aus der Unterschicht (Details in Rost 2009).

Wie sind diese Befunde zu deuten? Einerseits könnten sie besagen, dass die angeborenermaßen Intelligenteren nicht nur in Schule und Hochschule, sondern auch allgemein in der Gesellschaft erfolgreicher sind. Andererseits könnte man argumentieren, dass eine günstige soziale Herkunft viel mehr als eine angeblich angeborene Intelligenz den eigenen gesellschaftlichen Aufstieg bzw. die Bewahrung eines hohen SöS begünstigt. Wie ist diese Frage zu entscheiden?

Wenn – wie die Zwillingsforschung zeigt – allgemeine Intelligenz zu ca. 50 % angeboren ist, dann haben intelligente Eltern nicht nur einen höheren SöS, sondern auch wieder intelligente Kinder, denen es leichter fällt, den SöS der Eltern zu halten oder zu steigern. Allerdings korreliert das Einkommen der Eltern nur gering mit ihrer Intelligenz und der ihrer Kinder, etwas besser sieht es beim Berufsstatus aus und am deutlichsten bei der Schulbildung der Eltern. Eltern mit einer höheren Schulbildung wiederum schaffen ein Klima, in dem sie signifikant mehr mit den Kindern sprechen bzw. sich für deren Interessen interessieren, sie zum Lesen anhalten und allgemein die Wichtigkeit schulischer Leistungen betonen. Damit beeinflussen sie positiv neben der allgemeinen Intelligenz die beiden anderen Hauptfaktoren für den späteren beruflichen Erfolg, nämlich Motivation und Fleiß. Neben dem genetischen Anteil der Intelligenz werden hierdurch auf *nicht-genetische Weise* Intelligenz, Bildung und damit berufliche Chancen von den Eltern an die Kinder weitergegeben.

Aufgrund von Adoptionsstudien sowie der Effekte von Fördermaßnahmen, die ich noch behandeln werde, gehen die meisten Persönlichkeitspsychologen von einer durchschnittlichen Umweltabhängigkeit der Intelligenz aus, die etwa bei je 20 IQ-Punkten nach unten und oben liegt; manche Experten gehen lediglich von +/– 10 Punkten aus. Das hängt offenbar davon ab, in welchem Alter man die Umweltabhängigkeit misst. Nach Neubauer und Stern (2007) ist zu Beginn der kindlichen Entwicklung der Einfluss der Umwelt sehr viel höher und liegt bei +/– 21 IQ-Punkten und sinkt mit zunehmendem Alter auf +/– 13 IQ-Punkte.

Ein solcher Einflussbereich der Umwelt auf die Intelligenz scheint niederschmetternd gering zu sein, ist es aber beim zweiten Hinsehen nicht. Nehmen wir als fiktives Beispiel eine Person, die genetisch eine durchschnittliche Intelligenz besitzt und durchschnittlich gefördert wird. Diese Person wird im Erwachsenenalter definitionsgemäß einen IQ um 100 haben. Wächst sie unter sehr ungünstigen Bedingungen wie Vernachlässigung auf, so erreicht sie später einen IQ von 85 oder weniger, bei dem ein Mensch in seiner geistigen Leistungsfähigkeit schon etwas eingeschränkt wirkt. Hierbei sind allerdings nicht schwere Beeinträchtigungen wie Hunger oder Misshandlungen berücksichtigt. Bei optimaler Förderung kann die Person hingegen einen IQ von 115 oder mehr erreichen, der etwa dem Durchschnitt der deutschen Abiturienten entspricht. Relativ geringe Abweichungen vom Mittelwert ergeben also bereits deutlich wahrnehmbare Unterschiede in der Intelligenz. Dies hängt damit zusammen, dass die Masse der Individuen (nämlich zwei Drittel) mit ihrem IQ zwischen 85 und 115 liegt und dasjenige, was wir unter »normaler Intelligenz« verstehen, sich in einem ziemlich engen Bereich bewegt. Es bedeutet auch, dass Umwelteinflüsse und Erziehung bei der geistigen Entwicklung durchaus eine Chance haben, auch wenn Intelligenz in höherem Maße als andere Persönlichkeitsmerkmale angeboren ist.

Geschlecht und Intelligenz

Eine brisante Frage ist diejenige nach Intelligenz- und Begabungsunterschieden zwischen Jungen und Mädchen bzw. Männern und Frauen. Lange Zeit wurde von Experten ein kleiner, aber statistisch »robuster« Unterschied von vier bis fünf IQ-Punkten zugunsten der Jungen gefunden, was bedeuten würde, dass Jungen im Durchschnitt etwas intelligenter sind als Frauen (Neubauer und Stern 2007). Inzwischen berichten Forscher jedoch einen Unterschied von weniger als einem IQ-Punkt (vgl. Rost 2013). Man kann die IQ-Mittelwertunterschiede zwischen Jungen bzw. Männern und Mädchen bzw. Frauen daher als vernachlässigbar ansehen.

Allerdings ergeben sich statistisch gesehen Begabungsunterschiede zwischen den Geschlechtern: Während die Jungen bei Aufgaben zur Raumvorstellung (wie etwa mentale Rotation) und zu Mathematik in der Regel besser abschneiden, werden sie von den Mädchen bei Aufgaben, die Wahrnehmungsgeschwindigkeit, Wortfindung, verbale Flüssigkeit und verbales Benennen, episodisches Gedächtnis, visuelles Kurzzeitgedächtnis usw. betreffen, aber auch bei Feinmotorik übertroffen. Die jeweiligen besseren Leistungen der Jungen scheinen etwas größer zu sein als die der Mädchen, was den geringfügig höheren IQ-Durchschnitt der Jungen in manchen Studien erklären könnte. Interessanterweise werden keine Unterschiede beim verbalen und nichtverbalen Schlussfolgern gefunden.

Wie erwähnt, ist die Gauß-Kurve der Intelligenzverteilung bei Jungen flacher und breiter als die der Mädchen. Dies besagt, dass es unter den Jungen mehr deutlich Minderbegabte und mehr Hochbegabte gibt. Ab einem IQ von 145, also bei »Höchstbegabten« erreicht das Verhältnis von Jungen zu Mädchen etwa 8:1. Die Gründe hierfür sind unklar. Genannt werden hormonale Einflüsse; so wird darauf hingewiesen, dass das männliche Sexualhormon Testosteron typisch männliche kognitive Leistungen wie räumliche Orientierung befördert, während verbale Fähigkeiten mit dem weiblichen Sexualhormon Östradiol in Zusammenhang gebracht werden. Interessant ist hier eine Reihe von Untersuchungen wie die von Gouchie und Kimura aus dem Jahr 1991, die ergaben, dass sich bei Frauen auf dem Höhepunkt des Monatszyklus die Unterschiede in den kognitiven Leistungen zu den Männern erhöhen und sich auf dessen Tiefpunkt die Frauen den kognitiven Leistungen der Männer (etwa bei mentaler Rotation) annähern (vgl. zu Geschlechtsunterschieden in der kognitiven Leistungsfähigkeit Rost 2013, S. 255–289).

Hochbegabung

Der Begriff »Hochbegabung« ist von Unkenntnis, Vorurteilen und Missverständnissen umgeben, ähnlich wie »Intelligenz«. Einerseits brüsten sich viele Eltern, allerdings oft zu Unrecht, damit, dass ihre Kinder »hochbegabt« seien, andererseits stößt man als jemand, der beruflich und ehrenamtlich mit Hochbegabten und Hochbegabung zu tun habe bzw. hatte, wie ich als Präsident der Studienstiftung des deutschen Volkes, bei manchen Schulen und Schulbehörden auf Unsicherheit, wenn nicht gar Ablehnung. Kontrovers wird das Thema »Hochbegabung« auch in die mediale Öffentlichkeit getragen, wo sich häufig eine Art Neiddiskussion entfaltet um die »Söhne und Töchter aus reichem Hause«, denen noch dicke Stipendien hinterhergeworfen werden – Mitte 2010 geschehen bei der Diskussion um das »nationale Stipendienprogramm«. Die Politik macht hierbei, von wenigen Ausnahmen abgesehen, einen gleichermaßen hilflosen und uninformierten Eindruck.

Hochbegabte werden meist als eine Art Sonderlinge angesehen, die auf einem bestimmten Gebiet zwar Hervorragendes leisten, ansonsten aber egozentrisch, unsozial und emotional inkompetent sind. Dies gilt indes nur für eine kleine Minderheit von Hochbegabten mit »Inselbegabungen«, die dadurch allerdings besonders auffällt und das öffentliche Bild vom Hochbegabten prägt. In der gegenwärtigen Psychologie werden Hochbegabte über die Standard-Intelligenztests definiert, nach denen alle Personen als hochbegabt angesehen werden, deren IQ um mindestens zwei Standardabweichungen vom Mittelwert »nach oben« abweicht. Dies entspricht dann einem IQ von 130 und umfasst rund 2 % der Bevölkerung. Andere Definitionen gehen von einem IQ von 135 aus, was rund 1 % der Bevölkerung umfasst. Ab einem IQ von ungefähr 150 aufwärts kann man aus statistischen Gründen keine sinnvollen Aussagen über den IQ eines »Höchstbegabten« machen, denn die Gaußverteilung der Intelligenz nähert sich hier asymptotisch dem Nullwert der Häufigkeit an.

Der IQ korreliert hochsignifikant mit der »allgemeinen Intelligenz« (Asendorpf und Neyer 2012; Rost 2009, 2013). Hieraus folgt, dass Hochbegabte über eine hohe allgemeine Intelligenz verfügen. Schon dies widerspricht der verbreiteten Meinung, Hochbegabte würden sich typischerweise in einem begrenzten Begabungsbereich, meist Mathematik oder Musik, auszeichnen. In der Tat: Wenn man, wie im »Marburger Hochbegabtenprojekt« unter Leitung von Detlev Rost geschehen, fragt, was Hochbegabte auszeichnet (vgl. Rost 2009), dann kommt eine erstaunliche Liste von Merkmalen zustande: Sie können früher laufen und sprechen, kommen früher in die Pubertät, haben eine niedrigere Rate psychischer und physischer Auffälligkeiten, haben deutlich höhere Schulleistungen (nicht sehr überraschend), sind emotional ausgeglichener, an vielen Dingen deutlich interessierter, zeigen meist Mehrfachbegabungen und sind in dem, was sie tun, hochkreativ in dem oben genannten Sinne. In der Schule sind Hochbegabte typischerweise in einigen bis vielen oder gar allen Schulfächern sehr gut – dies ist fast trivial, denn sonst kommt man nicht auf die bei Hochbegabten verbreitete Abiturnote von 1,0. Kurz gesagt: Hochbegabte sind meist ganz normale Menschen und eben nur in vielen Disziplinen und Fähigkeiten deutlich besser als der Durchschnitt. »Inselbegabungen« sind dagegen selten und meist im mathematischen und musikalischen Bereich und überwiegend bei Jungen zu finden. Bei ihnen sind dann auch Defizite besonders im psychosozialen Bereich vorhanden, die sie in die Nähe von

»Autisten« stellen. Inwieweit dies aber zum autistischen Krankheitsbereich gehört oder eine Folge der Hochbegabung in einem Fach wie Mathematik und Musik und der fast fanatischen Konzentration auf diese Talente von früher Jugend an (meist noch getrieben durch überehrgeizige Eltern) darstellt, ist nicht bekannt. Wenn hochmusikalische Kinder schon ab einem zarten Alter von 4 Jahren mehrere Stunden am Tag ein Instrument üben müssen, sind eine Verarmung der Persönlichkeit und ein Defizit im psychosozialen Bereich fast zwangsläufig – von Bindungsstörungen mit einer überehrgeizigen Mutter ganz zu schweigen. Dies sind aber, wie gesagt, große Ausnahmen. Hochbegabte sind vielmehr, wie die Marburger Untersuchungen zeigen, im Durchschnitt psychisch ausgeglichener und sozial kompetenter als ihre Altersgenossen.

Eine schwierig zu beurteilende Tatsache ist die Dominanz des männlichen Geschlechts bei Hochbegabungen. Es wurde bereits erwähnt, dass bei mehr oder weniger identischem Mittelwert die Gauß-Verteilung des IQs bei Jungen bzw. Männern eine größere Streuung aufweist, die Kurve also flacher und breiter ist als bei Mädchen und Frauen. Dies hängt damit zusammen, dass es unter den Jungen mehr extrem Minderbegabte und mehr Hochbegabte gibt. Wie erwähnt, erreicht ab einem IQ von 145 das Verhältnis von Jungen zu Mädchen 8:1 (Rost 2009). Traditionell wird dies dadurch erklärt, dass die Fähigkeiten, in denen Jungen und Männer die Mädchen und Frauen überragen, nämlich im Bereich der Mathematik, der Musik, der Raumvorstellung und Technik, im oberen Randbereich noch stärker ausgebildet sind als die Verbalfähigkeiten, in denen Mädchen und Frauen die Jungen und Männer übertreffen, und dies wird wiederum auf die genannten genetischen Unterschiede zurückgeführt.

Zweifel an der Allgemeingültigkeit einer solchen Deutung werden genährt durch die Statistik zur Geschlechterverteilung innerhalb der Stipendiaten der Studienstiftung des deutschen Volkes, des führenden Begabtenförderwerkes für Studierende in Deutschland. Als ich in den sechziger Jahren selbst Stipendiat war, waren mehr als zwei Drittel der Geförderten in der Studienstiftung Männer. Zum Glück nahm man dies nicht als gottgegeben an, sondern setzte eine Kommission ein, die die Gründe für dieses starke Ungleichgewicht untersuchen sollte. Die Anfangsvermutung war, dass die damaligen Aufnahmegespräche, die überwiegend von männlichen Hochschullehrern geführt wurden (Hochschullehrerinnen gab es damals kaum), die männlichen Vorgeschlagenen stark bevorzugten und die weiblichen entsprechend benachteiligten. Obwohl man dies dann durch einen höheren Anteil an weiblichen Interviewern auszugleichen versuchte, änderte sich am Geschlechterverhältnis nur wenig. Durch weitere Nachforschungen kam heraus, dass es weniger die Intelligenz und die schulisch-akademischen Fähigkeiten der Kandidatinnen und Kandidaten waren, die den Ausschlag gaben, sondern vielmehr – kurz gesagt – das erhöhte Maß an Selbstsicherheit (man kann auch sagen »Arroganz«), das die Kandidaten im Vergleich zu den Kandidatinnen gegenüber den Interviewern ausstrahlten. Wenn man im Aufnahmegespräch fragte: »Sind Sie tatsächlich von dem überzeugt, was Sie da sagen?«, dann antworteten die Kandidaten mehrheitlich »Natürlich bin ich das!«, während die Kandidatinnen erwiderten: »Doch, schon, aber man kann die Sache natürlich auch anders sehen!« oder so ähnlich. Obgleich dies objektiv gesehen die korrektere Antwort war und ist, macht die höhere Selbstsicherheit der Kandidaten den größeren Eindruck, und zwar nicht nur bei den männlichen, sondern auch bei den weiblichen Interviewern!

Weitere intensive Anstrengungen, die Aufnahmegespräche so zu verändern, dass das als anstößig empfundene Ungleichgewicht beseitigt wird, trugen nur sehr langsam Früchte. Noch im Jahr 1993 betrug der Anteil der männlichen Stipendiaten knapp 68 % und der weibliche gut 32 %, im Jahr 2004 betrug das Verhältnis 56:44, und im Jahr 2007 54:46. Die Zahlen für 2014 lauten

53,4 % männlich und 46,6 % weiblich, d. h. auch nach langjährigen Bemühungen um einen »Geschlechterausgleich« ist eine Gleichverteilung noch nicht erreicht (vgl. Jahresbericht 2014 der Studienstiftung des deutschen Volkes). Dies ist nach wie vor überraschend, denn das Geschlechterverhältnis bei den Vorgeschlagenen bzw. neuerdings auch bei den Bewerberinnen und Bewerbern (nachdem die Selbstbewerbung eingeführt wurde) ist ausgeglichen, oder es dominieren sogar die Frauen. Hinzu kommt, dass die Abiturnoten der Abiturientinnen gegenüber den Abiturienten deutlich höher liegen (G. Trost, pers. Mitteilung), und die Abiturnote bestimmt maßgeblich die Chance, für die Studienstiftung vorgeschlagen zu werden oder sich erfolgreich zu bewerben. Diese Ausgeglichenheit bzw. Dominanz der Mädchen bzw. Frauen schwindet bzw. kehrt sich jedoch bei der Aufnahme leicht um, so dass aus noch unklaren Ursachen die Männer wieder leicht die Nase vorn haben. Diese »Umkehr« setzt sich bekanntlich dramatisch im Berufsleben fort – man schaue sich das immer noch eklatante Missverhältnis zwischen den Geschlechtern bei Universitätsprofessoren oder in den Chefetagen großer deutscher Unternehmen an. Es wurde und wird in diesem Zusammenhang vorgeschlagen, die Intelligenz- oder sonstigen Aufnahmetests so lange zu verändern, bis sich eine durchschnittliche Gleichverteilung der Geschlechter einstellt oder von Beginn an eine Gleichverteilung festzusetzen und Mädchen/Frauen und Jungen/Männer getrennt zu evaluieren.

Ein »chauvinistischer« Kritiker wird natürlich sofort einwenden, dass dies insgesamt ein gegenüber den männlichen Hochbegabten unfaires Verfahren ist. In Wirklichkeit seien eben die Männer höher begabt als die Frauen, das so zu äußern sei aber »sozial inkorrekt«. In den USA wird eine ähnlich gelagerte Debatte bis heute erbittert um die Frage nach den Ursachen des IQ-Unterschieds zwischen Farbigen und Weißen geführt – neu angefacht von dem Buch »The Bell Curve – Intelligence und Class Structure in America« des Psychologen Richard Herrnstein und des Politikwissenschaftlers Charles Murray von der Harvard-Universität, das 1994 erschien (Herrnstein und Murray 1994). Die Autoren kamen zu dem Schluss, dass es deutliche, überwiegend genetisch bedingte und deshalb nicht durch kompensatorische Maßnahmen voll revidierbare Intelligenzunterschiede zwischen den in den USA lebenden Rassen gebe. Entrüstung riefen die Autoren u.a. durch ihren Vorschlag hervor, dass die Hilfen für ledige Mütter abgeschafft werden sollten, denn diese würden dazu führen, dass es sich für unterdurchschnittlich intelligente Frauen finanziell lohne, Kinder zu bekommen. Die Frage, warum auch erhebliche Bemühungen um »kulturfreie« Intelligenztests es nicht vermocht haben, den von Herrnstein und Murray (und vor ihnen von vielen anderen Intelligenzforschern) hervorgehobene IQ-Unterschied zwischen farbigen und weißen Amerikanern aufzuheben, ist auch unter Fachleuten völlig ungeklärt, insbesondere weil ein wichtiger Faktor, nämlich erhöhte frühe, z.B. vorgeburtliche psychosoziale Benachteiligung bei der farbigen Bevölkerung, sich nicht gänzlich ausschalten lässt, und zwar auch nicht in den Fällen der Adoption farbiger Kleinkinder durch wohlhabende Weiße.

Zugunsten einer Test-Korrektur kann man anführen, dass die Aufgabenstellung eines Tests niemals völlig objektiv sein kann, sondern immer von bestimmten Vorannahmen darüber ausgeht, was an zu testenden Fähigkeiten besonders aussagekräftig oder wichtig ist. Es mag sein, dass nach wie vor auch weibliche Testpsychologen hierbei – wie oben am Beispiel des Aufnahmeverfahrens der Studienstiftung gezeigt – einem positiven »Vorurteil« gegenüber dem männlichen Geschlecht erlegen sind. Wenn man sich die Geschichte der Entmutigung von Mädchen (ebenso wie von Farbigen) in Hinblick auf intellektuelle Begabungen ansieht, dann muss man vermuten, dass hier nach wie vor subtile Vorurteile und Hemmnisse eine Rolle spielen. Interessanterweise hat sich auch in den früher typisch männlichen naturwissenschaftlichen

Fächern das Verhältnis der Geschlechter angenähert, und es bleibt abzuwarten, ob und für wie lange die klassischen Begabungsunterschiede zwischen den Geschlechtern noch Bestand haben. All dies ist leider noch zu wenig erforscht.

Lässt sich Intelligenz trainieren?

Wie oben dargestellt, ist allgemeine Intelligenz, die am stärksten mit dem IQ korreliert, zu rund 50 % angeboren. Genauer gesagt: Die über Zwillingsforschung erschlossene angeborene Komponente (einschließlich vorgeburtlicher Einflüsse) erklärt die beobachtete Varianz rund zur Hälfte. Hinzu kommen unspezifische gesundheitliche und vorgeburtliche und nachgeburtliche emotionale Einflüsse, und die Bandbreite, innerhalb derer ab dem Vorschul- und Schulalter Intelligenz beeinflussbar ist, scheint zwischen plus-minus 21 und 13 IQ-Punkten zu liegen (s. oben). Hochumstritten ist die Frage, was man nun spezifisch machen kann, um die Intelligenz von Kindern langfristig zu steigern. Die Literatur hierzu ist fast unüberschaubar und kann hier nur sehr verkürzt wiedergegeben werden, wobei ich mich vornehmlich an die Monographie von Detlev Rost (2009) halte.

Vor einiger Zeit erregte der sogenannte *Mozart-Effekt* weltweit Aufsehen. Die kalifornischen Psychologen Frances Rauscher, Gordon Shaw und Katherine Ky publizierten im Jahre 1993 in der renommierten Zeitschrift *Nature* das Ergebnis, dass Studenten allein durch ein 10-minütiges Hören klassischer Musik, hier der wunderschönen Sonate für zwei Klaviere in D-Dur (Köchelverzeichnis 448), im IQ-Test eine Steigerung von durchschnittlich 8–9 IQ-Punkten im Bereich der räumlichen Orientierung erfuhren (Rauscher et al. 1993, 1955). Daraufhin veranlasste der Gouverneur des US-Bundesstaates Georgia, dass jede Mutter eines Neugeborenen eine Klassik-CD geschenkt bekommt, und im Bundesstaat Florida wurde gesetzlich erlassen, dass in öffentlichen

Kindergärten täglich eine Stunde klassische Musik gehört werden sollte. Die intensive Vermarktung dieses Mozart-Effekts ließ nicht lange auf sich warten. Spätere Studien konnten diese Befunde allerdings entweder nicht reproduzieren oder legten nahe, dass der Effekt auf einfache Erregungserhöhung (arousal effect) zurückgeht. Auch eine neuere Meta-Analyse kam zu keinem positiven Befund.

Bekannt geworden ist vor einigen Jahren auch der sogenannte *Kaugummi-Effekt* (Wilkinson et al. 2002; Allen et al. 2004), bei dem angeblich herausgefunden wurde, dass sich Kaugummikauen positiv auf Lernleistungen, Konzentration und Gedächtnis auswirkt. Diese Befunde wurden zwar nur an einer sehr kleinen Stichprobe erhoben, erregten aber dennoch weltweit Aufsehen. Der Marburger Psychologe Detlev Rost überprüfte kürzlich an einer großen Zahl von Kindern, ob »Kauer« in ausgewählten Intelligenzsubtests und bei Aufmerksamkeits- bzw. Konzentrations- sowie Gedächtnisaufgaben tatsächlich bessere Leistungen erbringen als »Nichtkauer«. Diese Überprüfung ergab in der Tat statistisch signifikante, wenngleich nur kleine Unterschiede bei Konzentrationsaufgaben sowie bei Aufgaben zur Erfassung von kurzfristigem Behalten, allerdings ausgerechnet zugunsten der »Nichtkauer«!

Speziellere Denk-, Aufmerksamkeits- und Intelligenztrainings, wie sie überall angeboten werden, haben bei ihrer Überprüfung bestenfalls einen mäßigen Effekt von wenigen IQ-Punkten. Eine vor einigen Jahren erschienene Übersicht über spezielle Aufmerksamkeitstrainings (Tang und Posner 2009) berichtet von einer Steigerung des Arbeitsgedächtnisses und generell kognitiver Leistungen. Hierzu gehörten auch fernöstliche Meditationsübungen. Bei letzteren stand allerdings der positive Effekt der psychisch-mentalen Erholung nach kognitivem Stress im Vordergrund. Diese Zugewinne verschwinden in der Regel aber bald nach Beendigung des Programms, und von langfristigen Wirkungen wird nichts berichtet.

Vorschulprogramme für benachteiligte Kinder wie die in den USA in großem Stil und mit großem finanziellen Aufwand durchgeführten Projekte wie »Sesamstraße« oder »Head Start« hatten nur dann einen messbaren Effekt im Bereich von ca. fünf IQ-Punkten, wenn sie vielstündig, d.h. täglich für sechs Stunden, und über mehrere Jahre andauerten und in der Grundschule mindestens drei Jahre lang fortgesetzt wurden (Klauer 2006). Bei dieser Art kompensatorischer Erziehung scheint überdies der emotional-psychosoziale Effekt über die intensive Betreuung weitaus größer zu sein als der einer Intelligenzsteigerung, d.h. jemand kümmert sich endlich um diese oft vernachlässigten Kinder. Bedauerlicherweise liegen für die vielen Angebote der Frühförderung bzw. Förderung wenige sorgfältige Evaluationen vor. Wenn nachprüfbare Ergebnisse vorgelegt wurden, zeigte sich der Effekt meist als gering und nicht nachhaltig. Das bedeutet allerdings – von einem zu frühen Einsatz abgesehen – nicht, dass solche Maßnahmen, mit gebremstem Optimismus verbunden, nicht eingesetzt werden sollten.

Die wichtigsten Umweltfaktoren für Intelligenz sind – so zeigen auch die Untersuchungen an den rumänischen und russischen Waisenkindern – eine positive Bindungserfahrung, ein sensorisch und kognitiv stimulierendes frühkindliches Umfeld und die Ermutigung durch die Eltern. Eine *gezielte* Förderung in den ersten drei Lebensjahren erweist sich als nutzlos oder gar schädlich. Im Säuglings- Kleinkind- und frühen Kindergartenalter spielen sich bedeutsame Veränderungen und Umstrukturierungen kognitiver und emotionaler Art ab, und es ist deshalb kaum möglich, bei Säuglingen und Kleinkindern aufgrund von Entwicklungstests brauchbare Aussagen über die spätere intellektuelle Lernfähigkeit zu machen. Erst ab einem Alter von vier bis fünf Jahren kann für das Grundschulalter eine befriedigende Prognose gestellt werden, und ab dem dritten Schuljahr ist eine sehr gute Prognose für die weitere Entwicklung möglich. Daraus folgt, dass eine systematische Frühförderung im Kleinkindalter aufgrund von Testergebnissen problematisch oder sogar gefährlich ist. Insgesamt ist auch hier eine breite, anregende Förderung das Beste, was Eltern und Erzieher für die Intelligenzentwicklung der Kleinkinder tun können. Ganz allgemein stellt sich eine lange, vielfältige und durchlässige Schulbildung mit später Trennung unterschiedlicher Leistungsträger als die beste Förderung von Intelligenz und Begabung heraus (Rost 2009).

Als kritischer Faktor bei der Überprüfung der Wirksamkeit von Fördermaßnahmen muss in diesem Zusammenhang der *Pygmalion-* oder *Rosenthal-Effekt* berücksichtigt werden. Er besagt (im Anschluss an das Schauspiel »Pygmalion« von George Bernhard Shaw), dass bei Studien zur Überprüfung von Maßnahmen zur Lern- bzw. Intelligenzsteigerung bei Schulkindern schon die Erwartungen der Versuchsleiter zu einer scheinbar eindeutigen Leistungssteigerung führen. Diese Annahme geht zurück auf Untersuchungen der amerikanischen Psychologen Robert Rosenthal und Leonore Jacobson (Rosenthal und Jacobson 1966, 1968). Lehrern wurde unter Vortäuschung eines wissenschaftlichen Tests erzählt, ein kleiner Teil der Schulkinder stünde unmittelbar vor einem intellektuellen Entwicklungsschub, während in Wirklichkeit alle Kinder gleich intelligent waren. Diese Voreingenommenheit der Lehrer führte nach der Studie bei knapp der Hälfte der angeblich hochbegabten Kinder ohne jedes weitere Zutun zu einer enormen Steigerung des IQ um 20 bis 30 Punkte. Erklärt wurde und wird dieser Effekt dadurch, dass der Lehrer in subtiler und oft unbewusster Weise seine Einstellungen und Erwartungen den Schülern übermittelt, z.B. durch erhöhte persönliche Zuwendung, durch eine verlängerte Wartezeit auf eine Schülerantwort, durch Häufigkeit und Stärke von Lob oder Tadel oder durch höhere Leistungsanforderungen.

Diese Ergebnisse werden bis heute gern sowohl als Beleg für die Fragwürdigkeit von Fördermaßnahmen als auch für die Komplexität des Lehrer-Schülerverhältnisses zitiert. Versuche, diese Befunde zu replizieren, gelangen aber nur in etwa der Hälfte der Fälle, und auch dann verringerte sich der Effekt, wenn die Lehrer die Kinder gut kannten und bereits bestimmte Einstellungen zu ihnen besaßen. Zudem wiesen Psychologen wie Heinz Heckhausen darauf hin, dass sich eine deutliche Leistungssteigerung aufgrund der Vorerwartung der Lehrer nur dann ergibt, wenn es sich bei den Schülern entweder um »Leistungsverweigerer« (»underachiever«) handelt, die plötzlich eine besondere Anregung durch den Lehrer erfahren oder sich intuitiv mehr angesprochen fühlen, oder wenn der Lehrer zuvor die Fähigkeiten des Schülers unterschätzt hatte und ihn nun aufgrund der Falschmeldung in neuem Lichte sieht. Insgesamt unterstreichen diese Erkenntnisse die Annahme, dass die Einstellung des Lehrers dem einzelnen Schüler gegenüber für dessen Leistungen sehr wichtig ist.

Neurobiologische Grundlagen von Begabung und Intelligenz

Bei der Frage nach den neurobiologischen Grundlagen von Begabung und Intelligenz beschränke ich mich im Folgenden auf die klassisch-westeuropäische »analytische« Intelligenz, d.h. auf verbales Geschick, Rechnen, induktives und deduktives Denken sowie Lernen unter Zeitdruck, wie dies mit den gängigen IQ-Tests gemessen wird. Selbstverständlich gibt es kulturelle Unterschiede, aber diese sind vor allem aufgrund des Mangels an standardisierten Testverfahren zu wenig untersucht, als dass man hierüber abgesicherte Aussagen machen kann.

Eine weit verbreitete Annahme lautet, eine Person sei umso intelligenter, je größer ihr Gehirn ist. Immerhin ist die Evolution unseres menschlichen Gehirns vor allem anderen durch eine enorme Größenzunahme charakterisiert (vgl. Roth 2010, 2013). Die Gehirngröße geistig normaler Menschen schwankt zwischen 1000 und 2000 Gramm bzw. Kubikzentimetern, mit einem Durchschnitt von 1370 Gramm bei Männern und 1216 Gramm bei Frauen. Die Korrelation zwischen Intelligenz, gemessen mit den üblichen Intelligenztests, und der Gehirngröße bzw. dem Gehirngewicht ist aber bestenfalls schwach und liegt nach Angaben einiger Autoren zwischen 0,2 und 0,3 (Wickett et al. 1994; Eliot 2001), während andere Autoren gar keine Korrelation finden.

Generell bedeutet dies, dass es sehr intelligente Menschen mit einem Gehirn von 1000 Gramm gibt und weniger intelligente mit einem Gehirn von 2000 Gramm. Der in diesem Zusammenhang gern zitierte französische Schriftsteller und Nobelpreisträger Anatole France hatte ein vergleichsweise geringes Gehirngewicht von 1013 Gramm. Unterhalb eines Gehirngewichts von 1000 Gramm häufen sich Anzeichen deutlich verminderter Intelligenz, doch gibt es eine Reihe von genau dokumentierten Fällen, in denen Menschen mit normaler oder sogar überdurchschnittlicher Intelligenz Gehirngewichte unter 900 Gramm und in einem Fall sogar unter 700 Gramm hatten; eine von Wilder 1911 beschriebene überdurchschnittlich intelligente Person namens Daniel Lyon wies ein Gehirngewicht von 624 Gramm auf. Ähnlich kleine oder noch kleinere Gehirne entstehen durch operative Eingriffe (z. B. Entfernung einer Großhirnhemisphäre), bei denen mehr als ein Drittel des Gehirns entfernt wurde, was in einem untersuchten Fall eine Reduktion auf 823 Gramm bedeutete, ohne dass eine deutliche Beeinträchtigung der Intelligenz auftrat.

Wenn es zwischen dem Intelligenzgrad eines Menschen und seinem Gehirngewicht im Bereich zwischen 1000 und 2000 Gramm keine oder nur eine schwache Korrelation gibt, so könnten wir nach anderen Gehirnfaktoren suchen, die deutlicher mit dem Intelligenzgrad korrelieren. Ein Neurobiologe denkt sofort an die Anzahl von Nervenzellen, insbesondere in der Großhirnrinde als dem »Sitz« von Bewusstsein, Denken und Problemlösen. Es könnte ja sein, dass mehr Nervenzellen auch mehr Intelligenz bedeuten. Leider ist über Variation in der Anzahl von Nervenzellen, besonders in der Großhirnrinde, zwischen einzelnen Menschen nichts bekannt, so dass wir diese Größe nicht mit den gemessenen IQs in Verbindung bringen können. Fündig wird man hingegen bei einem zweiten wichtigen Faktor, nämlich der *Verarbeitungsgeschwindigkeit* in der Großhirnrinde. Wie die Grazer Neurobiologen Neubauer und Freudenthaler (1994) feststellten, gibt es bei getesteten Personen bei Reaktionszeiten und nichtverbalen Tests in der Tat eine Korrelation von 0,4 zwischen Leitungsgeschwindigkeit und Intelligenz. Dies bedeutet, dass die Leitungsgeschwindigkeit für die getesteten Fähigkeiten von mittelgroßer Bedeutung ist. Diese Befunde wurden inzwischen mehrfach bestätigt und lassen den Schluss zu, dass intelligente Menschen einfach schneller wahrnehmen und denken als weniger intelligente. Die Frage ist, ob man über diesen ganz generellen Zusammenhang hinausgehen kann.

Hier denken wir sofort an die besondere Rolle des Arbeitsgedächtnisses beim Problemlösen. Es gibt viele Hinweise darauf, dass intelligente Menschen ein effektiveres Arbeitsgedächtnis besitzen als weniger intelligente. Aber was heißt es, wenn man sagt, ein Arbeitsgedächtnis arbeite »effektiver«? Das Arbeitsgedächtnis muss beim Problemlösen mindestens drei Dinge bewältigen, nämlich erstens das Problem identifizieren, zweitens nach Gedächtnisinhalten suchen, die beim Problemlösen gebraucht werden könnten, und diese abrufen, und schließlich diese Inhalte zusammensetzen und zum Problemlösen einsetzen. Es könnte sein, dass alle drei Faktoren die Effektivität des Arbeitsgedächtnisses bestimmen oder aber auch nur ein Faktor, z. B. das Zusammensetzen (»Manipulieren«) der abgerufenen Informationen. Diese letztere Funktion wird von den meisten Experten dem dorsolateralen präfrontalen Cortex zugeschrieben, während Durchsuchen und Abrufen von problemrelevanten Gedächtnisinhalten den hinteren parietalen, den vorderen okzipitalen und den temporalen Cortex beansprucht (Duncan 2003).

Die Frage, ob der dorsolaterale präfrontale Cortex der »Sitz« der allgemeinen Intelligenz ist und ob ihm eine besondere Rolle bei der Bewältigung von Intelligenzaufgaben zukommt, konnte vor einigen Jahren von britischen und deutschen Neurowissenschaftlern mithilfe der funktionellen Bildgebung, hier der Positronen-Emissions-Tomographie (PET), geklärt werden (Duncan et al. 2000). Sollte es tatsächlich, wie die Mehrzahl der heutigen Intelligenzforscher meint, eine allgemeine Intelligenz neben den Bereichsintelligenzen geben, dann sollte bei ganz unterschiedlichen Teilaufgaben eines Intelligenz-Tests eine bestimmte Hirnregion immer beteiligt sein, die dann als Träger der allgemeinen Intelligenz angesehen werden kann. Wenn es aber, wie Howard Gardner annimmt, gar keine »allgemeine Intelligenz«, sondern nur viele unabhängig voneinander existierende Intelligenzen gibt, dann sollten bei unterschiedlichen Aufgaben jeweils nur unterschiedliche Hirnregionen aktiviert sein.

Die Untersuchungen ergaben eine eindeutige Antwort: Bei allen unterschiedlichen Teilaufgaben war stets der dorsolaterale präfrontale Cortex aktiv. Die britisch-deutschen Forscher fanden bei ihren PET-Untersuchungen daneben immer eine Beteiligung des ventromedialen präfrontalen und anterioren cingulären Cortex. Auch dies ist nicht verwunderlich, denn beide haben, wie erwähnt, mit Aufmerksamkeit und Fehlererkennung zu tun, also mit Funktionen, die unbedingt zu intelligenten Leistungen gebraucht werden. Man kann also aufgrund dieser und anderer neurowissenschaftlicher Untersuchungen sagen, dass zumindest die allgemeine oder »fluide« Intelligenz in Form des Arbeitsgedächtnisses im dorsolateralen präfrontalen Cortex angesiedelt ist. Das ist ebenfalls nicht erstaunlich, denn dieser Hirnteil hat mit dem Erfassen der handlungsrelevanten Sachlage, mit zeitlich-räumlicher Strukturierung von Wahrnehmungsinhalten zu tun, mit planvollem und kontextgerechtem Handeln und Sprechen sowie mit der Entwicklung von Zielvorstellungen. Verletzungen in diesem Bereich der Großhirnrinde machen einen Patienten typisch unintelligent: Er erkennt nicht mehr, was Sache ist, kann keine Probleme mehr lösen, kapiert nichts und tendiert dazu, stereotyp vorzugehen, auch wenn sich Dinge und Situationen stark ändern.

Die Hypothese der »neuronalen Effizienz«

Haben intelligente Menschen dort also mehr Neurone, oder arbeiten diese stärker als bei weniger intelligenten? Das würde sich bei Untersuchungen mit bildgebenden Verfahren in einer stärkeren Aktivierung des dorsolateralen präfrontalen Cortex ausdrücken. Normalerweise meint man, intelligente Menschen würden ihr Gehirn mehr nutzen als weniger intelligente. Wir alle kennen die Reklame, auf der uns mitgeteilt wird, dass wir normalen Menschen unser Gehirn nur zu 10 % gebrauchen, während wirklich Intelligente (dabei wird meist das Bild von Albert Einstein gezeigt) ihre Gehirnkapazitäten voll nutzen. Wir werden dann aufgerufen, entweder transzendentale Meditation zu betreiben oder viel Geld für Intelligenz- und Kreativitäts-Trainingskurse zu bezahlen, um unsere Gehirnausnutzung in die Höhe zu treiben und Albert Einstein ähnlich zu werden.

Untersuchungen zeigen jedoch, dass Ungeübte und weniger Intelligente beim Lösen komplizierterer Probleme ihre Gehirne *mehr* beanspruchen als Geübte und Intelligentere. Die Erklärung hierfür ist relativ einfach: Kompliziertes Aufrufen und Zusammenfügen von Information aus den verschiedenen Zentren ist für das Gehirn stoffwechselphysiologisch teuer, geht langsam vor sich und ist hochgradig fehleranfällig. Es gilt also: Je weniger Aufwand, desto besser.

Die Ansicht, dass intelligente Personen ihre Hirnrinde ökonomischer nutzen als weniger intelligente, wurde schon vor fast 20 Jahren vom amerikanischen Neurobiologen Haier und seinen Mitarbeitern (Haier et al. 1992) durch PET-Untersuchungen gezeigt. Versuchspersonen unterschiedlichen Intelligenzgrades, gemessen mit Standard-Intelligenztests, mussten ein Computerspiel (»Tetris«) lösen, welches das räumliche Vorstellungsvermögen testet, während ihre Hirnaktivität gemessen wurde. Die Ergebnisse zeigten, dass intelligentere Versuchspersonen beim Lösen der Aufgabe eine geringere Hirnaktivität aufwiesen als weniger intelligente. Die dabei besonders betroffenen Hirnareale waren der präfrontale Cortex und der anteriore und posteriore cinguläre Cortex (Abb. 9 und 10). Im präfrontalen Cortex befindet sich, wie erwähnt, das Arbeitsgedächtnis; der anteriore cinguläre Cortex ist stets aktiv, wenn es um Aufmerksamkeit und Fehlerkontrolle geht. Dies führte zur Formulierung der Hypothese von der »neuronalen Effizienz« (*neural efficiency hypothesis*) durch Haier.

Die zeitliche und inhaltliche Begrenztheit des Arbeitsgedächtnisses und die Begrenztheit des Aufmerksamkeitssystems scheinen, wie wir bereits gehört haben, Engpässe für intelligentes Problemlösen zu bilden. Wenn die Anzahl der simultan im Arbeitsgedächtnis durchführbaren Operationen begrenzt ist, dann sollte eine effektivere, d.h. schnellere Informationsverarbeitung von Vorteil sein, ebenso ein sparsamer Abruf von Gedächtnisinhalten. Intelligentere Menschen aktivieren nach der genannten Untersuchung ihr Gehirn weniger stark als weniger intelligente Menschen, um ein bestimmtes Problem (besser) zu lösen, indem sie den »Flaschenhals« des Arbeitsgedächtnisses in kürzerer Zeit durchlaufen. Anders ausgedrückt: Sie nutzen ihre zerebralen Ressourcen besser.

Diese Vermutung wird auch durch Untersuchungen mithilfe der Registrierung eines Elektroenzephalogramms (EEG) von Neubauer und Mitarbeitern bestätigt (Neubauer et al. 1995). In diesen Studien wurden die Versuchspersonen mithilfe eines Satz-Bild-Vergleichstests untersucht. Es zeigt sich bei Intelligenten und weniger Intelligenten gleichermaßen eine starke Aktivierung hinterer Gehirnanteile (gemessen über die sogenannte Desynchronisation des oberen Alphawellen-Bereichs im EEG) und besonders des Parietallappens, was mit den aufgabenspezifischen Anforderungen des Tests (Sehen und Sprache) zusammenhängt. Deutliche Unterschiede zeigten sich dagegen in der Nutzung des präfrontalen Cortex. Bei weniger Intelligenten nahm die präfrontale Aktivierung im Laufe des Vergleichstests *zu*, bei den Intelligenteren hingegen *ab*. Letztere verlagern also die Hauptaktivierung schneller in die aufgabenrelevanten Gehirnareale, nämlich den parietalen und okzipitalen Cortex, während die weniger benötigten Areale, d.h. der präfrontale Cortex, heruntergefahren oder gar gehemmt wird. Insgesamt ergab sich bei diesen Untersuchungen eine relativ deutliche Korrelation von 0,5 bis 0,6 zwischen dieser Art von »neuronaler Effizienz« und der gemessenen Intelligenz.

EEG-Untersuchungen von Roland Grabner, Aljoscha Neubauer und Elsbeth Stern (2006) bestätigen ebenfalls diese Vermutung. In dieser Studie wurde die räumliche Verteilung der corticalen Aktivierung bei überdurchschnittlich und unterdurchschnittlich intelligenten Taxifahrern miteinander verglichen, und zwar einmal bei der Bearbeitung von Routineaufgaben zum Taxifahren und zum anderen beim Lösen von Intelligenztestaufgaben, die nicht zum Standardrepertoire der Taxifahrer gehörten. Es zeigte sich, dass bei den Routineaufgaben keine wesentlichen Unterschiede in der corticalen Aktivität zwischen intelligenten und weniger intelligenten Taxifahrern auftraten, dass aber bei den Intelligenzaufgaben die intelligenteren Fahrer wesentlich weniger ihre Großhirnrinde anstrengten als die weniger intelligenten, und dass dieser Unterschied im Bereich des präfrontalen Cortex besonders groß war.

Schließlich konnte vor wenigen Jahren der Bonner Neurophysiologe Christian Hoppe mithilfe der funktionellen Kernspintomographie diese Befunde weiter klären (Hoppe et al. 2012). Die hierbei gestellte Aufgabe bestand darin, eine Reihe von dreidimensional dargestellten Körpern »mental«, d.h. in der Vorstellung zu drehen und zu sehen, welcher der dargestellten Körper mit einem Vergleichskörper übereinstimmt – eine beliebte, aber ziemlich schwierige Intelligenztestaufgabe. Es zeigte sich, dass die »Normalos« ihren präfrontalen Cortex bei dieser mentalen Rotation viel mehr anstrengten als die Hochintelligenten. Letztere aktivierten statt des präfrontalen Cortex vermehrt den hinteren parietalen und unteren temporalen Cortex. Dies alles deutet darauf hin, dass Intelligenz in beträchtlichem Maße davon abhängt, wie schnell bestimmte Hirngebiete aktiviert und darin enthaltene Informationen ausgelesen und zusammengesetzt und wie schnell »problematische« Zonen wie das frontale Arbeitsgedächtnis in ihrer Aktivität heruntergefahren werden können.

Intelligenzminderung und Lernbeeinträchtigung

In diesem Kontext werde ich nur sehr knapp auf Intelligenzminderungen und Lernbeeinträchtigungen eingehen, zumal es hierzu eine fast unüberschaubare Literatur gibt.

Wir müssen in diesem Zusammenhang generell zwischen Beeinträchtigungen des Lernerfolges unterscheiden, die auf eine generelle Intelligenzminderung zurückgehen, und solchen, die nicht mit einer solchen generellen Intelligenzminderung verbunden sind, sondern durch Beeinträchtigung spezifischer kognitiver Leistungen hervorgerufen werden.

Lernbeeinträchtigungen ohne Intelligenzminderung
Legasthenie
Legasthenie bzw. Dyslexie oder Lese-Rechtschreib-Störung ist eine teils genetisch bedingte, teils erworbene Störung im schriftsprachlichen Bereich. Sie tritt bei ca. 4 % der Bevölkerung auf und weist eine hohe genetische Determination auf. Wie nahezu alle Beeinträchtigungen der kognitiven Leistungen handelt es sich hier um eine polygenetische Verursachung. Der genaue Störungseffekt im Gehirn ist unklar, wahrscheinlich liegt innerhalb des

frühen Wachstums der Großhirnrinde ein gestörtes Wanderungsverhalten (Migration) von Nervenzellen im temporo-parietalen Cortex, genauer im späteren Schreib-Lese-Zentrum, sowie im präfrontalen Cortex als Sitz des Arbeitsgedächtnisses vor. Wahrscheinlich sind dort auch das Verknüpfungsmuster zwischen den Neuronen sowie die Synchronisation der neuronalen Aktivitäten gestört. Die Defizite im Arbeitsgedächtnis könnten eine Verlangsamung der Verarbeitung von sprachlichen Reizen beim Hören und Lesen herbeiführen. Es ist aber unklar, ob es sich bei Legasthenie überhaupt um eine einheitliche Störung handelt, oder ob es sich nicht um eine Kombination einer Schreibstörung und einer Lesestörung handelt. Hierfür spricht, dass beide Störungen auch unabhängig voneinander auftreten können.

Das Störungsbild der Legasthenie ist komplex. Lesestörungen können ein generell verlangsamtes Lesen, Startschwierigkeiten beim Vorlesen, Auslassungen, Ersetzungen und ein geringes Leseverständnis umfassen. Rechtschreibstörungen können Buchstabenverdrehungen und Reihenfolgenfehler, Grammatikfehler, Auslassungen und Fehlerinkonstanz beinhalten. Dies kann auf eine verlangsamte auditorische Informationsverarbeitung und in diesem Zusammenhang auf eine Beeinträchtigung der Sprachlauterkennung zurückgehen, d.h. die Betroffenen können die gehörten Wörter nicht genügend schnell voneinander trennen (»segmentieren«) und daher auch nicht verstehen. In diesem Fall ist ein deutlich verlangsamtes Sprechen des Lehrenden von großer positiver Wirkung. Es liegt oft auch eine kombinierte Blickbewegungs- und Aufmerksamkeitsstörung vor.

Charakteristischerweise liegt bei Legasthenikern *keine* Beeinträchtigung der allgemeinen Intelligenz vor. Legasthenie ist gut früh erkennbar und deutet sich häufig durch eine Verzögerung der Sprachentwicklung an: Etwa die Hälfte der sprachverzögerten Kinder (»late talkers«), die 15–20 % der Kinder ausmachen, zeigt deutliche Sprachentwicklungsstörungen, die sich wiederum zur

Hälfte in einer Legasthenie manifestieren – bei der anderen Hälfte beheben sich die Störungen von selbst. Es gilt, dass von Kindern, welche im Alter von 24 Monaten noch keine 50 Wörter verwenden und noch in Zwei-Wörter-Sätzen sprechen, etwa ein Viertel zu Legasthenikern werden, wenn nicht frühzeitig eingegriffen wird.

Intensiv wird zur Zeit diskutiert, ob und in welchem Maße Legasthenie durch frühe problematische Umwelteinflüsse verstärkt oder gar erst hervorgerufen werden. Gegen eine solche Annahme spricht die offensichtliche starke genetische Veranlagung (*Prädisposition*). Dafür spricht die Korrelation zwischen Legasthenie und problematischen sozialen Verhältnissen der Herkunftsfamilie. Dabei ist allerdings unklar, was die Henne und was das Ei ist, denn bis heute beeinträchtigt Legasthenie leider erheblich den sozialen Aufstieg. Ebenso wird von einigen Autoren ein Zusammenhang zwischen erhöhtem Fernsehkonsum im frühen Kindesalter und Legasthenie gesehen, was allerdings nicht statistisch abgesichert ist. Hier mag auch der häufig mit einem niedrigen sozioökonomischen Status einhergehende erhöhte Fernsehkonsum den verbindenden Faktor darstellen.

Dyskalkulie
Dyskalkulie tritt bei 4–6 % der Weltbevölkerung auf. Hier liegen Schwierigkeiten mit dem Zahlenbegriff, d.h. der Zuordnung von Menge und Zahl bzw. Ziffer/Zahlsymbol vor. Im Einzelnen ergeben sich Schwierigkeiten bei komplexeren Rechenoperationen und beim Verständnis von Gleichungen. Die Betroffenen sind nicht in der Lage, Rechenfehler zu erkennen, und zeigen bei Rechenoperationen ein wahlloses Vorgehen. Oft zeigt sich eine Unfähigkeit, von konkreten Objekten und Ereignissen abzugehen und Zahlen rational oder intuitiv als Abstraktion zu verstehen. Auch bei der Dyskalkulie liegt in der Regel *keine* Beeinträchtigung der Intelligenz vor.

Die Ursachen der Dyskalkulie sind noch weniger geklärt als die der Legasthenie. Auch hier findet man eine beträchtliche Vorbelastung durch genetische und vorgeburtliche Defizite. Als neurologische Ursache vermutet man eine Fehlentwicklung des linken Scheitellappens, die teilweise genetisch, teilweise umwelt- bzw. stressbedingt sein kann. Oft wird ein Zusammenhang mit Verhaltensauffälligkeiten in Form von Vermeidungs- und Versagensangst beobachtet. Ob dies auf einer gekoppelten Hirnschädigung beruht oder ob solche psychischen Defizite eine Folge der Lernstörung sind, ist nicht bekannt. Im Allgemeinen gilt an negativen Umwelteinflüssen das, was zuvor über Legasthenie gesagt wurde, insbesondere auch hinsichtlich der Therapiemöglichkeiten.

ADHS

Unter der *Aufmerksamkeitsdefizit-Hyperaktivitäts-Störung* (oder *-Syndrom*, ADHS) leiden 3–10 % der Schüler, und zwar je nach Schwere der Symptome doppelt bis fünfmal so viele Jungen wie Mädchen. Bei ADHS liegt mehrheitlich eine Kombination von drei »Leitstörungsbildern« vor, nämlich erstens eine Störung der Aufmerksamkeit und Konzentration, zweitens eine hohe Impulsivität, eine ausgeprägte Ungeduld, eine geringe Toleranz eines Belohnungsaufschubs, eine geringe Fehlerkontrolle, eine geringe Anstrengungsbereitschaft und ein schlechtes »Zeitmanagement«, und drittens eine große motorische Unruhe, die sich in vorlautem Verhalten, dem »Zappelphilipp-Syndrom« oder – vornehmlich bei Jungen – in erhöhter körperlicher Aggressivität äußert. Allerdings ist die Diagnostik von ADHS, insbesondere die Abgrenzung von Erkrankungen mit ähnlicher Symptomatik (Differentialdiagnose), schwierig bzw. umstritten. Diese Schwierigkeiten rühren zum großen Teil daher, dass einzelne Symptome bei rund einem Drittel der Schulkinder auftreten. Dies führt dazu, dass ADHS in der Schule oft weit überdiagnostiziert wird.

Insgesamt gilt, dass im Kindesalter die Hyperaktivitätssymptome dominieren, diese aber zum Erwachsenenalter abnehmen. Dann stehen die Aufmerksamkeitsdefizite im Vordergrund. Etwa ein Drittel derer, die im Kindesalter unter ADHS leiden, zeigen dies auch im Erwachsenenalter.

Aus neurowissenschaftlicher Sicht liegt ein multifaktorielles Störungsbild vor. Man geht u.a. von genetisch-epigenetischen Faktoren und Entwicklungsstörungen aus, die vorranging die Entwicklung der beiden Aufmerksamkeitszentren im Stirn- und Scheitellappen betreffen. Bisher wurden 15 Gene als relevant beschrieben. Hierüber könnten die Störungen von Funktionen des Arbeitsgedächtnisses besonders in Bezug auf die Aufmerksamkeitsdefizite erklärt werden. Als Ursache von Hyperaktivität wird eine Störung der Basalganglien angenommen, Grundlage der geringen Toleranz gegenüber einem Belohnungsaufschub sowie der geringen Anstrengungsbereitschaft könnte eine Beeinträchtigung des Nucleus accumbens als eines wichtigen Belohnungs- und Motivationszentrums sein. Aber auch Defizite im Serotoninsystem als Grund für mangelnde Selbstberuhigung sowie ein unnatürlich hoher Dopamin-Spiegel, der zu impulsivem und »vorlautem« Verhalten führt, können vorhanden sein. All dies kann zumindest teilweise die Folge vorgeburtlicher oder frühnachgeburtlicher negativer Einflüsse (z.B. Alkoholgenuss der Mutter während der Schwangerschaft) sowie eine Traumatisierung sein. Insgesamt ist unklar, ob und inwieweit es sich um separate, d.h. auch unabhängig auftretende, oder um genetisch bzw. funktional gekoppelte Störungen handelt.

Von ADHS betroffene Kinder haben aufgrund der Störung der Impulskontrolle, der »Neuigkeits- und Abwechslungssucht« (»Sensation-Seeking«), der Selbstkontrolle und des Sozialverhaltens ein hohes Risiko zu späterem Suchtverhalten und zu Kriminalität. Ein Zusammenhang mit »Schrei-Babys« wird ebenfalls diskutiert, denn bei vielen solcher Babys vermutet man eine erhebliche Störung des serotonergen Selbstberuhigungssystems kombiniert mit einer erhöhten »Reizsucht«.

Therapiemöglichkeiten von ADHS sind ebenso vielfältig wie umstritten und umfassen Pharmakotherapie, Elterntraining, Psychotherapie, Coaching und psychosoziale Maßnahmen. In vielen Fällen wird Methylphenidat (MPH – »Ritalin«) verabreicht. MPH verzögert die Wiederaufnahme insbesondere von Dopamin und in geringerem Maße von Noradrenalin in die Präsynapse und trägt dadurch zur längeren Verweildauer dieser Stoffe im synaptischen Spalt bei. MPH wirkt anregend und aufregend, unterdrückt wie die bekannten Amphetamine Müdigkeit und Hemmungen und steigert kurzfristig die körperliche Leistungsfähigkeit. Die bei körperlicher Überlastung normalerweise auftretenden Warnsignale wie Schmerz und Erschöpfungsgefühl werden vermindert. Methylphenidat hemmt auch den Appetit.

Während die typisch kurzfristige Wirkung von MPH in Form einer Aufmerksamkeits- und Konzentrationssteigerung und als Folge einer erhöhten Lernfähigkeit erwiesen ist, sind die Folgen einer langfristigen Verabreichung umstritten – jedoch gibt es bisher keine belastbaren Hinweise auf eventuelle Spätschäden. Bekannt sind hingegen die bei allen Psychopharmaka auftretenden Symptome nach dem Absetzen, die die negative Symptomatik vor Eintritt der Behandlung verstärken. Deshalb wird von einer Langzeitbehandlung durch MPH zugunsten einer psychotherapeutischen Behandlung abgeraten.

Lernbehinderungen mit einer möglichen Intelligenzminderung – Autismus
Der Begriff Autismus bezeichnet eine eher diffuse Kombination von Beeinträchtigungen im Bereich der Wahrnehmung, Kognition/Intelligenz, sozial-emotionaler Kommunikation und Sprache, die sich bei rund 1 % der Bevölkerung findet. Man unterscheidet zwischen einem frühkindlichen Autismus (auch Kanner-Syndrom genannt) und dem Asperger-Syndrom, das meist erst

nach Ende des dritten Lebensjahres auftritt. Kern-Defizite beider Typen betreffen die Fähigkeit, mit anderen Menschen zu kommunizieren, ihre Gedanken, Gefühle und Absichten adäquat zu verstehen bzw. sich empathisch oder kognitiv in sie hineinzuversetzen. Blick- und Körperkontakte und die Nähe zu Menschen werden von Autisten meist vermieden, soziale Beziehungen nicht ausgebaut. Hinzu kommen stereotype und ritualisierte Vorgehensweisen in nahezu allen Lebensbereichen bis hin zu zwanghaftem Fixieren von (aus Sicht der Anderen) irrelevanten Details, dem starren Festhalten an sprachlichen Formulierungen, Objektgebrauch oder Handlungsabläufen. Störungen solch starrer Abläufe und Situationen werden oft mit panikartigen Reaktionen beantwortet.

Beim *frühkindlichen Autismus* steht das völlige Ausbleiben bzw. die stark verzögerte Entwicklung des Sprachvermögens im Vordergrund, was typischerweise nicht durch einen erhöhten Gebrauch nicht-sprachlicher Kommunikation wie Blickkontakte, Stimmtönung, Mimik und Gebärden ausgeglichen wird. Auch sind deutliche Formen geistiger Behinderung zu beobachten. Hinzu kommen oft deutliche bizarre Körperbewegungen (stereotypes Schaukeln mit dem Oberkörper) und Tendenzen zur Selbstverletzung.

Demgegenüber erscheinen Personen mit einem *Asperger-Syndrom* oft als normal, und ihre Defizite im sozial-kommunikativen Bereich wie das Vermeiden zu großer Nähe, unterentwickeltes Blick-, Mimik- und Gebärdenverhalten, Verletzungen sozialer Regeln werden oft erst nach und nach evident und meist als Egozentrik, Rücksichtslosigkeit und Gefühlskälte interpretiert. Entsprechenden Vorwürfen begegnen diese Personen mit Schweigen, was den negativen Gesamteindruck weiter verstärkt. Gespräche werden oft auf das absolut Notwendige oder besonders Nützliche beschränkt. Allerdings gelingt es manchen Patienten mit einem Asperger-Syndrom, ihre Defizite schauspielerhaft zu verdecken.

Insgesamt herrscht weniger eine mangelnde Empathie vor, sondern eher die Unfähigkeit, sich auf das Denken und Handeln der Mitmenschen *einen Reim* zu machen, also der Mangel an einer »Theory of Mind« (vgl. Förstl 2012).

Die Ursachen von Autismus sind weitgehend unklar. Zwillingsstudien und sonstige genetische Untersuchungen legen eine hohe Erblichkeit nahe, und es wird auch hier ein polygenetisches Geschehen vermutet, d.h. mehrere bis viele Gene sind daran beteiligt. Die Funktion dieser Gene liegt offenbar im Bereich der Steuerung der Hirnentwicklung, insbesondere in Hinblick auf die Zellwanderung bei der Ausbildung der verschiedenen Areale des Stirnhirns oder auf die spezifische Verknüpfung von Nervenzellen in diesen Arealen. Hier dürften einerseits kognitive Bereiche wie der dorsolaterale präfrontale Cortex, andererseits limbisch-emotionale Areale wie der anteriore cinguläre Cortex und der insuläre Cortex betroffen sein. Letztere sind spezifisch in das Erkennen der Intentionen von Mitmenschen (»Theory of Mind«) und in Empathie involviert. Die Frage effektiver Therapieformen steckt bei Autismus noch in den Kinderschuhen.

Geistige Behinderung

Zwischen Lernbehinderung und geistiger Behinderung wird üblicherweise anhand der Ergebnisse eines Intelligenztests unterschieden. So spricht man bei einem IQ von 70 bis 85 von Lernbehinderung, bei einem IQ unter 70 von geistiger Behinderung, auch wenn eine solch rigide Einteilung natürlich problematisch ist.

Lernbehinderungen äußern sich in aller Regel als Lernschwierigkeiten in der Schule, eine generelle Verzögerung kognitiv-intellektueller Entwicklung, ein reduziertes Abstraktionsvermögen (die Kinder bleiben an nebensächlichen Details hängen), als Sprachentwicklungsschwierigkeiten, autistische Merkmale und motorische Störungen. Innerhalb der geistigen Behinderungen unterscheidet man (1) *leichte* Behinderungen (IQ von 50–69) mit einem Intelligenzalter von 9–12 Jahren und guten Integrationsmöglichkeiten, (2) *mittelgradige* Behinderungen (IQ von 35–49) mit einem Intelligenzalter von 6–9 Jahren und starkem Angewiesensein auf Unterstützung, (3) *schwere* Behinderungen (IQ von 20–34) mit einem Intelligenzalter von 3–6 Jahren mit der Unfähigkeit, Lesen und Schreiben zu lernen oder eine allgemeinbildende Schule zu besuchen und einem weitgehenden Angewiesensein auf fremde Hilfe, und (4) *schwerste* Behinderungen (IQ unter 20) mit einem Intelligenzalter unter drei Jahren und einem völligen Angewiesensein auf Versorgung.

Geistige Behinderungen gehen oft auf das Down-Syndrom zurück, das durch die »Trisomie 21« gekennzeichnet ist. Dies besagt, dass meist in allen Körperzellen das 21. der insgesamt 46 Chromosomen nicht in der üblichen doppelten Ausführung sondern dreifach vorliegt, und zwar aufgrund einer Störung der sogenannten Reifeteilung (Meiose), deren Ursachen nicht genau bekannt sind. Die Wahrscheinlichkeit eines solchen genetischen Defizits steigt dramatisch mit dem Alter der Mutter an, und zwar von 0,1 % im Alter von 25 Jahren auf 0,3 % im Alter von 35 Jahren, 1 % im Alter von 40 Jahren und auf 9 % im Alter von 48 Jahren. Die Deutung dieses Anstiegs geht dahin, dass die Eizellen, die bekanntlich bereits bei der Geburt der zukünftigen Mutter vorhanden sind, in ihren Zellteilungsmechanismen altern. Die allgemeine Prävalenz des Down-Syndroms beträgt 0,2 %. Weitere Ursachen für geistige Behinderung sind Alkoholkonsum der Schwangeren, Hirnhautentzündungen, Unterernährung der Schwangeren, die zu einem abnorm geringen Geburtsgewicht führen, radioaktive Bestrahlung der Schwangeren oder Sauerstoffmangel während der Geburt.

Die Art körperlicher und geistig-psychischer Beeinträchtigungen ist vielfältig, und die jeweiligen Beeinträchtigungen können in allen erdenklichen Abstufungen auftreten, d.h. von kaum als Down-Syndrom-Trägern erkennbaren Personen bis solchen mit schwersten Symptomen. Sensorische Defizite betreffen vornehmlich das Seh- und Hörsystem: Mehr als zwei Drittel leiden unter verschiedensten Sehstörungen, rund die Hälfte der Betroffenen leidet unter Hörstörungen. Daneben gibt es Störungen in der Körpersensorik und der Bewegungskontrolle. Dagegen sind emotionale Störungen selten, vielmehr zeigen die Betroffenen oft mehr als andere Kinder ein »freundliches Gemüt«, sind offen und anhänglich und durch Musik positiv beeinflussbar.

Das Sprachverständnis ist meist gut entwickelt, während das Sprechen sowohl in der Lautbildung, dem Wortschatz, der Grammatik und der Syntax deutlich beeinträchtigt ist. Sie neigen wie bei einer Broca-Aphasie zum »Telegramm-Stil« und zu einfachem Satzbau. Sie lernen jedoch schnell und im Gegensatz zu autistischen Kindern, diese Schwierigkeiten durch Gebärdensprache zumindest teilweise zu kompensieren. Sie sind jedoch auch in allen nichtverbalen Kommunikationsweisen einschließlich des Blickkontaktes verlangsamt.

Inzwischen gibt es zahlreiche Therapiemethoden für Kinder mit Down-Syndrom, auf die hier nicht eingegangen werden kann. Besonders wichtig ist das möglichst frühe Sprachtraining einschließlich des Systems der gebärdenunterstützten Kommunikation. Wegen der großen Bandbreite in der Ausprägung der einzelnen Behinderungsformen ist für Kinder mit Lernbehinderungen und leichten geistigen Behinderungen die Teilnahme am Unterricht in einer Regelschule durchaus zweckmäßig.

KAPITEL 7

Lernen, Emotionen und Vertrauensbildung

Emotionen haben einen bedeutenden und zugleich vielfältigen Einfluss auf Lehren und Lernen. Wir müssen dabei indirekte und direkte Einflüsse unterscheiden.

Zu den grundlegenden Einflüssen gehört natürlich die Persönlichkeit eines Menschen. Menschen haben zum Lernen eine Grundeinstellung, die durch Temperament und weitere Persönlichkeitsmerkmale bestimmt wird, wie ich sie in Kapitel 2 und 6 beschrieben habe. Hier sind neben allgemeiner Intelligenz das Ausmaß an Offenheit gegenüber Neuem, Stresstoleranz und Fähigkeit zur Selbstberuhigung, Realitätssinn, Risikowahrnehmung, Selbstvertrauen, Bindungskompetenz, Veränderungsbereitschaft und Empathie wichtig. Lernen in den öffentlichen Bildungsinstitutionen ist immer ein gewisses Abenteuer, und jeder Mensch lässt sich von seiner Persönlichkeit her mehr oder weniger bereitwillig auf dieses Abenteuer ein.

Seine Persönlichkeit entwickelt sich – wie wir gehört haben – in einer engen Wechselwirkung zwischen genetisch-epigenetischen Vorgaben, Bindungserfahrung, früher Sozialisation und späterer Erfahrung.

Darüber hinaus gibt es bestimmte Faktoren, die die Lernbereitschaft einer Person, insbesondere eines Kindes, weiter positiv oder negativ beeinflussen. Der wichtigste Faktor ist das Ansehen, das Lernen und Schule bei den Eltern und der weiteren Familie (Geschwister, Großeltern, Onkel, Tanten) genießt bzw. die Art, wie diese selbst mit Lernen und Bildung umgehen. Kinder erfahren von früher Jugend an durch ihre Familie, ob Lernen, zur Schule gehen, sich anstrengen, fleißig und strebsam und zugleich kooperativ zu sein, etwas Schönes oder etwas Negatives ist. Anerkennende oder abwertende Urteile der Eltern, ihre Erzählungen über die eigene Schulzeit bzw. die Berichte älterer Geschwister wirken prägend und schaffen eine generelle emotionale Bereitschaft oder Ablehnung der Schule gegenüber. Nicht immer führt ein geringer Bildungsgrad der Eltern zu einer ablehnenden kindlichen Haltung gegenüber der schulischen Bildung, vielmehr kann das Bewusstsein der Eltern, dass ihre Kinder Chancen haben, die ihnen selbst verwehrt wurden, besonders emotionalisierend und motivierend sein.

Zu den generellen emotionalen Faktoren gehört zweifellos auch das Bild, das die Gesellschaft über Schule und Bildung vermittelt, das natürlich zum Teil über die Familie an die Kinder herangetragen wird, das sie aber zusätzlich über die Medien vermittelt bekommen. Über die Tatsache, dass Schule und Lehrer in Deutschland kein hohes Ansehen genießen (etwa im Gegensatz zu den nordeuropäischen oder asiatischen Ländern), ist insbesondere im Zusammenhang mit den PISA-Ergebnissen viel geschrieben worden, ohne dass sich ein klares Bild über die Gründe ergäbe. Hinzu kommen die unaufhörlichen parteipolitischen Diskussionen um die Qualität bzw. Verbesserungsnotwendigkeit des Schulsystems, das durch die Länderhoheit über Bildung noch verstärkt wird. Diese Tatsache wirkt sich unabhängig von den zugrundeliegenden Ursachen überwiegend demotivierend auf die schulische Lernbereitschaft der Kinder aus, von der Wirkung auf die Lehrer ganz zu schweigen.

Ein weiterer emotionalisierender Faktor sind Umgebung und Atmosphäre, in denen Lehren und Lernen stattfinden. Das beginnt mit den Gebäuden und sonstigen Räumlichkeiten und ihrer Ausstattung, die den Kindern zeigen, wie viel oder wenig dem Staat und der Gesellschaft die Schule wert ist. Allerdings zählt hierbei nicht der absolute, sondern der relative Standard der Bauten und Ausstattungen. In einem sehr armen Land kann eine

Bambushütte ein hervorragender Ort des Lehrens und Lernens sein. In einem Land, in dem die Marmorfassaden der Bankinstitute und Verwaltungsgebäude glitzern und öffentliche Konzertgebäude ohne Rücksicht auf ihre Kosten errichtet werden, zeigen Schulen mit undichten Dächern und zugigen Fenstern an, welch niedrigen Wert öffentliche Erziehung und Bildung besitzen. Hinzu kommt die »Atmosphäre«, die an einer Schule herrscht und oft mit Händen zu greifen ist. Ist sie von Anordnungen, Reglementierungen, Schikanen oder gar Gewalt geprägt, so hat dies eine äußerst ungünstige Wirkung auf die allgemeine Lernbereitschaft.

Für den Lernenden ist weiterhin die sozial-emotionale Einstellung gegenüber den Lehrenden und den Mitlernenden wichtig: Werden sie als hilfsbereit und verständnisvoll empfunden, oder sind die Lehrer bedrohliche Personen und die Mitschüler Quelle von Neid, Schikanen, Hass und Ausgrenzung? Fühlt sich der Schüler sicher und »aufgehoben« im Klassenverband? Bereits die Sitzordnung im Klassenraum hat eine große emotionale Wirkung auf den Lerneffekt.

Entsprechend sollte der Lehrer viel Zeit und Mühe darauf verwenden, dass Gewalt, Unruhe, Konkurrenzkampf, Furcht, Ausgrenzung und Neid zurückgedrängt werden und jeder Schüler seinen »emotionalen Platz« sowohl im Klassenraum als auch im Beziehungsnetzwerk der Klasse findet. Diese Anstrengungen müssen jedoch mit einer Atmosphäre der anregenden Herausforderung, des milden Stresses, verbunden werden, allerdings individuell dosiert. Der Lehrer muss für eine bestimmte Klasse einen ganz bestimmten Rhythmus von Spannung und Entspannung bei der gemeinsamen Arbeit finden, sei dies Frontalunterricht, Gruppen- oder Einzelarbeit. Darauf werde ich im letzten Kapitel des Buches noch zurückkommen.

Emotionen und Gedächtnisleistungen

Gefühle haben einen starken Einfluss auf Lern- und Gedächtnisleistungen. Wenn wir ein Buch mit Hochgenuss verschlungen oder einem Vortrag mit Enthusiasmus gelauscht haben, dann werden wir uns noch lange Zeit später an viele Details des Gelesenen oder Gehörten erinnern können. An einen langweiligen Wälzer oder eine wissenschaftliche Tagung, auf der nicht viel passierte, entsinnen wir uns dagegen kurze Zeit später kaum mehr, ebenso wenig wie an einen Urlaub in X oder Y, der weder besonders schön noch besonders enttäuschend war. Passiert während des Urlaubs aber etwas sehr Aufregendes, z.B. ein romantisches Erlebnis oder ein Autounfall, dann werden wir uns noch lange an viele Details und die Folgen dieses Ereignisses erinnern können.

Über den Zusammenhang von Emotion und Gedächtnis liegen inzwischen ausführliche Untersuchungen vor (Übersicht bei Myers 2014). Hierbei geht es vor allem um die generelle Auswirkung von Emotionen bzw. Stimmungen auf den Erwerb, die Konsolidierung und den Abruf von Gedächtnisinhalten, also etwa um die Frage, ob die Gefühlslage, in der man sich beim Lernen von irgendwelchen Inhalten gerade befindet, einen Einfluss auf den Lernerfolg hat, und zwar abhängig oder unabhängig von der Art der Inhalte. Auch wird gefragt, ob es hilft, sich beim Erinnern an irgendwelche Dinge in dieselbe Stimmung hineinzuversetzen, die man beim Lernen dieser Dinge hatte.

Diese Untersuchungen laufen in etwa folgendermaßen ab. In einem ersten Versuchsansatz werden Versuchspersonen in eine bestimmte positive oder negative Stimmung versetzt bzw. sie werden aufgefordert, sich in eine solche Stimmung zu versetzen. Anschließend wird *neutrales* Material (z.B. bildliche Darstellungen, Wörter usw.) geboten, und es wird in bestimmten Zeitabständen überprüft, inwieweit sich der Erinnerungserfolg erhöht oder erniedrigt, je nachdem, ob beim Abruf dieselbe Stimmung vorliegt wie beim Erwerb oder nicht; dies nennt man im Englischen *mood-congruent recall*. In einem zweiten Versuchsansatz wird Material geboten, das selbst emotional eingetönt ist, z.B. furchterregende oder abstoßende bildliche Darstellungen, und es wird untersucht, ob sich die Behaltensleistung gegenüber diesem Material signifikant von derjenigen gegenüber emotional neutralem Material unterscheidet, wenn die Stimmung beim Erwerb oder beim Erinnern mit der emotionalen Tönung des Materials übereinstimmt oder nicht, im Englischen *mood-dependent learning* bzw. *recall* genannt. Die Ergebnisse solcher Untersuchungen unterstützen die Alltagserfahrung, dass Dinge umso besser erinnert werden, je deutlicher sie von emotionalen Zuständen begleitet waren. Dies trifft für das Erlernen sinnloser Silben genauso zu wie für Wortlisten, Bildergeschichten und persönliche Erinnerungen.

Allerdings sind einige Einschränkungen zu machen: Zum einen dürfen die emotionalen Zustände nicht *zu stark* sein, sonst behindern sie möglicherweise den Erinnerungserfolg. Das bedeutet, dass emotional überwältigende Erlebnisse unsere Gedächtnisleistungen eher trüben als befördern, vielleicht weil die Emotionalität die kognitiven Inhalte verdrängt. Zweitens gilt der verstärkende Effekt von Emotionen nur für einen mittel- und langfristigen Abruf, nämlich ab einer Verzögerung von zwei Minuten. Sehr kurzfristig, bei einem Abruf innerhalb von zwei Minuten, können emotionale Begleiterscheinungen hemmend wirken, d.h. sie stören oder überlasten das Kurzzeitgedächtnis. Drittens werden interessanterweise *positive* Inhalte im Durchschnitt besser erinnert als *negative*; bei Angst- und Depressionszuständen tritt oft eine Erinnerungsblockade auf, von der bereits die Rede war. Viertens wirken sich emotionale Zustände eher auf autobiographische Gedächtnisinhalte aus als auf Faktenwissen.

Schließlich scheinen sich Emotionen bei komplexen Szenen in erster Linie auf die *Kerninhalte* von Geschehnissen förderlich auszuwirken und weniger auf nebensächliche Details. Allerdings wird berichtet, dass sich auch unwesentliche Teile zusammen mit wesentlichen in das Gedächtnis »einbrennen« (s. weiter unten zu »Blitzlicht-Erinnerung«). Einige Autoren finden jedoch keinen Zusammenhang zwischen der Behaltensleistung und der Verarbeitungstiefe hinsichtlich ihres Bedeutungsgehalts. Das ist überraschend, denn man könnte meinen, dass man etwa bei der Lektüre eines Sachbuchs oder dem Anhören eines Vortrags die vermittelten Inhalte umso besser behält, je mehr man sie geistig durchdrungen hat. Andere Autoren glauben hingegen, einen solchen Zusammenhang gefunden zu haben, der auch plausibel ist.

Bei nur schwach positiver oder negativer Stimmung bzw. emotionaler Tönung der Inhalte tritt gelegentlich – so haben Forscher herausgefunden – eine Stimmungs-*Inkongruenz* auf, d.h. bei positiver Stimmung werden negative Inhalte besser erinnert oder abgerufen und umgekehrt. Die Gedächtnisforscher Parrot und Spackman (2000) entwickeln in diesem Zusammenhang die Vorstellung, dass eine solche Stimmungs-Inkongruenz dazu beitragen könnte, unangemessen stark positive oder negative Stimmungen »herauf- oder herunterzuregulieren« und damit ein realistischeres Bild von sich und der Umwelt zu erreichen.

In der gedächtnispsychologischen Forschung hat das sogenannte »Blitzlicht-Gedächtnis« (englisch »flashbulb memory«) besondere Beachtung gefunden, zum Beispiel im Zusammenhang mit spektakulären Ereignissen, etwa der Ermordung des amerikanischen Präsidenten Kennedys, dem Attentat auf den amerikanischen Präsidenten Reagan und der Challenger-Explosion (Brown und Kulik 1977; Pillemer 1984; Bohannon 1988; vgl. auch Schacter 1996). Befragte Personen schienen z.B. in der Lage zu sein anzugeben, was sie gerade aßen, als ihre Mutter in die Küche kam, um von der Ermordung Kennedys zu berichten. Ähnliche Dinge kann wohl jeder von uns aus seinem Leben berichten (»Ich weiß noch ganz genau, was mein Vater sagte, als im Fernsehen die ersten Meldungen über den Fall der Berliner Mauer kamen«). Man könnte meinen, dass sich im Zusammenhang mit sehr aufregenden punktuellen Erlebnissen Dinge photographisch in unser Gedächtnis einbrennen.

Überraschend ist in diesem Zusammenhang, dass auch die emotional geladenen Inhalte des »Blitzlicht-Gedächtnisses« dem zeitbedingten Zerfall bzw. der Abänderung unterliegen, allerdings weit weniger als Inhalte, die nicht oder nur in geringem Maße von Emotionen begleitet waren. Dabei ist wiederum das Kerngeschehen am geringsten von Zerfall und Abänderung betroffen, während Nebensächlichkeiten schnell verblassen oder inkorrekt erinnert werden. Die Personen tendieren dazu, diese verblassenden Gedächtnisinhalte mit erdichtetem Geschehen, *Konfabulationen* genannt, aufzufüllen. Dies geschieht in aller Regel völlig unbewusst, und die subjektive Gewissheit, dass die Dinge sich tatsächlich so und nicht anders abgespielt haben, ist bei den beteiligten Personen gerade im Falle von Blitzlichtgedächtnis-Inhalten sehr hoch. Diesen für die Beteiligten peinlichen Umstand nennt man »falsche Erinnerungen« (»false memories«; Schacter 1996; Schacter und Curran 2000).

Subjektive Gewissheit ist also nicht unbedingt ein guter Indikator dafür, dass bestimmte Erinnerungen auch wahr sind. Es gilt als erwiesen, dass Menschen sich bewusst oder unbewusst zu ihrer Verteidigung Dinge so lange und so detailliert zurechtlegen, bis sie felsenfest davon überzeugt sind, dass diese wirklich so und nicht anders passierten. Entsprechend kann das häufige Hören von emotional aufgeladenen Berichten Anderer dazu führen, dass man sich diese aneignet und später fest glaubt, man habe die nur gehörten Geschehnisse selbst erlebt. Dies ist auch von Kindern von KZ-Insassen bekannt, die immer wieder den Berichten ihrer Eltern gelauscht haben, bis sie sich nicht mehr gegen den Eindruck wehren konnten, sie hätten die berichteten Dinge selbst erlebt. Diese Selbsttäuschung geht sogar so weit, dass die Kinder der Opfer ähnliche Symptome einer posttraumatischen Belastungsstörung zeigen wie ihre Eltern. Daraus können wir auch folgern, dass zwei Leute, die vor Gericht und unter Eid über ein bestimmtes Geschehen völlig entgegengesetzte Dinge aussagen, nicht unbedingt lügen, d.h. *wissentlich* die Unwahrheit sagen. Ihr Gedächtnissystem kann ihnen – aus welchen tiefliegenden Gründen auch immer – einen Streich spielen.

Der Zusammenhang von Emotionen und Gedächtnis wurde bei sogenannten posttraumatischen Belastungsstörungen (PTBS; engl. *posttraumatic stress disorder, PTSD*), die etwa auf furchtbare Kriegserlebnisse, Katastrophensituationen oder sexuellen Missbrauch in früher Kindheit zurückgehen, genau untersucht (vgl. Comer 1995). Patienten mit PTBS zeigen in ihrem späteren Leben nicht nur schwere psychische Störungen und eine verstärkte Selbstmordneigung, sondern sie erleben auch plötzlich einsetzende Erinnerungsszenen oder Bilder von hohem Realitätsgehalt (*Intrusionen*, »flashbacks«). Dies ist die Folge einer chronischen oder überstarken Belastung der Stressachse, kombiniert mit einem »Hypercortisolismus« (s. Kapitel 2). Auch hier zeigt sich, dass der Wahrheitsgehalt solcher »Rückblenden« keineswegs so hoch ist, wie üblicherweise (und von den Patienten selbst) angenommen, vielmehr beschränken sich die Inhalte mit der Zeit mehr und mehr auf ein reales Kernerlebnis und werden zunehmend von Konfabulationen überlagert. Auch kommt es vor, dass völlig realistische »Rückblenden« von Szenen auftreten, die sich nachher als nie stattgefunden herausstellen (Comer 1995; Schacter 1996; Myers 2014).

Über solche und verwandte Phänomene wurde in den letzten Jahren in den Medien häufig berichtet, und zwar im Zusammenhang mit Verdächtigungen von Eltern, Verwandten, Lehrern und anderen Aufsichtspersonen gegenüber Dritten, die ihnen anvertrauten Kinder sexuell missbraucht zu haben. Auch hier stellte sich heraus, dass die betroffenen Kinder nicht immer die Wahrheit sagten, sondern dass sie entweder das wiedergaben, was die

Erwachsenen hören wollten, oder dass sie sich bestimmte Berichte, die man ihnen vorformulierte, unbewusst als eigenes Erleben aneigneten (Loftus und Pickerell 1995; Loftus 2000). Dies bedeutet, dass Berichte von Kindern über sexuellen Missbrauch, mit oder ohne starke Einwirkung von Erwachsenen, weder automatisch für korrekt noch automatisch für inkorrekt gehalten werden dürfen.

Wie wir in den vorigen Kapiteln bereits gehört haben, stellt das Gedächtnis ein hochdynamisches System dar, dessen vorrangige Aufgabe es ist, unser Verhalten zu steuern und Verhaltensplanung zu ermöglichen. Hierzu gehört nicht immer und unbedingt, alle Details eines Geschehens präzise wiedergeben zu können. Hinzu kommt, dass eine Gedächtnisleistung ein aktiver und zugleich unbewusster Prozess ist, d.h. Gedächtnisinhalte bleiben selten relativ unverändert, sondern werden mehr oder weniger stark vom Gehirn »umgeschrieben« aufgrund von Vorgängen, die unserem Bewusstsein verborgen bleiben (vgl. Schacter 1996). So ist die Zuordnung von »neutralen« Inhalten des episodisch-deklarativen Gedächtnisses und des emotionalen Gedächtnisses keineswegs immer präzise. Zum einen können sich im Laufe der Zeit beide Komponenten voneinander lösen, und es bleibt dann nur noch eine dunkle Erinnerung an etwas Schönes oder Furchtbares. Zum anderen können auch Erinnerungen emotional »umbesetzt« werden, d.h. eine eigentlich schwierige oder schöne Zeit wird im Rückblick als schöner oder schwieriger gesehen, als sie in Wirklichkeit war.

Neurobiologische Grundlagen des Zusammenhangs von Emotion und Gedächtnisleistungen

Die neurobiologischen Grundlagen, die den genannten fördernden und hemmenden Einflüssen von Emotionen auf Gedächtnisleistungen, vor allem auf das episodische Gedächtnis zugrunde liegen, sind bisher nur ansatzweise bekannt. Wie geschildert, nimmt man an, dass die Inhalte des deklarativen Gedächtnisses im Isocortex durch die Veränderung der synaptischen Kopplung in dortigen Netzwerken bzw. durch das unterschiedliche Zusammenschalten, Vergrößern und Verkleinern bereits vorhandener Netzwerke niedergelegt und konsolidiert werden. Man geht dabei mehrheitlich davon aus, dass der Hippocampus die gedächtnisbezogenen corticalen Vorgänge der synaptischen Plastizität überwiegend nach kognitiven Aspekten steuert, z.B. was das Erkennen von Objekten und Vorgängen und ihr räumliches und zeitliches Zusammentreffen mit anderen Objekten und Vorgängen betrifft. Die emotionalen und motivationalen Komponenten hingegen werden über die neuromodulatorischen Systeme vermittelt, nämlich über das cholinerge basale Vorderhirn (*gerichtete Aufmerksamkeit*), das dopaminerge mesolimbisch-mesocorticale System (*Neuigkeit, Interesse, Belohnung*), das serotonerge Raphe-System (*Beruhigung, Impulshemmung*) und das noradrenerge Locuscoeruleus-System (*unspezifische und spezifische Aufmerksamkeit und Erregung*).

Die Amygdala spielt hierbei eine zentrale Rolle, denn sie beeinflusst das basale Vorderhirn und steuert dadurch indirekt die cholinerge Modulation isocorticaler Netzwerke. Daneben beeinflusst sie den Locus coeruleus und damit das noradrenerge Aktivierungssystem sowie das mesolimbische dopaminerge System. Schließlich übt sie einen massiven Einfluss auf den Hippocampus aus. Insofern ist die Amygdala in der Lage, die Funktion des Hippocampus zu kontrollieren. Paré und seine Mitarbeiter (Paré et al., 2002) beschrieben bei der Interaktion zwischen Amygdala und Hippocampus das Auftreten von Oszillationen im Theta-Bereich (ca. im Bereich von 4 Hz). Diese sollen bei der Konsolidierung emotionaler Gedächtnisinhalte, z.B. beim Erkennen des emotionalen Gehalts von Gesichtern, eine wichtige Rolle spielen.

Entsprechend wird angenommen, dass beim episodischen Gedächtnis Hippocampus und limbische Zentren (Amygdala, mesolimbisches System) arbeitsteilig zusammenwirken, indem der Hippocampus die *Details* des Erinnerten, die Amygdala und das mesolimbische System die *Emotionen* hinzuliefern. Damasio und seine Kollegen berichteten von Versuchen mit Patienten, bei denen beidseitig entweder die Amygdala oder der Hippocampus fehlte (Bechara et al. 1995). Beide Patientengruppen wurden einer Furchtkonditionierung unterzogen, und zwar mithilfe eines plötzlich ertönenden lauten Nebelhorns. Die Patienten mit einer bilateralen Schädigung der *Amygdala* konnten genau angeben, welcher sensorische Stimulus mit einem Schreckreiz gepaart worden war, zeigten aber keine vegetative Angstreaktion (gemessen über die Erniedrigung des Hautwiderstands). Sie entwickelten also keine Angst- oder Schreckempfindungen und nahmen die Ereignisse »emotionslos« hin. Umgekehrt hatten Patienten mit bilateraler Schädigung des *Hippocampus* keine bewusste Information über die Paarung von sensorischem Reiz und Schreckreiz, zeigten aber eine deutliche vegetative Furchtreaktion. Während also ihr emotionales Gedächtnis funktionierte, versagte ihr deklaratives Gedächtnis, was nach der Hippocampus-Läsion auch zu erwarten war (d. h. sie zeigten eine anterograde Amnesie). Die Patienten mit Amygdala und ohne Hippocampus erlebten demnach Furcht und Schrecken, ohne zu wissen, warum. Diese Befunde unterstützen die Annahme einer »arbeitsteiligen« Funktion von Hippocampus und Amygdala.

Elektrische Stimulation der Amygdala während emotional eingefärbter Situationen verstärkt entsprechend die Konsolidierung von deklarativen Gedächtnisinhalten, während Verletzungen der Amygdala sowie der Stria terminalis (dem Fasertrakt zum Hypothalamus) diese Konsolidierung beeinträchtigen oder gar blockieren. Nach Meinung von Cahill und McGaugh (1998) ist die basolaterale Amygdala entscheidend für die Konsolidierung von

Gedächtnisinhalten durch Emotionen. Die Aktivität der basolateralen Amygdala ist bei emotionaler Konditionierung hoch und geht zurück, sobald sich das konditionierte Verhalten eingeschliffen hat. Die basolaterale Amygdala projiziert vorwiegend zum Hippocampus und zu der ihn umgebenden Rinde sowie zum orbitofrontalen Cortex, also zu jenen beiden Zentren, die für unbewusstes und bewusstes inhaltsreiches emotionales Erleben und Erinnern zuständig sind.

Die limbischen Einflüsse konvergieren auf diejenigen Zellen in Hippocampus und assoziativem Cortex, die mit der Ausbildung des deklarativen Gedächtnisses unmittelbar zu tun haben, d. h. sie steuern die Erhöhung und Erniedrigung der synaptischen Leitfähigkeit, wie wir im 4. Kapitel gehört haben.

Emotionale Kommunikation und Vertrauenswürdigkeit

Lehren und Lernen sind stets *kommunikative Akte*: Entweder spricht der Lehrer die Lernenden direkt an, oder er beeinflusst sie auf *nichtverbale* Weise – beabsichtigt oder unbeabsichtigt – über Mimik, Gestik, Körperhaltung, Intonation der Stimme und seine Bewegungen. Auch ein Lehrer, der »gar nichts tut« als in der Ecke zu sitzen, kommuniziert auf höchst wirksame Weise mit den Schülerinnen und Schülern. Wir wollen uns nun mit der nichtverbalen Kommunikation beschäftigen, denn sie ist mindestens ebenso wichtig wie die verbale Kommunikation, die später behandelt wird.

Um dies zu verstehen, müssen wir auf das »Vier-Ebenen-Modell« der Persönlichkeit zurückkommen, wie ich es im 2. Kapitel dargestellt habe. Wir haben dort zwei unbewusste limbische Ebenen von einer bewussten limbischen und einer bewussten kognitiven Ebene unterschieden (vgl. Abbildung 1). Die untere limbische Ebene steuert neben den lebenserhaltenden vegetativen Funktionen unseres Körpers auch unsere Affekte wie Wut, Zorn,

Aggression und Panik und die damit verbundenen Körperreaktionen wie Zittern, Losschlagen, ein wutverzerrtes oder schreckensbleiches Gesicht, ein Schlottern vor Angst usw. Diese Reaktionen sind nicht oder nur sehr schwer zu unterdrücken. Der noch so selbstbeherrschte Mensch lässt bei starker emotionaler Belastung »die Maske fallen«. Auch die mittlere Ebene, die unsere »feineren« Emotionen kontrolliert wie Freude, Furcht, Überraschung, Verachtung, Ekel und Trauer, steuert zugleich körperliche Reaktionen wie Körperhaltung, Gestik, Stimmlage und insbesondere auch die Mimik, d.h. den Gesichtsausdruck. Die obere limbische Ebene der Sozialisation kann nun hierbei modulierend eingreifen, d.h. diese körperlich-emotionalen Reaktionen verstärken oder abschwächen, so wie wir es durch unsere Sozialisation lernen: Wir lernen je nach Kontext (und natürlich auch kultur- und geschlechterrollenabhängig), wie stark wir unserer Freude, unserer Furcht, unserer Verachtung, unserem Ekel usw. Ausdruck geben müssen bzw. dürfen, um »sozial korrekt« zu sein, etwa um Andere nicht zu beleidigen oder sozial angemessenes Mitgefühl zu zeigen.

Dies geht bruchlos über in die bewusste Manipulation unserer emotionsbezogenen Körperreaktionen, wenn wir zum Beispiel unsere Schadenfreude oder unsere Abscheu völlig unterdrücken und Mitgefühl zeigen, wenn wir unsere Furcht oder unsere Gier verbergen – wenn wir also »schauspielern«. Hierbei gibt es bekanntermaßen große individuelle Unterschiede: Die einen sind schlechte Schauspieler und verraten sich leicht, während die Anderen ihre wahren Gefühle meisterhaft verbergen können bzw. das Gegenteil von dem zeigen, was sie empfinden. Letzteres ist teils ein Naturtalent, teils in begrenztem Maße lernbar, wie die Schauspieler es demonstrieren. Im Normalfall hingegen sind wir durchaus in der Lage, die körperlichen Äußerungen unserer Gefühle in gewissen Grenzen willentlich zu zügeln – es sei denn, diese Gefühle sind zu stark. Aber auch wenn sich Menschen relativ gut im Griff haben, dann zeigen sie doch unbewusst kurzzeitig Reaktionen, von Paul Ekman *Mikroexpressionen* oder *Mikroemotionen* genannt, die ihre wahren Gefühle verraten (Ekman 2004). Meist nehmen ihre Mitmenschen solche Mikroemotionen nicht bewusst wahr, aber sie werden durch sie deutlich beeinflusst. Wer hingegen die Systematik dieser Mikroemotionen erkennt und einübt, kann in begrenztem Maße Gedanken bzw. Gefühle »lesen«.

Der Grund für diese Zusammenhänge liegt darin, dass die Zentren der mittleren limbischen Ebene, vornehmlich die Amygdala, und Teile der oberen limbischen Ebene wie der insuläre Cortex sowohl an der Steuerung als auch am Erkennen dieser emotionalen Körperreaktionen beteiligt sind. Auf diese Weise können wir unbewusst und vorbewusst Emotionen körperlich ausdrücken als auch von ihnen beeinflusst werden. Diese Vorgänge sind aber wesentlich schneller als die bewusst-willentlichen.

Nehmen wir an, wir befinden uns in einem Gespräch, in dem wir unserem Gegenüber Dinge mitteilen, die für ihn stark positiv oder stark negativ sind und zu Zeichen von Schadenfreude, Erleichterung, Verachtung, Betroffenheit, Bestürzung führen müssten, was er aber aus Höflichkeit, Vorsicht oder Verstellung nicht zeigen will. Er wird also versucht sein, seine Mimik, Gestik und Stimmführung zu kontrollieren. Diese willentliche Kontrolle dauert jedoch länger als die unwillentliche, un- und vorbewusste Beeinflussung durch die limbischen Zentren, und für kurze Zeit, meist für ein Drittel einer Sekunde, »blitzen« die wahren Gefühlsregungen in der Mimik auf. Für diesen Bruchteil einer Sekunde weiten sich die Augen und verraten Überraschung oder Furcht; es zuckt der linke Mundwinkel nach oben und verrät Verachtung oder Abscheu, die Stirn runzelt sich und zeigt Ablehnung und Besorgnis (Ekman 2004). Auch wenn wir (noch) keine Experten im bewussten Registrieren solcher Mikroexpressionen sind, nimmt unser Un- und Vorbewusstes diese Mikroexpressionen wahr und erzeugt in uns das vage Gefühl, dass unser Gegenüber es nicht wirklich ernst meint mit dem, was er sagt.

Wir teilen unserem Gegenüber also über Körperhaltung, Gestik, Mimik und Stimmführung offen oder versteckt mit, wie wir uns *tatsächlich* fühlen, und geben ihm damit nicht nur unsere aktuellen Gefühle preis, sondern auch unsere Haltung zu uns selbst und zu den Anderen, die aus unserer Kernpersönlichkeit resultiert.

Nehmen wir an, wir sind als Lehrende abgekämpft und ausgelaugt, verstehen den Sinn unserer Tätigkeit nicht mehr und sind auch nicht mehr so recht davon überzeugt, dass das, was wir den Lernenden an Wissensinhalten vermitteln, überhaupt noch halbwegs richtig ist. Dann können wir uns mit einiger Anstrengung »aufrecht« halten und versuchen, einen selbstsicheren Eindruck zu machen. Dies erfordert jedoch eine ständige willentliche Kontrolle, und sobald wir stark abgelenkt sind, verfallen wir in diejenige Körperhaltung, die unserer Gemütslage am meisten entspricht – wir verraten uns, und die Lernenden nehmen dies bewusst oder vor- bzw. unbewusst wahr. Dasselbe gilt für unsere Gestik (wir unterdrücken das nervöse Zittern und die Fahrigkeit unserer Handbewegungen), unsere Stimmführung (wir versuchen, fest und klar zu sprechen, doch unsere Stimme ist dennoch brüchig) und insbesondere unsere Mimik, die »entgleist«.

Manche Lehrer zeigen gegenüber ihren Schülern eine offene Verachtung und glauben, in ihrem Unterricht »Perlen vor die Säue zu werfen«. Andere versuchen diese Verachtung zu verbergen, aber eine hochmütige oder abfällige Einstellung dringt oft über die Mikroexpressionen (z.B. das kurzzeitige Hochziehen der Oberlippe und das »Rümpfen« der Nase) zu den Schülern durch. Ähnliches gilt für das »Anbiedern« an die Schüler, das eine tiefe Verunsicherung der Lehrer verrät, die durch eine Furchtmimik deutlich zum Ausdruck kommt.

Die Grundlagen unserer mimischen Kommunikation sind interessant: Unser Gesicht wird von insgesamt 26 Muskeln bewegt, von denen 10 für die Mimik zuständig sind. Hierzu gehören der *Augenbrauenheber*, auch Stirnmuskel genannt, der zum Stirnrunzeln führt, der *Augenlidsenker*, der für die Gegend der Nasenwurzel zuständig ist und sich in tiefe Falten legen kann, der *Augenringmuskel*, der für das Schließen der Augenlider und damit das Blinzeln sorgt, der *Oberlippenheber*, der beim Gefühl des Ekels aktiv ist, der *große Jochbeinmuskel*, der zur Lachmuskulatur gehört, die *Lippendehnungsmuskeln*, die die Lippenbewegungen steuern, der sehr bewegliche *Mundringmuskel*, der *Mundwinkelherabzieher*, der *Unterlippenherabzieher*, der die Unterlippe gerade herabzieht, und der sogenannte *Schmollmuskel*, der am Kinn ansetzt.

Der amerikanische Emotionsforscher Paul Ekman hat, wie bereits erwähnt, nicht nur jahrzehntelang erforscht, ob und in welchem Maße Gefühle systematisch mit Gesichtsausdrücken verbunden sind, und ob diese (oder einige davon) verlässlich auf der ganzen Welt verstanden werden, sondern er hat auch die Existenz und Wahrnehmbarkeit der erwähnten Mikroexpressionen sorgfältig studiert und Anleitungen zum »Lesen« dieser kurzen Mimiken verfasst (vgl. Ekman 2004). Besonders interessant ist hierbei nicht nur, dass das Aufblitzen dieser Mikroexpressionen schwer oder gar nicht unterdrückbar ist und uns »verrät«, sondern dass einige mimische Muskeln überhaupt nicht willentlich kontrollierbar sind. Hierzu gehört der Augenringmuskel, der bei Freude und beim Lachen eine wichtige Rolle spielt. Während wir unsere Mundpartie mit einer Verzögerung von knapp einer Sekunde willentlich relativ gut kontrollieren und uns zu einem höflichen oder gezwungenen Lächeln durchringen können, obwohl uns gar nicht danach ist, ist der Augenringmuskel nur bei tatsächlicher Freude aktiv und verengt den Blick. Fehlt diese Zugabe des Augenringmuskels, so nehmen wir dies intuitiv als »falsches Lächeln« (oft auch als »amerikanisches Lächeln« bezeichnet) wahr. Allerdings kommen oft auch noch ein Stirnrunzeln oder schmale

Lippen zu diesem unfrohen Lächeln hinzu, und die Sache wird auch dem naiven Beobachter einigermaßen klar.

Wir drücken also in diesen körperlichen Reaktionen unsere Persönlichkeit aus, gleichgültig, ob wir dies wollen oder nicht, und wir können hierüber auch die Persönlichkeit der Anderen entweder unbewusst, vorbewusst-intuitiv oder bewusst wahrnehmen. Große Teile unseres Gehirns sind damit befasst, vor allem die für die Gesichtererkennung zuständigen Areale. Hierzu gehören zum einen Abschnitte der sogenannten oberen Furche des Schläfenlappens (*Sulcus temporalis superior*, abgekürzt STS), die für die Wahrnehmung der Gesichtsdynamik und damit der Mimik im engeren Sinne zuständig sind, und zum anderen Abschnitte in der sogenannten spindelförmigen Windung (*Gyrus fusiformis*, GF) im unteren Schläfen- und Hinterhauptslappen, die mit der Identifizierung von Gesichtern zu tun haben (vgl. Anhang 1). Allerdings reagieren diese Cortexareale nur *bevorzugt*, aber nicht ausschließlich auf Gesichter. Beide – STS und GF – informieren zusammen über das genaue Aussehen und die Identität eines Gesichts. Ist der GF gestört, so können Patienten zwar die Mimik des Gesichts beschreiben, aber nicht angeben, um wessen Gesicht es sich handelt. Man nennt diese Erkrankung »Prosopagnosie« – sie tritt nicht selten nach Schlaganfällen oder bei Altersdemenz auf (Karnath 2012).

Gesichtererkennung kann auch völlig unbewusst geschehen. Die Amygdala ist einerseits zu einer groben Gesichtererkennung befähigt, was die dominante Emotionalität betrifft, z. B. bei einem ängstlichen, aggressiven oder wutverzerrten Gesicht, zum anderen erhält sie Eingänge vom corticalen STS und GF und reagiert auf den emotionalen Gehalt, insbesondere was die *Glaubwürdigkeit* bzw. *Unglaubwürdigkeit* von Gesichtern und Personen betrifft. Bildgebende Untersuchungen haben festgestellt, dass der Grad der Aktivierung der Amygdala durch Gesichter zu fast 90 % mit den subjektiven Einschätzungen von Personen über die Glaubwürdigkeit bzw. Unglaubwürdigkeit der Träger dieser Gesichter übereinstimmt, wobei die Amygdala umso stärker aktiv ist, je unglaubwürdiger die Gesichter erscheinen – so als würde sie vor diesen »warnen« (Adolphs et al. 1998; Winston et al. 2002; Todorov et al. 2008). Diese Funktion der Amygdala ist eine wichtige Grundlage für den *Effekt des ersten Eindrucks*: Oft haben wir schon nach wenigen Sekunden das Gefühl, dass uns jemand »irgendwie sympathisch« ist und wir ihm entsprechend trauen können, oder »irgendwie unsympathisch« und wir ihm misstrauen. Untersuchungen aus unserem Institut bestätigen, dass für diesen allerersten Eindruck z. T. weniger als eine Sekunde genügt.

Glaubwürdigkeit wird ebenso wie Unglaubwürdigkeit sprichwörtlich ausgestrahlt, aber wir nehmen sie nur als *diffuse* Signale bewusst wahr. Während wir uns mit einer Person unterhalten und uns auf das konzentrieren, was sie uns erzählt, nehmen diese Signale ihren Weg vom Auge oder Ohr zur Amygdala entweder direkt über den Thalamus ohne Einbeziehung der Großhirnrinde oder über die rechtshemisphärischen Mimik- und Gestik-Areale. Wir erfahren sie sozusagen nebenbei, wenn wir sie überhaupt bewusst erfahren. Dies konnte vor einigen Jahren eindrucksvoll von amerikanischen und britischen Kollegen mithilfe der funktionellen Kernspintomographie gezeigt werden. Während Versuchspersonen die Gesichter führender amerikanischer Politiker betrachteten, wurde eine Gruppe gebeten, deren Glaubwürdigkeit und die andere Gruppe, deren Alter abzuschätzen (Adolphs et al. 1999). Im ersten Fall wurde die Amygdala von denjenigen Gesichtern stark aktiviert, die als wenig vertrauenswürdig eingestuft wurden, im zweiten Fall war die Amygdala bei denselben Gesichtern aktiv, obwohl hierbei gar nicht die Glaubwürdigkeit, sondern das Lebensalter der dargestellten Personen abgefragt wurde. Die Amygdala verrichtete dabei also automatisch ihre Arbeit.

Dieser erste Eindruck ist insofern stabil, als rund zwei Drittel derjenigen, die die Personen auf Anhieb sympathisch und vertrauenswürdig finden, dies auch noch nach einem Jahr tun. Leider stimmt dieses schnelle Sympathie-Antipathie-Urteil nicht immer mit den objektiven Qualitäten überein, d.h. ein auf Anhieb sympathischer Mensch muss nicht ausschließlich positive menschliche Eigenschaften haben, und erst recht nicht muss er für eine bestimmte Aufgabe besonders qualifiziert sein. Das Verhängnisvolle an diesem ersten Eindruck ist, dass wir gegenüber jemandem, der sich später als nicht besonders verlässlich und qualifiziert herausstellt, erheblich mehr Nachsicht zeigen und seine Fehler und Versäumnisse zu entschuldigen versuchen, während wir jemandem, der uns auf den ersten Blick eher unsympathisch war, der sich aber als sehr qualifiziert und verlässlich herausstellt, weiterhin kritisch gegenüberstehen.

In aller Regel kann man aber dem ersten Eindruck vertrauen – wohl wissend, dass er nichts über die intellektuellen und fachlich-beruflichen Qualitäten einer Person aussagt. Man kann nur mit einiger Sicherheit davon ausgehen, dass diese Person »es ehrlich meint«, dass sie vertrauenswürdig ist. Jemand muss schon ein vollendeter Schauspieler sein, wenn er kein wirkliches Zutrauen zu sich und seiner Tätigkeit hat, nicht motiviert ist und nicht von dem, was er lehrt, zumindest halbwegs überzeugt ist, und *dennoch* einen vertrauenswürdigen Eindruck macht. Dies ist allerdings bei vielen der sogenannten Psychopathen der Fall, die über eine meisterhafte Verstellungskunst verfügen.

Es gibt also einerseits eine sekunden- und minutenschnelle emotionale und andererseits eine langsame, sich über Wochen und Monate hinziehende eher kognitive Überprüfung der Vertrauenswürdigkeit des Lehrenden. Verlässlichkeit und Qualität setzt sich also durch, aber das Interessante an dieser Sache ist der »Vertrauensbonus der ersten Stunde«, der nie ganz schwindet.

Dies ist meist nicht Folge eines bösen Willens, sondern wir alle sind dieser Ambivalenz des ersten Eindrucks ausgeliefert. Dieses Phänomen hatte seinen tiefen Sinn zu einer Zeit, in der die Begegnung mit einem Fremden ein hohes Risiko darstellte und unser Gehirn blitzschnell entscheiden musste, ob der Fremde Gutes oder Böses im Schilde führte. Ähnliches galt für Aussagen in Hinblick auf schnelles Handeln, z. B. Hilfe- oder Alarmrufe: Sollen wir ihnen glauben und zu Hilfe eilen (und eventuell dabei in eine Falle tappen) oder fliehen (und eventuell dabei unser Hab und Gut im Stich lassen)? Dieses über Jahrtausende entwickelte Erbe können wir nicht oder nicht vollständig willentlich ablegen, und wir lassen uns von ihm auch in jeder Lernsituation leiten, in der es um die Frage geht, ob der Lehrende glaubwürdig ist und die Investitionen in das Lernen sich lohnen.

Was bedeutet dies für die Schule und das Lernen?

Zu den wichtigen lernfördernden Faktoren gehört also die Vertrauenswürdigkeit des Lehrenden. Es ist absolut notwendig, dass der Lehrende ein Vertrauensverhältnis zu den Lernenden aufbaut, wie lange dies auch immer dauern mag, das von Sympathie, Kompetenz, Verlässlichkeit und Autorität gekennzeichnet ist. Das Gehirn des Lernenden fragt nämlich automatisch: »Kann ich dem trauen, was der da sagt? Ist er kompetent, verlässlich? Weiß er, was er will?« Diese Fragen werden vom Gehirn erst einmal unbewusst und vorbewusst-intuitiv anhand der emotional-kommunikativen Merkmale überprüft. Eine zynische Haltung des Lehrenden gegenüber dem eigenen Tun und gegenüber den Schülern wirkt ebenso zerstörerisch wie ein sich anbiederndes Auftreten.

Diese erste Überprüfung der Vertrauenswürdigkeit wird dann ergänzt und eventuell durch längerfristige und eher kognitiv verlaufende Überprüfungen korrigiert, welche die *tatsächliche* Verlässlichkeit der Lehrperson, ihre fachliche Kompetenz, ihre nicht nur vorgespielte Freundlichkeit usw. feststellen. Das dauert dann Wochen bis Monate. So kann es sein, dass die Schüler schließlich einen Lehrer prima finden, der im ersten Augenblick »irgendwie komisch« wirkte, und ebenso kann sich ein Lehrer, der anfangs große Begeisterung erregte, als Versager herausstellen, aber er bleibt weiterhin »irgendwie sympathisch«.

Wichtig ist auch, dass diese Dynamik der zwei Phasen der Sympathie und der Vertrauenswürdigkeit natürlich auch für den Lehrenden in seinem Verhältnis zu den Lernenden gilt. In vielen Fällen bildet der Lehrer, wiederum aufgrund ganz weniger Merkmale, ein spontanes Urteil über einen Schüler aus, und von diesem Vor-Urteil lässt sich der Lehrer dann lange Zeit leiten. Dies kann sich dann sehr negativ auf die Schulleistungen dieses Schülers auswirken und das Vorurteil des Lehrers nachträglich legitimieren. Ein Lehrer muss sich gegenüber den Schülern also stets der »Falle des ersten Eindrucks« bewusst sein.

KAPITEL 8

Faktoren für den schulischen, akademischen und beruflichen Erfolg

»Nicht für die Schule, sondern für das Leben lernen wir!«, heißt es seit der klassischen Antike. Aber Schule und Ausbildung sollen für dieses Leben vorbereiten, und je größer der schulische Erfolg ist, desto größer müsste auch der berufliche Erfolg bzw. die sich an die Schule anschließende akademische Ausbildung in den Hochschulen sein, oder?

Wir wollen uns in diesem Kapitel deshalb mit der Frage beschäftigen, von welchen Faktoren der schulische Erfolg abhängt, und in welchem Maße er den späteren Berufserfolg bzw. akademischen Erfolg vorhersagt. Mögliche Faktoren sind (1) Begabung und Intelligenz, (2) bestimmte weitere Persönlichkeitseigenschaften wie Ausdauer und Fleiß und (3) familiäre, soziale, psychische und ökonomische Förderung im Kindes- und Jugendalter. Hierüber gibt es wie immer sehr unterschiedliche Meinungen; allerdings liegen hier Ergebnisse aus empirischen Untersuchungen vor, die wir betrachten wollen.

Begabung und Intelligenz

Nach Meinung vieler Experten ist der Faktor »Intelligenz« bei weitem der stärkste erfolgsrelevante Faktor. Er ist, gemessen mit den Standard-IQ-Tests, der beste Vorhersager (*Prädiktor*) für schulischen Erfolg, wenn dieser an den Schulnoten gemessen wird. Schulnoten sind trotz heftiger und zum Teil berechtigter Kritik von vielen Seiten wiederum der beste Prädiktor für den Studien- und Berufserfolg (Sauer und Gamsjäger 2006; Rost 2009). Allerdings liegt der Einfluss des Intelligenzgrades (d.h. die Aufklärung der Varianz) auf den schulischen Erfolg nach Rost (2009) »nur« bei 36–50 %, bei anderen Autoren wie Sauer (2006) bei 25–45 %, wobei die Korrelation mit dem Verbalteil des IQ-Tests besser ausfällt als mit dem Handlungsteil. Dies könnte erklären, warum Mädchen, die im Verbalteil durchschnittlich besser abschneiden, auch durchschnittlich bessere Schulleistungen vollbringen, wenn andere benachteiligende Einflüsse (z. B. Vorurteile der Lehrer gegenüber intelligenten und ehrgeizigen Mädchen) wegfallen.

Hinsichtlich des Erfolgs bei höheren Ausbildungsstufen (z. B. Hochschule) sinkt die Vorhersagekraft des IQ auf 20–30 %, schneidet aber von allen Faktoren immer noch am besten ab. Vergleicht man die Abiturnote mit der Note des Vorexamens bzw. Examens, so kommt man in Deutschland auf eine Korrelation von 0,35–0,4. In amerikanischen Untersuchungen wurde zwischen der Schulabschlussnote und der Leistung in naturwissenschaftlichen und technischen Fächern eine höhere Korrelation von 0,41–0,53 gefunden. Studienleistungen und späterer Berufserfolg wiederum zeigen eine Korrelation von 0,32 (Rost 2009). Interessanterweise sagt die Abiturgesamtnote den Studienerfolg besser voraus als einzelne Noten, auch wenn diese das Fach betreffen, das später studiert wird. Dies unterstreicht den engen Zusammenhang zwischen allgemeiner Intelligenz, Schul- und Studienleistungen.

Der geschilderte Zusammenhang zwischen IQ und Schulnoten bedeutet natürlich nicht, dass das bestehende Schulnotensystem optimal ist. Wenn man bedenkt, unter welchen wechselnden und oft ungünstigen Umständen Schulnoten zustande kommen, dann ist die gute Korrelation zwischen IQ und Schulnoten bzw. Schulnoten, Studienleistungen und späterem Berufserfolg eher erstaunlich. Es zeigt sich nämlich, dass Lehrer die Intelligenz und Begabung von Schülern im Vergleich zu psychologischen Tests eher schlecht einschätzen können und darin nur noch von den Eltern unterboten werden (Rost 2009).

Wichtig in diesem Zusammenhang sind die »minderleistenden Hochintelligenten« (underachiever), die 10–12 % der Hochbegabten ausmachen, also hochintelligent sind, aber weit unter ihren Möglichkeiten bleiben. Die Ursachen und Gründe hierfür sind vielfältig und häufig schwer zu erkennen. Die meisten von ihnen haben Defizite im Selbstvertrauen, in der Selbstmotivation und in der Einschätzung der Schwere einer Aufgabe, d. h. sie unterschätzen oft deren Schwierigkeit und geben dann schnell auf, wenn sie sehen, dass sie nicht auf Anhieb mit der Aufgabe fertig werden. Ihnen fehlen häufig Ausdauer und Fleiß. Es kann sich aber auch um körperliche und psychische Entwicklungsschwierigkeiten handeln (besonders während der Pubertät), um familiäre Konflikte bzw. Scheidung oder Trennung der Eltern, häufigen Ortswechsel der Familie, um oppositionelles Verhalten im Sinne einer Persönlichkeitsstörung bzw. Leistungsverweigerung, Konflikte mit den Eltern, mit Freunden oder Freundinnen, mit Klassenkameraden und insbesondere mit der Schule und Lehrern. Typisch für solche Minderleistende ist das plötzliche »Aufblühen« beim Lehrer- oder Klassenwechsel. Lehrerinnen und Lehrer müssten im Rahmen der Sensibilisierung für Hochbegabte auch besonders für das Erkennen solcher Minderleistender trainiert werden.

Der deutliche Einfluss der Intelligenz auf den Schul-, Hochschul- und Berufserfolg erklärt sich zum einen dadurch, dass intelligente Kinder schneller lernen als weniger intelligente, und zwar weitgehend unabhängig von der Qualität des Unterrichts. Wie Neubauer und Stern (2007) feststellen, profitieren intelligente Kinder mehr von einem guten Unterricht als weniger intelligente (insofern ist ein Unterricht umso »ungerechter«, je besser er ist!), und sie lernen auch besser unter ungünstigen Bedingungen. Das bedeutet, dass ein schlechter Lehrer und ein schlechter Unterricht besonders schlecht für die weniger intelligenten Schülerinnen und Schüler sind, da diese eine intensive Förderung benötigen, während intelligente Kinder auch noch aus dem Unterricht einer »Niete« einigen Nutzen ziehen können.

Hinzu kommt die in Kapitel 6 erwähnte Tatsache, dass Intelligenz signifikant mit positiven Persönlichkeitsmerkmalen korreliert ist, die als motivationale Faktoren den Lern- und Berufserfolg über die rein kognitiven Fähigkeiten hinaus befördern. Nach Neubauer und Stern korreliert eine Hochbegabung, gemessen über den IQ (ab 130 bzw. 135), signifikant mit der Motivation zu lernen (KK 0,71), mit Einflussstreben, Initiative und Führungserfolg (0,62) und Erkenntnisstreben (0,43). Dies unterstreicht meine Grundthese, dass Persönlichkeitsmerkmale (natürlich einschließlich der Intelligenz) mehr als alles den Schul- und Berufserfolg bestimmen.

Schichtzugehörigkeit

Wie steht es mit den im Zusammenhang mit »PISA« immer wieder angeführten familiären Bedingungen, insbesondere der Schichtzugehörigkeit, der Einkommensverhältnisse und der Bildungsnähe? Es wird immer wieder darauf hingewiesen, dass in kaum einem OECD-Land der schulische und akademische Erfolg so sehr von den genannten sozioökonomischen Bedingungen abhängt wie in Deutschland. Ich bin auf diese Frage bereits in Kapitel 6 eingegangen, u.a. auf die Tatsache des signifikanten Zusammenhangs zwischen IQ und Schichtzugehörigkeit: Angehörige der obersten sozialen Schicht weisen einen durchschnittlichen IQ von 113 auf, während dieser bei der untersten Schicht 92 beträgt. Ebenso habe ich erwähnt, dass der IQ der Kinderzeit die spätere Schichtzugehörigkeit signifikant vorhersagt, d.h. Erwachsene aus der obersten sozialen Schicht waren als Kinder überdurchschnittlich intelligent. Schließlich habe ich darauf hingewiesen, dass mehr als die Hälfte der Hochbegabten (mit einem IQ ab 130) aus der Oberschicht und oberen Mittelschicht stammen, während knapp ein Drittel aus der mittleren und unteren Mittelschicht und nur 13 % aus der Unterschicht kommen. Dies alles macht die vielbeklagte »soziale Schieflage« der Begabtenförderwerke aus, die hierfür, wenngleich zu Unrecht, gescholten werden.

Armut wird in diesem Zusammenhang häufig als Hauptrisikofaktor für die Intelligenzentwicklung genannt, allerdings zu Unrecht, denn der direkte Zusammenhang zwischen hoher Armut und niedrigem IQ ist gering. Zudem sind IQ und Einkommen nur schwach korreliert, d.h. ein hochintelligenter Mensch wird nicht automatisch reich. Insgesamt fällt nach Neubauer und Stern die Korrelation zwischen IQ bzw. Schulleistung und den familiären und sozialen Faktoren erstaunlich mäßig aus: Zwischen dem IQ und der familiären Erziehung zu einer aktiven und selbständigen Lebensgestaltung erhält man eine Korrelation von 0,21, zwischen IQ und einer intensiven Förderung von Fähigkeiten und Talenten durch die Eltern einen KK von 0,2. Beide Faktoren werden übertroffen durch die Anzahl außerschulischen Interessen und das Ausmaß des Übens (beides mit einem KK von 0,26). Als bedeutendste nichtintellektuelle Faktoren führen die Autoren Motivation, Willenskraft, Aufgabenorientierung und Fleiß auf.

Das bedeutet nicht, dass familiäre Einflüsse für Intelligenz und für den Schulerfolg unwesentlich sind, aber sie wirken vornehmlich in früher Kindheit und dort mehrheitlich über die Bindungserfahrung, und später nur sehr indirekt. So sind es – abgesehen von Hunger und Misshandlungen – nicht die Armut und das kümmerliche Leben selbst, sondern es sind die psychosozialen Begleiterscheinungen von Armut wie mangelnde Fürsorge für die Kinder, physische und psychische Überforderung der Eltern, ein geringer Bildungsgrad und entsprechend geringe intellektuelle und sprachliche Förderung, die sich sehr ungünstig auf die Intelligenz- und Persönlichkeitsentwicklung und damit auf die gesellschaftlichen Chancen der Kinder auswirken. Umgekehrt haben psychosozial günstige Umstände, d.h. eine sichere Bindung, Toleranz, Freiraum für individuelle Entfaltung und Respekt voreinander eine äußerst positive Wirkung auf die Intelligenz- und Persönlichkeitsentwicklung und damit auf den Hauptgaranten für den schulischen, akademischen und beruflichen Erfolg. Mit anderen Worten: Ein hohes Einkommen bzw. ein hoher sozialer Status der Eltern *allein* hat kaum eine positive Wirkung auf diesen Erfolg, genauso wenig wie eine Frühförderung und ständiges Antreiben durch ehrgeizige Eltern. Vielmehr sind unabhängig vom sozioökonomischen Status ein positives emotionales und kommunikatives Umfeld und der Vorbildcharakter der Eltern und älteren Geschwister entscheidend.

Wie sehen »Sieger« aus?

Die Psychologin Kristine Heilmann legte 1999 eine eingehende Untersuchung über den Zusammenhang zwischen Begabung, Leistung und Karriere vor. In dieser Studie wurden die Preisträger (Bundessieger) im Bundeswettbewerb Mathematik aus den Jahren 1971–1995 mit drei weiteren Gruppen in ihren schulischen und akademischen Leistungen, ihren Persönlichkeitsmerkmalen und ihrem späteren Erfolg miteinander verglichen, nämlich (1) mit den Teilnehmern der Endrunde, die nicht Bundessieger wurden, (2) mit den Stipendiaten der Studienstiftung des deutschen Volkes, die nicht an der Endrunde des Wettbewerbs teilgenommen hatten, und (3) mit »normalen Abiturienten« ohne bisherige herausragende mathematische Leistungen.

Die Ergebnisse dieser Studie lauteten: Verglichen mit den »normalen Abiturienten« hatten die Bundessieger eine signifikant bessere Abiturdurchschnittsnote, sie übersprangen signifikant häufiger eine Klasse, blieben signifikant seltener sitzen. Sie waren zusammen mit den Endrundenteilnehmern und den Stipendiaten der Studienstiftung in entsprechenden Tests signifikant besser und schneller in der Lage, komplexe Problemstellungen zu erkennen, wobei sie im Wesentlichen eine geistige Komplexitätsreduktion vornahmen, z.B. das Problem auf seinen Kern reduzierten, und sie waren schneller in der Lage, effektive Lösungsstrategien anzuwenden. Diese Fähigkeit erwies sich als »materialunabhängig«, d.h. es spielte keine Rolle, um welche Art kognitiver Probleme es sich handelte. Dies unterstreicht noch einmal die Bedeutung der allgemeinen Intelligenz, die im schnellen und effektiven Problemlösen besteht, was wiederum wesentlich in der sowohl intuitiven als auch eingeübten Fähigkeit beruht, komplexe Probleme zu vereinfachen (vgl. Kapitel 6).

Hinsichtlich der Motivation zeigten die Bundessieger gegenüber den »normalen Abiturienten« deutliche Unterschiede in der Ausrichtung auf intrinsische Berufsziele, d.h. bei ihnen lag ein stärkeres Streben nach Kompetenz und Leistung im ausgewählten Fachgebiet sowie nach geistiger Unabhängigkeit vor. Die »normalen Abiturienten« gaben hingegen häufiger extrinsische Berufsziele an, d.h. die Befriedigung sozialer oder privater Bedürfnisse, Streben nach gesellschaftlichem Status und Reichtum.

Interessant sind die Unterschiede zwischen Bundessiegern, Endrundenteilnehmern und Stipendiaten der Studienstiftung. Unterschiede hinsichtlich intellektueller Begabung und frühen Leistungen waren sehr gering zwischen Bundessiegern und sonstigen Endrundenteilnehmern, allerdings hatten die Bundessieger häufiger eine oder mehrere Klassen übersprungen. Der größte Unterschied bestand nicht in den intellektuellen Leistungen, sondern in der Tatsache, dass die Bundessieger die Möglichkeit, sich mit Anderen zu messen und sich herausfordern zu lassen, höher bewerteten als die sonstigen Endrundenteilnehmer und auch die Stipendiaten, d.h. sie waren schlicht ehrgeiziger und erfolgshungriger und gingen mit mehr positiven Erwartungen in den Wettbewerb. Dies erklärt auch, weshalb insgesamt die Bundessieger in Mathematikwettbewerben mehr Preise gewannen als die beiden anderen Gruppen. Ansonsten gab es zumindest zur Zeit der Datenerhebung keine signifikanten Unterschiede zwischen den Preisträgern und den übrigen Endrundenteilnehmern.

Alle drei Gruppen der Hochbegabten zeigten die uns bereits bekannte »soziale Schieflage« hinsichtlich der Herkunftsfamilie. Bei den Bundessiegern war der Anteil der Eltern mit Hochschulabschluss etwa doppelt so hoch wie bei den »normalen Abiturienten«. Dies entspricht nach derzeit vorliegenden Daten der Studienstiftung auch den Verhältnissen bei den Stipendiaten, bei denen 79 % aus Familien stammen, in denen mindestens ein Elternteil einen Hochschulabschluss besitzt, während dies »nur« für 51 % der Studierenden gilt (vgl. Jahresbericht 2008 der Studienstiftung). Über die möglichen Ursachen dieser »Schieflage« habe ich bereits gesprochen.

Im Vergleich zwischen den Bundessiegern Mathematik und den Stipendiaten der Studienstiftung gab es das triviale Ergebnis, dass sich die Bundessieger häufiger und früher für Mathematik interessierten, während bei den Stipendiaten die Anzahl der Interessensgebiete geringfügig über derjenigen der Bundessieger lag. Bei den Bundessiegern zeigte sich eine etwas frühere Spezialisierung auf Mathematik. Jedoch erwiesen sich die Bundessieger keineswegs als »schmalspurig«, wie man meinen könnte, denn sie gaben durchschnittlich 6 und zum Teil sehr unterschiedliche Interessensgebiete an. Bei den Stipendiaten war im Vergleich zu den Bundessiegern das Interesse an gesellschaftlichen Betätigungen deutlicher ausgeprägt, und dies galt auch für die Ausprägung sozialer Merkmale der Persönlichkeit; bei den anderen Persönlichkeitsmerkmalen, z.B. Fleiß und Ausdauer, ergab sich hingegen kein Unterschied. Dies mag der Tatsache geschuldet sein, dass die Studienstiftung bei den Bewerberinnen und Bewerbern um ein Stipendium neben den schulischen oder universitären Leistungen das soziale Engagement hoch bewertet.

Sind denn nun die Bundessieger Mathematik auch nach ihrem »Sieg« in ihrem Studium erfolgreicher? Dies lässt sich eindeutig bejahen. Sie erzielten signifikant bessere Noten im Vordiplom, Mathematik- oder Physikdiplom, promovierten häufiger und eher und waren in ihrer wissenschaftlichen Karriere (Promotion, Habilitation, Zahl und Qualität der Veröffentlichungen) eindeutig erfolgreicher als die »normalen Abiturienten«. Rund 7 % leisteten für ihr Fach (Mathematik oder Physik) einen bedeutenden Beitrag im Sinne eines wissenschaftlichen Durchbruchs. Diese wissenschaftlichen Spitzenleistungen wurden von ihnen zwischen dem 25. und 29. Lebensjahr erbracht, während Spitzenleistungen in der Wirtschaft im Durchschnitt mit 35 Jahren auftraten.

Insgesamt heben sich die Bundessieger in folgenden Merkmalen deutlich von den »normalen Abiturienten« aber nur geringfügig von den übrigen Endrundenteilnehmern und den Stipendiaten der Studienstiftung ab: Sie sind vielseitiger befähigt als die »normalen Abiturienten«, haben bessere bis viel bessere Schulleistungen, erhalten viele Auszeichnungen, haben häufig eine bis mehrere Klassen übersprungen, für sie ist Mathematik sehr wichtig (sie sind von Mathematik häufig »fasziniert«), aber zugleich ist Mathematik nur eines von durchschnittlich sechs Interessengebieten, – sie sind also entgegen dem verbreiteten Vorurteil vielfältig begabt und interessiert. Sie entstammen meist einer Akademikerfamilie (d.h. mindestens ein Elternteil hat einen akademischen Abschluss), sie haben eine deutliche Unterstützung von Seiten der Familie in Hinblick auf den Wert der Bildung erfahren. Sie zeigen ein starkes Streben nach Kompetenz und Leistung, haben eine entsprechend hohe intrinsische Motivation, sind aber zugleich sehr ehrgeizig, d.h. ihnen macht es Spaß, an Wettbewerben teilzunehmen und diese zu gewinnen. Schließlich sind sie sehr fleißig im Lernen und Üben, d.h. sie verbringen einen beträchtlich größeren Teil ihrer Zeit mit der Beschäftigung mit Mathematik.

Was bedeutet dies für die Schule und das Lernen?

Wir haben gesehen, dass Intelligenz im Sinne schneller Auffassungsgabe ein unerlässlicher Faktor für Erfolg ist, aber nur einen von mehreren Faktoren darstellt. Gleichermaßen wichtig sind die Persönlichkeitsmerkmale »intrinsische Motivation« – und zwar sowohl disziplinär als auch fachübergreifend –, »Ehrgeiz«, »Ausdauer« und »Fleiß«. Ein weiterer wichtiger Faktor ist die familiäre Unterstützung, wobei diese durch das elterliche Vorbild für Bildung, Kompetenz, Fleiß, Sorgfalt und Ausdauer wirkt und nicht im Sinne einer engen fachlichen Frühförderung, die oft schädlich ist. Natürlich sind die Faktoren »Intelligenz« (bzw. »Begabung«), Persönlichkeit, Motivation, Fleiß und familiäre Förderung nicht voneinander unabhängig. Wie mehrfach betont, ist Intelligenz signifikant mit positiven Merkmalen der Persönlichkeit korreliert, und die Ausbildung der Intelligenz ist keine bloße »Reifung« angeborener Fähigkeiten, sondern hängt erheblich von ihrer Förderung ab, insbesondere in frühen Jahren.

Derjenige Faktor, der in der öffentlichen Diskussion hinsichtlich des Schul-, Hochschul- und Berufserfolges stets besonders hervorgehoben wird, nämlich der sozioökonomische Status der Herkunftsfamilie, spielt dagegen eine untergeordnete Rolle. Dies sollte eigentlich nicht überraschen, denn in manchen wohlhabenden Familien ist das Ausmaß der Vernachlässigung der Kinder durch die Eltern nicht geringer als in Familien der unteren Mittelschicht oder Unterschicht, und zum schnellen Anhäufen eines großen Vermögens oder zu einem raschen Aufstieg in hohe Ämter benötigt man in der Regel weniger eine hohe Intelligenz als vielmehr Rücksichts- und Empathielosigkeit, geringes Risikobewusstsein und moralische Flexibilität, von psychopathischen Persönlichkeitsmerkmalen ganz zu schweigen.

Für Schule und sonstige Bildungseinrichtungen ergibt sich hieraus, dass Intelligenz und Begabung gefördert werden müssen, und zwar bei Minderbegabten, Normalbegabten und auch bei den Hochbegabten; dass Motivation und die Förderung der Persönlichkeitsbildung gleichermaßen wichtig sind. Ebenso sind Fleiß und Ausdauer unerlässliche Ingredienzien des schulischen-, akademischen und beruflichen Erfolgs – wenn man diesen Erfolg nicht nur an der Höhe des Einkommens misst.

Beim Fleiß ergibt sich die besondere Problematik, dass er bei jungen Menschen meist kein hohes Ansehen genießt, allerdings mit dem wichtigen Unterschied, dass er bei Mädchen zumindest geduldet wird, während fleißig zu sein bei Jungen als extrem »uncool« gilt und sozial abgestraft wird. Dies gilt bis weit in das Studium hinein; so gestehen mir oft Stipendiaten der Studienstiftung, dass sie ihren Fleiß sorgfältig vor ihren Kommilitonen verbergen müssen, um nicht ausgegrenzt zu werden. Man kann vermuten, dass diese unterschiedliche Einstellung zum Fleiß einer der Gründe ist, warum inzwischen Mädchen und junge Frauen in ihren Schul- und Studienerfolgen besser abschneiden als Jungen und junge Männer.

Für die Gesellschaft ergibt sich daraus, dass Armutsbekämpfung zwar ein unerlässliches gesellschaftliches Ziel ist, dadurch aber intellektuelle und emotional-motivationale Förderung nicht überflüssig wird. Dieses Ziel muss gesondert angegangen werden.

KAPITEL 9

Sprache

In diesem Kapitel geht es um sprachliche Kommunikation, wie sie für die in unserer Kultur gängigen Formen des Lehrens und Lernens unabdingbar ist. Sprachliche Kommunikation umfasst Sprechen und Sprachverstehen und natürlich Lesen und Schreiben. Während nichtsyntaktische und nichtgrammatische Sprachen sich im Tierreich vielfach ausgebildet haben, verfügt nach allem, was wir wissen, nur der Mensch über eine syntaktische und grammatikalische Sprache, die sich in der Kindesentwicklung ab der Mitte des dritten Lebensjahres ausbildet (vgl. Kapitel 2). Sprechen und Sprachverständnis sind dem Menschen angeborene Fähigkeiten, und deshalb geht der primäre Spracherwerb *mühelos* vonstatten, wenngleich er sich, bedingt durch die langsame Ausreifung des Gehirns, über einige Jahre erstreckt und extensives Üben umfasst – aber eben in einer mühelosen Weise. Lesen und Schreiben hingegen sind *mühevolle* Tätigkeiten, bei denen das Gehirn Funktionen miteinander in Verbindung bringen muss, die besonderen Aufwand erfordern. Deshalb galt Lesen und Schreiben bis in die Neuzeit hinein als eine Kunst, die nur wenige beherrschten.

Sprechen

Wenn jemand etwas sagen will, das ihm nicht automatisiert »aus dem Munde fließt«, dann muss er sich überlegen, was er gleich sagt, und zwar entweder genau Wort für Wort oder zumindest in einer gedanklichen Kurzform, je nach Vertrautheit und Übung. Diese Formulierung der Gedanken geht mit einer Aktivität des dorsolateralen präfrontalen Cortex einher; es werden allerdings bereits bei diesem sprachlichen Denken die Sprachzentren (das Wernicke- und Broca-Zentrum) »voraktiviert«. Dieser Prozess des *intentionalen Sprechens* im Gegensatz zu affektiv-emotionalen oder rein reaktiven Äußerungen aktiviert das supplementärmotorische Areal und das damit eng verbundene obere Kleinhirn (Ackermann 2006).

Am Prozess der Umsetzung von Gedanken in Wörter und Sätze bzw. beim lauten Lesen ist auch das Broca-Sprachareal beteiligt, das sich wie das Arbeitsgedächtnis im linken präfrontalen Cortex befindet (vgl. Abbildung 9) und dafür sorgt, dass beim Sprechen die korrekten grammatischen und syntaktischen Regeln eingehalten werden, d.h. die Flexion der Verben, die Deklination der Substantive, die Satzstellung usw. Hierbei bilden das Broca-Areal und das sprachliche Arbeitsgedächtnis eine funktionelle Einheit, denn bei Sätzen, die aus mehr als drei Wörtern bestehen, muss festgelegt werden, wie die zeitliche Reihenfolge der Worte aussehen soll, und bei noch längeren Sätzen muss man behalten, wie man den Satz begonnen hat, um ihn korrekt beenden zu können. Besonders im Deutschen ist das ein Problem. Patienten mit Störungen im Bereich des Broca-Areals, die also unter einer *Broca-Aphasie* leiden, drücken sich in kurzen, »telegrammartigen« Mitteilungen aus. Wenn sie etwa sagen wollen, sie müssten ganz eilig zum Bahnhof, dann sagen sie mit großer Mühe »eilig, Bahnhof«. Es ist nicht ganz klar, ob diese Störung auf Schwierigkeiten bei der Wortfindung oder beim Festlegen der richtigen Reihenfolge beruht.

Die einfache Bedeutung der Wörter, ihre *Lexikalität*, wird in einem hinter dem Broca-Zentrum liegenden Bereich des Schläfenlappens festgelegt, das dem nicht scharf abgrenzbaren *Wernicke-Areal* entspricht – bei den meisten Menschen ebenfalls linksseitig. Dieses Wernicke-Areal ist stammesgeschichtlich viel älter als das Broca-Areal und bei allen Säugetieren, meist linkshemisphärisch, vorhanden und hat mit intraspezifischer Kommunikation zu tun.

Das ist auch bei nichtsprachlicher Kommunikation der Fall, wenn z.B. Primaten Gebärdensprache oder Menschen die Taubstummensprache benutzen. Hier findet beim Sprechen eine Übersetzung des Gedankens in ein *inhaltlich* passendes Wort statt. Störungen im Wernicke-Areal beeinträchtigen beim Menschen nicht die Lautproduktion, sondern den sinnhaften Gebrauch der Wörter. Wernicke-Aphasiker können »wie ein Wasserfall« reden, sie sprechen (und schreiben!) jedoch auf meist stereotype und floskelhafte Weise immer ungefähr dasselbe. Sie sind also in ihrer flexiblen Wortfindungsfähigkeit, nicht in ihrer Artikulationsfähigkeit gestört. Allerdings ist bei komplexerer Bedeutung von Wörtern auch immer das Broca-Areal aktiv.

Beim absichtsvollen Sprechen laufen also drei Prozesse mehr oder weniger parallel ab, nämlich die Suche erstens nach dem inhaltlich passenden Wort, zweitens nach der korrekten Aussprache und drittens – bei Sätzen – nach der korrekten Grammatik und Syntax. Da die Bedeutung eines Wortes oft auch von seiner grammatikalischen Form und seiner Stellung im Satz abhängt, müssen der zweite und dritte Prozess natürlich eng miteinander verwoben, und die Wörter müssen korrekt artikuliert sein. Auch hier gibt es typische Versprecher, indem ähnlich lautende, aber falsche Wörter oder Un-Wörter benutzt werden, oder es passieren »Dreher« bei Anfangsbuchstaben von Wortteilen wie »Bronnensille« statt »Sonnenbrille« (das kann auch erlerntermaßen zur Manie werden!).

Dieser ganze Vorgang geht bei der Benutzung der Muttersprache oder einer flüssig beherrschten Fremdsprache normalerweise hochautomatisiert vonstatten – wir merken von diesen verschiedenen Verarbeitungsprozessen nichts, aber er ist gleichzeitig hochgradig erfahrungsabhängig, von den oben genannten angeborenen Grundlagen der Sprache einmal abgesehen. Dies gilt z.B. für den Lautstand der Sprache, insbesondere wenn dieser so komplex ist wie in der chinesischen oder vietnamesischen Sprache, die mit unterschiedlichen Intonationshöhen und -modulationen arbeitet. Auch hier zeigt sich, dass alle Kinder zu Beginn ihrer Entwicklung mühelos alle Sprachen lernen können (es gibt also keine angeborene Sprachpräferenz), jedoch geht die Fähigkeit, bestimmte Laute *mühelos* zu sprechen oder zu intonieren, innerhalb des ersten Jahres meist unwiderruflich verloren, und ebenso die Fähigkeit, solche Laute mühelos zu verstehen. Dazu gehört auch die berühmte und viel karikierte Unterscheidung von »r« und »l«, die den Chinesen und Japanern solche Schwierigkeiten macht.

Die eigentliche Motorik des Sprechens umfasst die Aktivität des primären motorischen Cortex, der die für das Sprechen notwendigen Muskeln der Lippen, des Mundraumes und des Kehlkopfes ansteuert, sowie die Basalganglien (genauer das *Striato-Pallidum*), welche die für das Sprechen bestimmter Wörter erforderliche Motorsequenz festlegen, und Teile des unteren Kleinhirns, die für die präzise zeitliche Ansteuerung der Muskeln notwendig sind. Auch hierbei wird mit zunehmender Übung die Aktivität immer mehr vom präfrontalen Cortex in die Basalganglien verlagert, und dies sorgt dafür, dass man sprechen kann, ohne nachzudenken. Manche Menschen entwickeln darin bekanntlich eine große Meisterschaft.

Beim Sprechen selbst werden durch das Zusammenwirken von Kehlkopf, Zunge, Lippen und Gaumensegeln komplexe Schallsignale sich überlagernder und zeitlich variierender Schwingungen sowie Folgen solcher Signale produziert, die wir dann als Sprachlaute, Wörter und Sätze wahrnehmen. Sprachlaute bestehen aus *Formanten*, d.h. Frequenzbändern, die besonders viel Energie tragen, und *Transienten*, die schnelle auf- und absteigende Einschwingvorgänge darstellen. Bei den Vokalen sind besonders der erste und zweite Formant wichtig (beim Vokal »u« liegt der erste Formant bei 320 und der zweite Formant bei 800 Hz).

Die Zuordnung von Gedanken, Wortinhalten, Grammatik-Syntax und Sprachlauten ist natürlich stark übungsabhängig.

Nehmen wir einen Mathematiklehrer: Er möchte den Schülerinnen und Schülern die Winkelsumme in einem Dreieck erklären. Diese gedanklichen Formulierungen übersetzt sein Gehirn in Worte, und zwar entweder nachdem er darüber nachgedacht hat oder während er nachdenkt. Sind die Gedanken neu und hat er sie noch niemals oder nur sehr selten geäußert (vielleicht ist er ein Referendar), oder muss er sie in einer nicht völlig beherrschten Fremdsprache ausdrücken, dann erlebt er deutlich das Hintereinander von Gedanken und Sprechen. Er muss gezielt die Worte wählen, manchmal um sie »ringen«, er verspricht sich, macht grammatische oder syntaktische Fehler usw. Je häufiger er aber diese Gedanken in einer bestimmten Weise auszudrücken gelernt hat, desto flüssiger werden normalerweise seine sprachlichen Äußerungen, und er kann mehr und mehr dazu übergehen, beim Denken zu sprechen und beim Sprechen zu denken. All dies gleicht der Situation, in der wir eine *ungewohnte Bewegung* erlernen, wie dies weiter oben beschrieben wurde. Natürlich gibt es hier nicht nur Trainings-, sondern auch Begabungseffekte: Der Eine kann seine Gedanken von Anfang an viel eleganter ausdrücken als der Andere, wenngleich die Eleganz des Ausdrucks nicht unbedingt ein Gütezeichen für die Tiefe der Gedanken ist. All dies kann man in dem wunderbaren Text von Heinrich von Kleist mit dem Titel »Über die allmähliche Verfertigung der Gedanken beim Reden« nachlesen.

Der »Endpunkt« (oder besser Tiefpunkt) dieses Prozesses ist erreicht, wenn man fließend reden kann, ohne darüber nachzudenken, genauso wie wir anfangs mühsam das Fahrradfahren erlernten und uns stark darauf konzentrieren mussten, später aber beim Radeln in die Gegend schauen und dabei auch noch Musik hören können, ohne vom Rad zu fallen. Es findet bei der Wiederholung und Perfektionierung solcher Tätigkeiten, und zwar auch beim Sprechen und Lesen, die berühmte *Sinnentleerung* statt: Je häufiger wir Dinge sagen, desto weniger ist uns der Inhalt des Gesagten noch präsent – der Museumsführer leiert seine Erklärungen herunter und kann dabei schon an das Abendessen (oder was sonst auch immer) denken, das ihn erwartet. Auch der fleißige Schüler wird, wenn ein bestimmtes Standardwissen abgefragt wird, die Antwort herunterleiern, und zwar umso mehr, je häufiger er sie gelernt hat.

Sprache hören

Wie oben erwähnt, sind Sprachverständnis über das Zuhören und das Lesen vorerst zwei völlig verschiedene Dinge, denn sie beanspruchen zum einen das Hörsystem und zum anderen das Sehsystem, die sehr verschieden aufgebaut sind und auch nach ganz unterschiedlichen physikalisch-physiologischen und neuronalen Prinzipien funktionieren. Sprache hat primär etwas mit Sprechen und Hören zu tun und hat teilweise tiefe evolutionäre Wurzeln. Deshalb ist das Erlernen von Sprache als Sprechen und Hören so mühelos. Nichtsdestoweniger ist das hörende (auditorische) Sprachverstehen ein äußerst komplizierter Vorgang, mit dem wir uns zumindest in den Grundzügen erst einmal beschäftigen müssen.

Sprachlaute sind komplexe Muster von Schalldruckwellen, die sich in Amplitude (Lautstärke) und Frequenzanteilen (Formanten, Transienten) unterscheiden. Sie dringen an das Ohr des Hörers, und dort werden sie von der Ohrmuschel aufgenommen und zum Trommelfell weitergeleitet, das dadurch in Schwingung versetzt wird (vgl. Abbildung 5). Das Trommelfell versetzt seinerseits die drei Gehörknöchelchen des Mittelohrs, den Hammer (*Malleus*), der dem Trommelfell anliegt, den Amboss (*Incus*) als Zwischenglied und den Steigbügel (*Stapes*), der dem ovalen Fenster anliegt, in Schwingungen. Dabei wird die Schwingungsamplitude, die wir später als *Lautstärke* empfinden, durch die Gelenke zwischen den Gehörknöchelchen *untersetzt*, und der Schalldruck wird durch Übertragung vom großflächigen Trommelfell auf das kleinflächige ovale Fenster verstärkt. Das ovale Fenster ist der Eingang zum Innenohr. Dieses besteht aus der Hörschnecke (*Cochlea*), die in der Tat einem Schneckengehäuse ähnelt, denn sie besteht aus einem aufgerollten, sich langsam verengenden und flüssigkeitsgefüllten Rohr, das in seinem Querschnitt in Form eines liegenden V dreigeteilt ist. Der obere abgegrenzte Teil heißt *Scala vestibuli*, der untere Teil *Scala tympani*, und der dazwischen liegende Teil wird *Scala media* genannt und enthält das eigentliche Hörorgan, das *Corti-Organ*. Dieses Organ wird von der Scala tympani durch die Basilarmembran abgegrenzt, welche die inneren und äußeren Haarzellen trägt. Die von den Hörknöchelchen auf das ovale Fenster übertragenen und verstärkten Schwingungen versetzen nun das Corti-Organ und die Basilarmembran in Schwingungen, was wiederum die inneren Haarzellen erregt.

Dabei sprechen die in Nähe des ovalen Fensters sitzenden inneren Haarzellen auf die hohen und die in Nähe der Spitze der Schnecke sitzenden auf die niederen Frequenzen an. Diese Erregungen laufen dann über das Spiralganglion und den Hörnerv ins Gehirn, genauer in den Hirnstamm, und enden dort im Cochleariskern. Die äußeren Haarzellen sind nicht an der Übertragung von Schwingungen in elektrische Signale beteiligt, sondern beeinflussen auf komplizierte Weise unter dem Einfluss des Gehirns (über »efferente« Nervenfasern) die Arbeit der inneren Haarzellen. Das dient nicht nur dem Schutz vor übergroßem Lärm, sondern der spezifischen Filterung der Hörsignale, insbesondere durch *Aufmerksamkeit* und *Hörerwartungen*, wie wir schon in Kapitel 5 gehört haben.

Die Erregungen vom Cochleariskern wandern im Hirnstamm zur oberen Olive und dann zum Mittelhirndach (dem *Colliculus inferior*). Von dort laufen zahlreiche Fasern zum dorsalen Thalamus des Zwischenhirns, medialer Kniehöcker (*Corpus geniculatum mediale*) genannt, dessen Nervenzellen ihre Axone in die primäre

Hörrinde im vorderen oberen Rand des Schläfenlappens senden. Dieser umfasst beim Menschen die sogenannten Heschlschen Querwindungen (Gebiet A41; vgl. Abbildung 5). Der primäre auditorische Cortex zeigt wie das Innenohr eine systematische Abbildung der Tonfrequenzen, eine *tonotope Organisation*. Der sekundäre auditorische Cortex (Area 42) umschließt hufeisenförmig den primären auditorischen Cortex und ist nicht klar tonotop, d.h. entlang der Tonhöhen gegliedert. Im Gegensatz zu subcorticalen auditorischen Neuronen reagieren die meisten corticalen auditorischen Neuronen nicht auf reine Töne, sondern nur auf komplexe auditorische Reize, auch zeigen sie nur phasische Reaktionen, d.h. sie antworten im Wesentlichen nur auf *Änderungen* in der Tonhöhe oder Lautstärke.

Sprache verstehen

Über die neuronalen Grundlagen des Sprachverstehens ist in den vergangenen zwei Jahrzehnten viel mithilfe des Elektroenzephalogramms (EEG) bzw. des ereigniskorrelierten Potenzials (EKP) und neuerdings mithilfe bildgebender Verfahren geforscht worden (Übersicht bei Brown et al. 2000; Friederici und Hahne 2001; Friederici 2006). Bei der Registrierung ereigniskorrelierter Signale werden über zahlreichen Punkten der Schädeldecke mithilfe von Elektroden Potenzialschwankungen in der Großhirnrinde bzw. deren Änderungen bei bestimmten Hirnaktivitäten wie Wahrnehmung, Denken, Vorstellen, Erinnern oder Handlungsplanung gemessen. Aus dem dabei entstandenen EEG kann man nun diejenigen positiven und negativen Amplitudenschwankungen herausfiltern, die mit den interessierenden perzeptiven und kognitiven Leistungen in Zusammenhang stehen – daher die Bezeichnung »ereigniskorreliert«. Negative Auslenkungen (mit »N« gekennzeichnet) geben nach gegenwärtigem Verständnis Erregungszustände von corticalen Neuronen (vornehmlich Pyramidenzellen),

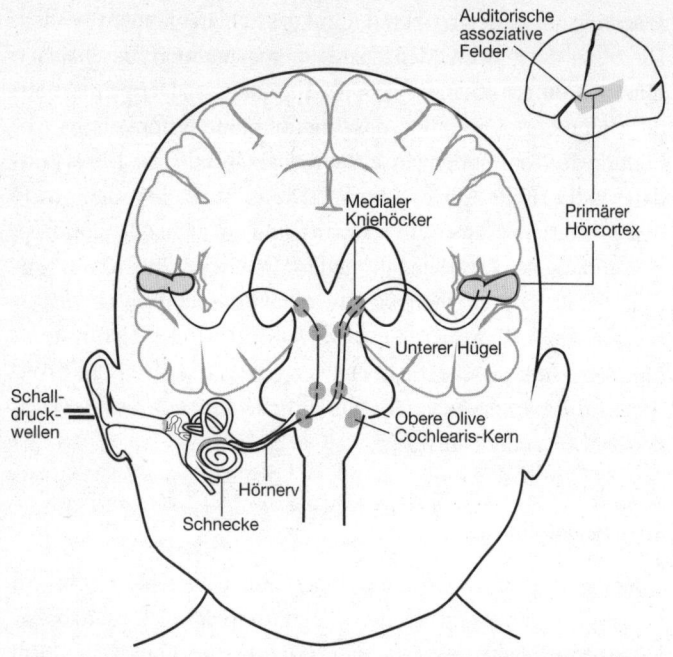

Abbildung 5: Hörbahn des Menschen (Kind). Schalldruckwellen dringen an das Ohr, werden über das Mittelohr in das Innenohr weitergeleitet, wo sich die Schnecke mit dem eigentlichen Hörorgan, dem Cortischen Organ, befindet. Im dortigen Spiralganglion werden die Wellen in neuroelektrische Impulse umgewandelt. Diese wandern dann über den Hörnerv zum Cochleariskern im Hirnstamm, von wo aus Impulse zur gleichseitigen wie auch gegenseitigen oberen Olive weitergeleitet werden. Von dort ziehen parallel in der rechten und linken Hirnhälfte Faserzüge zu den unteren Hügeln (Colliculi inferiores) der Vierhügelplatte des Mittelhirndaches, von dort zum medialen Kniehöcker (Corpus geniculatum mediale) des Thalamus und von dort schließlich zum rechten und linken primären Hörcortex (Heschlsche Querwindungen). Der primäre Hörcortex ist umgeben von assoziativen auditorischen Feldern, in denen teils Sprache, teils Musik und Geräusche verarbeitet werden (aus Eliot 2001; verändert).

positive Auslenkungen (»P«) dagegen deren Hemmungen wieder. Ereigniskorrelierte Potenziale starten mit dem Beginn der Reizung oder der kognitiven Leistung und setzen sich aus Abfolgen von positiven und negativen Auslenkungen zusammen, die nach ihrem zeitlichen Auftreten, gemessen in Millisekunden, bezeichnet werden. So ist eine N100 eine negative Auslenkung, die ungefähr nach 100 Millisekunden auftritt, und eine P300 eine positive Auslenkung um die 300 Millisekunden nach Start.

Der Prozess der Hörverarbeitung beginnt damit, dass im rechten und linken Corti-Organ und Spiralganglion die vom Sprechenden erzeugten Schalldruckwellen in neuronale Signale umgewandelt werden, die in ihrer Entladungsfrequenz (»Spike-Rate«) Höhe und Stärke der Laute einschließlich ihrer Obertöne und Lautdynamik grob repräsentieren. Auf der Ebene des Hirnstamms im Cochleariskern und in der oberen Olive werden dann neben der weiteren Verarbeitung des Frequenzspektrums und der Lautstärke die Signale aus dem rechten und linken Ohr miteinander verglichen, und aus möglichen Laufzeit- und Lautstärkeunterschieden wird der Ort der Schallquelle errechnet: Wellen von einer seitlichen Schallquelle erreichen das eine Ohr eher als das andere und sind lauter, bei Schallquellen direkt vor und hinter dem Hörer sind beide gleich. Gleichzeitig findet eine einfache Analyse von Geräuschen statt. Das Mittelhirndach (die Colliculi inferiores) steuert die unbewusste, oft reflektorische Reaktion auf Lautereignisse, z.B. die Hinwendung des Kopfes zur Schallquelle.

Die Erregungen erreichen *den primären auditorischen Cortex*, die Heschlschen Querwindungen im oberen Temporallappen, über den Thalamus des Zwischenhirns (den medialen Kniehöcker – *Corpus geniculatum mediale*) rund eine Zehntelsekunde (100 Millisekunden) nach Eintreffen der Schallwellen im Innenohr, und dort findet wiederum eine *rein auditorische* Analyse der Laute statt. Hierbei geschieht offenbar die wichtige Unterscheidung in sprachliche und nichtsprachliche Laute, und die sprachlichen Laute werden vornehmlich im hinteren Teil des linken oberen Temporallappens verarbeitet; dieses Areal reagiert z.B. nicht auf einfache Töne. Neuere Untersuchungen zeigen allerdings, dass die Verarbeitung von Sprachlauten und Nicht-Sprachlauten (Geräusche, Melodien) sich im Stirn- und Schläfenbereich des Gehirns sowohl rechts- als auch linkshemisphärisch stark überlappen, wenngleich die linke Hemisphäre Sprachlaute vermehrt verarbeitet (Brown et al. 2000).

Die *phonologische* Verarbeitung, d.h. die Identifikation der Laute und Silben, setzt sich in den nächsten 100–200 Millisekunden fort und mündet in einer genaueren Analyse der *Abfolge der Sprachlaute* im oberen Teil des Broca-Zentrums. Hier findet die bereits erwähnte Segmentierung der Sprachlaute statt. Die gesprochene Sprache ist primär ein kontinuierlicher Strom von Lauten, die vom Gehirn aktiv gegliedert (»segmentiert«) werden müssen, und der Eindruck, dass die gesprochene Sprache aus diskreten Wörtern besteht, ist ein Produkt dieser Segmentierung. Es muss erkannt werden, welche Wörter untereinander Gruppen bilden (*parsing* genannt). Menschen mit Sprachverständnisstörungen wie etwa Dyslexie haben oft Schwierigkeiten beim Segmentieren, d.h. sie können den Anfang und das Ende von Wörtern nicht gut erkennen.

Diesem Prozess folgt eine Analyse der *Wortstellung*; diese findet im unteren Bereich des Broca-Zentrums statt. Hierbei wird im Bruchteil einer Sekunde und völlig automatisiert überprüft, ob die festgestellte Reihenfolge der Worte syntaktisch korrekt ist. Ist sie es nicht, so wie bei dem Satz »der bellte wütende Hund«, dann tritt ca. 600 Millisekunden nach Reizbeginn (also Beginn der Verarbeitung im Innenohr) eine »späte« Gehirnaktivität, die *P600* auf, die diese »Inkorrektheit« anzeigt.

Parallel zu dieser phonologischen und syntaktisch-grammatikalischen Analyse verläuft die lexikalische Analyse, d.h. die Erkennung der Wortbedeutungen. Das menschliche »Sprachlexikon« einer gebildeten Person enthält zwischen 30 000 und 50 000 Einträgen, die aktiv benutzt werden, der passive Wortschatz liegt bei 100 000 bis 200 000 Wörtern. Der Zugriff auf die Bedeutung verläuft sehr schnell, hochgradig parallel und ist erst einmal vom Kontext unabhängig. Allerdings müssen im zweiten Schritt Doppel- und Mehrfachbedeutungen (*Ambiguitäten*) aufgelöst werden. Gleichzeitig läuft die Integration der Bedeutungen der einzelnen Wörter in einen Satz und das Erkennen des Kontextes. Lokale Mehrdeutigkeiten werden sofort aufgelöst, globale erst nach Beendigung des Satzes. Dann dauert es ein oder zwei Sekunden, und der Sinn eines ganzen Satzes kann sich »umdrehen«.

In den mit der Analyse der Wortbedeutungen befassten Hirnzentren wird im ersten Schritt eine vorläufige Interpretation der Wortbedeutung erstellt und mit den vorläufigen Interpretationen der anderen Wörter des Satzes verglichen. Auch dies geschieht im Allgemeinen sehr schnell und hochautomatisiert. Es stellt sich dann entweder heraus, dass alle vorläufigen Interpretationen korrekt waren und die Bedeutungen der einzelnen Wörter zusammenpassen, oder dass irgendetwas »nicht passt« und die Interpretation neu vorgenommen werden muss. Dies ist innerhalb der ereigniskorrelierten Potenziale mit der von den amerikanischen Neurolinguisten Kutas und Hillyard entdeckten N400-Welle verbunden, die so heißt, weil sie im ereigniskorrelierten Potenzial rund 400 Millisekunden nach Reizbeginn auftritt. Dieser Prozess hat mit den abschließenden lexikalisch-semantischen Integrationsprozessen zu tun. Die Amplitude dieser Welle ist besonders groß, wenn eine Wortfolge auftritt, die semantisch widersinnig ist (z. B. »Der Hund bellte den Postboten vorbei.«). Die N400 wird gefolgt von einer positiven Welle, der bereits genannten P600, die sich auf den komplexen Satzbau bezieht und besonders groß ist, wenn dieser einen überraschenden Verlauf nimmt, aufgrund dessen der Sinn des Satzes revidiert werden muss (Brown et al. 2000).

Spracherkennung verläuft teils reizgesteuert (*bottom-up*) und teils erwartungsgesteuert (*top-down*). *Erwartung* und *Aufmerksamkeit* sind zwei ganz wichtige Bestandteile der Top-Down-Steuerung der Sprachverarbeitung und reichen, wie dargestellt, bis in die efferente Kontrolle des Corti-Organs durch das Gehirn. Ein Großteil des schnellen Sprachverstehens ist ohne die Tatsache, dass unser Gehirn dasjenige, was gleich gesagt werden wird, bereits »errät«, gar nicht möglich.

Sehr wichtig beim Sprachverstehen ist der *situative Kontext*, d.h. das, was sonst noch geschieht und wahrgenommen wird. In aller Regel hören wir bei einem Vortrag, einer Unterrichtsstunde oder wenn uns jemand etwas sagt, nicht nur Worte, sondern wir sehen auch etwas. Das kann z.B. eine Situation oder Geste sein, die klarmacht, was gemeint ist, beispielsweise wenn jemand sagt: »Gib mir mal das da!« Kontext*u*nabhängig wäre das mehrdeutig und wird durch den Zusammenhang vereindeutigt. Ähnlich ist es, wenn der Lehrer über »diese Linie« oder die »dritte Strophe« redet.

Spracherkennung stellt eine Höchstleistung des Gehirns dar, denn eine Worterkennung benötigt ca. 200–250 Millisekunden, und wir sind als geübte Leser in der Lage, 3–4 Wörter pro Sekunde zu erkennen. Diese Leistungen können bis zu 7 Wörtern pro Sekunde gesteigert werden, wenn der Sinn der Wörter schon aus Wortteilen erschließbar ist. Der Aufwand, der beim laufenden Verstehen von Sprache in kürzester Zeit und mit hoher Präzision getrieben wird, ist außerordentlich. Man schätzt, dass im Broca-Areal rund 120 unterschiedliche syntaktische Regeln und das ganze grammatische Wissen gespeichert sind, die darüber wachen, ob das Gehörte syntaktisch-grammatisch richtig ist (Friederici und Hahne 2001). Gleichzeitig wird nach der »passenden« Wortbedeutung gesucht. Dies geschieht offenbar in einer parallelen Abfrage in all den Arealen der Großhirnrinde, in denen das Wort- und Sprachgedächtnis lokalisiert ist.

Diese Lokalisation erfolgt im Wesentlichen nach drei Kategorien, nämlich erstens nach der *Laut- und Schriftgestalt* der Wörter, zweitens nach ihrer *Funktion* und drittens nach ihrer *Bedeutung*. Ähnlich klingende Wörter sind offenbar benachbart gespeichert, denn uns fallen bei einem bestimmten Wort sehr viel schneller ähnlich klingende Wörter ein als unähnliche. Hinsichtlich der Funktion sind z.B. inhaltstragende Wörter getrennt von sogenannten Funktionswörtern wie Präpositionen oder Artikel gespeichert bzw. werden an unterschiedlichen Orten verarbeitet, und schließlich gibt es zahllose »Schubladen« für Inhaltswörter und ihre Beziehungen untereinander. So gibt es gesonderte Speicher- oder Verarbeitungsorte für Substantive, Verben, Adjektive, für Bezeichnungen von lebenden vs. unbelebten Gegenständen, für Werkzeuge, Musikinstrumente, Namen, Orte, Farben, Formen usw. Dies weiß man von Untersuchungen an Patienten, die nach einem Schlaganfall ganz bestimmte Sprachinhaltsstörungen haben, indem sie z.B. keine Werkzeuge, Musikinstrumente, Farben oder Personennamen (hier wieder getrennt nach Vor- und Nachnamen) mehr erinnern oder keine Substantive mehr verwenden können und diese mithilfe von Tätigkeitsworten umschreiben müssen (»Gib mir mal das, womit man schneidet!«) (Kolb und Wishaw 1993). Auch sind die Wortbedeutungen begrifflich-logisch geordnet, d.h. nach Bedeutungsähnlichkeiten, nach Gegensatzpaaren, nach häufigem gemeinsamem Auftreten (rote Rose, blauer Himmel), nach Funktionszusammenhängen (Messer, Gabel) oder sonstigen Zusammenhängen, z.B. anatomisch wie Bein-Fuß, Arm-Hand usw., handlungspraktisch wie Starten-Kuppeln-Gasgeben, örtlich wie London-Tower, zeitlich wie Sommer-Herbst-Winter oder nach verbindenden Erlebnissen wie Venedig-Gudrun-Fischvergiftung.

Diese Gruppierungen bestimmen, wie schnell uns bei einem bestimmten Wort ein anderes einfällt, denn das scheint von der räumlichen Nähe der Speicher- oder Verarbeitungsorte in der Großhirnrinde und der Stärke der neuronalen Verbindung abzuhängen. Man stellt sich das Ganze so vor, dass die Wörter etwa hinsichtlich ihrer Bedeutung in »semantischen Netzwerken« angeordnet sind, wobei der Körper und seine Teile, Bekleidung, Schule, Familie, Autofahren, Ferien, Freunde und Beruf jeweils große Teilnetzwerke bilden, die ihrerseits weiter unterstrukturiert sind. Von einem bestimmten Knotenpunkt, der einem gerade gehörten oder gelesenen Wort entspricht, gehen dann stärkere oder schwächere Verbindungen zu anderen Wörtern aus, und der Stärke dieser Verbindungen entspricht die Schnelligkeit der Assoziation. Je häufiger Wörter miteinander verwendet werden, umso stärker und damit schneller werden die Verbindungen, während Verbindungen zwischen selten zusammentreffenden Wörtern langsam verkümmern. Dasselbe gilt für enge Bedeutungsbeziehungen, die dann einen mehr oder weniger festen »Bedeutungskomplex« bilden. Es genügt dann ein Wort bzw. eine Bedeutung, um eine Vielzahl anderer Wörter und Bedeutungen zu aktivieren. Je stärker diese Gruppierung voranschreitet, desto müheloser verstehen wir Laut und Bedeutung der gehörten Sprache.

Lesen

Lesen hat mit visueller Wahrnehmung zu tun (vgl. Abbildung 6). Diese beginnt im Auge, in dem Lichtstrahlen, d.h. elektromagnetische Wellen zwischen 400 und rund 750 Nanometern, über Hornhaut und Linse scharf auf die Netzhaut (Retina) fokussiert werden. Als Photorezeptoren gibt es *Stäbchen* und *Zapfen*. Die *Stäbchen* (pro Auge rund 120 Millionen) sind sehr lichtempfindlich und die Grundlage unseres (unbunten) Hell-dunkel-Sehens, während die Zapfen (pro Auge rund 8 Millionen) mit drei verschiedenen Zapfentypen die Grundlage für das Farbsehen und das Scharfsehen sind. Sie befinden sich fast ausschließlich in der Sehgrube (*Fovea*), dem Ort schärfsten Sehens.

Das visuelle System der Wirbeltiere zeigt deutlicher als die anderen sensorischen Systeme das Prinzip der *Parallelverarbeitung*.

Damit ist gemeint, dass die Photorezeptoren und verschiedenen Typen nachgeschalteter Zellen unterschiedlich auf bestimmte Einzelmerkmale der normalerweise komplexen Reize reagieren wie Größe, Kontrast, Farbe, Ort im dreidimensionalen Raum, Bewegungsrichtung, Geschwindigkeit und Bewegungsmuster. Diese Merkmale werden in der Netzhaut und auf weiteren Stufen des visuellen Systems im Gehirn weitgehend getrennt voneinander verarbeitet. Erst auf relativ »späten« Stufen kommt es dann zu einem Zusammenfügen dieser Merkmale zu komplexeren Wahrnehmungsinhalten.

Von Vorstufen innerhalb der Retina abgesehen beginnt diese Parallelverarbeitung damit, dass die Retinaganglienzellen in zwei Haupttypen vorkommen (vgl. Abbildung 6). Der erste Typ hat kleine Zellkörper und antwortet bevorzugt auf kleine, kontrastreiche und farbige Reize. Er ermöglicht deshalb bei ausreichender Helligkeit *Farb- und Kontrastwahrnehmung*. Bei Primaten heißt dieser Typ P-Ganglienzellen (P = *parvozellulär*, »kleinzellig«). Der zweite Typ hat größere Zellkörper und ist licht-, kontrast- und *bewegungsempfindlicher*, weil er feiner auf Helligkeitsschwankungen reagiert. Bei Primaten heißt er M-Ganglienzellen (M = *magnozellulär*, »großzellig«).

Die Axone der Retinaganglienzellen bilden den Sehnerv (*Nervus opticus*), der zum Gehirn zieht. In der Sehnervkreuzung (*Chiasma opticum*) kreuzen diese Axone teilweise zur Gegenseite des Gehirns. Die Fasern des Sehnervs enden in verschiedenen Bereichen des Gehirns, so im Mittelhirndach (Tectum opticum, Colliculi superiores der Säuger) und im dorsalen Thalamus (bei den Säugern im lateralen Kniehöcker, *Corpus geniculatum laterale*). Die P- und M-Zellen schicken ihre Axone zu unterschiedlichen Schichten des sechsschichtigen lateralen Kniehöckers im Thalamus, und zwar zusätzlich getrennt nach linkem und rechtem Auge.

Von dort senden Schichten mit P- und mit M-Eingang Fasern zum primären visuellen Cortex (V1/A17, Abbildung 6), wo ihre

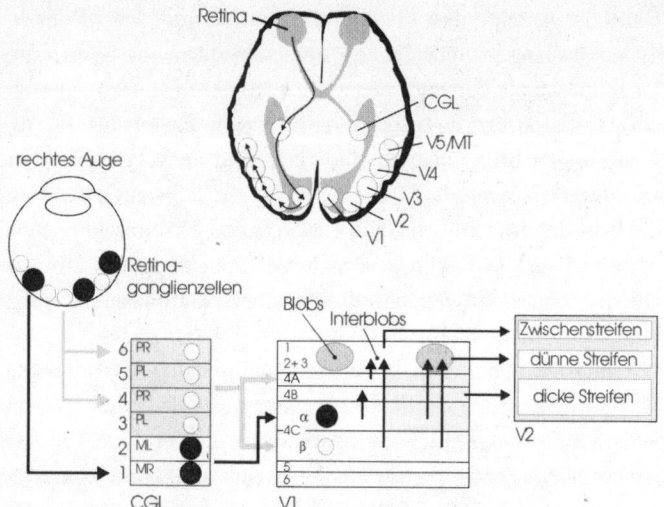

Abbildung 6: Schema des visuellen Systems der Primaten einschließlich des Menschen. P- und M-Retinaganglienzellen (helle bzw. schwarze Punkte) schicken ihre Fortsätze (Axone) zu unterschiedlichen Schichten des lateralen Kniehöckers (Corpus geniculatum laterale) im Thalamus, und zwar getrennt nach linkem und rechtem Auge (PR/PL bzw. MR/ML). Von dort projizieren P- und M-Zellen zum primären visuellen Cortex (V1), wo ihre Fortsätze in unterschiedlichen Unterschichten von Schicht 4 enden. P-Zellen in Schicht 4A und 4Cβ projizieren zu den Blobs und Interblobs in Schicht 1–3 und von dort aus zu den dünnen Streifen bzw. Zwischenstreifen im sekundären visuellen Cortex (V2). M-Zellen in Schicht 4Cα von V1 projizieren zu Schicht 4B und von dort aus zu den dicken Streifen in V2. Von hier aus nehmen zwei Verarbeitungspfade ihren Ausgang: Der eine (dorsale Pfad) läuft über die Areale V3 und MT zum Parietallappen (PP) und hat mit Bewegungs- und Raumwahrnehmung sowie Handlungsvorbereitung zu tun, der andere (ventrale) Pfad läuft über Areal V4 zum Temporallappen (IT) und hat mit der Wahrnehmung von Objekten, Personen und Szenen zu tun (aus Roth 2003).

Fortsätze in unterschiedlichen Unterschichten der Schicht 4 enden. Von dort projizieren Umschaltzellen in unterschiedliche Strukturen (»Blobs« und »Zwischenblobs«) der Schichten eins bis drei, die ihrerseits in unterschiedliche Schichten des sekundären visuellen Cortex (V2/A18) projizieren (»dünne« und »dicke Streifen« sowie »Zwischenstreifen«).

Von hier aus nehmen zwei große Verarbeitungspfade ihren Ausgang: Der eine, *dorsaler Pfad* genannt, läuft über die Areale V3/A19 und MT zum hinteren Scheitellappen und steht mit Bewegungs- und Raumwahrnehmung sowie räumlicher Handlungsorientierung (z.B. bei Greif- und Blickbewegungen) in Zusammenhang; der andere, *ventraler Pfad* genannt, läuft über Areal V4 zum Schläfenlappen (IT) und spielt für die Wahrnehmung von Gesichtern, Personen, Objekten und Szenen eine Rolle. Im Areal V4 spaltet sich auch ein besonderer farbspezifischer Kanal ab.

Diese Informationen, so kompliziert sie auf den ersten Blick aussehen, bilden eine wichtige Grundlage für das Verständnis des Lesens und seiner Störungen. Lesen beginnt damit, dass die Fovea als Ort schärfsten Sehens auf das Schriftbild gerichtet wird; dies wird *Fixation* genannt. Dies passiert allerdings nur ganz kurz, meist nur für eine Drittelsekunde, dann macht das Auge eine ruckartige Bewegung, *Sakkade* genannt, zu einem anderen Fixationspunkt. Während der Fixation entsteht auf der Netzhaut ein scharfes Abbild von Buchstaben, das von den P-Retinaganglienzellen und dem von ihnen ausgehenden ventralen Form-Farbe-Pfad verarbeitet wird und schließlich bewusst wahrgenommen werden kann. Dabei wird die bewusste Wahrnehmung von Reizen, die während der Bewegung auf die Netzhaut treffen, von unserem Gehirn unterdrückt, allerdings werden diese Reize unbewusst durchaus wahrgenommen. Signale hierzu kommen von den M-Zellen und werden im dorsalen Pfad weiterverarbeitet. Unser visuelles Gedächtnis dehnt dabei die bewusste Wahrnehmung während der Fixierung zeitlich etwas aus, so dass die »Unterdrückungslücke« uns gar nicht auffällt.

Die Anzahl und Größe der Sakkaden beim Lesen ist durch die Beschaffenheit des Schriftbildes sowie die Aufmerksamkeit und das Vorwissen des Lesers gesteuert. Sind die Buchstaben klar und deutlich erkennbar, so führt das Auge nur wenige Sakkaden aus, während bei schwer erkennbaren Buchstaben mehr und kleinere Sakkaden zum »Abscannen« nötig sind. Dasselbe passiert, wenn die Wörter und ihre Bedeutungen dem Leser bekannt sind und er ein geübter Leser ist; dann führt das Auge weniger und größere Sakkaden aus als im anderen Fall. Dies bestimmt die Geschwindigkeit, mit der unser Auge über den Text »gleitet«.

Das Lesen mit der Fovea liefert drei bis vier hochaufgelöste Bilder pro Sekunde, wobei pro Fixation durch die Fovea je nach Schriftgröße ein bis drei Buchstaben in Leserichtung und gegen die Leserichtung erfasst werden. Das heißt, wir lesen nicht Buchstabe für Buchstabe, sondern erfassen »mit einem Blick« pro Sekunde drei- bis viermal eine Gruppe von zwei bis sechs Buchstaben, d.h. ein kürzeres Wort. Das ergibt für einen einigermaßen geübten Leser je nach Bekanntheitsgrad des Textes eine Lesegeschwindigkeit von 150 bis 250 Wörtern pro Minute. Ein durchschnittlicher Schüler der dritten Grundschulklasse und ein im Lesen ungeübter Erwachsener kommen auf etwa 100 Wörter pro Minute. Die durchschnittliche *Vorlesegeschwindigkeit* eines geübten Vorlesers liegt bei etwa *150 Wörtern pro Minute*. Es heißt, dass stilles Lesen erst spannend wird, wenn diese Vorlesegeschwindigkeit zumindest erreicht wird, dass aber nur etwa 50 % der Schüler des sechsten Schuljahres diese wichtige Hürde nehmen. Dies unterstreicht die Wichtigkeit des schulischen Trainings in Lesefähigkeit.

Das Lesen eines Textes erfolgt in der Weise, dass (wie oben angedeutet) der Blick in Leserichtung voranschreitet, für rund 300 Millisekunden auf einer Buchstabengruppe ruht, während das Schriftbild erfasst und vom Gehirn analysiert und gespeichert wird, und dann weiterspringt. Wenn allerdings das Wort schwer lesbar oder verstehbar ist, dann verringern sich die Fixationsgrößen, und einzelne Buchstaben werden wie geschildert »abgescannt«, was das Lesen deutlich verlangsamt. Kommt es beim Lesen von Wörtern zu Verständnisschwierigkeiten, dann springt das Auge gegen die Lesrichtung zurück und erfasst kleine Teile des Textes von neuem. Die Lesegeschwindigkeit wird also von vielen Faktoren bestimmt, und zwar durch die Lesbarkeit des Textbildes, die Länge und Bekanntheit der Wörter, die Eindeutigkeit bzw. Mehrdeutigkeit ihres Sinns, die Länge und syntaktische Komplexität des Satzes, die Komplexität und Vertrautheit des Inhaltes, das Vorverständnis, die Aufmerksamkeit und die Routine des Lesers. Natürlich kommen auch Ablenkung, Müdigkeit und emotionale »Ergriffenheit« durch den Text hinzu. Letztere können zu vorübergehender starker Verlangsamung der Augenbewegung und damit der Lesegeschwindigkeit führen. Ein im Schnelllesen trainierter Leser kommt auf 1000 oder gar mehr Wörter pro Minute, was natürlich nur bei anspruchslosen oder dem Inhalt nach vertrauten Texten möglich ist.

Lesenlernen

Die Schwierigkeit beim *Lesenlernen* ist vornehmlich das Erlernen des Zusammenhangs zwischen einem *Phonem* als kleinster sinntragender Lautgruppe und einem *Graphem*, einer sinnbildenden Buchstabengruppe, wobei dieser Zusammenhang bei unterschiedlichen Sprachen sehr verschieden ausfallen kann. So gibt es Sprachen, die eine mehr oder weniger feste Beziehung zwischen Phonemen und Buchstaben(gruppen) besitzen, also »gesprochen wie geschrieben« werden wie das Finnische oder das Italienische, während dieser Zusammenhang in Sprachen wie dem Englischen oder auch dem Deutschen äußerst verwickelt ist und beim Erlernen der Aussprache dem Ausländer viel Mühe macht.

Das Lesenlernen beginnt in aller Regel mit dem Buchstabieren, das ein sehr langsamer Prozess ist: Um ein Wort von sieben bis acht Buchstaben zu buchstabieren, benötigt man rund zwei Sekunden. Die Buchstabiergeschwindigkeit beträgt daher maximal 30 Wörter pro Minute. Buchstabieren ist also mindestens fünfmal langsamer als fließendes Vorlesen. Das Lesen wird flüssiger, wenn das Gehirn mehr und mehr lernt, Laute und Buchstabenfolgen automatisch zu verbinden und schließlich kontextabhängig zu variieren. Schließlich werden ganze Wörter spontan gelesen und sogar Gruppen von Wörtern. Das Gehirn nimmt dabei wie beim Hören eine Wahrscheinlichkeitsprüfung der Bedeutung der Wörter und der Wortfolgen vor, und zwar auf der Grundlage der Häufigkeit des Vorkommens in der eigenen Hör- und Sprachpraxis. Schnelles Lesen beruht darauf, dass man »mit einem Blick« abschätzen kann, welches Wort vorliegt, und dann die wahrscheinlichste Bedeutung im Sprachgedächtnis aktiviert und für die nächsten Wörter bereitgehalten wird. Nur wenn es zu »Nichtpassungen« und Verständniskonflikten kommt, springt das Auge zurück und liest noch einmal, und dann wesentlich langsamer.

Wir erkennen auch hier das für Wahrnehmen und Erkennen grundlegende Prinzip, dass im ersten Schritt aufgrund der *Voraussage* bzw. *Vorerwartung* ein vorläufiger Wahrnehmungsinhalt entsteht, wobei es auf die Minimierung des Aufwands ankommt. Eine kurze Wahrnehmung weniger Buchstaben und weniger Laute genügt oft, um dasjenige Wort und seinen Inhalt zu aktivieren, das aus Sicht der Vorerfahrung am *wahrscheinlichsten* passt. Hierbei wird die hohe *Redundanz* von Wahrnehmungsinhalten, insbesondere auch der gesprochenen und geschriebenen Sprache ausgenutzt.

Dies nutzen wir in der Praxis bei Abkürzungen aus, die natürlich gelernt sein müssen, aber auch beim Schnelllesen, bei dem immer nur ein Teil der Buchstaben, meist die Buchstaben am Anfang und am Ende des Wortes, tatsächlich erkannt werden – die anderen werden »hinzugedacht«. Wenn wir es z.B. im Deutschen so machen wie in manchen anderen Sprachen, in denen nur Konsonanten ausgeschrieben werden und man die dazugehörigen Vokale »hinzudenken« muss, wie beim Arabischen oder Hebräischen (die beide zu den semitischen Sprachen gehören), dann sind das Verständnis und der Lesefluss überraschend gering beeinträchtigt. Mit der Zeit werden sehr häufig vorkommende kurze Wörter – wie *ist, oder, und* – nicht mehr direkt angeschaut.

Das meist mühelose Zuhören und Lesen von Sprache verdeckt, dass es sich um einen äußerst komplizierten, allerdings meist hochautomatisierten Prozess der *Konstruktion von Sprachbedeutungen* handelt, von dem wir in der Regel nichts merken. Wir nehmen meist nur die »Endprodukte« der auf vielen Etagen des Sprachverarbeitungssystems ablaufenden Prozesse wahr. Wir spüren von dieser verborgenen Komplexität nur dann etwas, wenn wir Sprache entweder akustisch nicht verstehen oder ihre Bedeutung nicht erfassen können. Dann wird es sehr mühsam, der gesprochenen Sprache oder dem Text zu folgen, und wir geraten schnell ins Schwitzen oder »steigen aus«.

Besonders bedeutsam ist die Rolle der Vorerfahrung: Sie ermöglicht es dem mit einer Sprache Vertrauten, mit hoher Geschwindigkeit gesprochene oder geschriebene Sprache zu verstehen. Das Gehirn erkennt dabei Sprache nicht Laut für Laut oder Buchstabe für Buchstabe, sondern »errät« aufgrund des Vorwissens, was das Ganze wohl bedeuten mag. Einen Aufsatz, der Dinge behandelt, die uns sehr geläufig sind, können wir deshalb überfliegen und in ihm mit hoher Verlässlichkeit diejenigen Passagen erkennen, die Neues enthalten. Es sind überwiegend die Abweichungen vom Erwarteten, auf die das Gehirn »anspricht«.

Wir verstehen jetzt auch besser, warum *mangelnde Sprachbeherrschung* beim Lernen so verhängnisvoll ist. Ein Lernender kann noch so intelligent und motiviert sein, das reine Erfassen der Laute oder Wörter und das Verstehen der primären Bedeutungen der gehörten oder gelesenen Wörter und Sätze beanspruchen bei ihm das Arbeitsgedächtnis so sehr, dass für das intelligente und kreative Zusammenfügen keine »Energie« mehr übrigbleibt – seine Aufmerksamkeit wird bereits auf unterer Ebene erschöpft. Aus psychologischer und neurobiologischer Sicht ist deshalb in Schulen mit einem hohen Anteil an Kindern aus Migrantenfamilien nichts so wichtig, wie die Sprachbeherrschung der Kinder voranzutreiben. Hier ist Toleranz nicht angebracht, und zwar im Dienste dieser Kinder.

KAPITEL 10

Bedeutung und Verstehen

Wissensvermittlung und Wissensaneignung sind unauflöslich mit *Verstehen* verbunden. Wenn ich mir durch Zuhören oder Lesen Wissen angeeignet habe, dann beinhaltet dies, dass ich bestimmte Inhalte und Zusammenhänge in einer für Andere nachvollziehbaren Weise *verstanden* habe, ansonsten würde man nicht von »Wissen« sprechen. Dies wiederum setzt voraus, dass ich die *Bedeutung* des Gehörten oder Gelesenen erfasst habe, z. B. die Erklärung des Satzes von Pythagoras durch den Mathematiklehrer. Aber wann und wie kann der Lehrer auf der einen und ich auf der anderen Seite sicher sein, dass ich wirklich alles verstanden habe? Das stellt ein Kernproblem des Lehrens und Lernens dar. Unser Mathematiklehrer rief einmal wütend aus: »Nichts habt ihr kapiert, nichts!« Wir haben damals allerdings nicht genau verstanden, was er damit meinte.

Was Wissen ist und worin sich Wissen vom bloßen Meinen und Glauben unterscheidet, ist eine Kernfrage der Philosophie, und ebenso wird diskutiert, was *Verstehen* eigentlich bedeutet. Hierüber gibt es bis heute keine Übereinstimmung unter den Fachleuten. Wenn dies aber so ist, dann weiß man eigentlich gar nicht, worüber man redet, wenn man von Bildung und Ausbildung als *Wissensvermittlung* bzw. *Wissenserwerb* spricht. Wir müssen uns also notgedrungen mit diesem schwierigen Problem befassen.

Verstehen und Erklären

Im Zusammenhang mit den Begriffen des Wissens, der Bedeutung und des Verstehens gibt es bis heute zwei widerstreitende

Standpunkte. Der eine Standpunkt geht davon aus, dass Bedeutung und Verstehen Grundbegriffe der *Geisteswissenschaften* sind und dass die *Naturwissenschaften* mit Bedeutung und Verstehen prinzipiell nichts zu tun haben. Der andere Standpunkt kommt vom Behaviorismus und von der Informationstheorie und versucht, Verstehen und Bedeutung im Rahmen der *Verhaltenskonditionierung* und *Informationsverarbeitung* zu erklären, wie von mir in der Einleitung dargelegt. Die Psychologie und die Neurowissenschaften, sofern sie sich mit Verhaltenssteuerung, kognitiven und emotionalen Prozessen, Persönlichkeit und Psyche, aber auch mit Lehren und Lernen beschäftigen, befinden sich leider genau dazwischen – das ist ihr Problem.

Das geisteswissenschaftliche Konzept von Verstehen und Bedeutung wurde vor mehr als 100 Jahren von dem Philosophen und Pädagogen Wilhelm Dilthey (1833–1911) entwickelt. Dilthey gilt damit als Autor der folgenreichen Unterscheidung zwischen Naturwissenschaften und Geisteswissenschaften. Er begründete diese Unterscheidung in seinem Spätwerk »Der Aufbau der geschichtlichen Welt in den Geisteswissenschaften« (1910) mit folgenden Feststellungen: Die Naturwissenschaften haben mit dem *Erklären* zu tun, ihr Gegenstand ist die *Natur*, sie kann nur *untersucht* und *beobachtet*, aber nicht *verstanden* werden. Über die Ursachen natürlicher Vorgänge werden Annahmen angestellt, ein Nacherleben ist nicht möglich. Vorgänge in der Natur werden als Spezialfall eines abstrakten allgemeinen Gesetzes aufgefasst. Naturwissenschaftliches Begreifen ist seinem Untersuchungsobjekt gegenüber neutral und für die Persönlichkeitsentwicklung von geringer Bedeutung.

Geisteswissenschaften hingegen haben es mit dem *Verstehen* zu tun. Sie haben die *Erzeugnisse des menschlichen Geistes* wie Ideen, Theorien, Kunstwerke usw. zum Gegenstand. Diese können, weil sie vom Menschen selbst hervorgebracht sind, auch verstanden werden. »Die Natur erklären wir, das Seelenleben verstehen wir«, lautet ein berühmter Satz Diltheys.

Die Unterscheidung zwischen Erklären und Verstehen als den grundlegenden Operationen der Geistes- und der Naturwissenschaften wird von geisteswissenschaftlicher Seite meist anhand der *hermeneutischen Methode* präsentiert. Diese gilt nach wie vor als die wichtigste Methode geisteswissenschaftlichen Verstehens und wurde von dem deutschen Philosophen Hans-Georg Gadamer (1900–2002) in seinem 1960 erschienenen Buch »Wahrheit und Methode« ausführlich dargestellt. Die *Hermeneutik* hat auch auf Pädagogik und Didaktik einen prägenden und bis heute anhaltenden Einfluss ausgeübt. Grundprinzip ist das zirkuläre oder besser spiralförmige Herangehen an den Interpretationsgegenstand, entsprechend *hermeneutischer Zirkel* genannt. Diese Unterscheidung zwischen Geistes- und Naturwissenschaften sowie zwischen »Erklären« und »Verstehen« und die Betonung der hermeneutischen Methode sind auch heute noch sehr populär, zumal unter Didaktikern und Pädagogen.

Andere Philosophen und Wissenschaftstheoretiker halten diese Unterscheidung für ungerechtfertigt bzw. wissenschaftshistorisch überholt, wenngleich aus unterschiedlichen Gründen. Ein wichtiger Kritiker war der österreichisch-britische Philosoph Karl Popper (1902–1994), der davon ausging, dass es nur eine einzige Art von wissenschaftlichem Vorgehen gibt, die auf einem Prozess des Beweises und – für ihn zentral – der Widerlegung (*Falsifikation*) im Rahmen vernünftig-logischer Argumentation beruht (Popper 1935/1976). Für ihn und viele andere Wissenschaftstheoretiker muss für jede Sachaussage bzw. Behauptung eine Methode existieren, die angibt, wie man die Behauptung widerlegen (»falsifizieren«) könne. »Wahre« Behauptungen sind nach Popper entsprechend diejenigen, die alle bisherigen Widerlegungsversuche überlebt haben. Dabei ist die *Natur des Gegenstandes* der Behauptung, d.h. ob es sich um ein natürlich gegebenes oder geistiges Produkt handelt, gleichgültig, d.h. auch Sachaussagen der Geisteswissenschaften müssen prinzipiell falsifizierbar sein, sonst sind sie keine wissenschaftlichen Aussagen. »Wahr« sind entsprechend Sachaussagen immer nur vorläufig, nämlich solange sie nicht falsifiziert werden.

Es besteht also die Auffassung, dass der Prozess des Verstehens wie alle geistigen Tätigkeiten zumindest im Prinzip mit naturwissenschaftlichen Begriffen und Methoden erfassbar sein muss, denn alles Andere würde notwendig auf einen *ontologischen Dualismus* hinauslaufen, für den das »Geistige« und das »Materiell-Physische« *wesensverschieden* sind und deshalb nicht aufeinander zurückgeführt werden können (vgl. dazu M. Pauen 2001). Einige Vertreter eines solchen Standpunkts, insbesondere im Bereich der Forschung zur »Künstlichen Intelligenz« (KI) und Robotik, gehen sogar so weit zu sagen, alle geistig-kognitiven Leistungen des Menschen müssten letztlich auch künstlich-technisch herstellbar sein. Darauf werde ich gleich ausführlich eingehen.

Es ist aber die Frage, ob es nicht doch sinnvoll ist, zwischen den Gegenständen der Naturwissenschaften und denen der Geistes- und Sozialwissenschaften zu unterscheiden. Man kann schließlich – so könnte ein Argument lauten – die Psyche eines Menschen nicht in derselben Weise untersuchen wie man kreisende Planeten oder chemische Reaktionsketten untersucht. Man muss darüber nachdenken, ob der Begriff der *Natur*-Wissenschaften im engen Sinne vielleicht für die Physik, Chemie oder Geologie zutrifft, aber nicht für die Neurowissenschaften, sofern ihre Vertreter sich – meist zusammen mit Psychologen – mit Themen befassen, die als klassisch geisteswissenschaftlich gelten können, nämlich mit dem Entstehen von Wahrnehmungen, Gedanken, Erinnerungen, mit Persönlichkeit, aber auch mit Gefühlen, psychischen Erkrankungen bis hin zu Schuldbewusstsein und freiem Willen. Diese *Psycho-Neurowissenschaftler* wollen die genannten Phänomene durchaus erklären, d.h. die Ursachen für ihre Eigentümlichkeiten herausfinden. Aber *verstehen* sie auch, was sie da erklären?

Betrachten wir hierzu einige Beispiele: Man kann sagen: »Ich verstehe jetzt, warum er so niedergeschlagen ist«, und damit meint man, dass hierfür *Gründe* ersichtlich sind, wie eine schlechte Note in einer Klassenarbeit, das Ende einer Beziehung usw., und dieses Verstehen ist im Alltag in dem Maße möglich, in dem wir selber ähnliche Erfahrungen gemacht haben. Ein naturwissenschaftlicher Kritiker könnte einwenden, dass ein psychologisch-psychiatrisches *Expertensystem* denkbar ist, welches die Niedergeschlagenheit anhand von Aussagen des Betroffenen oder aufgrund körperlicher oder gar neurobiologischer Merkmale diagnostiziert. Letztlich müsste dies auch – so würde der KI-Forscher argumentieren – von künstlichen Expertensystemen geleistet werden können.

Der Geisteswissenschaftler wird allerdings einen schwergewichtigen Einwand machen, indem er sagt, ein entsprechendes Psycho-Expertensystem habe zwar eventuell eine richtige Diagnose gestellt, aber es wisse gar nicht, *wie es sich anfühlt*, niedergeschlagen zu sein, und deshalb könne es die Niedergeschlagenheit auch nicht wirklich *verstehen*. Dasselbe sei der Fall, wenn man psychiatrische Erkrankungen rein naturwissenschaftlich zu erklären versuche. Das *Mit- und Nacherleben* im Sinne Diltheys sei eben der entscheidende Unterschied zwischen dem naturwissenschaftlichen Erklären und dem geisteswissenschaftlichen Verstehen.

In der Tat ist es erst einmal unklar, wie man im Rahmen der heutigen Naturwissenschaften ein solches Mit- und Nacherleben erklären könnte. Verstehen scheint außerhalb der Reichweite naturwissenschaftlicher Erklärung zu liegen. Aber ist das wirklich so? Ich bin der Überzeugung, dass sich das methodische Vorgehen in vielen Bereichen der Biowissenschaften einschließlich der Neurowissenschaften und auch Richtungen der Psychologie, die sich als Naturwissenschaften verstehen, nicht grundlegend von der Hermeneutik der Geisteswissenschaften unterscheidet. Es wäre naiv, wenn ich bei meiner wissenschaftlichen Arbeit als

Neurobiologe so vorginge, dass ich Daten erhebe und diese allein mithilfe von Naturgesetzen und etablierten Erklärungsmodellen zu einer neuen Erklärung der untersuchten Zusammenhänge zusammenfüge. Das gängige Verfahren läuft hingegen so ab, dass die Daten »gereinigt«, statistisch aufgearbeitet und in einem ersten Schritt vorinterpretiert werden, und mit dieser ersten Vorinterpretation gehe ich wieder an die Daten heran und stelle eventuell fest, dass meine Interpretation unzulänglich oder gar falsch war, und ich mache einen zweiten und dritten Versuch, bis mir eine mehr oder weniger schlüssige Deutung gelingt.

Diese Tatsache macht die Behandlung der Begriffe »Bedeutung« und »Verstehen« nicht einfacher: Wie soll eine Theorie aussehen, die sowohl »Erklären« im traditionell naturwissenschaftlichen Sinn als auch »Verstehen« im traditionell geisteswissenschaftlichen Sinn umfasst, indem sie zeigt, dass »reines Erklären« und »reines Verstehen« nur zwei Extreme des Bemühens sind, Aussagen in ihrer Bedeutung zu erfassen? Anders ausgedrückt: Je komplexer die zu begreifenden Phänomene sind, desto weniger gelingt das »Erklären« im traditionellen Sinne einer naturwissenschaftlichen Reduktion auf akzeptierte Gesetzmäßigkeiten, und desto mehr nähert sich das Begreifen dem hermeneutischen Verstehen der Geisteswissenschaften an.

Wissensvermittlung als Informationsübertragung

Das Modell der Informationsverarbeitung hat seine Wurzeln in der Nachrichtentechnik und der elektronischen Datenverarbeitung (EDV). Dort wird seit der bahnbrechenden Arbeit von Claude Shannon und Warren Weaver von 1949 »Information« bzw. der »Informationsgehalt« über die *relative Wahrscheinlichkeit* des Auftretens eines Signals (genauer über den negativen dualen Logarithmus) definiert. Formal kann man den Informationsgehalt über die Zahl der binären Entscheidungsschritte (»trifft zu/trifft nicht zu«,

0 oder 1, also ein »bit«) definieren, die nötig sind, um ein Ereignis zu identifizieren oder klassifizieren. Ein Signal oder Ereignis, das immer, also mit einer Wahrscheinlichkeit von eins, auftritt, hat den Informationsgehalt von null. So ist der Sonnenaufgang zumindest für die nächsten Millionen Jahre *gewiss*, und die Aussage, dass morgen die Sonne aufgehen wird, hat für uns einen Informationsgehalt nahe null. Hingegen besitzen Signale und Aussagen über Ereignisse, die alle Millionen Jahre einmal auftreten (etwa der Aufprall eines großen Meteoriten), entsprechend einen sehr hohen Informationsgehalt.

Ich möchte die Besonderheiten einer solchen Definition an einem Beispiel erläutern. Im Deutschen hat informationstheoretisch gesehen der Buchstabe »e« einen geringen Informationsgehalt, weil er der häufigste Buchstabe ist, und »y« einen sehr hohen, weil er der seltenste ist. Entsprechend enthält ein Buch, dessen Text nur aus »e«s besteht, wenige Informationen, während einer, der nur aus »y«s besteht, mehr Informationen enthält. Dies gilt natürlich auch für Buchstabenkombinationen und Wörter, denn hier gibt es wahrscheinlichere und weniger wahrscheinliche. Das »informativste« Buch wäre demnach dasjenige, in dem alle Buchstaben- und Wortkombinationen in rein zufälliger Folge vorkommen.

Wir sehen hieran, dass mit einem solchen technischen Informationsbegriff nicht das gemeint sein kann, was man umgangssprachlich und auch in der Psychologie unter »Information« versteht. Wenn wir sagen: »Der Vortrag war sehr informativ«, dann meinen wir natürlich *nicht*, dass der Vortragende viele seltene Wörter gebrauchte (obwohl dies in einem Fachvortrag in Form vieler Fremdwörter passieren kann), sondern dass er viele neue Erkenntnisse brachte. Wenn wir ein Buch enttäuscht fortlegen und sagen: »Das enthält ja gar keine Informationen«, dann meinen wir, dass es uns »nichts Neues« sagt. Man meint also mit »Information« hier den Gehalt an neuen Erkenntnissen, an neuem Wissen usw.

Wissensvermittlung als Informationsübertragung

Informatiker und Psychologen haben versucht, zwischen Information im nachrichtentechnischen Sinne und Information im Sinne von Bedeutung eine Brücke zu schlagen, indem sie von »Ungewissheit« oder »Überraschungseffekt« einer Nachricht sprechen. Dies scheint erst einmal plausibel, denn die Ungewissheit darüber, ob morgen die Sonne aufgeht, ist minimal, und die Ungewissheit darüber, wann der nächste große Meteorit die Erde erschüttern wird, sehr hoch (man kann dessen Bahn nämlich nicht hinreichend genau und hinreichend früh vorausberechnen). Auf den zweiten Blick betrifft das aber nur einen bestimmten Aspekt des Begriffs »Information«, denn es geht bei Information im alltäglichen und auch psychologischen Sinne nicht um eine *objektive* Auftrittswahrscheinlichkeit, sondern um einen *subjektiven* Erwartungswert, der vom ersteren durchaus radikal abweichen kann. Etwas kann also »objektiv« mehr oder weniger gewiss, subjektiv aber ungewiss sein, weil die Gesetzmäßigkeiten nicht bekannt sind, die die entscheidende Rolle spielen. So empfinden wir unsere Zukunft als ziemlich ungewiss, für einen Deterministen, der an keinen Zufall und keinen freien Willen glaubt, ist sie hingegen objektiv vollkommen festgelegt. Das hilft ihm allerdings nichts, denn er kann sie auch mit den besten Rechenmaschinen nicht ausrechnen, weil er die Anfangs- und Randbedingungen nicht kennt – von dem logischen Problem ganz abgesehen, dass er die Zukunft schon dadurch ändert, dass er sie in der Gegenwart ausrechnet.

Um dieser Schwierigkeit auf den Grund zu gehen, sehen wir uns noch einmal das Konzept der nachrichtentechnischen Informationsübertragung an. Shannon und Weaver und den anderen Vätern der technischen Informationstheorie ging es anfangs um die militärisch wichtige Frage, wie man Funksignale auch unter störenden Einflüssen möglichst verlässlich übermittelt. Hierbei soll ein *Sender* Informationen im Sinne von *Signalen* über einen *Kanal* (z. B. eine elektrische Leitung) mit bestimmten Übertragungseigenschaften an einen *Empfänger* (z. B. ein Radiogerät) vermitteln, der diese Signale dann »decodiert«, d. h. Morsezeichen niederschreibt oder elektromagnetische Wellen in Töne oder Bilder verwandelt. Dafür ist es notwendig, dass Sender, Übertragungskanal und Empfänger für einen ganz bestimmten *Signal-* oder *Informationsträger* (elektrische Impulse oder elektromagnetische Wellen), einen bestimmten *Signalcode* bzw. Frequenzbereich ausgelegt sind und ein *gemeinsames Signalrepertoire* besitzen, d. h. der Empfänger muss dafür eingerichtet sein, dass er die ausgesendeten Signale auch empfangen und in einer bestimmten Weise decodieren und verlässlich zwischen Signalen und Übertragungsfehlern unterscheiden kann. Ebenso müssen bestimmte weitere Eigenschaften der Signale definiert sein (Signal-Rauschabstand, maximale Übertragungskapazität usw.), um Decodierprobleme zu vermeiden. Dasselbe passiert, wenn wir per E-Mail eine Nachricht übersenden, einen Text oder ein Bild ausdrucken. Es muss sichergestellt sein, dass die Signale im richtigen Format herausgehen und der Empfänger diese Signale möglichst störungsfrei erhält und sie korrekt decodiert – sonst ist die E-Mail-Nachricht nicht lesbar bzw. der Drucker produziert »Salat«.

Nun kann man argumentieren, dass dies bei gesprochener oder geschriebener Sprache nicht anders ist. Ein Sprecher produziert Signale in Form von Schalldruckwellen im Frequenzbereich der menschlichen Sprache, d. h. zwischen rund 100 Hz und 12 KHz. Unser Innenohr und unsere Zentren in unserem Gehirn sind speziell auf das Verstehen menschlicher Sprache ausgelegt, deren akustische Eigenschaften, wie gehört, äußerst komplex sind. Es kann Störungen bei der Übertragung dieser Signale geben (z. B. existiert eine starke »Geräuschkulisse«). Haben wir Hörprobleme, dann sind für uns die Laute zu leise, oder wir können bestimmte Phoneme nicht oder nicht gut voneinander unterscheiden. Wo besteht also der Unterschied?

Dieser wird uns klar, wenn wir bedenken, dass wir die vom

Sender gesprochene Sprache nicht nur akustisch korrekt wahrnehmen, sondern sie auch hinreichend *verstehen*, also *semantische Kompetenz* besitzen müssen. Nehmen wir an, wir gerieten als Literaturwissenschaftler mit mehr oder weniger verschütteten Mathematik-Schulkenntnissen versehentlich in einen mathematischen Spezialvortrag. Hier ist die Abhängigkeit von Vorwissen und Kontext maximal, und wir verstehen so gut wie gar nichts. Es gibt zwar rein sprachlich ein »gemeinsames Signalrepertoire«, sofern der Mathematiker seinen Vortrag in einer Sprache hält, die uns geläufig ist, aber ich kann als Literaturwissenschaftler die Formeln gar nicht »lesen«, auch wenn sie alle aus mir bekannten Zeichen (Ziffern, Klammern, Bruchstrichen, Integralzeichen usw.) bestehen, auch ist mir ganz unklar, um was es geht, weil ich keinerlei Vorwissen und Kontextwissen habe. Woran liegt das? Bestimmt nicht am »Sender«, d.h. am Vortragenden, der mag seine Sache perfekt erledigen, sondern *an mir* als Mathematik-Laien. Das sehe ich daran, dass das Fachpublikum vom Vortrag hingerissen ist. Das heißt: Dieselben Signale haben für diese Personen einen hohen Informationsgehalt, für mich nur die eine: dass ich eine ziemliche Null in Mathematik bin!

Kommen wir noch einmal auf die vermeintliche Brücke zwischen der nachrichtentechnischen und der psychologisch-umgangssprachlichen Bedeutung von »Information« zurück, in dem wir von »Reduktion von Ungewissheit« oder vom »Überraschungseffekt« sprechen. Leider hilft uns das hier wenig weiter. Nehmen wir wieder unser Beispiel, dass wir als Literaturwissenschaftler in einen Mathematikvortrag geraten. Den Zuhörern des Mathematikvortrags ist vieles bekannt, aber manches nicht, und genau das ist es, was sie an neuen Erkenntnissen so elektrisiert. Mir hingegen ist fast alles neu, und deshalb müsste bei mir die Reduktion der Ungewissheit bzw. meiner Unkenntnis und damit der Informationsgehalt eigentlich maximal sein, aber genau das Gegenteil ist der Fall – ich verstehe rein gar nichts.

Das Paradox besteht hier darin, dass *nachrichtentechnisch maximale Information psychologisch »null Bedeutung«* heißt. Wir ahnen jetzt, dass es wohl auf eine ganz bestimmte *Mischung* von Bekanntem und Neuem ankommt, die einen interessanten Vortrag ausmacht, und nicht auf die maximale Fülle von Neuem, denn die überfordert die Zuhörer. Es könnte sein, dass einem Mathematikexperten alles im Vortrag bekannt war bis auf einen sehr originellen Beweisschritt, auf den er nie im Leben gekommen wäre, und der Vortrag war aus diesem Grunde höchst interessant für ihn. Noch dramatischer ist es, wenn ein Student beim Examen gespannt auf »bestanden oder nicht bestanden« wartet. Hier genügt ein einziges Symbol (z.B. der hochgereckte Daumen eines Prüfers mit einem minimalen technischen Informationsgehalt), um große Erleichterung hervorzurufen. Es ist eben der Kontext des Signals, der die Bedeutung ausmacht.

Fassen wir zusammen: Zwischen dem Informationsgehalt von Signalen, die ein »informationsverarbeitendes« System aufnimmt, und dem Informationsgehalt im Sinne von Bedeutung, Kenntnis oder Wissen besteht kein systematischer Zusammenhang. Das Erfassen der *Bedeutung* des Gelesenen oder des Gehörten entzieht sich bisher einer Formalisierung, und das ist die Crux des »Informationsverarbeitungs-Ansatzes« in der Psychologie. In computeranaloger Form spricht man hier zwar von Hardware als dem Gehirn und seinen Netzwerken und von Software der Informationsverarbeitung, von Abspeichern und Abrufen von Gedächtnismodulen, Wissenstransfer usw., aber all das bleibt vage, solange wir die konkreten Prozesse im Gehirn, die beim Wissenserwerb und der Wissensentstehung und allgemein bei der Kommunikation ablaufen, nicht betrachten und auch nicht hinreichend verstehen.

Die Kontextabhängigkeit von Bedeutung

Wir haben uns im vorigen Kapitel ausführlich mit der sprachlichen Kommunikation, d.h. Sprechen, Hören und Lesen befasst. Aufgrund dieser Erkenntnisse wird klar, dass die Anwendung des Modells der Informationsverarbeitung problematisch ist, weil hier ständig mit zwei unterschiedlichen Bedeutungen von »Information« jongliert wird, nämlich einmal mit »Information« im Sinne von *Signalen*, und zum anderen »Information« im Sinne von *Bedeutung*. Das ist bei weiten Teilen der kognitiven Neurobiologie auch so. Während es für »Informationsverarbeitung« im Sinne von Signal- oder Datenverarbeitung technisch-naturwissenschaftliche Theorien gibt, die auch für rein sinnes- und neurophysiologische Phänomene angewendet werden können, existiert bis heute keine ausgereifte naturwissenschaftliche Theorie von Information als *Bedeutung*, und entsprechend auch keine psychologisch-neurobiologische Theorie über die Entstehung von Bedeutung im Gehirn.

Der Informatiker oder KI-Forscher wird entgegnen: Bedeutungen sind *Signale für jemanden*, gleich, ob es Worte, Gesten oder auch Situationen sind, und diese Botschaften müssen in diesem Jemand eine *Wirkung* hervorrufen, sei dies eine Wahrnehmung, ein kognitiver Akt, ein psychisch-emotionaler Vorgang oder eine Verhaltensreaktion. Dieser Jemand muss Sinnesorgane haben, welche die Signale aufnehmen und in neuronale Signale transformieren, ein Nervensystem bzw. Gehirn, welches diese neuronalen Signale auf eine bestimmte Weise verarbeitet und schließlich in Verhaltenssteuerungsbefehle an einen »Effektorapparat« weiterleitet, mit dem er ein Verhalten erzeugen kann (sich bewegen, kommunizieren usw.). Nichts anderes beinhaltet das Entstehen von Bedeutung, nämlich als *verhaltensrelevante Wirkung*. Dies lässt sich anhand der Konditionierung des Pawlowschen Hundes schön demonstrieren (vgl. Kapitel 4). Die Glocke als ursprünglich neutraler Reiz vermittelt durch zeitliche Paarung mit dem Futterduft die Bedeutung »Gleich gibt es Futter!«. Das Ganze lässt sich – so jedenfalls viele Informatiker – ohne jeglichen Rückgriff auf geisteswissenschaftliche Erklärungen modellieren.

Zur Erläuterung des grundlegenden Problems eines solchen Ansatzes möchte ich folgendes Beispiel geben. Wenn ich, auf einer Leiter stehend, zu meinem Sohn sage: »Gib mir bitte den Kreuzschlitzschraubenzieher!«, und er tut das, dann hat er die Bedeutung meiner Bitte ganz offenbar *verstanden*, und wenn ich auf einen Knopf meines Computers drücke, damit er einen Text ausdruckt, dann wird er das in der Regel auch tun und hat im informationstheoretischen Sinne die Bedeutung meines Befehls ebenso *verstanden*. Ich kann genauso meinen Sohn um die Schere bitten oder den Computer veranlassen, den Text per E-Mail zu versenden, und wenn sie beide meinem »Input« den richtigen »Output« zuordnen, dann liegt *Verstehen* vor. Es kann mir völlig egal sein, *wie* im einen Fall mein Sohn und im anderen Fall der Computer dieses Erfassen der Bedeutung bewerkstelligt. Die Hauptsache ist, dass in beiden Fällen die *richtige Reaktion* erfolgt, denn dies ist ein verlässliches Anzeichen dafür, dass die Nachricht *verstanden* wurde. Wo liegt da der Unterschied zwischen Mensch und Computer?

Ein konventioneller Computer beruht auf nichts anderem als einer (hoffentlich) verlässlichen Input-Output-Zuordnung – er ist ein *Zuordnungsautomat*. So benutzen wir Menschen Computer für die unterschiedlichsten Zwecke, und es ist das entscheidende Prinzip, dass der Computer sich strikt auf die Verarbeitung von Eingaben beschränkt und sich nicht in eigener Weise damit befasst und sie *deutet*.

Ein Mensch hingegen ist – von Reflexen vielleicht abgesehen – *kein* Zuordnungsautomat. Das kann ich daran sehen, dass mir mein Sohn einen Kreuzschlitzschraubenzieher gibt, obwohl ich einfach »Schraubenzieher« gesagt habe, weil er *weiß*, dass ich eine

Kreuzschlitzschraube ins Holz drehen muss. Er folgert aus der *Situation*, welche Art von Schraubenzieher ich benötige. Es kann sein, dass er mir auch kommentarlos einen Schraubenzieher gibt, obwohl ich ihn um einen *Schraubenschlüssel* gebeten hatte, weil er davon ausgeht, dass ich mich versprochen habe. Er ordnet also je nach innerem Zustand einschließlich des Erfassens der Situation (Gedächtnis, Vermutungen) bestimmten Eingaben ganz unterschiedliche Ausgaben zu.

Natürlich – so wird unser KI-Fachmann sagen – gibt es Computer, die mit bestimmten Eingaben etwas Entsprechendes machen, angefangen vom einfachen Textkorrekturprogramm bis hin zur Überprüfung von Grammatik und Syntax. Dabei hält sich allerdings das Textverarbeitungssystem streng an vorgegebene Regeln, auch wenn diese vielleicht im gerade vorliegenden Fall widersinnig sind (jeder Benutzer solcher Korrekturprogramme kennt derartige Vorkommnisse). Schwieriger wird es bei automatisieren Übersetzungssystemen, um die sich die Informatik bzw. Computerlinguistik seit Jahrzehnten bemüht. Diese Systeme haben bekanntlich mit der *Mehrdeutigkeit* und der *Kontextabhängigkeit* von Wörtern und Aussagen, die im menschlichen Sprachgebrauch über die Kenntnis der Situation und auch über das Hintergrund- oder Weltwissen aufgelöst werden, große Schwierigkeiten. Auch diese sind regelbasiert, und man versucht, Übersetzungscomputern so etwas wie Weltwissen beizubringen, bisher mit bescheidenem Erfolg. Die besten Übersetzungsprogramme sind allenfalls für Rohübersetzungen oder inhaltlich-fachlich sehr eng begrenzte Aufgaben geeignet.

Natürlich kann man Computer oder Roboter lernen lassen, um Situationen immer besser zu deuten und Vor- bzw. Weltwissen anzuhäufen. Hierbei gibt es *überwachtes* Lernen, bei dem eine externe Instanz (der Trainer) kontrolliert, ob auch wirklich dasjenige gelernt wurde, was gelernt werden soll, oder *unüberwachtes* Lernen, bei dem der Computer oder Roboter nach einem bestimmten Prinzip Dinge lernt, d.h. sein Verhalten ändert, ohne dass der Prozess dieser Veränderung vorgegeben wurde, sondern nur das Ziel. Allerdings benötigt der Roboter dazu einen bestimmten *Algorithmus*, nach dem er sein Lernen, d.h. die Annäherung an das Ziel, selbst steuert.

Mithilfe dieses Algorithmus muss festgestellt werden, in welchem Maße seine bisherigen Leistungen von der Zielleistung abweichen, und es muss alles getan werden, um diese *Abweichungen zu minimieren*. »Genau dies passiert im Unterricht«, sagt der KI-Fachmann dem geisteswissenschaftlich orientierten Pädagogen-Didaktiker, »Es geht hierbei meist sogar um die einfachere Variante des überwachten Lernens!«.

In der Tat, es sieht so aus, als ob zumindest beim traditionellen Unterricht der Lehrer die Schüler über den Lerninhalt und das Lernziel instruiert, sie lernen lässt und den Lernprozess korrigierend »überwacht«, bis das Lernziel erreicht ist, die Schüler also den »Stoff« beherrschen. Das war und ist ja auch der Grundgedanke des »programmierten Lernens«, wie ich es in der Einleitung kurz beschrieben habe und im nächsten Kapitel noch einmal behandeln werde. Wir können selbstorganisiertes Lernen, das heutzutage mehr und mehr angesagt ist, als »unüberwachtes Lernen« ansehen, was es natürlich auch ist. Der Lehrer sagt dann im Extremfall: »Lernt, wie es euch Spaß macht – die einzige Sache, die mich interessiert, ist, dass ihr den Stoff beherrscht, und das zeigt sich dann in der Klassenarbeit oder Prüfung.« Was besteht dann noch für ein Unterschied zu unserem Roboter, der etwa *selbstorganisiert* gelernt hat, korrekt Wein einzuschenken?

Um dem Einwand zu entgehen, darum gehe es in der Schule ja nicht, sondern um *Wissenserwerb*, können wir den Roboter zu einem *Experten* machen, z.B. in Geschichte, und er wird mir am Ende des Trainings auf die Frage, wer wann wo Julius Caesar ermordet hat, korrekt antworten »Marcus Iunius Brutus am 15. März des Jahres 44 v.Chr. während einer Senatssitzung im Theater des Pompeius.« Wenn unser Experte richtig trainiert wurde, wird er sehr viel mehr Wissen produzieren können, z.B. was Caesar bei seiner Ermordung gesagt haben soll und wer die Mittäter des Brutus waren. Unser Geisteswissenschaftler wird nun einwenden, dass das Expertensystem ja nur wiedergebe, was ihm vorher beigebracht worden sei, aber es habe die Sache ja nicht *verstanden*. Diesem Einwand entgegnet unser KI-Fachmann, dass dies bei den Schülern ja auch häufig nicht anders sei, sie würden auswendig gelerntes Wissen reproduzieren, ohne zu wissen, was sie da sagten. Und er wird die Frage stellen, wie man denn überhaupt *objektiv* feststellen könne, ob und in welchem Maße jemand etwas *verstanden* habe, wenn nicht über ein beobachtbares Verhalten?

Die individuelle Konstruktion von Bedeutung

Der Lehrer ruft der Klasse zu »Seid endlich still!« oder befiehlt in einem noch einfacheren Fall einem Schüler »Raus!«. Alle Beteiligten erleben diese Situation so, dass dabei eine bedeutungshafte Information ausgesandt wird, die von den Schülern bzw. dem Schüler verstanden und (hoffentlich) in entsprechendes Handeln umgesetzt wird. Das entspricht der gängigen Vorstellung der Kommunikation als *Austausch bedeutungshafter Informationen*. Diese Vorstellung ist jedoch falsch, denn was der Lehrer ausspricht, sind Schalllaute, die er mit seinen Sprechwerkzeugen produziert, aber *keine* Bedeutungen. Bedeutungen verlassen nicht das Gehirn des Lehrers.

Zu Bedeutungen werden sie erneut erst durch die Analyse der Frequenzen, Tonhöhen und Dynamiken der Schallereignisse usw., wie beschrieben, und die Umsetzung in neuronale Signale im Innenohr, Hirnstamm und primären Hörcortex. Erst dort wird unterschieden (sofern möglich), ob es sich überhaupt um einen Sprachlaut oder um ein Geräusch handelt, nämlich nach den ganz unterschiedlichen akustischen Eigenschaften des Schallereignisses. Handelt es sich um Sprache, dann werden die Erregungen überwiegend in der linken Großhirnrinde verarbeitet, und dabei – wie im vorigen Kapitel gehört – nach Phonemen, Silben und Wörtern segmentiert, auf die Syntax und die mögliche primäre Bedeutung der Wörter hin analysiert, und daraus ergibt sich eine *vorläufige Interpretation* des Gehörten.

Diese vorläufige Interpretation kann nun vom Gehirn akzeptiert werden, und das ist dann der Moment, in dem wir (unter Voraussetzung der sonstigen Bedingungen für Bewusstwerdung) das Gehörte bewusst als bedeutungshafte sprachliche Äußerung erleben. Alles, was vorher passierte, bleibt unserem bewussten Erleben verschlossen, und deshalb unterliegen wir der Illusion, die bedeutungshafte sprachliche Äußerung dringe aus dem Munde des Sprechenden *direkt* in unser Hörerleben. Es können sich Interpretationsfehler und Ambiguitäten ergeben, und auch dies wird meist automatisch und in Bruchteilen einer Sekunde korrigiert, ohne dass wir dies mitkriegen. Nur wenn solche Fehler und Ambiguitäten sich nicht schnell beheben lassen, erleben wir sie bewusst und sinnen über die Bedeutung des Gehörten nach.

Aber woher rührt der Eindruck, das Gehörte auch verstanden zu haben? Es könnte ja zwischen dem vermeintlichen Sprechakt des Lehrers und meinem Verständnis des Gehörten sehr viel schiefgehen. Zuerst könnte es sein, dass der Lehrer gar nichts gesagt, sondern nur (aus Frust) tief gestöhnt oder gehustet hat – es handelte sich also um Geräusche oder emotionale Laute, aber nicht um Sprachlaute im engeren Sinne. In der natürlichen Sprachsituation ist es gar nicht selten, dass wir uns hierbei irren bzw. dass unser Gehirn dies tut (man fragt dann »Hast du gerade etwas gesagt?«). Es kann auch sein, dass nicht der Lehrer, sondern irgendeine andere Person gesprochen hat. Solche »Ambiguitäten« aufzulösen ist für unser Hörsystem manchmal schwierig, besonders in akustisch stark gestörter Umgebung. Wenn allerdings der Lehrer direkt vor einem Schüler steht und ihn anbrüllt »Raus!«, dann scheint die Sache einfach zu sein.

Ist sie aber nicht, denn das Hörsystem des Schülers muss die Lautäußerung als deutsches Wort und zugleich die affektive Komponente (»Wut«) beim Lehrer erkennen und eine korrekte Kontextanalyse vornehmen, er muss zumindest irgendeine Vorstellung darüber haben, was den Lehrer in Wut versetzte, und erst dann mag ihm klar werden, dass »Raus!« heißt: »Verlass sofort diesen Raum!«. In offenem Gelände wäre diese Aufforderung unpassend. Außerdem muss der Schüler wissen, dass er nicht etwa aufgefordert wird, nach Hause zu gehen, sondern sich auf den Gang zu begeben und sich in Nähe des Klassenraums aufzuhalten. All dies weiß neben dem Verständnis der deutschen Sprache der Schüler natürlich erst aus seiner *Erfahrung* in der Schule. Für einen mit der sprachlichen und nichtsprachlichen Gesamtsituation nicht Vertrauten könnte »Raus!« auch heißen »Ruhe!« oder »Jetzt reicht's!«. Wer sich viel in fremden Ländern aufhält, wird wissen, dass scheinbar einfache Lautäußerungen oder Gesten für den Reisenden manchmal schwer verständlich sind.

Es zeigt sich also, dass auch im scheinbar einfachsten Fall das Hör- und Sprachsystem eine Reihe komplizierter Deutungen vornehmen muss, die hochgradig lern- und erfahrungsabhängig sind. Wir erleben allerdings in diesen einfachen Fällen den Prozess der Konstruktion von Bedeutung nicht, weil er entweder in Teilen unseres Gehirns stattfindet, die dem Bewusstsein nicht zugänglich sind (Innenohr, Hirnstamm, primäre Hörrinde), oder weil er hochgradig automatisiert abläuft. Je komplexer die aufgenommenen Laute sind und je uneindeutiger der Kontext ist, desto höher wird der Aufwand der Deutung, und desto unsicherer wird die Interpretation.

Noch komplexer wird es beim Hören einer längeren Ausführung des Lehrers oder Vortragenden über einen bestimmten Stoff, oder bei der Lektüre komplexer Sachverhalte oder Geschehnisse. Immer vorausgesetzt, die un- und vorbewusste Analyse des Gehörten oder Gelesenen verlief korrekt, dann geschieht die Bedeutungszuweisung zu den gehörten oder gelesenen Wörtern und Sätzen immer als *Konstruktion möglicher Bedeutungen*: Unser Sprachgedächtnis wird durchsucht nach denjenigen potenziellen Bedeutungen, die am besten *passen*. Das kann wiederum unbewusst, vorbewusst-automatisiert oder höchst bewusst geschehen, und im letzteren Fall grübeln wir manchmal lange darüber nach, was gemeint sein könnte.

Das Erkennen der »Kuh« als Modell des Verstehens

Das ist bei allen Sinneswahrnehmungen der Fall, nicht nur beim Hören und Lesen sprachlicher Äußerungen. *Jede Wahrnehmung ist grundsätzlich uneindeutig und muss in einem komplizierten Konstruktionsprozess vereindeutigt werden*: Beim Sehen müssen Helligkeiten, Kontraste, Kanten, Bewegungen usw. zu Umrissen zusammengefügt werden (von der Tatsache, dass unsere Augen sich ständig bewegen und jeweils zwei Bilder produzieren, ganz zu schweigen), die dann über eine Bedeutungszuweisung zu Gestalten und Szenen werden. Dies kann wiederum unbewusst, automatisiert-intuitiv oder ganz bewusst geschehen, aber immer geschieht dies durch einen Such- und Passungsvorgang. Manchmal bleibt uns das Gesehene lange Zeit rätselhaft, weil eine passende Deutung nicht gefunden wurde. Dies kann man schön an dem Kuh-Bild studieren, mit dem ich mich in meinem Buch »Das Gehirn und seine Wirklichkeit« ausführlich beschäftigt habe und das hier noch einmal dargestellt ist (vgl. Abbildung 7). Das Bemerkenswerte an diesem Beispiel ist, dass man in der Regel Hilfe braucht, um in dem scheinbar konfusen Muster von Linien und Flächen die Kuh zu erkennen. Hat man sie aber einmal erkannt, dann ist diese Interpretation oder Konstruktion sehr *stabil*, und man kann auch

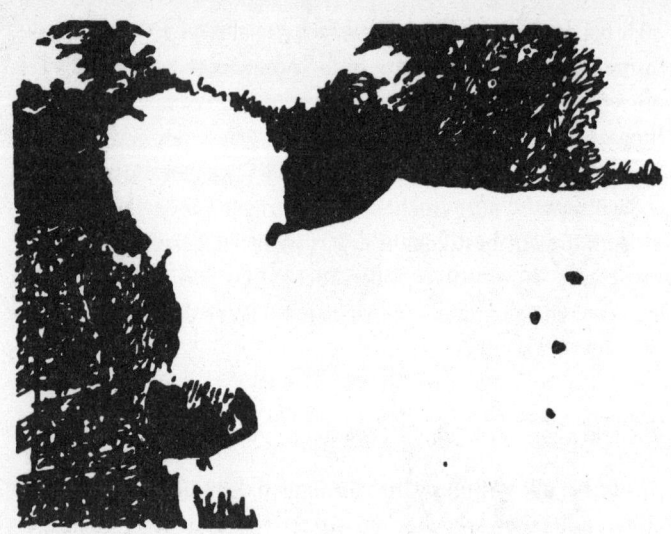

Abbildung 7: Norddeutsche Landschaft mit Kuh, die einen anblickt. Der Kopf ist links, der quer zum Betrachter stehende Leib (weiß mit Flecken) rechts (aus Roth 1996).

mit hoher Willensanstrengung nichts Anderes mehr in dem Bild erkennen als eine Kuh, die einen anblickt.

Die Stabilität der Kuh-Interpretation wird in der Regel ziemlich plötzlich erreicht. Ich beginne in einem Vortrag oder einer Vorlesung mit der Aussage, dass es sich um eine Kuh handelt, die uns anblickt. In der Regel erregt dies ungläubiges Staunen. Nur die Wenigsten unter den Zuhörern können sich spontan eine Kuh vorstellen, die uns anblickt, und diese Vorstellung mit dem Bild in Deckung bringen. Ich fahre dann mit dem Laserpointer den Rücken entlang, umfahre dann die Ohren und den Nasenrücken, und erst wenn ich auf die beiden Nasenlöcher und die Augen zeige, rufen meine Zuhörer/Zuschauer »Ja, jetzt sehe ich die Kuh!«. Bei all diesen Schritten sucht das visuelle System im Gestaltgedächtnis nach möglichen Passungen und findet sie nicht, da es entweder keine korrespondierenden Details gibt oder die Details nicht zueinander passen, bis schließlich eine kritische Schwelle der Passung erreicht ist.

Wir können dies als Modell von »Verstehen« nehmen: Uneindeutige Wahrnehmungen werden zuerst durch angeborene Mechanismen (meist zu Beginn des Verarbeitungsprozesses), dann durch un- und vorbewusste und weitgehend automatisierte Deutungsprozesse und gegebenenfalls durch bewusste und hohe Aufmerksamkeit erfordernde Prozesse vereindeutigt. Diese Vereindeutigung kann aber unterschiedliche Grade der *Stabilität* besitzen. Sehen oder hören wir etwas Komplexes, dann kann die Interpretation relativ lange instabil bleiben, weil die Komponenten der Interpretation nicht sofort oder nicht gut zueinander passen. Die »Michelangelo-Deutung« des Kuhbildes (d. h. als die »Erschaffung Adams«) ist so eine instabile Interpretation und wird sofort abgelöst von der viel stabileren Kuh-Interpretation, wenn man erst auf sie gekommen ist. Diese stabile Interpretation ist aber sofort wieder verschwunden, wenn wir etwa das Bild auf den Kopf stellen (was übrigens auch bei Gesichtsdarstellungen uns sehr bekannter Menschen passiert).

Wir gelangen somit zu der höchst wichtigen Erkenntnis, dass »Verstehen« bedeutet, eine *zumindest vorläufig stabile Deutung von Zusammenhängen* (Wahrnehmungen, Gedanken, Äußerungen, beobachteten Verhaltensweisen) zu erlangen. Diese Stabilität ist von ganz verschiedenen Voraussetzungen abhängig. Bei Sinneswahrnehmungen, insbesondere beim Gestaltsehen, sind es vielfach Prinzipien, die von den sogenannten Gestaltpsychologen herausgefunden wurden. Hierzu gehören das Gesetz der Prägnanz oder »guten Gestalt«, der Nähe, der Ähnlichkeit, der Kontinuität oder »guten Fortsetzung«, der Geschlossenheit, der gemeinsamen Bewegung, der Gleichzeitigkeit und der Verbundenheit (vgl. Metzger 2001). Ähnliches gilt auch für das Hören, das Vorstellen und das

Denken – immer geht es um Einfachheit, Prägnanz, Sinnfälligkeit, Ordnung und Bedeutungshaftigkeit. Allerdings gilt auch, dass wir mit solchen meist un- und vorbewusst arbeitenden Prinzipien in die Irre gehen können: Wir erkennen Muster und Zusammenhänge (z.B. in den Wolken oder bei dem, was uns passiert), die gar nicht existieren. Nicht immer ist das Einfache auch das Zutreffende, und Einfachheit als Prinzip wird immer gefährlicher, je komplexer Zusammenhänge sind. Das gesellschaftliche und politische Geschehen ist in aller Regel äußerst komplex, und wir streben alle danach, eine einfache Deutung dieses Geschehens zu erreichen, die meist falsch ist: »X ist/sind an allem schuld«, »Y steckt hinter alldem«, »Das geschieht alles nur, weil Z ...« usw. Deshalb sind Weltverschwörungstheorien so beliebt.

Wir wissen also niemals abschließend, ob unsere vorläufig stabile Interpretation auch endgültig stabil ist – meist ist sie es nicht –, und deshalb ist Verstehen auch immer vorläufig, gleichgültig, wie stabil und endgültig wir es empfinden, und alles Verstehen kann sich als *Missverständnis* herausstellen.

Wie ist Verstehen zwischen autonomen Systemen möglich?

Verstehen – so erkennen wir jetzt – ist *streng subjekt- und kontextabhängig*. Wie ich die Welt sehe und verstehe, hängt davon ab, (1) wie genetische und epigenetische Prozesse meine Sinnesorgane und Sinnessysteme und die nachgeschalteten kognitiven und emotionalen Systeme gestalten, (2) in welchem Maße diese Prozesse durch vorgeburtliche und früh-nachgeburtliche Einflüsse mitgestaltet und verändert werden, (3) wie spätere Einflüsse in der weiteren Kindheit und Jugend bis weit ins Erwachsenenalter über Familie, Kameraden, Freunde, Schule usw. hierauf noch einwirken, und (4) welche eigenen und ganz persönlichen Erfahrungen ich dabei sammle. Ich werde dadurch zum *Unikat* und sehe und verstehe die Welt in meiner ganz eigenen und sehr privaten Weise. Jeder Verstehensprozess, der in mir abläuft, läuft deshalb in ganz eigener Weise ab – *jeder lebt in seiner Welt*.

Zwei Dinge müssen hierbei beachtet werden: Das erste ist die Tatsache, dass diese höchst individuelle Weltsicht einer Person nicht von ihrem subjektiven Wollen und Meinen abhängt, wie es der *radikale Konstruktivismus* postuliert. So schreibt dessen Begründer Ernst von Glasersfeld an entscheidender Stelle: »Der radikale Konstruktivismus beruht auf der Annahme, daß alles Wissen, wie immer man es auch definieren mag, nur in den Köpfen von Menschen existiert und daß das denkende Subjekt sein Wissen nur auf der Grundlage eigener Erfahrung konstruieren kann. Was wir aus unserer Erfahrung machen, das allein bildet die Welt, in der wir bewußt leben« (von Glasersfeld 1995). Es ist aber ein großer Irrtum zu glauben, das »denkende Subjekt« konstruiere seine Weltsicht, denn es konstruiert »denkend« nur sehr wenig von dieser Welt. Vielmehr handelt es sich um unbewusste oder vorbewusste Prozesse, deren *Produkt* und nicht Konstrukteur das denkende Subjekt ist.

Mit einer solchen Erkenntnis können wir auch dem Vorwurf der Beliebigkeit und »Subjektivität« gegenüber dem Konstruktivismus begegnen, also der Unterstellung, wenn der Konstruktivismus recht habe, dann könne jeder sich seine Welt so konstruieren, wie es ihm passe. Hier müssen wir sorgfältig zwischen der Tatsache unterscheiden, dass unser Gehirn in der Tat sich die Welt so konstruiert, wie sie »ihm passend erscheint« (s. oben), und der anderen Tatsache, dass dabei mein bewusster Wille (ob frei oder nicht) keine Rolle spielt. Subjektabhängig ist nicht notwendig gleichbedeutend mit »subjektiv«. Dies können wir am deutlichsten erkennen, wenn wir uns mit psychisch kranken Menschen befassen. Ein schwer depressiver Mensch sieht die Welt sehr viel negativer als ein Gesunder, aber dies beruht nicht auf einer bewussten »Fehlkonstruktion« des Patienten, sondern auf einer Kombination genetischer und umweltbedingter neurologischer und psychischer Störungen. Wir können diese Störungen nicht dadurch beheben, dass wir dem Patienten sagen, die Welt sei gar nicht so negativ, wie er glaube! Und ein Psychotiker mit Größenwahn meint nicht willentlich, dass er der Kaiser von China ist, und auch ihm wird man nicht mit dem Hinweis beikommen, dass es sehr viele solcher »Kaiser von China« gebe. Er wird lachen und sagen, alle Anderen seien Schwindler und nur er sei der echte Kaiser!

Es stellt sich die Frage, wie trotz elementarer Subjektabhängigkeit des Verstehens und der Tatsache, dass jeder in seiner Deutungswelt lebt, Verständigung möglich ist. Oder sollen wir resignieren und akzeptieren, dass alles ein »großes Missverständnis« ist? Ich glaube nicht. Wir müssen uns nur von dem Anspruch lösen, es gäbe *die* Verständigung und *das* Verstehen. Vielmehr gibt es unterschiedliche Ebenen, die über unterschiedliche »konsensuelle Mechanismen« ein aktuell hinreichendes Verstehen ermöglichen (oder es nicht tun), wie dies Humberto Maturana zumindest ansatzweise entwickelt hat (Maturana 1982).

Den ersten und untersten konsensuellen Mechanismus teilen wir mit vielen Lebewesen, deren Verhaltensweisen wir verstehen oder zu verstehen glauben: Sie bewegen sich, sind auf Nahrungssuche, schützen und paaren sich, greifen an, kommunizieren usw., und zumindest bei den Wirbeltieren glauben wir ein Grundverständnis ihres Verhaltens erreichen zu können. Das gelingt uns besser bei Säugetieren, die sich um ihre Nachkommen so kümmern wie wir, in ähnlicher Weise kommunizieren und in Gesellschaften zusammenleben, und noch mehr bei Menschenaffen. Hier haben wir gute Gründe, nicht nur im emotional-motivationalen Bereich, sondern auch bei kognitiven bzw. »intelligenten« Leistungen mehr oder weniger große Übereinstimmungen festzustellen. Es ist die *gemeinsame Stammesgeschichte*, die dieses Grundverstehen garantiert. Vögel, mit denen wir nur entfernt verwandt sind, erscheinen uns dagegen sowohl emotional wie kognitiv ziemlich rätselhaft. Natürlich ist das bei den zahlreichen Gruppen von Wirbeltieren wie den Knochen- und Knorpelfischen noch viel ausgeprägter (vgl. Roth 2010).

Der zweite konsensuelle Mechanismus beruht auf unserem *Mensch-Sein*. Als Angehörige der Art *Homo sapiens* sind wir genetisch ziemlich homogen und verfügen über dieselben Grundanlagen für Intelligenz, Emotionen und Verhalten. Ein Säugling, der getrennt von seinen leiblichen Eltern in einer Adoptivfamilie aufwächst, wird zwar – wie gehört – in seiner Intelligenz und Persönlichkeitsstruktur über seine Gene eine erhebliche Übereinstimmung mit seinen leiblichen Eltern aufweisen, aber das wird ihn nicht daran hindern, sprachliche und nichtsprachliche Kommunikation, Bildung, Emotionalität und Sozialität der Kultur zu übernehmen, in der er aufwächst. Das ist nur möglich, wenn wir als Menschen eine gemeinsame, genetisch vorgegebene kognitiv-emotionale Grundausrüstung besitzen, mit der wir uns überall in der Welt zumindest rudimentär verständigen können.

Der dritte konsensuelle Mechanismus besteht in den durch unsere Kultur und die spezielleren gesellschaftlichen Verhältnisse (z.B. Schichtzugehörigkeit) geschaffenen Befindlichkeiten: wie wir sprechen, wie wir uns verhalten, was wir gut und schlecht finden, welches die Motive und Ziele sind, die wir verfolgen. Bestimmte Denk-, Sprach- und Verhaltensschemata haben sich tief in uns eingegraben, ohne dass wir uns immer bewusst Rechenschaft darüber abgeben können. Hier erleben wir schon häufiger Missverständnisse, wenn wir uns in andere Kulturen oder gesellschaftliche Schichten begeben, was bis zum wahren Kulturschock führen kann, weil wir die Weise, wie wir aufgewachsen sind, als allgemeingültig ansahen.

Der vierte und oberste konsensuelle Mechanismus ist unser *individuelles Schicksal*. Am besten können wir uns mit Menschen verständigen, die ein ähnliches Schicksal erfahren, d.h. ähnliche Dinge erlebt, ähnliche Bücher gelesen, ähnliche Interessen ausgebildet und Ideen entwickelt haben. Das Ausmaß der Kommunikation beruht dann auf dem Ausmaß gemeinsamer Lebenserfahrung. Allerdings ist auch die Reichweite dieser konsensuellen Ebene begrenzt. Hier gilt nicht nur: Wenn zwei dasselbe tun, ist es nicht zwingend dasselbe, sondern auch: *Wenn zwei dasselbe erleben, ist es nicht zwingend dasselbe.*

Diese Erkenntnisse lassen uns auch Konzepte sozialer Kommunikationssysteme skeptisch sehen, die – wie Jürgen Habermas dies tut – betonen, dass Menschen über die sprachliche Sozialisierung mehr geprägt werden als durch ihre Gene und die vorsprachliche (d.h. frühkindliche) Erfahrung. Eine gemeinsame Sprache täuscht nämlich eine Uniformität unserer Persönlichkeiten vor und überdeckt meist die tiefgreifenden Unterschiede in der privaten Lebenserfahrung. In der Erklärung unseres eigenen Handelns gebrauchen wir diejenigen Formulierungen, von denen wir meinen, dass unsere Umwelt sie in aller Regel als Handlungserklärungen akzeptiert. Ob und in welchem Maße dies auch wirklich so ist, können wir niemals abschließend feststellen. Die gesellschaftlich vermittelte Sprache gaukelt uns auch vor, es gäbe eine überindividuelle Argumentationsebene, eine universelle Logik der Kommunikation. Jeder sozial vermittelte Sprachstil hat seine ganz private Übersetzung, und deshalb gilt: *Wenn zwei dasselbe sagen, dann hat es in der Regel nicht notwendigerweise dieselbe Bedeutung.*

Wir sind jedoch aufgrund der vier konsensuellen Mechanismen zu etwas fähig, das wie ein Verstehen aussieht. Ich höre jemanden etwas sagen oder sehe ihn etwas tun, das in meinem Gehirn in einer ganz bestimmten Weise interpretiert wird. Diese Interpretation ist dann Grundlage meiner Erwiderungen, die von dem Gesprächspartner aufgenommen und in seinem Gehirn interpretiert werden. Dies ist Grundlage erneuter Äußerungen oder Handlungen. Humberto Maturana hat diesen Prozess der wechselseitigen Verständigung mit dem Bild des Miteinander-*Tanzens* verglichen. In der Tat: Je eleganter und flüssiger ein Paar tanzt, desto besser kommunizieren ihre Körper miteinander. Das mag beim Miteinander-Reden auch so sein – es stellt sich dann ein zum Teil rauschhaftes Gefühl des intuitiven Verstehens ein: Jedes Wort des Einen oder des Anderen scheint in dieselbe Richtung zu gehen. Für den externen Beobachter scheint sich das tanzende Paar glänzend zu verstehen, während die Gehirne der beiden parallele Bedeutungswelten konstruieren – eine Art prästabilisierte Harmonie im Sinne des Philosophen Leibniz, nur dass diese Harmonie nicht von einem Schöpfergott so eingerichtet wurde, sondern auf Selbstorganisation aufgrund der konsensuellen Mechanismen beruht.

KAPITEL 11

Zeitgenössische didaktische Konzepte

Die Erziehungswissenschaften haben seit jeher ein kompliziertes Verhältnis zur Schulpraxis einerseits und zu benachbarten Disziplinen wie Philosophie, Psychologie und später auch Soziologie und schließlich zu den Neurowissenschaften andererseits. Während – wie Nicole Becker feststellt – die einen Pädagogen einen direkten Bezug der Erziehungswissenschaften zur Schul- und Unterrichtspraxis als unabdingbar ansehen, meinen andere, es gehöre nicht in den primären Aufgabenbereich der Erziehungswissenschaften, zukünftige Praktiker mit praktisch-konzeptionellem Wissen auszustatten. Das erziehungswissenschaftliche Studium diene vielmehr dazu, Grundlagenwissen zu erwerben und Reflexionskompetenz zu entwickeln (Becker 2006).

Folgt man der erstgenannten Auffassung, so muss man sich in die Schulen begeben und möglichst selbst als Lehrender anhand von Versuch und Irrtum herausbekommen, wie ein guter Unterricht aussieht. Dies führt, wie zu Beginn dieses Buches erwähnt, dazu, dass jeder Lehrer seinen Unterricht so gestaltet, wie er es für richtig hält. Becker stellt genauso wie vorher Terhart fest, dass für knapp die Hälfte der Lehrer die im Studium empfohlene pädagogisch-didaktische Literatur keinerlei Bedeutung für ihren Schulalltag habe, weil sie in Hinsicht auf die Praxis als irrelevant betrachtet werde. Anders sehe es mit didaktischen »Rezeptologien« aus, die sich bei Lehrern großer Beliebtheit erfreuten, ohne dass sie jedoch eine theoretische oder empirische Fundierung besäßen.

Eine Alternative könnte darin bestehen, dass man sich statt der universitär-akademischen Pädagogik und Didaktik bei der *empirischen Lehr- und Lernforschung* Hilfe holt, die in Deutschland, an amerikanische Vorbilder anschließend, seit den 1970er Jahren in größerem Umfang betrieben wird. Der deutschen Lehr- und Lernforschung wird aber – ebenso wie der US-amerikanischen – sowohl von führenden Didaktikern als auch von Schulpraktikern eine ähnliche Folgenlosigkeit vorgehalten. Becker stellt zusammenfassend fest: »Unterrichtsmethodische Empfehlungen scheinen, unabhängig davon, ob sie aus der allgemeinen Didaktik oder von Seiten der empirischen Lehr- und Lernforschung vorgetragen werden, für *erfahrene* Lehrer keine Rolle (mehr) zu spielen« (S. 47; Hervorhebung im Original).

Dies könnte man als eine Bankrotterklärung einer sich als Wissenschaft verstehenden Disziplin (Pädagogik bzw. Didaktik) ansehen und die Lehrer tatsächlich dazu ermutigen, sich in ihrem Alltag einfach nach Versuch und Irrtum »durchzuwursteln« – was viele wohl auch tun. Es lohnt sich aber, noch einmal einige der heute gängigen, wenngleich äußerst unterschiedlichen pädagogisch-didaktischen Konzepte zu betrachten und sie im Lichte dessen, was in den vorausgegangenen Kapiteln dargestellt wurde, zu beurteilen. Dies ist freilich eine schwierige Aufgabe. Zum Glück gibt es gute und recht aktuelle Übersichtsdarstellungen, von denen das 1991 zuerst erschienene und 2009 in der 9. Auflage herausgekommene Buch »Didaktische Modelle« von Werner Jank und Hilbert Meyer besonders hervorgehoben werden soll.

Didaktik befasst sich – um eine Definition von Jank und Meyer zu benutzen – mit der Frage: »Wer was von wem wann mit wem wo, wie, womit und wozu lernen soll« (Jank und Meyer 2009). *Allgemeine* Didaktik befasst sich im so gezogenen Rahmen mit der Gestaltung von Lehrangeboten und Lehr- und Lerntechniken *unabhängig* von ihrem fachspezifischen Inhalt, während Fachdidaktiken inhaltlich ausgerichtet sind und Stufendidaktiken sich mit den Anforderungen bestimmter Schulstufen beschäftigen. Daneben gibt es noch die Mediendidaktik. Ich will mich hier mit Fragen der Allgemeinen Didaktik auseinandersetzen, also damit, unter welchen allgemeinen Bedingungen Lehren und Lernen am besten gelingt. Dies betrifft sowohl die Schule als auch die Erwachsenen- und Weiterbildung und natürlich auch Hochschulbildung.

Bildungstheoretische und kritisch-konstruktive Didaktik

In Deutschland war die Didaktik bis in die 1970er Jahre stark geprägt von einer bildungstheoretischen Konzeption, die unmittelbar an die von Wilhelm Dilthey begründete und von Philosophen und Pädagogen wie Eduard Spranger, Hermann Nohl und Theodor Litt weiterentwickelte *geisteswissenschaftliche Pädagogik* anschloss. Hauptvertreter dieser Richtung war und ist seit Ende der 1950er Jahre der Didaktiker Wolfgang Klafki (geb. 1927) mit seiner *Bildungstheoretischen Didaktik* (vgl. Klafki 1963). Aufgrund intensiver Kritik an seinem Ansatz in den 1970er und 1980er Jahren entwickelte Klafki dann eine *kritisch-konstruktive Didaktik* (vgl. Klafki 2006).

Die Bildungstheoretische Didaktik Klafkis ging vom »Primat der Didaktik« im Sinne einer grundlegenden Zielsetzung gegenüber der partikulären Methodik aus. Die Kernfrage jeder didaktischen Tätigkeit lautet dabei: »Womit müssen sich junge Menschen auseinandersetzen, um sich zu bilden und mündig zu werden?« Die Antwort liefert die »Didaktische Analyse«. Deren wesentliche Frage lautet: Welche *elementare*, *fundamentale* und *exemplarische* Bedeutung hat der zu vermittelnde Stoff? Mit »elementar« ist die Aufdeckung eines allgemeingültigen Prinzips gemeint, unter »fundamental« sind Einsichten in die Grundlagen der Mensch-Wirklichkeits-Beziehung etwa im Bereich der Erkenntnis, des Ästhetischen und des Politischen zu verstehen, und unter »exemplarisch« die Beschränkung auf das Wesentliche und qualitativ Hochwertige der Inhalte einschließlich der Beziehung zwischen »allgemeinem Gesetz« und »Einzelfall«. Weiterhin fragt die Bildungstheoretische Didaktik nach der *Zugänglichkeit* aus Sicht der Schüler und der Sachstruktur der Inhalte des Unterrichts, nach ihrer Bedeutung für die *Gegenwart* wie auch für die *Zukunft* der Schüler.

Ziel der Bildungstheoretischen Didaktik ist die *Bildung des Menschen im Ganzen*, nicht nur die Vermittlung nützlicher Kenntnisse und die Förderung der Fähigkeiten. Erreicht werden soll dies nach Klafki durch die Synthese einer umfassenden Bildung im klassisch-philosophischen Sinne und im Sinne einer allgemeinen geistigen, »objektbezogenen« Kompetenz, aber auch der Entwicklung von Fähigkeiten und Fertigkeiten der »subjektbezogenen« Kompetenz. Diese »Synthese materialer und formaler Bildung« bezeichnet Klafki als *Kategoriale Bildung*, als *Erschließung von Wirklichkeit*. Die Festlegung der genauen Inhalte und Fertigkeiten überließ Klafki den jeweils gültigen Lehrplänen; es wurden von ihm auch keine Kriterien und Verfahren entwickelt, die in eigenständiger Weise Ziele, Themen und Inhalte des Unterrichts festlegten – das sollten Andere machen.

Wie Jank und Meyer feststellen, zeigt sich hieran der konservative Zug der Bildungstheoretischen Didaktik Klafkis, und dieser offensichtliche Konservativismus wurde Ende der 1960er und während der 1970er Jahre von Seiten der Studentenbewegung und »linker« Pädagogen heftig kritisiert. Gleichzeitig wurde Klafki vorgeworfen, sein Konzept sei empirisch zu wenig abgesichert und formuliere kaum klare Lernziele. Insbesondere sage die Didaktik nichts zur Unterrichtsmethodik – sie sei eine reine »Feiertagsdidaktik«.

Diese Kritik bewog Klafki ab den 1980er Jahren zu einer Neufassung seines didaktischen Konzepts hin zu einer *kritisch-konstruktiven Didaktik*. »Kritisch« ist dieses neue Konzept, weil Klafki nun dem Unterricht das Ziel setzt, Schülerinnen und Schüler nach einem aufklärerischen, humanistischen Menschenbild zu formen. »Konstruktiv« (nicht zu verwechseln mit »konstruktivistisch«!) ist es, weil nunmehr konkrete Vorschläge gemacht werden sollen, wie eine Unterrichtspraxis in einer humaneren und demokratischeren Schule aussehen soll. Die gesamtdidaktische Zielstellung verwirklicht sich in der Ausbildung dreier miteinander wechselwirkender Teilfähigkeiten, nämlich der *Selbstbestimmungsfähigkeit*, der *Mitbestimmungsfähigkeit* und der *Solidaritätsfähigkeit*. Damit verleiht Klafki zumindest verbal der Didaktik ein »hochpolitisches, kritisches Programm zur Demokratisierung von Bildung und Schule« (Jank und Meyer 2009). Dies umfasst die Auseinandersetzung mit »Schlüsselproblemen«; hierzu gehören die Friedensfrage, das Nationalitätenproblem, das Umweltproblem, die gesellschaftliche Ungleichheit, das Spannungsverhältnis zwischen armen und reichen Ländern, die Gefahren und Möglichkeiten der neuen technischen Steuerungs-, Informations- und Kommunikationsmedien und schließlich die menschliche Sexualität, das Verhältnis der Geschlechter und die gleichgeschlechtlichen Beziehungen in der Spannung zwischen individuellem Glücksanspruch und zwischenmenschlicher Verantwortung. Gefordert wird im Rahmen von »Bildung für alle« der Abbau selektierender, trennender Momente der Schulstruktur, die Weiterentwicklung der Gesamtschule, die Integration von Schülern mit sonderpädagogischem Förderbedarf in Regelschulen, eine stärkere Individualisierung des Unterrichts, eine Vielfalt der Lehr- und Lernformen, die Ausbildung von Lehrer- und Schülerteams usw. Letztendliches Ziel ist auf Lehrerseite die Erarbeitung eines gesellschaftlichen Konsenses über die in der Schule zu vermittelnden Schlüsselthemen und auf Schülerseite ein bewusster politischer Umgang mit diesen Themen. Allerdings bleibt es auch hier trotz der nun fortschrittlich klingenden Formulierungen bei reinen Postulaten ohne jede praktische Ausrichtung.

Lerntheoretische Didaktik

In ausdrücklichem Gegensatz hierzu steht die *Lerntheoretische Didaktik*, die von dem Berliner Erziehungswissenschaftler Paul

Heimann (1901–1967) zusammen mit seinen damaligen Mitarbeitern Gunter Otto (1927–1999) und Wolfgang Schulz (1929–1993) entwickelt wurde. Sie ist als »Berliner Modell« in Didaktiker- und Lehrerkreisen weiterhin populär. Das Modell Klafkis wurde von Heimann als »Stratosphärendenken«, d.h. als alltagsfern und nicht an den praktischen Bedürfnissen der Lehrerausbildung orientiert kritisiert und ihm wurden die Erfahrungen an der pädagogischen Hochschule in Berlin gegenübergestellt. Das daraus resultierende *Berliner Modell* wollte sämtliche Faktoren berücksichtigen, die den Unterricht bestimmen. Hierzu gehören nach Meinung der Autoren erstens die *Intentionen*, also die Ziele des Unterrichts, zweitens das *Thema* des Unterrichts, drittens die angewandten bzw. anzuwendenden *Methoden* und viertens der Einsatz bestimmter *Medien*.

In Hinblick auf diese vier Faktoren hat der Lehrer Entscheidungen zu treffen, die jedoch an zwei Grundvoraussetzungen gebunden sind, nämlich zum einen an *anthropogene*, d.h. allen Menschen angeborene und deshalb nicht veränderbare Voraussetzungen (Geschlecht, Talent, biologische Entwicklung usw.), und zum anderen an *soziokulturelle* Voraussetzungen (gesellschaftsabhängige Geschlechterrollenfestlegungen usw.). All dies ergibt nach Meinung der Autoren eine »formal konstante, zeitlos gültige Struktur« des Unterrichts. Entsprechend ergeben sich für den Unterricht sechs Grundfragen (Heimann 1976): (1) In welcher *Absicht* tue ich etwas? (2) *Was* bringe ich in den Horizont der Kinder? (3) *Wie* tue ich das? (4) Mit welchen *Mitteln* verwirkliche ich das? (5) An *wen* vermittle ich das? (6) In welcher *Situation* vermittle ich das?

Diese *Strukturanalyse* des Unterrichts bildet die erste Reflexionsebene des Berliner Modells, die zweite Ebene ist die *Faktorenanalyse* (nicht zu verwechseln mit der psychologisch-statistischen Methode der Faktorenanalyse) hinsichtlich normbildender (ideologischer und außerpädagogischer) Faktoren, bedingungssetzender Faktoren (Voraussetzungen und Rahmenbedingungen) und formschaffender Faktoren (historischer Wandel der Verfahren,

Methoden und Organisationsstrukturen). Damit entwickelte die Berliner Lerntheoretische Didaktik in den Augen heutiger Experten eine hohe Aufmerksamkeit gegenüber der Bedeutung des Lehrers hinsichtlich seines Lehrstils, seiner Persönlichkeit und seiner Haltung für den Lehrerfolg. Offensichtliche Schwächen waren und sind hingegen die geringe Konkretheit der empirischen Grundlegung, das Fehlen einer expliziten Lerntheorie, die nahezu vollständige Ausblendung des *Schüleranteils* am Lehr- und Lernerfolg und die angebliche Wertfreiheit der Entscheidungen im Rahmen der o. g. Bedingungen. Der Lehrer hat von den Autoren des Berliner Modells keine Hilfestellung darüber zu erwarten, wie er seine Entscheidungen zu treffen hat.

In bestimmter Weise hat Heimann diese Defizite jedoch mit einer »handlungsorientierten Bildungstheorie« zu kompensieren versucht, die *Hauptdimensionen menschlichen Handelns* beschreibt. Diese bestehen aus einem *kognitiv-aktiven* Teil, der auf Denken und Daseinserhellung abzielt und das Sammeln von Kenntnissen und die Entwicklung von Erkenntnissen und Überzeugungen beinhaltet, einem *pragmatisch-dynamischen* Teil, der auf Wollen und Daseinsbewältigung und die Entwicklung von Fähigkeiten, Fertigkeiten und Gewohnheit/Können abzielt, und einem *pathisch-affektiven* Teil, der mit Fühlen und Daseinserfüllung zu tun hat und zum Erleben und schließlich zu Gesinnungen und Haltungen führt. All das kulminiert in der Trias »Werk, Lebensgestaltung, Tat«. Kritisch gesehen ist dies nichts anderes als ein ganz traditionelles philosophisch-anthropologisches Konzept.

Der frühere Mitarbeiter Heimanns, Wolfgang Schulz, hat dieses Konzept Ende der 1960er Jahre, seit seinem Wechsel nach Hamburg, bis in die 1980er Jahre zum »Hamburger Modell« der Lerntheoretischen Didaktik umgearbeitet. Hauptanteile dieser Umarbeitung betrafen zum einen den Abschied vom Wertfreiheitspostulat zugunsten eines *radikalen politisch-empanzipatorischen Bildungsprogramms* und den Verzicht der Heimannschen »Lehrerzentriertheit« zugunsten eines »schülerorientierten« Unterrichts. Hauptaufgabe der Schule und des Unterrichts ist nach Schulz die Entwicklung von *Kompetenz, Autonomie* und *Solidarität* des Schülers. Grundlage dieser Zielsetzungen ist die philosophische Rekonstruktion sozialen Handelns und die kritische Analyse von Herrschaftsformen in unserer Gesellschaft.

So heißt es bei Schulz mit dem sozialkritischen Pathos der damaligen Zeit, »dass Erziehung nur als Dialog zwischen potenziell handlungsfähigen Subjekten vertretbar ist, nicht als Unterwerfung eines Unterrichts- und Erziehungsobjektes unter die Absichten des Lehrenden, weil wir uns in anthropologischer Reflexion als zur Freiheit Bestimmte, in diesem Anspruch auf Selbstverwirklichung Gleiche und einander Zugewandte, füreinander Verantwortliche erfahren. Diese Auffassung ist nur realisierbar unter der Voraussetzung, daß in gesellschaftstheoretischer Reflexion die Herrschaftsformen der Sozietät den Anspruch auf persönliche Lebensführung anerkennen und die gewaltfreie Auseinandersetzung mit Widersprüchen und inhumanen Zügen der Gesellschaft ermöglichen: Nur in freiheitlich-demokratischen und sozialen Demokratien ist dies realisierbar« (Schulz 2006). Scharf kritisiert werden alle »politökonomischen Determinismen«, die Bildung nur als Anpassung an die herrschenden Verhältnisse versteht.

Deutlich wird, dass die bisher dargestellten didaktischen Konzepte sich entweder an konservativen Bildungsidealen des 19. Jahrhunderts und der ersten Hälfte des 20. Jahrhunderts orientieren und Schule als Ort der Bewahrung dieser Ideale sehen oder in radikaler Abwendung die gesellschaftskritischen Anschauungen der späten 1960er und 1970er Jahre übernehmen und Schule nunmehr als Ausgangsort der Überwindung der bestehenden Arbeits-, Herrschafts- und Kulturbedingungen verstehen. Dabei werden aus heutiger Sicht ausschließlich geisteswissenschaftlich geprägte Worthülsen benutzt ohne jeden direkten Bezug zur

Schulpraxis. Erstaunlich ist, dass zumindest die Vertreter der Berliner und Hamburger Schule vornehmlich Schulpraktiker waren, es aber gleichzeitig versäumten, konkrete Modelle für den »besseren Unterricht« zu entwickeln. Überflüssig ist zu sagen, dass die Autoren im Sinne des Zeitgeistes die schon damals vorliegenden Erkenntnisse der psychologischen Lehr- und Lernforschung entschieden als »behavioristisch« abtaten.

Kommunikative und subjektive Didaktik

Das didaktische Modell der Berliner und Hamburger Schule weist nicht zufällig eine große Nähe zum Konzept der »herrschaftsfreien Kommunikation« auf, das der Philosoph und Soziologe Jürgen Habermas Anfang der 1980er Jahre vorlegte, auch wenn direkte Bezüge hierauf eher selten sind. Das zweibändige Werk »Theorie des kommunikativen Handelns« (TkH), erschienen 1981, übt bis heute eine nachhaltige Wirkung auf das deutsche Geistesleben einschließlich der Pädagogik und Didaktik aus.

In diesem Werk entwickelt Habermas die »Konsensustheorie der Wahrheit«: Wahrheit ist der Geltungsanspruch einer Aussage, der dann eingelöst ist, wenn alle Teilnehmer eines Diskurses zu einem vernünftigen Konsens über die Aussage gelangt sind. Empirische Evidenz allein konstituiert nicht Wahrheit – dies war bereits eine Kernaussage der Vertreter der Frankfurter Schule gegen die vermeintlich faktengläubigen »Positivisten«. Habermas macht diese Sprechakttheorie zur umfassenden Gesellschaftstheorie als Theorie kommunikativen, d.h. sprachlich vermittelten Handelns. Die Rationalität, auf der die Gesellschaft beruht, ist deshalb eine kommunikative, auf Einverständnis ausgerichtete *Diskursrationalität*, nicht eine *instrumentelle*, d.h. auf Ziele außerhalb der Kommunikation ausgerichtete *Zweckrationalität*.

Die Übernahme dieser Theorie kommunikativen Handelns wird von den Begründern der *(kritisch-)kommunikativen Didaktik*, wie sie von den Pädagogen Karl-Hermann Schäfer, Klaus Schaller und Rainer Winkel vertreten wird, dazu benutzt, einen rein kognitiv-instrumentell auf Wissensvermittlung und -erwerb ausgerichteten Unterricht *abzulehnen* und Lehren und Lernen stattdessen als »kommunikatives Geschehen« zu begreifen. Wichtig ist hierbei das *Beziehungsgeschehen* in der Interaktion zwischen Lehrenden und Lernenden. Die Art, wie diese miteinander kommunizieren, beeinflusst das Lehren und Lernen. Im Rahmen der »neueren kommunikativen Didaktik« wird der Prozess des Lehrens und Lernens nicht mehr als Vermittlung von Wissen durch eine Wissensquelle (Lehrer) an die Gruppe gesehen, sondern als *gemeinsame (kollektive) Konstruktion von Wissen*, wie dies vornehmlich mit »offenen Unterrichtsmethoden«, z.B. in der Lerngruppe geschieht. Lehren *soll* nach Winkel »kommunikativer werden (…), das heißt schülerorientierter, kooperativer, transparenter, mit- und selbstbestimmender, störungsärmer usw.« Schule hat das Ziel, »vorhandene Wirklichkeiten kritisch zu reflektieren und sie in anspruchsvollere Möglichkeiten zu transformieren« (Winkel 2006).

Zentraler Bestandteil des Lernens ist deshalb der Erwerb der Fähigkeit, miteinander intensiv und sachbezogen zu kommunizieren und den immer höher werdenden Ansprüchen an die kommunikative Kompetenz in unserer Gesellschaft gerecht zu werden. Entschieden abgelehnt werden die aus dem Behaviorismus entstandenen »expertokratischen didaktischen Konzepte«, wie sie von den informationstheoretisch-kybernetischen Modellen Felix von Cubes und Helmar Franks oder dem lernzielorientierten curricularen Modell von Christine Möller vertreten werden (s. unten), die nach Winkel »mit schulischem, das heißt kritischem, emanzipatorischem, bildendem Lehren und Lernen (…) wenig bis nichts zu tun« haben (Winkel 2006).

Befreit man diese Ausführungen der kommunikativen Didaktik von ihrem sozialkritischen Pathos, so wirken auch sie außerordentlich inhaltsleer. Die kommunikative Interaktion wird hier ebenso wie bei Habermas als *Wert in sich* dargestellt, ohne eine Antwort darauf zu geben, welches denn die genaueren inhaltlichen Ziele der Teilnehmer sein sollen. Dies war und ist auch der Hauptvorwurf gegenüber dem anderen großen philosophisch-sozialen Konzept der 1970er und 1980er Jahre, der Theorie sozialer Systeme des Soziologen Niklas Luhmann. Wichtigstes Ziel gesellschaftlicher Institutionen ist auch hier die Ermöglichung der »Anschlussfähigkeit kommunikativer Akte« – Menschen müssen einfach immer weiter miteinander reden, dann stellen sich schon die richtigen Inhalte ein.

Programmiertes Lernen, Kybernetische Pädagogik und lernzielorientierte Didaktik

Im Jahre 1954 veröffentlichte der bedeutendste Vertreter des Behaviorismus, Burrhus F. Skinner, einen vielbeachteten Aufsatz mit dem Titel »The science of learning and the art of teaching«, der auf seinem Hauptwerk »Science and Human Behavior« von 1953 (»Wissenschaft und menschliches Verhalten«) basierte. In diesem Aufsatz hielt er der damaligen Pädagogik vor, sie missachtete sträflich die »Gesetze des Lernens«, die er und andere Behavioristen identifiziert hätten. Er plädierte auch dafür, die Schule in der herkömmlichen Form abzuschaffen und Lernen strikt zu individualisieren – ein für die damaligen Verhältnisse revolutionäres Konzept. Er ging hierbei davon aus, dass jeder Schüler ein ganz individuelles Programm des Verstärkungslernens benötige, das vor allem das Zerlegen des Stoffes in ganz kleine Teile beinhalte (s. unten). Dies aber war in einem größeren Klassenverband unmöglich. Skinner fand auch, dass das Verstärkungslernen der einzelnen Schüler sich dort aufgrund einer unvermeidbaren Konkurrenzsituation nicht miteinander vertrage, d.h. der langsamer Lernende werde durch den schnellen Lernerfolg eines Mitschülers negativ konditioniert.

Skinner entwickelte aufgrund dieser Einsichten das sogenannte *Programmierte Lernen* bzw. den *programmierten Unterricht*. Hierbei wird ein klar definiertes Lernziel in viele kleine Schritte zerlegt, die der Lernende bewältigen muss, und er erhält genaue Rückmeldungen über das Erreichte. Erst nach erfolgreichem Abschluss samt Überprüfung erfolgt die Bearbeitung des nächsten Lernziels, und die Bewältigung des ersten Lernziels stellt die Belohnung für die bisherigen Leistungen dar. Dadurch kann – so die Meinung der Vertreter dieses Konzepts – das Lernen an den einzelnen Schüler individuell besser angepasst werden, d.h. es wird Rücksicht genommen auf sein persönliches Lerntempo, seinen Wissensstand, seine Fähigkeiten und Voraussetzungen. Sofern das Lernprogramm klar durchstrukturiert ist, kann man auch ganz auf einen Lehrer verzichten und durch eine »Lehr- bzw. Lernmaschine« – heute würden wir sagen – ein *Lernprogramm* im Sinne des e-Learning ersetzen. Bemerkenswerterweise verstand Skinner seinen Ansatz als human und warnte den damaligen Schulbetrieb vor dem ebenso menschenunwürdigen wie psychologisch zwecklosen Einsatz von Strafe und Strafandrohung (im Gegensatz zur Belohnung; s. Kapitel 4).

Diese Bewegung, die in Deutschland in den 1960er und 1970er Jahren sehr populär wurde, traf sich mit Initiativen, die von der seinerzeit von dem Philosophen Georg Picht diagnostizierten »Bildungskatastrophe« und dem damals befürchteten akuten Lehrermangel ausgingen. Sie verbanden sich mit dem aus der Regelungstechnik stammenden »kybernetischen« Verständnis von Verhaltenssteuerung, aber auch von kognitiven Prozessen einschließlich des Lernens, das unter dem Schlagwort »kybernetische Pädagogik« bekannt und von den Pädagogen Helmar Frank und Felix von Cube vertreten wurde. Der Begründer der Kybernetik, Norbert Wiener (1894–1964), ging in seinem grundlegenden Werk »Cybernetics or Control and Communication in the Animal and the Machine« von 1948 über den Behaviorismus noch hinaus, indem er nicht nur wie die Behavioristen tierisches und menschliches Lernverhalten im Hinblick auf klassische und operante Konditionierung gleichsetzte, sondern annahm, dass es ganz abstrakte Regelungs- und Verarbeitungsprozesse gebe, die universell auf lebende Wesen wie auf technische Systeme anwendbar seien. Zusammen mit den Arbeiten des ungarisch-amerikanischen Mathematikers John von Neumann (1903–1957) und dem von Claude Shannon und Warren Weaver ein Jahr später (1949) erschienenen Werk »The Mathematical Theory of Communication« gilt das Werk Wieners als Grundlage der Informatik, Computertechnik und »Künstliche-Intelligenz-(KI-)Forschung.

Grundlage der »kybernetischen Pädagogik« war die Verbindung eines streng behavioristischen Modells programmierten Lernens mit informationstheoretisch-»kybernetischen« Konzepten, wie sie vornehmlich von Helmar Frank vertreten wurde. Ziel war es, »Lehrmaschinen« zu entwickeln, die dafür sorgten, dass sich der in Kabinen sitzende Lernende mithilfe des richtigen Lehr-Lern-Programms einen bestimmten Stoff möglichst effektiv aneignete.

Es lohnt sich, über die Gründe des Scheiterns des behavioristischen und kybernetischen Lehr- und Lernprogramms nachzudenken. Zweifellos stellt die operante Konditionierung bzw. das Verstärkungslernen eine wesentliche, wenngleich einfache Form des Lernens dar, indem der Lernende (gleichgültig ob Tier oder Mensch) die Ausführung derjenigen Verhaltensweisen bevorzugt, für die er belohnt wird, und von denjenigen Abstand nimmt, die nicht belohnt oder bestraft werden. Das Anstreben von Belohnung und das Vermeiden von Bestrafung ist ein biologisch-psychisches Grundprinzip. Ein fundamentaler Irrtum der Behavioristen, namentlich Skinners, ist jedoch die Annahme, das Aufsuchen von Belohnung und das Vermeiden von Bestrafung sei eine Gegebenheit, die man allein schon dadurch erreiche, dass man gezielt in Tier und Mensch einen physiologischen Bedürfniszustand, meist Hunger oder Durst herstelle. Weitere Motive gab es auch beim Menschen erst einmal nicht, insbesondere nicht innerpsychische Motive wie Neugier, Machtstreben, Ruhmsucht, Anerkennung, Geldgier, soziale Nähe oder Wissensdurst – dies alles waren für Skinner nicht-beobachtbare und deshalb nichts erklärende »innere Zustände«. Hinzu kommt die Leugnung der fast unendlichen Vielfalt *individueller* physiologischer und psychologischer Bedürfnisse und Motive. *Was* für ein Individuum eine Belohnung oder eine Bestrafung darstellt, ist höchst individuell und von Genen, sozialer Prägung, Vorerfahrungen und Erwartungen abhängig, wie in Kapitel 3 dargestellt.

Die mangelnde Berücksichtigung der für das Lernen unabdingbaren emotional-motivationalen Rahmenbedingungen im programmierten Unterricht führt typischerweise dazu, dass die bloße Rückmeldung des Erfolgs, die als Verstärker fungieren soll, nicht attraktiv genug ist und sich schnell Langeweile und Müdigkeit ausbreiten, wie selbst Verfechter dieses Konzeptes zugeben mussten (vgl. dazu Becker 2006). Dieser Vorwurf trifft natürlich auch alle Ansätze der pädagogischen Kybernetik. Das eklatante Defizit des kybernetischen Lehr-Lernmodells lässt sich in Kurzform in dem lesenswerten Aufsatz Felix von Cubes »Die kybernetisch-informationstheoretische Didaktik« von 1997 (abgedruckt in Gudjons/Winkel 2006) nachlesen. Dort werden Erziehung und Ausbildung als »Regelungsprozess« beschrieben. Von Cube stellt zwar zu Beginn fest, dass es sich bei Erziehung und Ausbildung um ein ganz anderes »Regelobjekt« als in Technik und Biologie handle: »Der Mensch ist unter anderem ein Produkt der Phylogenese und der (sozialen) Umgebung; er hat Bedürfnisse, Motive, Zielvorstellungen usw. Dennoch kann das ›Regelobjekt‹ gezielt beeinflußt (gesteuert) werden, und nur darum geht es in Erziehung und Ausbildung«, nämlich um die Erreichung des Ausbildungs- oder Lehrziels als »Soll-Wert« über ein gezieltes *Verhaltensmanagement* im behavioristischen Sinne (von Cube 2006). Der

Ausbilder ist hier der Regler, der eine Lehrstrategie zum Erreichen des Soll-Wertes, d.h. des Lehrziels, anwendet, und die Schüler bzw. Lernenden sind der »Adressat« bzw. das »Regelobjekt«, deren Reaktionen (nicht etwa Aktionen!) erzielt werden sollen. Es geht darum, den jeweiligen Zustand des Adressaten möglichst schnell und effektiv festzustellen und ihn in den Kontrollprozess einfließen zu lassen. Die Aufgabe der Didaktik besteht in der Festlegung der Lehrziele und der »Kontrollstationen« (oder »didaktischen Stationen«) auf dem Weg zu diesen Lehrzielen. Wichtig ist schließlich, dass der Kontrolleur (Planer, Lehrende) Ort und Anzahl der zu erfolgenden Rückkopplungen flexibel festlegt.

Man mag über eine solche Sprache heute lächeln oder erschrocken die Augenbrauen heben, aber sie resultiert aus der damaligen Grundüberzeugung, die geisteswissenschaftlich-hermeneutische Didaktik, wie sie damals existierte und auch heute noch existiert (s. oben), sei ein irrationales und nutzloses Unterfangen. Von Cube fühlt sich mit seinem Ansatz dem *kritischen Rationalismus* Poppers verpflichtet, und hierbei ging es ihm darum, die Erziehungswissenschaften »auf die logisch-empirische (und damit intersubjektive) Methode« einzuschwören, um so zu allgemeinen und überprüfbaren Aussagen zu gelangen« (von Cube 2006). Didaktik muss entsprechend die »Entwicklung und Optimierung von Erziehungsstrategien und -techniken« leisten.

Ein ebenfalls am behavioristischen Grundkonzept der Verhaltenskontrolle orientiertes didaktisches Konzept, *curriculare Didaktik* oder auch *lernzielorientierter Unterricht* genannt, wurde seit den 1970er Jahren von der Siegener Psychologin Christine Möller entwickelt. Ziel dieses Verfahrens ist die genaue Bestimmung des Lernziels, das aus ganz unterschiedlichen Quellen gewonnen werden kann, aber bestimmte Kriterien erfüllen muss, wie die Berücksichtigung basaler menschlicher Bedürfnisse, gesellschaftlicher Anforderungen, demokratischer Ideen, der Konsistenz, der verhaltensmäßigen Interpretation, der Bedeutsamkeit für das zu unterrichtende Fach und der optimalen Erreichbarkeit für schulisches Lernen (Möller 2006). *Präzise* Ziele sind grundlegende Voraussetzung für eine effektive Methodenauswahl, und nur anhand dieser Ziele kann der Erfolg des Lern- und Lehrprozesses überprüft werden.

Dieser Ansatz strebt genaue Anweisungen für den Unterricht und für den gesamten Prozess der Unterrichtsablaufplanung und Kontrolle des Lernerfolges und schließlich auch der Lernziele an. Als große Vorteile der lernzielorientierten Didaktik werden genannt (1) *Transparenz*, die durch ihre Offenlegung ein demokratisierendes Element beinhaltet, (2) *Kontrollierbarkeit*, die auch die Entscheidungen des Lehrers im Planungs- und Organisationsprozess überprüfbar macht, (3) die *Beteiligung der weiteren Betroffenen*, d.h. der Schüler und Eltern, und (4) die *Effizienz* durch Lernziele als Grundlage der Lernorganisation, was positive Verstärkungsmöglichkeiten nach dem Skinnerschen Lernmodell für Lernende und Lehrer schaffen soll.

Völlig übersehen wird dabei die Rolle der Lehrer- und der Schülerpersönlichkeit. Wie von Cube drastisch formuliert, handelt es sich beim Lehrer um den Kontrolleur, der als »Lehrmaschine« fungiert und beim Schüler um den Adressaten, der letztlich nichts anderes ist als die geplanten »Lernmaschinen«. Emotionale und motivationale Faktoren, die das Lehren und das Lernen befördern oder hemmen, kommen in diesen Konzepten nicht vor. Schließlich fehlt der Auftrag völlig, den Schüler zu einer »reifen Persönlichkeit« auszubilden und zwar in dem Sinne, wie ich im 1. Kapitel darzustellen versucht habe, und wovon im nächsten Kapitel die Rede sein wird. Insgesamt genügt der behavioristisch-kybernetische Ansatz in keiner Weise mehr dem Kenntnisstand, der heute in Bezug auf Lehr- und Lernprozesse in der Psychologie und Neurobiologie vorliegt.

Konstruktivismus und konstruktivistische Didaktik

Der Konstruktivismus ist neben der Theorie kommunikativen Handelns von Jürgen Habermas und der soziologischen Systemtheorie von Niklas Luhmann (auf die hier nicht weiter eingegangen werden kann) seit den 1980er Jahren die wohl einflussreichste philosophische Strömung im deutschen Sprachraum. Anders als die beiden anderen genannten Konzepte hat sie jedoch nie eine einheitliche Ausformulierung erlebt. Schon die Wurzeln des Konstruktivismus sind sehr heterogen und in der technischen Regelungstheorie/Kybernetik (Heinz von Foerster), der Kommunikationstheorie (Paul Watzlawick), der Entwicklungspsychologie (Piaget, Ernst von Glasersfeld) und der Theorie biologischer Systeme (»Autopoiese-Theorie« von Humberto Maturana und Francisco Varela) zu finden. Ich habe mich seit den 1990er Jahren um eine neurobiologische Fundierung konstruktivistischer Vorstellungen bemüht (vgl. Roth 1996 und 2009), die sich allerdings kritisch mit dem sogenannten radikalen Konstruktivismus von Ernst von Glasersfeld auseinandersetzt. Dies schließt eine konstruktivistische Theorie des Verstehens ein, wie ich sie im vorhergehenden Kapitel dargestellt habe.

Grundidee aller konstruktivistischen Ansätze ist die Vorstellung, dass uns in unserer Wahrnehmung ebenso wie in unserem Denken die bewusstseinsunabhängige Welt (die ich »Realität« genannt habe; vgl. Roth 1996) nicht direkt zugänglich ist. Was als Seh-, Hör- und Tasteindrücke empfunden wird, spiegelt *nicht* die Beschaffenheit der auf die Sinnesorgane einwirkenden Ereignisse wider, vielmehr sind alle Sinnesempfindungen *reine Konstrukte* in dem Sinne, dass ihre empfundenen Eigenschaften vollständig auf die Aktivität des Gehirns zurückgehen und nicht auf die Natur der Reize.

Ein solcher Konstruktivismus erscheint erst einmal unvereinbar mit allen bisherigen Konzepten der Pädagogik und Didaktik, seien diese bildungstheoretischer, sozialkritischer oder behavioristisch-lerntheoretischer Art. Für den Behaviorismus ist der Lernende, wie gerade gehört, ein kontrollierbares »offenes« System. Eine »Offenheit« gegenüber Bildungserziehung und kommunikativer Rationalität setzen auch die oben dargestellten geisteswissenschaftlichen Didaktiken voraus, wenngleich der hermeneutische Ansatz durchaus eine Nähe zum Konstruktivismus besitzt, was leider bisher nicht weiter ausgeführt wurde. Beide ansonsten entgegengesetzten Richtungen setzen die Möglichkeit gelingender Kommunikation im Sinne einer direkten wechselseitigen *Übertragung von Bedeutungen* voraus.

Im Rahmen *radikal-konstruktivistischen* Denkens erhalten Lehren und Lernen einen völlig anderen Sinn. Der Lehrende sendet keine »Informationen« mehr aus, die der Lernende aufnimmt, verarbeitet, abspeichert und als »Wissen« etwa in Prüfungen wiedergibt. Vielmehr sieht sich der Lernende einer Menge von internen Ereignissen ausgesetzt – gleichgültig woher sie stammen –, die in ihm Veränderungen hervorrufen, die sich dann stabilisieren und ein erfolgreiches Weitermachen ermöglichen (das Glaserfeldsche Prinzip der *Viabilität;* vgl. von Glasersfeld 1995). Aus der fiktiven Sicht eines externen Beobachters mag dies als Anpassung des kognitiven Systems des Lernenden an die Vorgaben des Lehrenden erscheinen, aber für den radikalen Konstruktivisten existiert der Lehrende, falls vorhanden, nur als Erlebniskonstrukt der individuellen Wirklichkeit. Es ist deshalb letztlich gleichgültig, *was* der Lehrende eigentlich sagen oder erreichen wollte und ob er überhaupt existiert. Wichtig ist nur, *was* der Lernende aus seinen internen Signalen konstruiert. Alles, was er macht, ist deshalb *selbstorganisiert* und *selbstkonstruiert*, ohne jeglichen Anspruch auf objektive Gültigkeit, die auch niemals zu erreichen ist.

Damit gerät der radikale Konstruktivismus allerdings in die Gefahr des *Selbstwiderspruchs*, denn richtige didaktische Konzepte und Methoden kann es eigentlich nicht geben, und deshalb ist es verwunderlich, wenn konstruktivistische Didaktiker wie Kersten Reich überhaupt Bücher über die von ihnen vertretenen Anschauungen und Methoden schreiben. Sie schaffen dies nur, indem sie sich anfangs radikalkonstruktivistisch geben, sich aber später davon distanzieren und bei einem sozialen bzw. kulturellen Konstruktivismus Zuflucht suchen, was sie in die Nähe von Jürgen Habermas stellt.

Radikalkonstruktivistisch beginnt Reich in seinem Buch »Konstruktivistische Didaktik« (4. Auflage 2008) mit einer Kritik an der traditionellen Lehrerrolle als eines allwissenden Kontrolleurs. Ein solcher Kontrolleur entscheidet nach Reich »manipulativ«, was gemacht wird, engt die Wahl des Gegenstandes so ein, dass auf jeden Fall gemacht wird, was er will, und bietet nur Material an, das dasjenige vorstrukturiert, was er erwartet. Demgegenüber darf und sollte der konstruktivistisch ausgerichtete Lehrende zwar durchaus über ein »Mehrwissen« verfügen, er muss aber zugleich realisieren, dass er nicht besser als der Lerner weiß, (1) wie jeder Lerner am erfolgreichsten lernt, (2) welcher Lernstoff auf Dauer hält, was er verspricht, (3) welche Beziehungen am Ende die besten und wichtigsten sind, und (4) wer der/die Beste in der Klasse »ist« und aus wem später etwas werden wird. Stattdessen geht es um dialogisches Ermitteln und Evaluieren von »Viabilität«, nämlich darum, dass der Lernprozess *irgendwie* weitergeht und – was Habermas und Luhmann als das Wichtigste am kommunikativen System ansehen – um die *Fortsetzung der Kommunikation*.

Gleichzeitig kriegen die begabungspsychologisch und -biologisch orientierten Didaktiker einen Seitenhieb ab: »Der Hinweis auf Begabungen, auf genetische Anlagen, auf ein biologisches Kapital des Lernens wird den Didaktiker hilflos lassen. Er könnte es allenfalls dazu benutzen, jegliche Schuld bei Misserfolgen des Lernens von sich zu weisen. Aber geht es hier überhaupt darum? Besteht die didaktische Kunst nicht vielmehr darin, unabhängig von solchen Zuschreibungen den Lerner möglichst optimal mehr darin zu fördern, damit er so weit in seinem Lernen gelangen kann, wie es eben in der Lernsituation und Lernumgebung geht?« (Reich, S. 40).

Der erstaunte Leser wird sich fragen, was für Reich und allgemein für einen Konstruktivisten »optimal« bedeutet, und wie man feststellen kann, wie weit ein Lerner gelangen kann. Wenn ich scheinbar unüberwindliche Lernschwierigkeiten bei einem Schüler feststelle, woher weiß ich dann, woran es liegt? An mangelndem Vorwissen, an mangelnder Begabung, an mangelnder Motivation, am spezifischen Persönlichkeitstyp oder an dem für den Schüler unpassenden Unterrichtsstil? Das ist innerhalb des Konzepts von Reich gar nicht entscheidbar, denn er sagt ausdrücklich, dass in einer zeitgemäßen, also konstruktivistischen Didaktik der Erfolg durch »Viabilität« ersetzt wird. Wahrheit und Wissen müssten relativiert und alle eigenen Ansprüche de-konstruktiviert, d.h. kritisch hinterfragt werden. Es gibt keine vollständige und beste Lösung, keine Gewissheit, kein eindeutiges Wissen, keinen Universalismus, keinen Naturalismus, keinen Realismus, sondern nur eine postmoderne Singularität und Dekonstruktion, d.h. Relativierung aller Positionen und Ergebnisse.

Um einen Selbstwiderspruch zu vermeiden, beeilt sich Reich dann auch, sich von einem radikalen Konstruktivismus wieder abzusetzen. Für ihn sind die (wechselseitigen) Beziehungen der Ankerstein gegen eine völlige Beliebigkeit, wie er sie als Gefahr beim radikalen Konstruktivismus sieht. Wir können uns in »Verständigungsgemeinschaften« darauf *einigen*, was »viabel« ist, wir können die Wirklichkeit durch Experimentieren und Ausprobieren »testen« und somit verschiedene Versionen der Realität schaffen, die wir gleichzeitig kritisch hinterfragen.

Es ist kein Zufall, dass Reich sich hier neben dem Begründer des Pragmatismus, John Dewey (1859–1952), explizit auf Habermas beruft (s. S. 75f.). Entsprechend ist der von Reich vertretene Konstruktivismus in Wirklichkeit ein »kulturorientierter Konstruktivismus«. Seine konstruktivistische Didaktik sieht »die Festlegung von Wahrheit und Wissen als eine sehr komplexe und schwierige Angelegenheit an, denn es existieren zwar einerseits Bereiche, in denen sich Menschen in der Praxis einigen können und müssen, was als wahr gelten kann, aber es gibt ebenso viele andere Bereiche, vor allem bei sozialen und kulturellen Fragen, in denen immer mehr ein Dissens über die Versionen von Weltauslegungen herrscht und gelebt wird ... Wahre Aussagen gewinnen wir, wenn wir in einer Kultur, mit bestimmten Perspektiven, Wirklichkeit bestimmen« (Reich, a.a.O., S. 76). Das Reale, Objektive kann dabei durchaus aufscheinen, aber es kann dabei erschrecken und schockieren. Der Primat aller konstruktivistischen Didaktik ist in der Nachfolge Deweys die Praxisorientierung (vgl. S. 83).

Das Grundproblem eines solchen Konzepts ist, dass es ständig im Dreieck zwischen (1) einem radikalkonstruktivistischen und -subjektivistischen Standpunkt im Sinne von Glasersfeld, (2) kultur- und sozialkonstruktivistischen Positionen à la Habermas oder Berger und Luckmann und (3) einem Pragmatismus à la Dewey schwankt, der Lernen ganz und gar auf praktische Erfahrung aufbaut. Plötzlich ist Bildung nicht mehr Einzelerfahrung, sondern ein intersubjektiver Verständigungsprozess in Beziehungen, dann wieder bricht das »Reale« in die Lebenswelt ein, schließlich können wir unsere Konzepte de-konstruieren, d.h. kritisch durchschauen. Reich scheint gelegentlich zu erkennen, dass – wie Jank und Meyer (2009) zu Recht schreiben – eine konstruktivistische Didaktik im traditionellen Rahmen der Erziehungswissenschaften ohne eine gründliche Analyse des Verstehens- und Kommunikationsprozesses gar nicht entwickelt werden kann.

Es zeigt sich, dass die Entwicklung einer konsistenten konstruktivistischen Didaktik eine schwierige, wenngleich notwendige Angelegenheit ist, die zum Teil noch zu leisten ist. Sie kann nur auf einer präzisen Theorie der Bedeutungsentstehung als individueller Konstruktion von Wissen gelingen, wie ich sie im vorausgehenden Kapitel vorgestellt habe. Es gibt dabei keinen Ausweg aus der strengen Subjektbezogenheit, aber die Möglichkeit gegenseitigen Verstehens aufgrund konsensueller Mechanismen, wobei das Gelingen des Verstehens selbst immer eine Hypothese bleiben muss. Selbstverständlich muss sich eine solche konstruktivistische Theorie des Verstehens, zumal auf psychologisch-neurobiologischer Grundlage, mit der Gefahr der Selbstwidersprüchlichkeit auseinandersetzen. Auch wissenschaftliche Evidenzen sind Konstrukte und ihr möglicher Zuwachs an Plausibilität, Kohärenz und Konsistenz spiegelt nicht einen Zuwachs an »objektiver Wahrheit« wider.

Neurodidaktisch-neuropädagogische Konzepte

Seit Ende der 1980er Jahre befassen sich Didaktiker und Pädagogen intensiver mit den Forschungsergebnissen der Neurowissenschaften. Seither entwickelt sich das Verhältnis zwischen Neurowissenschaften und den Erziehungswissenschaften und -praktikern in einer komplizierten Weise. Wir müssen hier drei Dinge unterscheiden, nämlich erstens Aussagen von Neurowissenschaftlern zur Verbesserung von Pädagogik und Didaktik bzw. der Schulpraxis aufgrund neurowissenschaftlicher Erkenntnisse, was ich hier »pädagogische Neurobiologie« nennen will, zweitens Ratgeber aus vielerlei Richtungen zum »hirngerechten Lernen« und drittens »neuropädagogisch-neurodidaktische« Konzepte von Pädagogen und Didaktikern.

»Pädagogische Neurobiologie«

Aktueller Ausgangspunkt zur intensiveren Beschäftigung mit pädagogisch-didaktischen Fragen war für Neurowissenschaftler der »PISA-Schock«, der durch die ersten Ergebnisse der Internationalen Schulleistungsstudie der OECD-Länder im Jahre 2001 hervorgerufen wurde. Diese Ergebnisse ergaben für Deutschland in Mathematik, Lesefähigkeit und Naturwissenschaften mittelmäßige bis unterdurchschnittliche Ergebnisse und dies rief eine intensive öffentliche und durch die Medien verstärkte Debatte hervor. Der Ulmer Psychiater Manfred Spitzer, der Magdeburger Neurobiologe Henning Scheich und der Göttinger Neurobiologe Gerald Hüther – um die Hauptvertreter zu nennen – meldeten sich zu Wort und gaben die Hauptschuld für dieses »Versagen« dem Umstand, dass die bisherige Pädagogik und Didaktik die neuen Erkenntnisse der Neurowissenschaften zu den Bedingungen des Lehrens und Lernens sträflich vernachlässige und eine vornehmlich anti-naturwissenschaftliche Haltung einnehme. Dagegen könne die Rezeption dieser neuen Ergebnisse die Schulpraxis entscheidend verbessern.

Diese seither vielfach wiederholten Aussagen wurden von den Medien und beträchtlichen Teilen der Lehrerschaft begierig aufgenommen und von der psychologischen Lehr- und Lernforschung, voran von der Psychologin und Bildungsforscherin Elsbeth Stern, sowie – selbstverständlich – von den kritisierten Erziehungswissenschaftlern ihrerseits heftig kritisiert.

Das Credo dieser ansonsten sehr heterogenen »pädagogischen Neurobiologie« lautet schlicht und einfach »Lernen ist Gegenstand der Gehirnforschung; daher wird ein Lehrer, der weiß, wie das Gehirn funktioniert, besser lehren können« (Spitzer 2003). Man könne sogar Pädagogik und Didaktik schlicht durch Hirnforschung ersetzen; Spitzer sprach damals von der Möglichkeit einer »feindlichen Übernahme« der Erziehungswissenschaften durch die Neurobiologie.

Die beiden Fragen, die wir uns in diesem Zusammenhang stellen müssen, lauten: (1) Versteht die Hirnforschung die Prinzipien und Mechanismen tatsächlich bereits soweit, dass sich daraus direkt Einsichten für eine bessere Unterrichtspraxis ergeben? (2) Wer soll diesen Transfer leisten – die Pädagogen-Didaktiker, die Schulpraktiker oder die Neurobiologen selbst?

Die erste Frage ist schwierig zu beantworten. Wie im vorliegenden Buch dargestellt, gibt es inzwischen eine große Fülle von Erkenntnissen zu den kognitiven und emotional-motivationalen Bedingungen für das Lehren und Lernen. Diese stammen allerdings mehrheitlich aus der Psychologie oder Neuropsychologie und nicht aus der Neurobiologie. Letztere hat zwar zweifellos in den vergangenen zwei Jahrzehnten große Fortschritte in der Aufklärung der neurobiologischen Grundlagen von Lehren und Lernen gemacht. D.h. man geht von kognitiven und emotional-motivationalen Phänomenen wie Gedächtnisleistungen, Aufmerksamkeit, Bewusstsein, Ehrgeiz, Intelligenz aus und versucht herauszubekommen, *warum* bestimmte Lehr- und Lernmethoden funktionieren und andere nicht. Hier haben die Neurobiologen den Psychologen zugearbeitet und zumindest in Teilbereichen die Ergebnisse der Psychologen und Neuropsychologen *naturwissenschaftlich fundieren* können. Dies stellt aus wissenschaftstheoretischer Sicht natürlich eine wichtige Leistung dar, insbesondere angesichts der bisher stark geisteswissenschaftlich ausgerichteten Pädagogik und Didaktik.

Nur wenige pädagogisch relevante Erkenntnisse beruhen hingegen auf genuin neurobiologischen Forschungsresultaten. Das liegt daran, dass die meisten solcher neurobiologischen Erkenntnisse grundlagenwissenschaftlicher Art sind und meist unter sehr artifiziellen Laborbedingungen gewonnen wurden. So ist es trotz intensiver neurobiologischer Erforschung der molekularen und zellulären Grundlagen von Habituation, Sensitivierung und klassischer Konditionierung immer noch unklar, ob Langzeitpotenzierung (LTP) überhaupt irgendetwas mit schulischem oder akademischem Lernen zu tun hat, und ob es sich bei LTP nicht um ein *unspezifisches* Phänomen neuronaler Plastizität handelt (vgl. Kapitel 4).

Die von Neurobiologen präsentierten »praxisrelevanten« Ergebnisse der Hirnforschung sind deshalb meist von großer Allgemeinheit, so etwa hinsichtlich der Rolle von Dopamin für den Lernerfolg. Die neurobiologische Erforschung der Funktionen des Neurotransmitters und -modulators Dopamin (vgl. Anhang 1) hat zudem ein wechselhaftes Schicksal erlebt, genauso wie die von Serotonin. Während man anfangs Dopamin als »Belohnungsstoff« und sogar »Glückshormon« ansah, wurde diese Funktion später mehr und mehr den endogenen Opioiden und anderen euphorisierenden Stoffen zugeschrieben, und Dopamin wurde und wird nunmehr als wichtiger Teil im »Belohnungsvoraussagesystem« angesehen (vgl. Kapitel 3). Allerdings ist bei Dopamin ebenso wie bei Serotonin die Vielfalt der Rezeptoren, deren Wirkung man nur teilweise kennt, beängstigend, und entsprechend stellt man eine Beteiligung von Dopamin und von Serotonin bei zahlreichen und zum Teil ganz unterschiedlichen Funktionen fest, genauso wie dies für Hirnzentren wie die Amygdala und den Nucleus accumbens zutrifft. Je weiter man forscht, desto komplexer wird es.

Auch wenn Dopamin – wahrscheinlich über das Motivationssystem und die »Belohnungserwartung« (vgl. Kapitel 3) – eine wichtige Funktion für das Lernen hat, ist entsprechend seine *spezifische* lernfördernde Rolle noch nicht bekannt. Dasselbe gilt für die Ausschüttung des Neurotransmitters/Neuromodulators Acetylcholin bei der Gedächtnisbildung und der Aufmerksamkeit, wie in Kapitel 5 dargestellt. Zugleich erlangen diese Erkenntnisse nur Bedeutung in der Zusammenschau mit (neuro-)psychologischen Untersuchungen zum Lernen, zur Gedächtnisbildung, zu Aufmerksamkeit, Motivation usw. Es ist deshalb einigermaßen rätselhaft, wie Neurobiologen die Erziehungswissenschaften zum Zwecke besserer Unterrichtspraxis »übernehmen« könnten (ob feindlich oder nicht), denn sie wüssten gar nicht, was sie konkret machen sollten.

Wie Terhart (2000) und Becker (2006) darstellen, sind deshalb die Rezepte der pädagogisch-didaktisch orientierten Neurobiologen von großer Allgemeinheit und gehen meist nicht über hinlänglich bekannte Ziele der Reformpädagogik hinaus, wenn etwa gefordert wird, Lehrer sollten bei den Schülern Neugier wecken, Lernen solle Freude machen, Kinder sollten früh und vielseitig gefördert werden, Unterricht solle sich an der Lebenswelt der Kinder bzw. am Alltag orientieren, neues Wissen solle auf bereits vorhandenem Wissen aufbauen, Lernen solle überwiegend selbstorganisiert sein, der 45-Minuten-Takt des Unterrichts solle abgeschafft werden usw.

Diese Forderungen haben mit neurobiologischer Forschung im engeren Sinn erst einmal nichts zu tun. So entstammen Aussagen über den Sinn oder Unsinn des 45-Minuten-Taktes psychologischen Experimenten, die ergeben haben, dass die sehr begrenzte Kapazität des Arbeitsgedächtnisses bei der Verarbeitung neuen Stoffes unbedingt berücksichtigt werden muss. Diese psychologische Einsicht wird nun auf bedeutende Weise durch Erkenntnisse über die Neurophysiologie des Arbeitsgedächtnisses gestützt, wie in Kapitel 5 dargestellt. Dasselbe gilt für die Forderung nach Anschlussfähigkeit oder Alltagsnähe vermittelten Wissens: Die leitet sich nicht aus neurobiologischen Erkenntnissen ab, aber Erkenntnisse über die neurobiologischen Grundlagen des episodischen und semantischen Gedächtnisses und Annahmen über die »Speicherstruktur« des deklarativen Gedächtnisses stützen wiederum solche Forderungen. Hier hat die neurobiologische Forschung eine wichtige Funktion, denn sie kann eine bedeutsame Rolle bei bisher innerpsychologischen oder erziehungswissenschaftlichen Streitfragen über den »besten« Unterricht spielen.

Problematischer wird es allerdings schon bei der gängigen Aussage, dass Lernen »Freude machen« soll. Eine solche Sicht ist viel zu kurz gegriffen, denn wenngleich Lernen selbstverständlich Spaß machen kann, ist es doch oft mühsam, aber dennoch notwendig, weil man bestimmte Ziele erreichen will, z.B. ein erfolgreiches Abitur oder Examen, eine gutbezahlte und angesehene

Position, den Nobelpreis usw. Bei solchen Aussagen wird der Aspekt »Freude bzw. Spaß machen« mit der (trivialen) Notwendigkeit einer hinreichenden Motivation verwechselt. Wie in Kapitel 2 und 3 dargestellt, sind Herausforderung (d.h. milder Stress), Anstrengung und Mühe für den Lernerfolg sogar notwendig. Hier bleibt einfach noch viel zu erforschen, und zwar in enger Zusammenarbeit von Lernforschern, Psychologen und Neurobiologen.

Die neurobiologische Forschung trägt viel zum Verständnis der Voraussetzungen und Bedingungen von Lehren und Lernen bei, wie in diesem Buch dargestellt. Eine Bedeutung für den Unterricht erhalten aber derartige Forschungsergebnisse nur im Zusammenhang mit Forschungsergebnissen von Psychologen und sonstigen Lehr- und Lernforschern sowie mit den Einsichten der Schulpraktiker. Richtig hingegen ist die Diagnose, dass die an den Hochschulen betriebene Didaktik und Pädagogik für die Schulpraxis in großem Maße irrelevant sind, weil sie die von Psychologen und Neurobiologen gewonnenen Einsichten nicht aufnehmen oder sogar vehement ablehnen. Das wird von führenden und neurobiologiekritischen Didaktikern wie Terhart, Meyer und Becker auch nicht bestritten.

Ratgeber für »hirngerechtes« Lehren und Lernen
Es gibt inzwischen einen großen und profitablen Markt an Ratgebern für »hirngerechtes« Lehren und Lernen. Die Autoren stammen aus den unterschiedlichsten, jedoch durchweg nicht-neurobiologischen Disziplinen. Sie diagnostizieren wie die Neurobiologen das komplette Versagen der gegenwärtigen Pädagogik und Didaktik und empfehlen bzw. praktizieren demgegenüber den Rückgriff auf die Neurobiologie. Hierunter fallen allerdings Konzepte wie Suggestopädie bzw. Superlearning, Edu-Kinestetik bzw. Brain Gym®, Ganzheitliches Lehren und Lernen mit allen Sinnen (einen Überblick gibt Becker 2006). Diese Methoden und Rezepte sind teils von großer Allgemeinheit und Verwaschenheit,

wenn sie sich zugunsten eines »ganzheitlichen«, »entspannten« oder »kreativen« Lernens aussprechen, teils sind sie aus psychologischer und neurobiologischer Sicht obskur, z.B. wenn sie die Beseitigung eines »Ungleichgewichts« zwischen den beiden Hirnhemisphären oder eine »bessere Ausnutzung der Hirnkapazität« propagieren. Das beruht auf teilweise falsch verstandenen, teilweise irreführend dargestellten Forschungsergebnissen. Mit wissenschaftlicher Begründung hat dies nichts zu tun. Dies lässt sich, wie Becker treffend bemerkt, allein schon an der »zirkulären« Beleg- und Zitierweise festmachen, d.h. man zitiert zugunsten der eigenen Aussagen solche anderer Ratgeber-Autoren, aber nicht anerkannte Originalarbeiten der Psychologie und Neurobiologie. Ein bei den Ratgebern beliebter Gewährsmann ist der verstorbene Biochemiker Frederic Vester (1925–2003), dem mit seinem Buch »Denken, Lernen, Vergessen – Was geht in unserem Kopf vor, wie lernt das Gehirn, und wann lässt es uns im Stich?« 1975 ein Bestseller gelang. Dieses unterhaltsame Buch hat inzwischen mehr als 30 Auflagen erlebt und wird immer noch von Pädagogen und Lehrern gern gelesen, obwohl es in fast jeder Hinsicht völlig veraltet ist, was man bei einem vor so langer Zeit entstandenen Buch nicht anders erwarten kann.

Besonders die in der Ratgeberliteratur propagierte Idee, man müsse das »Ungleichgewicht« zwischen den beiden Hirnhälften durch gewisse Übungen verändern, kann aus neurobiologischer Sicht nur Kopfschütteln hervorrufen. Selbstverständlich gibt es bei vielen subcorticalen und insbesondere corticalen Funktionen »asymmetrische« Verteilungen bestimmter Unterfunktionen. So finden im Bereich der Wahrnehmung und Kognition räumlich-bildliche und emotionsbezogene Funktionen vermehrt rechtshemisphärisch, analytisch-sprachbezogene Funktionen eher linkshemisphärisch statt. Beim Musikhören sind nach gegenwärtigem Wissen stets beide Hemisphären beteiligt, wobei Melodie und »Ausdruck« vermehrt rechtshemisphärisch, Rhythmus und alle symbolhaften Ausführungsanweisungen und Notationen, aber auch formale Strukturen des Musikstücks eher linkshemisphärisch verarbeitet werden (Altenmüller 2006). Dies gilt in ähnlicher Weise auch für sprachliche Kommunikation, wobei eine deutliche Dominanz der linken Hemisphäre nur für die Sprachproduktion (über das Broca-Zentrum) gefunden wird. Beim Sprachhören sind beide Hemisphären beteiligt (Friederici 2006). Solche Asymmetrien sind also im Allgemeinen nicht strikt, variieren oft zwischen Individuen und sind überwiegend Ergebnis früher Hirnentwicklungen. Überdies lassen sie sich durch Training nicht oder nur vorübergehend beeinflussen; sobald man mit einem Training aufhört, stellt sich der ursprüngliche Zustand wieder her, wie dies für intensives Training von Fingerbewegungen (z.B. beim Klavierspielen) nachgewiesen wurde (vgl. dazu Elbert und Rockstroh 2006). Ähnliches haben wir schon in Kapitel 6 in Hinblick auf intellektuelle Förderung behandelt.

Die in diesem Zusammenhang oft beklagte »mangelnde Zusammenarbeit« zwischen den Hirnhälften ist also ein Märchen. Die Interaktion zwischen den Hemisphären geschieht einerseits durch subcorticale Zentren, die ihre Erregungen zu beiden Hemisphären schicken, und andererseits über den Balken (das *Corpus callosum*), der aus rund 300 Millionen verbindenden Nervenfasern besteht. Man sagt zwar, dass Frauen für kognitive Leistungen im Durchschnitt beide Hemisphären stärker gleichermaßen benutzen, während Männer eher »asymmetrisch« arbeiten, und dies scheint auch hormonell beeinflusst zu sein – bei Frauen etwa durch die im Monatszyklus sich verändernden Spiegel der Sexualhormone (vgl. Lautenbacher et al. 2007), aber das lässt sich durch Training nicht nachweisbar beeinflussen. Selbst wenn dies ginge, wäre der Effekt nur vorübergehend. Vergeblich ist natürlich die Aufforderung »Trainiere deine rechte Hirnhälfte!«, denn das sagt man der sprachlich dominanten linken Hirnhälfte!

Ähnlich irreführend sind alle Aufforderungen und Versprechen, die Verarbeitungskapazität des Gehirns zu steigern. Meist liegt dem eine schlichte Logik zugrunde: Es wird willkürlich angenommen, dass wir unsere Hirnkapazitäten nur zu 10 % nutzen, während superintelligente Menschen, wie der oft in diesem Zusammenhang abgebildete Albert Einstein, ihr Gehirn sicherlich zu 100 % nutzten! Also geht es darum, durch Gehirn-Jogging und andere Übungen die Auslastung des eigenen Gehirns zu steigern, und das in speziellen Wochenendveranstaltungen für einen vergleichsweise lächerlichen Preis von einigen Hundert bis mehreren Tausend Euro. Der Haken dabei ist, dass – wie in Kapitel 6 dargestellt – das Gehirn aus guten Gründen nach dem Gegenteil trachtet, nämlich sich möglichst wenig anzustrengen, da anstrengende geistige Aktivität stoffwechselphysiologisch teuer, langsam und fehlerbehaftet ist. Je intelligenter Menschen sind – so haben wir gesehen –, desto effektiver, d.h. mit weniger Aufwand, arbeitet ihr Gehirn. Durch ein gezieltes kognitives Training machen wir das Gehirn, besonders das Arbeitsgedächtnis, effektiver, sodass es noch sparsamer arbeitet! Man kann im Übrigen das Arbeitsgedächtnis nicht wie den motorischen Cortex trainieren (s. oben), sondern es nur lernen lassen, Tricks, Abkürzungen und Eselsbrücken zu entwickeln (vgl. Anhang 2).

Die Vorstellung, in unserem Gehirn gebe es »ungenutzte« Gebiete, ist ebenso unzutreffend, denn solche Gebiete werden sofort von anderen funktionellen Systemen »übernommen«, wie dies bei früh-nachgeburtlicher Erblindung geschieht (Elbert und Rockstroh 2006), da es im Gehirn, namentlich im Cortex, stets einen Wettkampf um synaptische Kontakte gibt. Daraus folgt, dass die Stärkung einer Funktion in der Regel mit der Schwächung einer anderen einhergeht. Schließlich ist stoffwechselphysiologisch betrachtet ein zu 100 % ausgelastetes Gehirn gar nicht möglich, da schon seine Alltagsfunktionen in Hinblick auf den Sauerstoff- und Zuckerverbrauch außerordentlich »teuer« sind. Deshalb ist im Gehirn immer »Sparflamme« angesagt.

Neurodidaktik und Neuropädagogik

Der Begriff »Neurodidaktik« wurde Ende der 1980er Jahre von dem Fachdidaktiker Gerhard Preiß geprägt, um die Bedeutung neurowissenschaftlicher Erkenntnisse für Didaktik, Pädagogik und Unterrichtspraxis zu betonen. Bekannte Repräsentanten der neurodidaktischen und neuropädagogischen Richtung sind daneben Gerhard Friedrich, Peter Gasser, Ulrich Herrmann, Bernd Otto und Annette Scheunpflug, die allerdings z. T. sehr unterschiedliche Konzepte vertreten, auf die hier nicht im Einzelnen eingegangen werden kann. Im besten Fall bewegt sich die Rezeption neurowissenschaftlicher Erkenntnisse durch diese Autoren auf dem Niveau, das bei den oben genannten pädagogisch orientierten Neurobiologen vorhanden ist. Das muss aber kein Nachteil sein, da zumindest einige »Neurodidaktiker« wie Ulrich Herrmann sich der komplexen Beziehung zwischen Neurobiologie und Didaktik/Pädagogik bewusst sind (vgl. Herrmann 2009a,b).

Allerdings ist dasjenige, was von Neurodidaktikern an Einsichten und Vorschlägen angeboten wird, von derselben reformpädagogischen Allgemeinheit wie Aussagen der pädagogisch orientierten Neurobiologen. Hierzu gehören (zitiert nach Herrmann 2009a,b): (1) Schüler müssen die Möglichkeit haben, konkrete Erfahrungen zu machen. (2) Wenn Lernprozesse in soziale Situationen eingebunden sind, sind sie effektiver. (3) Lernen ist effektiver, wenn das vorhandene Vorwissen mobilisiert wird, ebenso, wenn Lernen in positive Emotionen eingebunden wird. (4) Wenn Schüler verstehen, wie die erlernten Details mit einem Ganzen zusammenhängen, können sie sich die Details besser einprägen. (5) Es wird besser gelernt, wenn Schüler Informationen und Erfahrungen miteinander verbinden können. (6) Lernprozesse sind effektiver, wenn auf individuelle Unterschiede der Lernenden eingegangen wird. (6) Schüler lernen besser, wenn sie eine unterstützende, motivierende und herausfordernde Umgebung haben. (7) Es wird effektiver gelernt, wenn Talente und individuelle Kompetenzen berücksichtigt werden.

Solche Ratschläge und Einsichten sind teils trivial, weil kein vernünftiger Pädagoge vom Gegenteil ausgehen wird, teils beinhalten sie nicht, wie man diese Ratschläge konkret handhaben soll, und manche davon sind empirisch schlicht nicht belegt wie die Annahme, Lernen werde durch positive Emotionen besonders befördert. In manchen Situationen sind (zu) positive Emotionen sogar lernhemmend, z.B. wenn sie zu unkritischer Beurteilung der Herausforderungen und der eigenen Kräfte führen. Auch gilt das, was ich oben bereits zu »Lernen soll Spaß machen« gesagt habe.

Das Konzept des »selbstregulierten Lernens«
Kaum ein pädagogisch-didaktisches Konzept erfreut sich derzeit so großer Beliebtheit wie das des »selbstregulierten Lernens – SRL«. Ihm liegt die Überzeugung zugrunde, es sei für den Lernerfolg das Beste, wenn der Lernende das Lernen »selbst in die Hand nimmt«, wobei erst einmal unklar bleibt, was damit gemeint ist und wie dies geschehen soll.

Neu ist diese Idee nicht, denn schon Comenius vertrat in seiner 1657 erschienenen »Didacta magna« das Prinzip der »Autodidaktik« – also des Selbst-Lernens, und viele andere große Philosophen und Pädagogen wie Rousseau, Pestalozzi, Herbart und Montessori betonten die Bedeutung des Selbst-Aneignens von Wissen und Fähigkeiten durch den Lernenden sowie dessen »Selbstentfaltung«, freilich immer unter feinfühliger Anleitung von Lehrenden. Ebenfalls wurde bereits in den fünfziger Jahren des vorigen Jahrhunderts »Autodidaxie« (»Selbstlernen«) propagiert (vgl. Dollase 2015). Richtig in Schwung kam die Begeisterung für das selbstregulierte Lernen im deutschsprachigen Raum aber erst durch zwei Einflussfaktoren: Der erste Faktor war das Aufkommen konstruktivistischer Didaktiken, wie ich sie zuvor geschildet habe. Wenn es aus konstruktivistischer Sicht keine Bedeutungs-

und Wissensübertragung gibt, also keine »direkte Instruktion« durch den Lehrenden, sondern wenn das Gehirn des Lernenden sich seine Bedeutungswelt selbst und individuell konstruieren muss, dann stellt sich grundsätzlich die Frage nach der Funktion des Lehrenden: Ist er nicht völlig überflüssig? Zumindest ist er aus didaktisch-konstruktivistischer Sicht dem Lernenden nicht übergeordnet, sondern fungiert bestenfalls als Anreger für dessen individuelle Bedeutungskonstruktionen.

Der andere Faktor war der bereits erwähnte PISA-Schock im Jahre 2000 und die sich daraus ergebende Suche nach dem oder den Schuldigen für das sehr mäßige Abschneiden deutscher Schüler im internationalen Vergleich (Platz 20). Obwohl man angesichts der großen Unterschiede der jeweils dominierenden Unterrichtsformen in den Ländern, die Spitzenpositionen einnahmen und immer noch einnehmen (z.B. Japan, die Schweiz und Finnland), mit Schuldzuweisungen hätte sehr vorsichtig sein müssen, waren sich viele »Experten« darin einig, dass das schlechte Abschneiden deutscher Schülerinnen und Schüler auf die starke »Lehrerzentriertheit« des Unterrichts an deutschen Schulen zurückzuführen sei. Sie ist demnach die Hauptschuldige der PISA-Misere. Anstelle dieser starken Lehrerzentriertheit musste nun eine konsequente Schülerzentriertheit treten.

Unterstützt wurden derartige Ansichten durch die Popularisierung angeblicher Forschungsergebnisse, die zu belegen schienen, dass wir 10% dessen, was wir lesen, 20% dessen, was wir hören, 30% dessen, was wir sehen, 50% dessen, was wir sehen *und* hören, 70% dessen, was wir selbst sagen, und 90% dessen, was wir selber tun, langfristig behalten. Danach fördert das eigenverantwortliche Tun den Lernerfolg am meisten. Es gibt allerdings nicht einen einzigen wissenschaftlichen Beleg für derartige »Befunde«, vielmehr handelt es sich hierbei um freie Erfindungen eines amerikanischen Marketingexperten aus den fünfziger Jahren (Dale 1954; vgl. dazu Dollase 2015).

Theoretische Konzepte zum SRL liegen seit den 1990er Jahren vor, vornehmlich entwickelt von der niederländischen pädagogischen Psychologin Monique Boekaerts (1996, 1999). In Deutschland schlossen sich nach dem PISA-Schock schnell eine ganze Reihe von Didaktikern und Pädagogen dieser Richtung an wie Wild (2003), Messner (2004), Götz (2006), Bönsch (2009), Ruppert (2012), um nur einige zu nennen. Die Grundüberzeugung dieser Autoren lautet: (1) Schülerinnen und Schüler mit höheren Fähigkeiten im selbstregulatorischen Lernverhalten agieren im Schulalltag allgemein erfolgreicher und (2) nur ein selbstregulatorisches Lernverhalten in einem offenen Unterrichtsgeschehen kann das schulische Lernen verbessern (nach Fingerhut 2013). Dabei kommt es auf drei »Variablen« an, nämlich auf kognitive, metakognitive und motivationale (vgl. Pintrich 2000). Zur Förderung der ersten Variablen gehören auf Seiten des Lernenden Wiederholungs-, Elaborations- und Organisationsstrategien, zur Förderung von Metakognition gehört vornehmlich das verstärkte Reflektieren des eigenen Handelns (Planung, Überwachung, Regulation) und hinsichtlich der motivationalen Variablen steht die Überzeugung der Selbstwirksamkeit und der Selbstbeurteilung der persönlichen Ressourcen im Vordergrund. All dies ist zwar durchaus richtig, aber nicht sehr neu und schließt sich neben Einsichten der neueren Kognitionsforschung eng an Banduras Konzept der »Selbstwirksamkeit« an (vgl. Kapitel 3).

Wie sieht es mit der praktischen Umsetzung der Überzeugung aus, dass für eine Verbesserung des Lernens der Lerner selber aktiv werden muss? Hier werden verschiedene Konzepte selbstregulatorischer Unterrichtsgestaltung angeboten (nach Kröger 2014): (1) die *Wochenplanarbeit*, innerhalb derer vorgegebene Pflicht- als auch Wahlaufgaben für ein Fach oder mehrere Fächer in Zeitumfang, Reihenfolge, Art und Weise der Bearbeitung von den Lernern selbst bestimmt werden. Ein höheres Maß an Selbstregulation ermöglicht der *wahldifferenzierte Unterricht*, in dem die

Lernenden innerhalb einer vorgegebenen Unterrichtseinheit bestimmte Themengebiete selbst bestimmen und einzeln oder kooperativ nach einem selbst entwickelten Arbeitsplan bearbeiten. Beim *Stationenlernen* können die Lernenden Lernaufträge an mehreren Lernstationen, bei denen unterschiedliche Aufgaben, Materialien und Geräte angeboten werden, in Reihenfolge, Arbeitstempo und Arbeitsweise selbst bestimmen. Beim *Projektunterricht* können sich die Lernenden ein bestimmtes vorgegebenes oder selbstgewähltes Thema über »ganzheitliches« und »soziales Lernen« eigenverantwortlich erarbeiten. Schließlich gibt es die *Lernwerkstätten und Selbstbildungszentren*, die die verschiedensten Lernmöglichkeiten anbieten, unter denen die Lernenden völlig frei wählen können, und die sie allein oder in der Gruppe nutzen.

Es gibt also im Rahmen der SRL-Konzepte ganz unterschiedliche Ausprägungen der »Selbstregulation« der Lernenden von einem gewissen Grad der Auswahl aus vorgegebenen Angeboten durch den Lehrenden bis hin zur weitgehenden Selbstbestimmung der Inhalte, der Reihenfolge und der Aneignungsweise. Die radikalste Form der Umsetzung von SRL ist das »selbstbestimmte Lernen« bzw. die »demokratische Schule«, die, von der Summerhill-Schule des schottischen Pädagogen A. S. Neill ausgehend, folgende Prinzipien umfasst: (1) Es gibt keinen für alle Schüler verbindlichen Lehrplan. (2) Möglichst viele Anteile des schulischen Zusammenlebens werden basisdemokratisch geregelt, dabei hat jedes Mitglied der Schulgemeinschaft eine Stimme. (3) Jeder Schüler kann sich frei in der Schule bewegen, solange er die Freiheit anderer nicht einschränkt oder gegen die von der Gemeinschaft beschlossene Regeln verstößt.

Es wird deutlich, dass sich unter dem Dach »SRL« große Abstufungen selbstregulierten, selbstorganisierten und selbstbestimmten Lernens ansiedeln, bei denen die Lehrperson in unterschiedlichem Ausmaß den Unterricht strukturiert und begleitet oder schließlich nur noch darauf achtet, dass die Kinder nicht über Tische und Bänke springen.

Wie sieht es nun mit dem Erfolg von SRL in der Schulpraxis aus? Steigert die Anwendung der genannten (oder verwandten) Methoden den Lernerfolg nachweislich? Es liegt inzwischen eine ganze Reihe von Wirksamkeitsstudien vor. Acht Untersuchungen, die gehobenen methodischen Ansprüchen genügen (Zimmerman und Martinez-Pons 1986; Pintrich und De Groot 1990; Baumert und Köller 1996; Artelt 1999; Nota et al. 2004; Spörer 2004; Vukman und Licardo 2010 und Kally 2012), wurden von Nils Fingerhut in einer von mir betreuten Arbeit analysiert (vgl. Fingerhut 2013). Die genannten Studien zeigten entweder keine oder eine nur schwache Signifikanz in einem der SRL-Aspekte (Kognition, Metakognition, Motivation), und das auch nur in einem oder zwei Fächern. Dieser im Ganzen gesehen geringe Wirkungsgrad von SRL-Ansätzen in der schulischen Praxis bestätigt die frühe kritische Haltung von Kraft (1999), die sich weniger gegen Grundprinzipien selbstregulierten Lernens, sondern gegen dessen Lobpreisung als Universalheilmittel wendet. Zudem zeigt sich, dass den zur Zeit vorliegenden Wirksamkeitsstudien z.T. sehr unterschiedliche SRL-Verständnisse und -Maßnahmen zugrunde liegen.

Natürlich muss man bei aller kritischen Haltung gegenüber der herrschenden SRL-Euphorie berücksichtigen, dass dessen Implementierung in die Schulpraxis immer noch sehr gering ist und nach wie vor die überwiegende Zahl der Lehrkräfte den traditionellen Frontalunterricht praktizieren. So beschränkt sich in vielen Schulen der »selbstregulierte« Unterricht darauf, dass der Lehrende Arbeitsblätter verteilt, welche die Schüler dann allein oder in Gruppen bearbeiten. Bei den Gruppenarbeiten ist nach eigener Beobachtung meist nur ein Teil der Gruppenmitglieder aktiv bei der Sache, andere schreiben einfach ab oder schauen desinteressiert aus dem Fenster bzw. spielen mit ihrem Smartphone.

Immerhin zeigen die Wirksamkeitsstudien einen Effekt vornehmlich im Bereich der Lernmotivation. Im Rahmen einer Arbeit, die von mir mitbetreut wurde, hat Carolin Krüger den möglichen Einfluss selbstregulierten Lernens auf die Lernmotivation von Schülerinnen und Schülern (n=141) sowie von Lehrkräften (n=7) im Biologie- bzw. Naturwissenschafts-Unterricht untersucht (2014). Diese Untersuchungen wurden in insgesamt fünf Klassen der Jahrgänge 8–10 zweier Bremer Schulen unter Benutzung von Lehrer- und Schüler-Fragebögen durchgeführt. Das Ergebnis war ernüchternd: Nur drei der insgesamt sieben befragten Lehrkräfte wandten nach eigenen Aussagen SRL-Elemente in ihrem Unterricht an, der Rest führte einen deutlich lehrerzentrierten Unterricht durch. Auch die drei Lehrer wandten nach eigenen Aussagen nur Bruchstücke von SRL an. Sie gaben an, die Rahmenpläne und Stundenpläne mit einer 45-Minuten-Taktung ließen SRL kaum zu, und eine Einführung von SRL-Elementen, wo sie denn möglich sei, sei zu aufwändig (Krüger 2014).

Überraschenderweise sahen ihre Schülerinnen und Schüler dies anders, denn ihrer Meinung nach traten Elemente von SRL durchaus häufig in ihrem Unterricht auf. Die Unterschiede in der Bewertung zwischen Lehrern und Schülern waren signifikant. Weiterhin zeigte sich, dass Schülerinnen und Schüler mit einer hohen *motivationalen* Überzeugung (Grad der Selbstwirksamkeits-Überzeugung) einen signifikant höheren Grad an *Selbstorganisation ihres Lernens* aufweisen als solche mit einer niedrigen motivationalen Überzeugung, was zuvor auch schon von anderen Autoren gefunden wurde (vgl. Pintrich 1999). Demgegenüber konnte in der Studie von Krüger keine Korrelation zwischen der Ausrichtung des Unterrichts auf selbstreguliertes Lernen und einer intrinsischen Leistungsmotivation der Lernenden festgestellt werden.

Diese für das Konzept des SRL enttäuschenden, aber nicht überraschenden Ergebnisse leiden natürlich unter der Tatsache, dass in den untersuchten Schulklassen kaum wesentliche Initiativen zugunsten von SRL vorliegen und man nicht ausschließen kann, dass andernfalls positive Effekte von Elementen von SRL eher auftreten. Es ist aber bezeichnend, dass diejenigen Schülerinnen und Schüler, die stark leistungsmotiviert sind, von SRL-Elementen motivational sehr viel stärker profitieren als solche, die nur schwach leistungsmotiviert sind – was natürlich auch zu erwarten war.

Die Hattie-Studie und ihre Folgen
Die Veröffentlichung des Buches »Visible Learning« im Jahre 2009 und ihrer deutschen Fassung »Lernen sichtbar machen« im Jahre 2013 wurde als eine Art Erdbeben in der schulpädagogisch-schuldidaktischen Landschaft beschrieben, das auch bis heute nachwirkt (vgl. Terhart 2014). Dabei sind die Kernaussagen der Hattie-Studie keineswegs überraschend – der Überraschungseffekt erklärt sich dadurch, dass diese Kernaussagen die Konzepte eines rein schüler-zentrierten anstelle eines lehrerzentrierten Unterrichts stark in Zweifel zu ziehen scheinen.

Die Aussagen der Hattie-Studie sind in jüngster Zeit vielfach in fachlichen wie allgemein interessierten Kreisen dargestellt worden, sodass ich mich hier kurz fassen kann. Wichtig ist es allerdings, den Grundaufbau der Studie im Auge zu behalten: Es handelt sich um eine »Meta-Meta-Studie«, auch »Mega-Studie« genannt. Das bedeutet, dass ihr zahlreiche Einzelstudien über die Wirksamkeit von Unterrichtsmaßnahmen (»What works best?«), im vorliegenden Fall über 50 000, zugrunde liegen, die bereits in Übersichtsstudien (Meta-Studien – im vorliegenden Fall über 800) verarbeitet worden waren und nun von Hattie und seinen Mitarbeitern noch einmal zusammengefasst wurden. Dadurch wird eine äußerst breite empirische Fundierung der Aussagen erreicht. Allerdings ist ein solches Vorgehen nur dadurch möglich, dass die methodisch und konzeptuell zum Teil sehr unterschiedlichen internationalen Einzelstudien normiert wurden. Zudem stammen die von Hattie herangezogenen Metastudien aus einem vergleichsweise großen Zeitraum (von den 1980er Jahren bis 2008). Beides ist von Experten kritisiert worden (vgl. Terhart 2014), allerdings wurde die Studie inzwischen fortgesetzt und zudem stimmen die Aussagen von Hattie mit früheren Erkenntnissen der Lernforschung gut überein (s. unten).

Als statistisches Maß der Wirksamkeit hat Hattie die sogenannte »Effektstärke« (auch »Effektgröße« genannt) benutzt, die sich beim Vergleich zweier Gruppen aus den Unterschieden im Mittelwert, den Standardabweichungen und den Gruppengrößen errechnen lässt. Sie ist ein brauchbares Maß für den Vergleich der praktischen Wirksamkeit zweier Methoden, z.B. einem Unterricht mit und ohne Gruppenarbeit. Dabei zeigen Werte von bzw. nahe »0« keinen Wirksamkeitsunterschied an, negative Werte einen hemmenden und positive Werte einen fördernden Effekt einer Maßnahme im Vergleich zu einer anderen. Innerhalb der positiven Werte gelten Werte um 0,2 als schwache, Werte um 0,4 als mittlere und Werte ab 0,6 als hohe Nachweise der Wirksamkeit. Beispielsweise bedeutet eine Effektstärke von 1, dass eine Maßnahme einer anderen hochsignifikant überlegen ist. Hattie hat aus verschiedenen Gründen eine Effektstärke von 0,4 als akzeptablen Nachweis erhöhter Wirksamkeit festgelegt und damit die Wirksamkeit aller Maßnahmen, die eine Effektstärke unterhalb von 0,4 aufweisen, als vernachlässigbar angesehen.

In seiner Studie hat Hattie 136 Einzelfaktoren in ihrer Wirksamkeit überprüft, die er zu sechs »Faktorenbündeln« zusammenfasst. Hierzu gehören mit ihren Effektstärken (1) Lernende (0,49), (2) Elternhaus (0,31), (3) Schule (0,23), (4) Lehrperson (0,45), (5) Curricula (0,45) und (6) das Unterrichten (0,42). Obwohl die Effektstärken dieser Faktorenbündel relativ eng beieinander liegen, sagen diese Zahlen bereits aus, dass Lernender und Lehrperson insgesamt der wirksamste und die Schulform der am wenigsten wirksame Faktor ist.

Beim Faktorenbündel »Lernende« sagen nach Hattie folgende Einzelfaktoren besonders gut den Schulerfolg voraus: Selbsteinschätzung des eigenen Leistungsniveaus (1,28), Vorwissen und vorherige Leistungen (0,67), das Ausmaß der Überzeugung, dass es sich lohnt, sich anzustrengen, Engagement/Motivation (0,48), das Selbstkonzept (0,48) und die Erwartungen an Lehrer und Schule sowie Gewissenhaftigkeit (0,44). Das Geschlecht spielt keine nachweisbare Rolle, jedoch das Ausmaß der frühkindlichen Förderung (0,47–0,52). In Hinblick auf das Elternhaus sind der sozioökonomische Status (vgl. Kapitel 6) und das Ausmaß häuslicher Anregung bedeutsam (jeweils 0,57), ebenso das Ausmaß der Hilfe der Eltern beim Lernen (0,51). Hinsichtlich des Faktorenbündels »Schule« sind die Schulart und die Merkmale der Klassenbildung eher nebensächlich (auch nicht die Klassengröße, wenn sie denn unter 30 Schülerinnen und Schülern liegt), während bei der Schulgröße eine Schülerzahl von 800 optimal zu sein scheint. Jahrgangsübergreifender Unterricht, in Deutschland oft hochgepriesen, hat nach Hattie einen vernachlässigbaren Fördereffekt gegenüber dem Jahrgangsunterricht. Demgegenüber zeigt das Lernen in Kleingruppen deutliche Effekte (0,49), allerdings nur dann, wenn ein solches Lernen vielfältig und anspruchsvoll gestaltet wird. Bei der Förderung hochbegabter Schüler erweist sich die Maßnahme, die Lernenden schneller durch die Curricula zu bringen, als deutlich wirksamer (0,88) als andere Fördermaßnahmen (z. B. Förderklassen für Hochbegabte, Sonderangebote). Besonders bedeutsam sind Maßnahmen zur Kontrolle des Verhaltens in der Klasse (0,88) und der Reduktion von Störungen.

Hinsichtlich des Faktorenbündels »Lehrperson« ergibt sich folgendes Bild: Die höchste Wirkung erzielt das »Microteaching« als besonders wichtigen Teil der Lehrerausbildung (0,88), d. h. sorgfältig durchgeführte, überprüfte und praxisnahe Unterrichts- und Erprobungseinheiten einschließlich von Maßnahmen, die den angehenden Lehrpersonen helfen, sich mit ihren eigenen tiefsitzenden Überzeugungen und Annahmen bezüglich des Lernens auseinanderzusetzen. Gefolgt wird dieser Faktor in der Wirksamkeitsskala von der Klarheit der Lehrperson (0,75), der Art und Qualität der Lehrer-Schüler-Beziehung (0,72) und der Lehrerfort- und Weiterbildung (0,62). Was schließlich das Faktorenbündel »Unterricht« angeht, so weist die kontinuierliche Evaluation des Fortschritts im Unterricht (0,90), ein ständiger Dialog zwischen Lehrenden und Lernenden (»reziprokes Lehren« – 0,74), das regelmäßige Geben eines qualifizierten Feedbacks des Lehrenden an die einzelnen Schüler (0,73), die Anwendung rhythmisierten gegenüber massierten Übens (0,71), das Anwenden metakognitiver Strategien (0,69) und das Formulieren klarer Lernziele durch den Lehrenden (0,56) hohe Wirksamkeitswerte auf.

Diese Ergebnisse der Hattie-Studie erregten zwar großes Aufsehen, sie stimmen aber weitgehend mit bereits lange vorher gewonnenen Erkenntnissen der Lernforscher Helmke und Weinert (Helmke 1992; Helmke und Weinert 1997) überein. Diese fanden, dass Klarheit, effektive Zeitnutzung, effiziente Klassenführung, individuelle fachliche Unterstützung, Aufmerksamkeit im Unterricht, hohe Leistungserwartung, klares Unterrichten und effizientes Management des Unterrichts die entscheidenden Qualitätsmerkmale eines guten Unterrichts sind (vgl. Dollase 2015).

Abschlussbemerkung

Insgesamt hinterlässt die hier vorgenommene Übersicht über gängige didaktische Konzepte mit Ausnahme der Hattie-Studie einen eher negativen Eindruck und macht verständlich, warum die heute existierenden akademischen Pädagogiken und Didaktiken so wenig Einfluss auf die Schul- und Bildungspraxis haben.

Mehrheitlich haben sie eine explizit geistes- und sozialwissenschaftliche Ausrichtung, und jegliche empirische Erforschung der konkreten Bedingungen für den Lehr- und Lernerfolg wird entschieden als »technokratisch« abgelehnt. Stattdessen wird entweder auf der Basis eines völlig überholten Gegensatzes von Geistes- und Naturwissenschaften, von »Verstehen vs. Erklären«, ein schwammiges philosophisch-anthropologisches Konzept des »Bildungsauftrages«, oft verbunden mit einem hohlen sozialrevolutionären Pathos, geliefert, es werden aber keine konkreten Aussagen darüber gemacht, was unter Persönlichkeitsbildung denn nun genau zu verstehen sei, und wie ein besserer Unterricht erreicht werden könnte.

Dieses Urteil trifft auch auf die kommunikative und subjektive Didaktik in der Nachfolge der Theorie kommunikativen Handelns von Jürgen Habermas zu und auf die »konstruktivistischen« Didaktiken, die sich offenbar nicht entscheiden können, welche Art von Konstruktivismus sie eigentlich vertreten wollen. Reich nimmt zuweilen sogar Bezug zum »Erlanger Konstruktivismus«, der nun außer dem Substantiv »Konstruktivismus« wahrhaftig nichts mit den sonstigen Konstruktivismen zu tun hat; das scheint Reich aber nicht aufgefallen zu sein. Eine in sich konsistente konstruktivistische Didaktik bleibt als Aufgabe bestehen; Vorarbeiten hierzu glaube ich, in diesem Buch geliefert zu haben.

Gegenüber den außerordentlich vagen geisteswissenschaftlich ausgerichteten Konzepten, die bisher dargestellt wurden, versuchen die kybernetisch-pädagogischen und lernzielorientierten Ansätze Lehren und Lernen zu einem kontrollierten und kontrollierbaren, d.h. objektiv überprüfbaren Prozess zu machen. Dabei wird allerdings offengelassen, welches die grundlegenden Ziele von Schule und Bildung sein sollen – das wird offenbar den Bildungsbehörden überlassen. Bildung wird hier ausschließlich als Transfer bestehenden Wissens verstanden, den es zu optimieren gilt. Weiterhin ist kritisch anzumerken, dass die Kontrolle des eigentlichen Lernerfolges, der nämlich darin besteht, den vermittelten Stoff *verstanden* zu haben, unter all den Beschränkungen leidet, die ich im vorausgehenden Kapitel diskutiert habe. Es gibt eben kein objektives Maß für Verstehen, sondern nur eine gegenseitige Annäherung subjektabhängiger Konstruktionen von Wissen.

Die Erwartung, die Forschungsergebnisse der Neurobiologie zum Lernen und zur Gedächtnisbildung könnten die eklatanten Defizite der vorliegenden Didaktiken *unmittelbar* beheben, sind nicht gerechtfertigt. Dabei ist unbestritten, dass die Neurowissenschaften das naturwissenschaftliche Fundament für die Psychologie des Lehrens und Lernens schaffen können, und beide zusammen können wiederum das Fundament für eine theoretisch konsistente und zugleich praxisnahe Pädagogik und Didaktik liefern. Eine wirklich fundierte Neurodidaktik kann deshalb nur entstehen, wenn Didaktiker, Psychologen und Neurobiologen im Rahmen praxisorientierter Projekte zusammenarbeiten.

Insofern erscheint die Leugnung jeglicher Relevanz neurowissenschaftlicher Forschung für die Didaktik, wie sie Kritikerinnen und Kritiker wie Terhart, Becker und insbesondere Stern gern vortragen, unfruchtbar. Ganz so ernst scheint diese Ablehnung auch nicht gemeint zu sein, wenn Stern zusammen mit dem Neuropsychologen Aljoscha Neubauer das sehr lesenswerte und von mir mehrfach zitierte Buch »Lernen macht intelligent« schreibt. Sinnvoller als eine Pauschalablehnung, die wohl nur dem Abstecken des eigenen Claims dient, ist eine fruchtbare Zusammenarbeit zwischen Didaktik und psychologischer sowie neurobiologischer Lernforschung. In Kooperation zwischen Didaktikern, Psychologen und Neurobiologen lassen sich sehr praxisnahe Untersuchungen zu Schulstress, Aufmerksamkeit, Motivation, Intelligenz usw. durchführen, die dann das ergänzen, was ich im vorliegenden Buch dargestellt habe.

Das zur Zeit sehr populäre Konzept des »selbstregulierten« bzw. »selbstorganisierten« Lernens ist sowohl in seiner Theorie als auch in seinen Realisierungsversuchen heterogen. Insbesondere kann es bisher keinerlei weitergehende empirische Validierung vorweisen. Allerdings bezieht sich ein solches Urteil nur auf dessen gängige Verherrlichung als »Allheilmittel«, d.h. im Sinne einer radikalen Abkehr vom Frontalunterricht bzw. eines instruktiven Unterrichts, nicht aber auf die Bedeutung selbstregulierten und selbstorganisierten Lernens als *einer* Komponente unter mehreren anderen Komponenten.

Die Hattie-Studie zeigt zusammen mit früheren Untersuchungen, dass alles, was eine von Vertrauen, gegenseitigem Respekt und ständigem Feedback gekennzeichnete *Klassenraum-Atmosphäre* stärkt, hochwirksam ist. Letztlich sind hier Lehrer und Schüler gleich wichtig, aber die Qualität des Lehrenden, seine Vertrauenswürdigkeit und Feinfühligkeit sind die unabdingbaren Voraussetzungen, damit sich eine solche Atmosphäre überhaupt einstellt. Dazu gehört auch die Fähigkeit des Lehrers, auf die je individuelle Persönlichkeit eines Schülers einzugehen, Lernziele klar vorzugeben, den Lernprozess zu strukturieren, die Lernfortschritte durch ständiges Feedback zu überwachen, Hilfestellungen und Ermutigungen zu geben und für Ruhe und Disziplin zu sorgen.

»Auf den Lehrer kommt es an«, heißt es oft zusammenfassend zur Hattie-Studie. Diese Grundbotschaft Hatties wurde von zahlreichen Kommentatoren in dem Sinne interpretiert: »Seht mal, so schlecht ist der traditionelle lehrerzentrierte Unterricht doch nicht!« Es wäre aber ganz falsch, aufgrund der Aussagen von Hattie zu den überkommenen Lehr- und Lernformen einfach zurückzukehren, denn diese waren und sind schlecht! Anders lässt sich die unbezweifelbare Schul- und Bildungsmisere in Deutschland nicht erklären. Es nutzt aber auch nichts, unter Aufbietung erheblicher Umdeutungsbemühungen zu zeigen, dass Hatties Aussagen doch mit einem »offenen« und »konstruktivistischen« Unterrichtsstil im oben geschilderten Sinne vereinbar seien. Neben der durchaus richtigen Parole »Auf den Lehrer kommt es an!« muss es gleichzeitig heißen, wie Hilbert Meyer es formuliert (2004): »Auf den Unterricht kommt es an!«.

Hierzu gehört zweifellos die vielgeschmähte direkte Instruktion, die keineswegs nur in Form eines Frontalunterrichts gegeben werden muss, aber auch die Gruppenarbeit und die Einzelarbeit – also der »Methoden-Mix«. Das wichtigste Regulativ für den Lehrer lautet, den Unterricht durch die Augen der Schülerinnen und Schüler zu sehen!

KAPITEL 12

Bessere Schule, bessere Bildung

Wie dargestellt, gibt es eine große Fülle wissenschaftlicher Einsichten in die Grundlagen und Bedingungen erfolgreichen schulischen Lernens, die auch von der Schulpraxis bestätigt wurden. Zusammengefasst können wir von folgenden Faktoren ausgehen, die den Lehr- und Lernerfolg nachhaltig beeinflussen:
- Die Persönlichkeit des Lehrenden: Glaubwürdigkeit, Kompetenz und Feinfühligkeit
- Die Persönlichkeit des Lernenden: Intelligenz, Leistungsbereitschaft, Motivation und Fleiß
- Vorwissen und Anschlussfähigkeit des Stoffes
- Qualität und Strukturiertheit des Unterrichts
- Aufmerksamkeit und Anstrengung
- Wiederholung des Stoffes

Die Bedeutung der Lehrerpersönlichkeit

»Auf den Lehrer kommt es an!« haben wir bei Hattie gehört, und das wussten alle Lehrenden und Lernenden schon lange vorher, aber es ist angesichts der Euphorie um das selbstregulierte und selbstbestimmte Lernen wichtig, dies auch wissenschaftlich und praktisch bestätigt zu bekommen. Die Lehrerpersönlichkeit ist der wichtigste »Globalfaktor«, der 30–40 % des Lehr- und Lernerfolges ausmacht. Es handelt sich aber nicht um die 45 Minuten lang dozierende Person, die vornehmlich bestrebt ist, mit dem Stoff durchzukommen, sondern um eine Person, der es gelingt, eine kognitiv wie emotional anregende, an den Fähigkeiten der Lernenden ausgerichtete Unterrichtsatmosphäre zu schaffen.

Hierzu gehören Glaubwürdigkeit, Kompetenz aus Sicht der Lernenden und Feinfühligkeit im Umgang mit den Lernenden.

Glaubwürdigkeit

Lehren und Lernen sind als kommunikative Akte auf *gegenseitiges Vertrauen* ausgelegt. Wir können in den meisten Fällen Mitteilungen einer Person, z.B. eines Lehrers, gar nicht auf ihren Wahrheitsgehalt überprüfen, sondern akzeptieren sie, wenn diese Person vertrauenswürdig und kompetent *wirkt*. Wie geschildert, haben Emotionspsychologen und Neuropsychologen herausgefunden, dass zu Beginn einer jeden kommunikativen Begegnung die *Vertrauenswürdigkeit* des Gegenübers eingeschätzt wird. Dies ist innerhalb der sozialen Interaktion ein höchst wichtiger Vorgang und geschieht binnen weniger Sekunden, und zwar über eine meist unbewusste Analyse des Gesichtsausdrucks (besonders der Augen- und Mundstellung), der Tönung der Stimme (der sogenannten Prosodie), der Gestik und der Körperhaltung. Dieser »erste Eindruck« sagt allerdings nichts über die fachlichen Fähigkeiten und die Intelligenz der beurteilten Person aus, sondern konstatiert nur, dass die Person *vertrauenswürdig* ist, und dieser Eindruck wirkt langfristig.

Glaubwürdigkeit und Unglaubwürdigkeit werden von Lehrern sprichwörtlich verkörpert. Dies hängt mit der Tatsache zusammen, dass limbische Areale des Gehirns über die Steuerung der Mimik, Gestik, Körperhaltung und Stimmführung die Persönlichkeit eines Menschen verraten. In den ersten Sekunden enthüllt sich dem Gegenüber hierüber die Persönlichkeit einer Person, ohne dass sie dies verhindern kann. Dies ist im Unterricht nicht anders: Die Schüler stellen bei der ersten Begegnung mit dem Lehrenden schnell und teils unbewusst, teils intuitiv fest, ob dieser motiviert ist, seinen Stoff beherrscht und sich mit dem Gesagten identifiziert und damit vertrauenswürdig ist. Wenn ein in vielen Jahren des Lehrerdaseins ermüdeter und enttäuschter

Lehrer Wissensinhalte vorträgt, von denen er selbst nicht weiß, ob sie überhaupt noch zutreffen, dann drückt sich dies – ob er will oder nicht – in seiner Mimik, Gestik, Körperhaltung und Stimmführung aus, und dies ist in den Gehirnen der Schüler eine Aufforderung zum Weghören. Umgekehrt kann ein sehr engagierter Lehrer seine Schüler für nahezu jeden beliebigen Stoff begeistern. Der Lehrer ist für den Schüler eine Leitfigur, ein Vorbild. Dies müssen alle Schulreformbemühungen respektieren, und zwar auch diejenigen, die die Eigenaktivitäten der Schüler zu Recht hoch bewerten.

Dasselbe prägende Erlebnis der »ersten Begegnung« gilt natürlich auch für die Lehrenden. Sie entwickeln etwa als Klassenlehrer gleich in den ersten Stunden (manchmal sogar in den ersten Minuten) mit den Kindern größtenteils auf vor- und unbewusste Weise höchst individuelle Grundeinstellungen der Sympathie und Antipathie. Dies wird oft veranlasst durch zufällige Verhaltensweisen der Kinder, wie freundlich-interessiert den Lehrer anblicken, aus dem Fenster schauen oder in der Nase bohren, die dann die weitere Interaktion mit den Kindern maßgeblich beeinflussen. Man muss sich deshalb als Lehrender der Bedeutung dieser Vorgänge immer bewusst sein. Viele Lehrer haben bestimmte Schüler von der ersten Begegnung an auf dem »Kieker«, ohne dass ihnen dies und die Gründe hierfür bewusst sind. Daran können die Betroffenen auch durch gute Leistungen oft nicht viel ändern. Umgekehrt kommen bestimmte Schüler von Beginn an gut mit bestimmten Lehrern aus und werden von diesen besonders günstig bewertet. Dies erklärt, warum ein Lehrerwechsel einige Schüler plötzlich deutlich besser oder schlechter werden lässt.

Diese Erkenntnisse sind wichtig angesichts der großen Verunsicherung hinsichtlich der Frage vieler Lehrerinnen und Lehrer, was sie denn überhaupt noch in der Schule zu suchen haben, wo nach Meinung vieler Pädagogen und Didaktiker Lernen zum großen Teil selbstorganisiert und selbstgesteuert sein soll (vgl. Kapitel 11). Während Selbstorganisation und Selbststeuerung beim Lernen zweifellos wichtige Ziele sind, bleibt die Rolle des Lehrenden entscheidend für den Lehr- und Lernerfolg – und zwar unabhängig davon, ob er frontal unterrichtet, zu Gruppenarbeit anleitet oder Einzelarbeit überwacht. Seine Kompetenz, Glaubwürdigkeit und Feinfühligkeit schaffen die Rahmenbedingungen für den Schulerfolg.

Fachliche Kompetenz
Lernende haben ein feines Gespür dafür, ob eine Lehrperson den Unterrichtsstoff beherrscht, Kompetenzlücken zu überspielen versucht oder aufgrund des Gefühls eigener Unzulänglichkeiten verunsichert ist. Dabei geht es keineswegs um eine höchst wissenschaftliche Darbietung von Inhalten, welche die meisten Schülerinnen und Schüler überfordern würde, sondern um das »Durchdrungen-Haben« des Inhalts auf Seiten des Lehrenden, denn nur so kann dieser mit dem Stoff souverän umgehen und dessen Darbietung in Fülle und Detail dem geistigen Entwicklungsalter der Lernenden allgemein und individuell anpassen.

Es ist deshalb unabdingbar, dass Lehrpersonen eine regelmäßige Schulung in ihren Unterrichtsfächern erhalten. Oft ist das Wissen, das sie sich einmal an den Hochschulen angeeignet haben und das bereits damals in der Regel schon einigermaßen veraltet war, vom Stand der Forschung weit entfernt. Diese Diskrepanz erleben die Schülerinnen und Schüler dann leiderfüllt, wenn sie feststellen müssen, dass dasjenige, was sie bei einem bestimmten Lehrer gelernt haben, überhaupt nicht mehr stimmt. Diese Feststellung hat fatale Auswirkungen auf das Lehrerbild insgesamt.

Feinfühligkeit und Kritikfähigkeit
In der Studie von John Hattie rangiert die vertrauensvolle Beziehung zwischen Lehrenden und Lernenden ganz oben, insbesondere die Fähigkeit des Lehrenden, eine qualifizierte Rückmeldung

über Leistungsfortschritte und Wissensmängel an die Schüler zu geben. Es muss aber ebenso gewährleistet sein, dass die Schüler Rückmeldungen – auch kritischer Art – an den Lehrer geben können, und der Lehrer muss in der Lage sein, dies zu ertragen und positiv zu verarbeiten. Wie geschildert, sind Frustrationstoleranz und die Fähigkeit, Kritik zu ertragen, zentrale Bestandteile einer reifen Lehrerpersönlichkeit. Vornehmlich über eine derartige Rückmeldung erfährt der Lehrer, was er im Unterricht falsch gemacht hat.

Hierdurch ist es möglich, eine »pädagogische Allianz« zwischen Lehrenden und Lernenden herzustellen – ähnlich der inzwischen vielgerühmten »therapeutischen Allianz« zwischen Therapeut und Patient in der Psychotherapie (vgl. Roth und Strüber 2014). Dabei geht es darum, ein Klima des *gegenseitigen Respekts* herzustellen. Dies schließt ein, dass der Lehrende in der Lage ist, die individuelle Persönlichkeitsstruktur der Schülerinnen und Schüler, ihre Vorlieben und Abneigungen und natürlich insbesondere ihre Begabungen und Defizite hinreichend zu erfassen. Dazu gehört auch das möglichst frühzeitige Erkennen von Lernschwierigkeiten unterschiedlichster Art, z.B. von kognitiven Defiziten wie Legasthenie und Dyskalkulie, psychischen Störungen wie Depression, ADHS und Autismus und von Verhaltensstörungen wie einer Neigung zu Aggression und Gewalt. Der Lehrende muss gegebenenfalls Eltern, die Schulleitung und Experten (in der Regel Schulpsychologen) kontaktieren oder einen solchen Kontakt anfordern. Er muss auch erkennen können, welche möglichen Ursachen plötzliche Leistungseinbrüche bei Schülerinnen und Schülern haben, z.B. körperliche oder psychische Erkrankungen (Angststörungen, Depression, Phobien), Entwicklungsstörungen, Konflikte innerhalb der Klasse bzw. Schule, familiäre Konflikte oder Notsituationen.

Selbstverständlich muss er bei all dem kein ausgebildeter Persönlichkeitspsychologe sein, geschweige denn Psychotherapeut, aber er muss genügend Wissen in dieser Hinsicht besitzen, um festzustellen, was zu tun ist. Ein solches Wissen, während der Ausbildung kompetent vermittelt und in der Fortbildung immer wieder erneuert, hilft außerordentlich, den Lehrer-Stress abzubauen.

Motivationsfähigkeit

Der Lehrer muss in der Lage sein, seine Schülerinnen und Schüler für die Schule und das Lernen allgemein und speziell für den von ihm zu unterrichtenden Stoff zu motivieren. Dies ist umso nötiger, je bildungsferner die Herkunftsfamilie der jungen Menschen ist. »Bildungsferne« heißt in der Regel ja nicht bzw. nicht nur, dass die Eltern keine hinreichende oder für sie befriedigende Ausbildung genossen haben, sondern dass sie der Ausbildung ihrer Kinder *gleichgültig* oder gar *ablehnend* gegenüberstehen. Schule wird von ihnen – aus welchen Gründen auch immer – meist als etwas Fremdes oder Negatives, Zweck- und Nutzloses erlebt und diese Einstellung geben sie durch abfällige Bemerkungen über die Schule und ein entsprechendes Verhalten an ihre Kinder weiter. Auf diese Weise wird Bildungsferne *kulturell vererbt*. Am meisten haben darunter die Mädchen zu leiden, gerade auch diejenigen, die lernen wollen.

Dies betrifft nicht nur Kinder mit Migrationshintergrund, sondern häufig auch solche aus deutschen Familien, die in problematischen sozialen Verhältnissen leben. Der Lehrer muss unter Einbeziehung der Schulleitung mit den betroffenen Schülerinnen und Schülern und mit den Eltern im Gespräch bleiben. Bei solchen Maßnahmen heißt es: Je früher, desto besser.

Es gibt – so zeigt die Praxis – viele Arten, junge Menschen zu motivieren, von Sport und Musikmachen über Theaterspielen bis hin zu Lesekreisen, die es ihnen überhaupt erst ermöglichen, sich aus den beengenden familiären Verhältnissen zumindest zeitweise zu lösen und neue Kontakte zu knüpfen. Der Spaß an solchen Aktivitäten überträgt sich erfahrungsgemäß dann auch auf das schulische Lernen. Ein feinfühliges Feedback durch den Lehrer ist gerade bei sehr bescheidenen Lernleistungen wichtig.

Der erste Schritt zur Motivation der Lernenden ist das *Wecken des Interesses* am Stoff. Dies setzt die *Anschlussfähigkeit der Inhalte* an die Lebenswelt und an die *Vorerfahrung der Lernenden* voraus (s. unten). Der Lernende lernt, weil er dem Lehrenden vertraut und sich von ihm begeistern lässt, und weil ihm der Stoff »etwas sagt«. Eine anfänglich wichtige Motivation ist auch der Vergleich mit den Leistungen der Mitschülerinnen und Mitschüler – also das Streben, besser zu sein als die Anderen (Fremdorientierung, *extrinsische* Motivation). Es muss allerdings darauf geachtet werden, dass zum einen die Lernenden zunehmend eine *intrinsische* Motivation über die Freude am Lernen und Wissenserwerb entwickeln und zum anderen sich am eigenen Lernfortschritt orientieren (*Selbstorientierung*). Hierzu gehört auch, dass die Lernenden vom Lehrenden zunehmend dazu gebracht werden, zumindest in Teilen *selbstreguliert* zu lernen (s. unten).

Die Bedeutung der Schülerpersönlichkeit

Auf Seiten der Schülerinnen und Schüler sind an Persönlichkeitseigenschaften für das schulische Lernen kognitive Offenheit und Neugier, Gewissenhaftigkeit, Verträglichkeit und gute Impulskontrolle, geringe neurotizistische Angst vor dem Neuen und ein gutes Maß an Extraversion, d.h. *soziale Offenheit* wichtig. Diese Merkmale haben mit einer guten Stressverarbeitung und Selbstberuhigung, einer ausgeprägten Bindungsfähigkeit zu tun, mit einer hohen Motivierbarkeit und der Fähigkeit, Gegebenheiten und Herausforderungen realistisch zu erkennen und Risiken abzuschätzen. Sie befördern das Zutrauen zu sich selber und zu den eigenen Kräften, und zwar ohne deren Überschätzung und ohne große Angst vor dem Versagen. Die Entwicklung dieser

Merkmale benötigt auch in der Schule eine Unterstützung durch den Lehrer.

Dass eine Schülerin oder ein Schüler derartige Persönlichkeitsmerkmale aufweist, ist – wie dargestellt – ganz wesentlich von den psychosozialen Verhältnissen seiner Herkunftsfamilie abhängig, insbesondere in den frühkindlichen Jahren. Dies ist keineswegs zu bedauern, wie dies in der Öffentlichkeit häufig geschieht, sondern ist ein Wesensmerkmal der Entwicklung der menschlichen Persönlichkeit. Zutiefst zu bedauern ist vielmehr der Umstand, dass diese Verhältnisse bei mindestens 10% aller Familien in Deutschland negativ sind (vgl. Kapitel 2) und sich meist sehr nachteilig auf den Lern- und Schulerfolg auswirken, wie bisher jede PISA-Studie gezeigt hat. Wie man dieses Elend beseitigen kann, ist freilich ein Problem, das nur zum geringsten Teil der Schule aufgebürdet werden kann, auch wenn dies leider häufig geschieht. Was die Gesellschaft zur Sicherung einer gesunden vorgeburtlichen und früh-nachgeburtlichen Entwicklung der Kinder tun kann, ist inzwischen bekannt (vgl. Cierpka et al. 2010), aber leider wird dieses Wissen bisher nur unzureichend in die Praxis umgesetzt.

Zielorientierung und Selbstmotivation

Ein wichtiger Bestandteil erfolgreichen schulischen Lernens ist eine klare Zielorientierung des Lernenden. Dies beinhaltet das Vergegenwärtigen des Ziels und der damit verbundenen Rahmenbedingungen (Höhe und Auftrittswahrscheinlichkeit der erwarteten Belohnung, Aufwand, widrige Umstände usw. – »Lohnt sich das alles?«), die Fähigkeit zur Abwehr konkurrierender Ziele (z.B. einer Party mit den Freunden, Fußball), eine realistische Einschätzung der eigenen Fähigkeiten und Fertigkeiten (»Kann ich das überhaupt schaffen?«) und Ausdauer.

Hierzu gehört die Fähigkeit, sich selbst zu motivieren. Dies kann durchaus aufgrund externer Belohnungsaussichten geschehen, d.h., wenn eine materielle Belohnung (Geld für gute Noten) oder Anerkennung durch die Eltern, die Peers bzw. die Freundin oder den Freund winken. Diese verlieren allerdings schnell ihren Reiz. Die einzige Motivation, die nicht »in Sättigung« geht, ist die *intrinsische* Belohnung in Form des Vergnügens am Lernen, am Wissenserwerb, an der Steigerung eigener Fähigkeiten und Fertigkeiten und – nicht zuletzt – in Form des Gefühls, besser zu sein als die anderen.

Anstrengungsbereitschaft, Ausdauer und Fleiß
Anstrengungsbereitschaft, Ausdauer und Fleiß sind weitere wichtige lernfördernde Eigenschaften der Lernenden. Es wird oft in der Öffentlichkeit festgestellt, dass beides in den deutschen Schulen immer mehr nachlasse (was sein kann, aber nicht bewiesen ist). Gleichzeitig wird aber in vielen Büchern und Schulen ein »anstrengungsfreier Unterricht« bzw. ein »spielerisches Lernen« propagiert. Das aber kann ein großer Fehler sein, denn ein leichter, anregender Stress ist in Form von *Herausforderung* generell lernfördernd. In den Augen der Neurobiologen und Lernpsychologen ist es deshalb nachteilig, wenn die Lernsituation zu entspannt und »kuschelig« ist und der Unterricht ohne jegliche Anstrengung auf niedrigstem Niveau passiert. Insbesondere wird dabei das Aufmerksamkeitssystem nicht genügend aktiviert. Zudem hängt der Behaltenserfolg eines Inhalts mehr oder weniger direkt von der Anstrengung ab, die das Gehirn für den Erwerb aufgewandt hat. Hier gilt der Grundsatz: Was mich keine Anstrengung gekostet hat, das behalte ich auch nicht!

Starker Stress hingegen, verbunden mit Versagensangst und dem Gefühl der Bedrohung durch die Lehrenden, führt zu starker Hemmung des Lernerfolges. Freilich bringt nur eine Minderheit der Lernenden eine hohe Leistungsbereitschaft von der Familie in die Schule mit. Mehr denn je ist es also die Aufgabe der Lehrenden, die Lernenden bei der Ausbildung bzw. Weiterentwicklung der genannten Persönlichkeitseigenschaften zu helfen. Dies setzt natürlich beim Lehrenden genau diejenigen Persönlichkeitseigenschaften voraus, die weiter oben genannt wurden, insbesondere Feinfühligkeit. So gehört es deshalb zur hohen Kunst des Lehrenden, bei jedem Lernenden das individuelle Höchstmaß an Anforderungen ohne Überforderung zu finden.

Anstrengungsbereitschaft und Fleiß sind zwei Persönlichkeitseigenschaften, die unter deutschen Schülerinnen und Schülern je nach Geschlecht sehr unterschiedlich verteilt sind. Während Fleiß unter den Schülerinnen in der Regel zumindest geduldet wird (»Lass sie doch, wenn sie es nötig hat!«), gilt er unter den Schülern weithin als »uncool«, weil er vermeintlich Ausdruck von »Anschleimerei« und »Strebertum« ist. Häufig müssen fleißige Schüler ihren Arbeitseifer sorgfältig vor ihren Kameraden verbergen. Oft brüsten sich Schüler sogar damit, »nichts zu tun« und entsprechend schlechte Noten zu haben, weil sie (so der Originalwortlaut) »es den Lehrern gezeigt« haben. Eine solche tatsächlich weit verbreitete Haltung führt inzwischen dazu, dass Jungen im Durchschnitt deutlich schlechtere Schul- bzw. Abiturnoten haben – mit allen negativen Konsequenzen für den weiteren Ausbildungs- und Berufserfolg.

Woher diese Haltung kommt, die in anderen Ländern wie Großbritannien, den USA und vornehmlich in den asiatischen Ländern nicht bzw. nicht in diesem Maße anzutreffen ist, bleibt vorerst unklar. Hier ist die deutsche Lehrerschaft in besonderem Maße gefordert, ihren Schülern Anstrengungsbereitschaft und Fleiß als unabdingbare Voraussetzungen für den Lernerfolg klarzumachen.

»Hirngerechter« Unterricht

Die Schule muss neben dem Bildungsauftrag (s. Kapitel 1) das Ziel verfolgen, Wissen und Fähigkeiten bzw. Fertigkeiten so zu vermitteln, dass diese Inhalte möglichst langfristig im Gedächtnis der Schüler hängenbleiben. Mit welchen Mitteln dieses Ziel zu erreichen ist, darüber gibt es gegenwärtig sehr unterschiedliche Vorstellungen und zum Teil erbitterte Auseinandersetzungen.

Wie wir gehört haben, betonen die Einen nach wie vor traditionelle *lehrerzentrierte* Unterrichtsmethoden wie den Frontalunterricht, eine klare Strukturierung des Stoffes, Aufmerksamkeit, Fleiß, Hausaufgaben, Prüfungen und Noten, während andere *selbstreguliertes* und *selbstorganisiert-selbstbestimmtes* Lernen als Allheilmittel ansehen, bei dem die Lehrer nur noch darauf zu achten haben, dass es im Unterricht halbwegs gesittet zugeht. Solche kontroversen Auffassungen von Schule und Unterricht führen natürlich zu einer tiefen Verunsicherung der Lehrer hinsichtlich ihrer eigenen Rolle.

Eigentlich sind derartige Kontroversen erstaunlich, da es inzwischen empirisch gut abgesicherte Erkenntnisse hinsichtlich der Frage gibt, wie dasjenige Wissen, welches in der Schule erworben werden soll, am besten vermittelt wird, so dass es sich langfristig im Gedächtnis verankert. Die Hattie-Studie ebenso wie vergleichbare Studien der jüngeren Zeit haben bekräftigt, was gute Lehrer immer schon wussten und praktizierten und gute Didaktiker und Pädagogen immer schon propagierten, nämlich dass es *keine* optimale singuläre Unterrichtsform gibt, sondern dass ein Methoden-Mix die beste Art »hirngerechten« Unterrichts darstellt, bei dem allerdings der Vertrauenswürdigkeit, Kompetenz und Feinfühligkeit im Verhältnis zu den Lernenden eine zentrale Rolle zukommt (vgl. Meyer 2004; Jank und Meyer 2009; De Florio-Hansen 2014).

Aus neurobiologischer und lernpsychologischer Sicht besteht die größte Herausforderung des Unterrichts darin, dasjenige, was vom Lehrenden vorgetragen bzw. in Gruppen- und Einzelarbeit kurzfristig angeeignet wurde, im Kurzzeit- und Arbeitsgedächtnis bedeutungshaft aufzuarbeiten und möglichst viel davon ins

Zwischengedächtnis zu »transportieren« und schließlich im Langzeitgedächtnis so zu verankern, dass es leicht abrufbar ist.

Die Bedeutung des Arbeitsgedächtnisses

Das *Kurzzeit- bzw. Arbeitsgedächtnis* bildet, wie geschildert, den Eingang in das Gedächtnissystem. Es ist zuständig für kurzfristige Verarbeitung von Sinnesinformationen, z.B. wenn wir etwas hören oder lesen, und von aktuell abgerufenen Inhalten des Gedächtnisses, wenn uns etwas gerade einfällt, oder wenn wir einen Gedanken verfolgen. Es ist deshalb auch weitgehend identisch mit unserem *Aktualbewusstsein*, also mit dem Erleben dessen, was gerade passiert. Das Kurzzeit- bzw. Arbeitsgedächtnis hat die schwierige Aufgabe, die aktuellen Inhalte, zum Beispiel was der Lehrer gerade erzählt oder was ich gerade lese, zu einem möglichst sinnvollen Ganzen zu erkennen, z.B. in Zusammenarbeit mit den Sprachzentren (Wernicke- und Broca-Sprachzentrum) aus gehörten Wörtern mithilfe von sprachlichen Vorerfahrungen einen bedeutungsvollen Satz zu machen. Dazu muss es zu den aktuellen Inhalten jeweils das passende Vorwissen aus dem Langzeitgedächtnis aufrufen. Ansonsten wäre ein Verstehen nicht möglich, denn Verstehen neuer Inhalte heißt, sie in einen sinnvollen Zusammenhang mit bereits vorhandenen Wissensanteilen zu bringen.

Für das Gehirn ist dies sowohl stoffwechselphysiologisch wie semantisch sehr aufwändig, und gleichzeitig (oder gerade deshalb) ist die Verarbeitungs- und Speicherkapazität des Arbeitsgedächtnisses notorisch gering. Aus diesem Grund ist es für uns so schwierig, länger als für wenige Minuten eine komplizierte Sache, z.B. die Ausführungen des Lehrers, zu verfolgen. Zugleich gilt, dass nur das, was im Arbeitsgedächtnis *strukturiert* und *sinnhaft* verarbeitet wurde, gute Chancen hat, über das Zwischengedächtnis im Langzeitgedächtnis nachhaltig verankert zu werden. Was dort nicht sinnhaft verarbeitet wurde, wird im Allgemeinen nicht weitergeleitet und verschwindet unabgespeichert. Deshalb bildet das Arbeitsgedächtnis den kritischen »Flaschenhals« für die Aufnahme und primäre Verarbeitung von Wissen.

Ohne besondere Unterstützungsmaßnahmen findet beim Übergang vom Arbeitsgedächtnis in das intermediäre Gedächtnis und schließlich in das Langzeitgedächtnis ein *starker Informationsverlust* statt, d.h. man vergisst unter normalen Umständen das soeben Erlebte in seinen ganzen Details sofort, und es kommen nur Bruchteile der ursprünglichen Information im Langzeitgedächtnis an. Noch weniger Inhalte schaffen es, sich dort dauerhaft zu verankern, es sei denn, bestimmte Faktoren, die im Folgenden besprochen werden, treten in Aktion.

Diese starke Reduktion ist im Alltagsleben höchst sinnvoll, denn es schützt das Gehirn davor, die zahlreichen unwichtigen Dinge zu verarbeiten und abzuspeichern. In der Schule hingegen, wo es ja um gezielte Vermittlung bedeutsamer Dinge geht, ist dieser Umstand sehr nachteilig und muss deshalb in Grenzen gehalten werden. Dies geschieht im Wesentlichen durch Aufmerksamkeit und Konzentration, durch Anbindung an das Vorwissen und durch Wiederholung.

Aufmerksamkeit und Konzentration

Aufmerksamkeit bzw. Konzentration bestimmen nachhaltig das Ausmaß der Verarbeitung und Konsolidierung von Lerninhalten. Hört der Lernende einer Mitteilung nicht genau zu oder konzentriert er sich nicht beim Lesen, dann bleibt kaum etwas hängen. Deshalb sagt der Lehrende mit Recht: »Hört genau zu, sonst kapiert ihr es nicht!«

Neurobiologisch gesehen verstärken sich bei intern geleiteter Aufmerksamkeit die Arbeitsweisen derjenigen Hirnzentren, die *neue* und zugleich (aus welchem Grund auch immer) *wichtige* Dinge verarbeiten. Dadurch werden sowohl die sensorische Auflösung als auch die Kapazität der Informationsverarbeitung der beteiligten Nervenzellverbände gesteigert, d.h. die Informationen werden detailreicher verarbeitet, und zwar umso mehr, je stärker man sich konzentriert. Allerdings ist das Ausmaß dieser Erhöhung dadurch begrenzt, dass sich das »Quantum« der Aufmerksamkeit zu einer gegebenen Zeit entweder auf wenige Inhalte oder gar nur einen Inhalt konzentriert oder sich flach auf viele Inhalte verteilt.

Daraus folgt, dass das Aufmerksamkeitssystem umso stärker beansprucht wird und umso eher »Luft holen« muss, je *neuer* und *schwieriger* der gehörte, gelesene oder erarbeitete Stoff ist, d.h. der Aufmerksamkeitsvorrat ist schnell erschöpft und muss wieder nachgefüllt werden. Der Lehrende muss entsprechend den Stoff in »Spannungsbögen« von wenigen Minuten präsentieren und Unterbrechungen in Form von Beispielen, einer kurzen Zusammenfassung, lustigen Bemerkungen usw. liefern, um zu vermeiden, dass die Lernenden in ihrer Aufnahmefähigkeit überfordert werden und »aussteigen«, also weghören bzw. wegsehen. Natürlich sind die individuellen Unterschiede der Aufmerksamkeits- und damit Aufnahmefähigkeit enorm, was stark mit der allgemeinen Intelligenz korreliert. Intelligente können in gegebener Zeit scheinbar mehr aufnehmen, da sie das Gehörte oder Gesehene unbewusst oder intuitiv besser »verpacken«.

Die Lehrenden müssen deshalb bei der Unterrichtsgestaltung die quantitative Begrenztheit des Arbeitsgedächtnisses der Lernenden bedenken! Unter anderem zielt hierauf die Aufforderung, der Lehrende solle den Unterricht mit den Augen der Lernenden betrachten. Leider wird hiergegen oft verstoßen, und zwar erstens aus dem Bestreben, in einer Stunde mit dem Stoff »durchzukommen«, und zweitens aufgrund der Vertrautheit des Lehrenden mit dem Stoff. Je vertrauter ein Stoff ist, desto weniger geistigen Aufwand muss er beim Befassen mit ihm treiben. Dem Lehrenden ist (hoffentlich) alles »sonnenklar«, die Zusammenhänge liegen auf der Hand, während für den Lernenden das Meiste neu und ungewohnt ist und Zusammenhänge erst mühsam hergestellt werden müssen. Der gute Lehrende stellt sich auch hier konsequent auf den Standpunkt des Lernenden, dem das alles recht unvertraut ist, und der oft Mühe hat, dem Lehrenden zu folgen. Je größer diese Verständnisschwierigkeiten sind, desto weniger bleibt vom Gehörten oder Gelesenen hängen.

Die Anschlussfähigkeit des Stoffes
Ein neuer Stoff wird umso nachhaltiger im Langzeitgedächtnis verankert und umso leichter erinnert, je besser er sich an das bereits vorhandene Wissen anschließt. Man kann sich das so vorstellen, dass der Inhalt »Arme« besitzt, mit denen er sich möglichst an der Oberfläche des Gedächtnisses an möglichst viele bereits vorhandene Inhalte anklammern kann und so nicht tief absinkt. Deshalb kann er auch leichter wieder abgerufen, also erinnert werden. Ebenso gilt das Umgekehrte: Dasjenige, was nicht an vorhandenes Wissen anschließen kann, wird nur schwer gelernt, denn es macht erst einmal »keinen Sinn« und kann sich nicht mit vorhandenem Wissen verbinden. Dies gilt etwa für den Erwerb von Grundkenntnissen, z.B. der ersten Vokabeln beim Fremdsprachenlernen, was oft sehr schwer fällt. Hier hilft oft nur Auswendiglernen, ehe ein genügend dicker »Bodensatz« an anschlussfähigem Wissen vorhanden ist. Bildlich gesprochen fällt der nicht anschlussfähige Wissensinhalt durch die Netzwerke des Langzeitgedächtnisses hindurch und sammelt sich schwer hervorholbar »am Boden« an.

Dies bedeutet für den Unterricht, dass vor jeder Vermittlung neuen Stoffes eine *sorgfältige Überprüfung des Vorwissens*, also des aktuellen Wissensstandes der Schüler, dringend notwendig ist. Ist nicht genügend Vorwissen vorhanden (z.B. wenn die Mehrzahl der Schülerinnen und Schüler den Stoff der vorigen Stunde nicht kapiert hat), mit dem sich der neue Stoff gut verbinden lässt, so ist der anschließende Behaltensgrad des neuen Stoffes gering. Der

Lehrer muss in einem solchen Fall erneut und geduldig versuchen, den Stoff zu vermitteln.

Auch hier wird im Willen der Lehrenden, unter dem Druck der Lehrpläne schnell zur Sache zu kommen, sträflich gesündigt. Jeder Lehrende muss deshalb den jeweiligen Wissensstand des einzelnen Schülers feststellen, und er muss den neuen Stoff diesem Stand anpassen. Das ist mühsam, insbesondere bei vorhandenen Begabungsunterschieden in einer Klasse, aber unerlässlich. In der Praxis werden oft von den Lehrern nach deren eigenen Bekundungen zwei Drittel der Schüler »abgeschrieben«, und man ist froh, wenn ein Drittel dem Unterricht gut folgen kann. Ein solches Vorgehen wäre, wenn es denn zuträfe, für den Wirkungsgrad schulischer Bildung katastrophal.

Wiederholung
Wiederholung ist das A und O des Lernens. Mit Ausnahme stark emotionaler Geschehnisse, die meist ungesteuert ins Gedächtnis eindringen, wird nichts mit einem Mal oder auch nur mit zwei Malen gelernt. Das Langzeitgedächtnis ist dynamisch und schreibt sich langsam aber stetig um. Dabei werden Dinge, die nicht erneut erlebt oder vermittelt werden, zunehmend komprimiert und entziehen sich immer weiter dem Erinnerungszugriff, bis sie ohne besondere Zugriffshilfen nicht mehr oder nur noch sehr grob erinnert werden können.

Die Lernforschung hat gezeigt, dass das mehrfach wiederholende, »rhythmisierende« Lernen gegenüber dem massierten Lernen eine starke Überlegenheit aufweist (bei Hattie mit einer Effektstärke von 0,71). In der Praxis bedeutet dies, dass Wiederholungen für das Lernen sehr wichtig sind. Aus neurobiologischer und lernpsychologischer Sicht ist dies sehr verständlich, denn bei jeder Wiederholung wird der genannte Kompressionsprozess im Langzeitgedächtnis unterbrochen, und die Inhalte bleiben dadurch an der Gedächtnisoberfläche und zugriffsnah. Besonders effektiv sind Wiederholungen eines bestimmten Inhalts in *unterschiedlichen Kontexten* und in unterschiedlicher Vermittlungs- bzw. Aneignungsform, denn hier wird die Verknüpfung mit anderen Inhalten verstärkt, was – wie erwähnt – das Erinnern stark erleichtert. Daher ist ein *fächerübergreifender Unterricht*, der sich mit einer zentralen Thematik befasst, für die Verankerung im Langzeitgedächtnis außerordentlich nützlich.

Lernpsychologische Untersuchungen zeigen auch, dass im Vergleich zu bloßem nochmaligem Wiederholen des Stoffes durch den Lehrer das *aktive Erinnern* und *Wiederholen* des Stoffes durch den Schüler für die Konsolidierung besonders wirksam ist (Karpicke und Roediger 2008). Statt eines stereotypen Abfragens des Stoffes soll der Schüler sich möglichst intensiv an den Stoff erinnern. Die Forscher vermuten, dass dadurch die spezifischen Inhalte des Langzeitgedächtnisses reorganisiert werden und der Zugriff dadurch erleichtert wird. Es empfiehlt sich, solche Überprüfungen in zunehmenden Zeitintervallen durchzuführen, z.B. nach einem Tag, nach vier Wochen, nach vier Monaten. Dies begünstigt die Konsolidierung außerordentlich.

Der Methoden-Mix
Die deutsche Schulpraxis – von bemerkenswerten Ausnahmen abgesehen – ist seit Jahrhunderten durch einen lehrerzentrierten Unterricht geprägt, wie dies auch heute noch im Rahmen der konfuzianischen Pädagogik in den asiatischen Ländern üblich ist. Auch heute ist er in Deutschland immer noch die am meisten verbreitete Unterrichtsform. Demgegenüber wird vehement ein »schülerzentrierter« Unterricht propagiert. Freilich steht einer solchen Sichtweise die zentrale Aussage der Hattie-Studie entgegen, dass einer der wichtigsten Faktoren für den Lernerfolg die Strukturierung des Unterrichts durch den Lehrenden ist. Auch hochbegabte Schülerinnen und Schüler bzw. Studierende gehen oft in die Irre, wenn sie sich Wissen ohne Anleitung und Rück-

meldung anzueignen versuchen. Trotz der Tatsache, dass ein »selbstregulierter«, »selbstverantwortlicher« oder »selbstorganisierter« Unterricht als alleinige Unterrichtsform von vielen selbsternannten Schulexperten als Allheilmittel angepriesen wird und man auch in manchen Bundesländern auf diese Karte setzt, gibt es keinerlei empirische Beweise hierfür, aber viele dagegen.

Diese Situation sollte aber keineswegs als Aufforderung zum rein lehrerzentrierten Unterricht verstanden werden. Vielmehr deuten vorliegende Untersuchungsergebnisse darauf hin, dass eine *Mischung* von lehrerzentriertem Unterricht, Gruppen- bzw. Tandemarbeit und Einzelarbeit besonders günstig ist – also ein »Methoden-Mix«, wie er nachdrücklich vom bekannten Didaktiker Hilbert Meyer propagiert wird (Meyer 2004, 2007).

Viele Studien unterstreichen die große Bedeutung der »direkten Instruktion«, sprich des *Lehrervortrags*. Dieser ist besonders geeignet, in neue Wissenszusammenhänge einzuführen, bereits behandelten Stoff zusammenzufassen und die Ziele sowie den Ablauf des weiteren Unterrichts zu erläutern. Er sollte allerdings nicht über 30–40 Minuten hinausgehen und die Inhalte in der geschilderten Weise *arbeitsgedächtnisgerecht* vermitteln.

Die *Arbeit in kleinen Gruppen* dient in der Regel der Vertiefung und praktischen Anwendung dessen, was die Lehrperson in der direkten Instruktion vorgetragen und erläutert hat. Ein Selbsterarbeiten neuer Inhalte in der Gruppe sollte aber nur bei guter Überwachung durch die Lehrperson erfolgen, sonst gehen die Gruppenmitglieder gemeinsam in die Irre. Gruppenarbeit ist wichtig, indem dadurch zum einen kommunikative und kooperative Möglichkeiten deutlich gestärkt werden, und sie bietet den Mitgliedern die Möglichkeit, sich gegenseitig bei Verständnisschwierigkeiten zu helfen. Die schnelleren Lerner sollten angehalten werden, ihre Fähigkeiten hier gezielt einzusetzen, und in der Regel machen sie dies mit Begeisterung.

Die *Einzelarbeit* dient der weiteren Vertiefung und ist der geeignete Ort für das Berücksichtigen von Begabungsunterschieden und Lernschwierigkeiten. Hier sollte selbstverständlich der Lernende Übung darin erwerben, wie man sich am besten Wissen erwirbt und es verfestigt, z.B. wie man einen Aufsatz so liest, dass besonders viel hängen bleibt (nämlich durch ein Überfliegen im ersten Durchgang und ein sorgfältiges Lesen mit Unterstreichungen, Randnotizen und Schlagwörtern im zweiten Durchgang) und wie man professionell wiederholt. All dies muss sorgfältig von der Lehrperson überwacht werden, bis ein hohes Maß an »selbstreguliertem« Lernen vorhanden ist. Den (Hoch-)begabten sollten Zusatzaufgaben gegeben werden; sie könnten auch bei der Gruppenarbeit mithelfen. Diese »Helfer« müssen aber eingewiesen werden, damit sie nicht arrogant auftreten. Den Lernenden mit Minderbegabung oder Lernschwierigkeiten muss in jedem Fall mehr Zeit gelassen werden, indem man ihr Lernpensum verringert. Ihr Hauptdefizit liegt meist in einer stark verlangsamten Lerngeschwindigkeit, nicht so sehr in sonstigen kognitiven Defiziten (außer etwa bei Dyskalkulie oder schweren geistigen Behinderungen).

Ganztagsunterricht mit fächerübergreifender Thematik
Die an deutschen Schulen nach wie vor dominierende Form des täglichen Unterrichts besteht in einer Abfolge unterschiedlicher Fächer wie Deutsch, Englisch, Mathematik, Geschichte, Musik usw. In der Regel sind es sechs Fächer pro Vormittag, die im 45- (in Österreich 50-) Minutentakt nach der Verfügbarkeit der Lehrenden und deshalb ohne irgendeinen inhaltlichen Zusammenhang unterrichtet werden. Dies widerspricht allen neueren Erkenntnissen der Lernforschung. Zum einen bleibt innerhalb von 45 Minuten, aber auch innerhalb der gelegentlich praktizierten 90 Minuten nicht genügend Zeit für die genannten unterschiedlichen lernfördernden Maßnahmen. Weder kann so der Lehrende das Vorwissen der Lernenden feststellen, noch kann ein Methoden-

Mix mit Lehrervortrag, Gruppen- und Einzelarbeit angewandt werden. Zum zweiten lässt der willkürliche, meist von der Lehrerverfügbarkeit bestimmte Wechsel der Fächer keine fächerübergreifende oder zumindest fächerverbindende Wissensvermittlung zu, die enorm ein vertieftes Wissen über Zusammenhänge liefert.

Es bietet sich deshalb an, für mehrere »Projekttage« oder sogar Wochen eine durchgehende Thematik festzulegen, die fächerübergreifend oder zumindest fächerverbindend ist. Grundvoraussetzung für die Gestaltung eines Tages mit einer »Ganztagsthematik« ist die Bildung von Lehrerteams, wobei sich die »Tandemform« besonders bewährt hat. Hier bringen zwei Lehrer zwei bis vier Fächer ein, wobei die Fächerkombination durchaus ungewöhnlich sein kann, z.B. Deutsch und Biologie, Mathematik oder Kunst. Beim Finden des fächerübergreifenden Themas sind der Phantasie keine Grenzen gesetzt. Beliebte Themen sind »Frühling« oder »Herbst«, »Mittelalter«, »die Elbe«, »Wie baut man eine Pyramide?«, »Gesundheit«, »das Huhn«. Diese Thematik kann sich über wenige Projekttage, aber auch Wochen und Monate erstrecken. Auch der Ablauf eines solchen Projekttags kann sehr variabel gestaltet werden. Es kann etwa einer der beiden Lehrpersonen einen Tag mit seinem Fach übernehmen, und die andere Lehrperson übernimmt dann den jeweils nächsten Projekttag. Es können sich die beiden Lehrpersonen aber auch den Tag teilen. Am schönsten für die Schülerinnen und Schüler ist es, wenn beide Lehrpersonen zumindest teilweise gleichzeitig anwesend sind.

Wie sieht nach alledem ein guter, »hirngerechter« Unterricht aus?

Auf der Grundlage dieser Erkenntnisse habe ich zusammen mit einer Reihe von Schulen in verschiedenen Bundesländern, so in Bremen, Schleswig-Holstein, Niedersachsen und Baden-Württemberg, Modellprojekte zu einem ganztägigen, fächerübergreifenden und durch einen »Methoden-Mix« gekennzeichneten Unterricht begonnen, die nun in einigen Schulen ins vierte Jahr gehen. Hinzu kommt eine ausgedehnte Erfahrung mit Veranstaltungen zur Lehrerfortbildung. Es liegen inzwischen viele praktische Erkenntnisse vor, die andernorts dargestellt werden (Roth und Koop 2015). Weitere Veröffentlichungen mit Erfahrungen der beteiligten Schulen sind in Vorbereitung.

Im Folgenden wird eine Variante eines Projekttages genauer geschildert, an dem eine Lehrperson eine ganzen Tag allein gestaltet. Es hat sich aber auch die Form bewährt, in der zwei Lehrpersonen sich einen Projekttag aufteilen.

Der Unterrichtstag beginnt mit einer halben bis dreiviertel Stunde, in der die Schülerinnen und Schüler unter Aufsicht und Anleitung einer Lehrperson außerhalb des Tandems, z.B. einer Sozialpädagogin, anliegende Probleme und Konflikte, die innerhalb der Klasse aufgekommen sind, bespricht. Dies hat sich als sehr günstig erwiesen, um Spannungen abzubauen. In der Regel sind danach die Klassen sehr viel ruhiger als ohne eine solche Besprechungszeit.

Der eigentliche Unterricht beginnt entweder mit der Vorstellung einer neuen Thematik oder Erläuterungen zur Fortführung einer bereits behandelten Thematik. Im ersten Fall gibt die Lehrperson eine kurze Einführung in das Thema, z.B. »Frühling« und prüft, was die Schülerinnen und Schüler dazu bereits wissen und welche direkten Erfahrungen sie darüber gesammelt haben. Dies soll möglichst nahe an der Lebens- und Erlebniswelt der Lernenden angesiedelt sein und sich altersgerecht gestalten. Es werden die Lernziele und der genauere Ablauf des Tages und der folgenden Tage geschildert, natürlich auch in Beantwortung der Frage, wie dies fächerübergreifend geschehen wird. Diese Einführung soll unter Berücksichtigung der Dynamik des Arbeitsgedächtnisses (s. oben) nicht länger als 30–45 Minuten dauern.

Bei der Fortsetzung einer bereits begonnenen Thematik erfolgt ein genaues *Überprüfen des gegenwärtigen Wissensstandes*, was – wie erwähnt – für die Anschlussfähigkeit eines neuen Stoffes unabdingbar ist. Dieses Überprüfen geschieht in Form des »aktiven Erinnerns«, d.h. die Lehrperson beginnt mit der Frage, in welchem Maße sich jemand an das erinnert, was am vorhergehenden Projekttag (zu Beginn des Gesamtprojekts ist dies in der Regel derselbe Wochentag der vorigen Woche) gemacht wurde. Es ergibt sich dann »per Zuruf« und unter gelegentlichen Hilfen ein erstaunlich gutes Erinnerungsbild, das von der Lehrperson eventuell ergänzt und stets zusammengefasst wird. Die Lehrperson gewinnt hierbei ein Bild darüber, was gut und was weniger gut behalten wurde, und kann daraus folgern, was von ihr zu schnell oder zu schlecht erklärt wurde. Dies ist in 30 Minuten gut zu bewältigen, es sei denn, es ergeben sich deutliche Erinnerungslücken. Diese müssen dann geduldig aufgearbeitet werden.

Es schließt sich die Erläuterung des Tagesprogramms durch den Lehrenden an. Diese Phase wird im Falle, dass eine Thematik fortgesetzt wird, relativ kurz gehalten, d.h. etwa 30 Minuten. Es wird der Ablauf der Arbeit erläutert, die Ziele der Gruppen- und Einzelarbeit werden vorgestellt.

Nach Ausgabe des Materials und Besprechung der Aufgaben und Arbeitsaufträge beginnt die Partner- bzw. Gruppenarbeit mit maximal vier Lernenden. Hierfür werden zwei Stunden angesetzt. Der Lehrende geht ständig von Tisch zu Tisch und hilft. Diese Phase der Zusammenarbeit von Schülerinnen und Schülern ist nicht vorrangig dazu geeignet, neues Wissen eigenständig zu erarbeiten, sondern das soeben vom Lehrenden vermittelte Wissen zu vertiefen und sich anzueignen. Praktische manuelle Tätigkeiten sind dabei wichtig und sollten, wenn möglich, eingeplant werden. Bei der Partner- oder Gruppenarbeit ist Ruhe notwendig. Der Lehrende achtet darauf, dass *alle* Mitglieder einer Gruppe mitarbeiten.

Das weitere Vertiefen findet in *Einzelarbeit* mit gesonderten Aufgaben für Normalbegabte, Hochbegabte und Minderbegabte bzw. Lernende mit Lernschwierigkeiten oder sonstigen Behinderungen statt, meist für 60–90 Minuten. Auch die Einzelarbeit dient weniger dem Erwerb neuen Wissens, sondern vornehmlich der individuellen Aneignung des Gehörten. Praktische Tätigkeit ist sehr effektiv.

»Aktive Bewegungs- und Entspannungspausen« während des Projekttages sind wichtig für die Arbeit des Zwischengedächtnisses und damit für den Prozess der Konsolidierung und Überführung ins Langzeitgedächtnis.

Abschluss: Mit einer knappen Wiederholung des Tagesstoffs in Form »aktiven Erinnerns« von Fragen, Antworten, Beispielen oder Präsentationen findet der themenbezogene Unterrichtstag seinen Abschluss. Nach Bewältigung der zuvor aufgeführten Phasen hat die Konsolidierung des neuen Wissens einen ersten Abschluss erreicht, und es beginnt die Überführung ins Langzeitgedächtnis. Hierfür ist diese erste Wiederholung sehr wichtig. Schließlich wird den Schülerinnen und Schülern in kurzer Form eine Themenvorschau auf den nächsten Projekttag gegeben. Damit wird eine Einbettung des zuvor Gehörten und Gelernten ermöglicht, eine weitere Beschäftigung mit der Tagesthematik bei den Lernenden eingefordert und gegebenenfalls Vorfreude geweckt.

Wiederholung I und II: Nach 4–6 Wochen und 4–6 Monaten finden Wiederholungen des Stoffes in abgewandelter und verkürzter Form statt. Dabei werden Verständnis- und Wissenslücken wieder aufgefüllt. Nichts wird mit einem Mal gelernt! Neben Begabung, Motivation und Fleiß ist die Wiederholung des Stoffes das A und O des Lernerfolges.

Abschlussbemerkung

Der Ablauf eines Projekttages sollte hinsichtlich der beteiligten Lehrpersonen, seiner Durchführung und der Verhältnisse vor Ort flexibel gehalten werden, wobei aber einige »Eckpfeiler« gewahrt werden sollten. Zu diesen Eckpfeilern gehören (1) der Ganztagsunterricht von acht Stunden oder zumindest ein verlängerter Vormittagsunterricht von sechs Stunden, (2) ein fächerübergreifendes oder zumindest fächerverbindendes Thema (vgl. Roth und Koop 2015), (3) die Überprüfung der Anschlussfähigkeit eines neuen Stoffes bzw. des gegenwärtigen Wissensstandes, (4) der »Methoden-Mix«, bestehend aus Frontalunterricht, Gruppenarbeit und Einzelarbeit, (5) das aktive Erinnern zum Abschluss des Tages und (6) die Wiederholung nach 4–6 Wochen und 4–6 Monaten, wiederum in Form des aktiven Wiederholens.

All dies ist nur zu verwirklichen, wenn sich erstens Lehrerinnen und Lehrer zu Zweier- oder Dreiergruppen zusammenfinden und das tun, was vielen von ihnen schwer fällt, nämlich sich nicht nur organisatorisch, sondern auch hinsichtlich der Themen und Inhalte genau abzusprechen; wenn zweitens die Schulleitung sich vorbehaltlos hinter diese Initiative stellt; und wenn man drittens, mit großer Geduld gewappnet, klein und bescheiden anfängt.

In den von mir betreuten Schulen wie der Gesamtschule Ost in Bremen, der Leibniz-Schule in Elmshorn und in Bad Bramstedt und der Albert-Schweitzer-Schule in Böblingen haben wir jeweils in einem Jahrgang begonnen (meist dem untersten) und dann jedes Jahr einen neuen Jahrgang hinzugefügt. Weiterhin sieht unser »Schema« vor, dass man mit einem Wochentag beginnt (gleichgültig welchem) und dann alle zwei Jahre einen weiteren Wochentag hinzufügt. Auf diese Weise unterläuft man die gerade unter Lehrerinnen und Lehrern verbreiteten Veränderungsangst. In allen von mir betreuten Schulen erhielten die beteiligten Lehrpersonen zumindest in den ersten beiden Jahren Freistunden, die sie zur Planung und Vorbereitung des Projekttages nutzen konnten.

In denjenigen Schulen, die den Projekttag bereits mehrjährig durchführen, sind die Erfolge beeindruckend, auch wenn eine externe wissenschaftliche Evaluation noch aussteht. Es sollte niemanden wundern, dass diese Initiative bisher von keinerlei Schulbehörde unterstützt wurde und ausschließlich von schuleigenen Mitteln sowie privaten Spenden getragen wurde. Dies ist ein weiterer beredter Beweis für die Qualität der Schulpolitik in unserem Land.

ANHANG 1

Wie ist unser Gehirn aufgebaut, wie funktioniert es und wie entwickelt es sich?

Bau und Funktion des menschlichen Gehirns

Unser Gehirn, wie es in Abbildung 8a und b gezeigt ist, hat ein Volumen von rund 1300 Kubikzentimetern bzw. ein Gewicht von 1,3 Kilogramm. Allerdings ist es – anders als man häufig liest – bei weitem nicht das größte Gehirn im Tierreich. Es gibt einige Tiere wie Wale und Delphine sowie Elefanten, deren Gehirne bis zu 10 Kilogramm wiegen. Allerdings haben meine Kollegin Ursula Dicke und ich festgestellt, dass unser Gehirn die meisten Nervenzellen enthält und auch sonst Eigenschaften besitzt, die erklären können, warum wir schlauer als alle anderen Tiere sind (Einzelheiten dazu in Roth 2010). Das menschliche Gehirn zeigt den typischen Aufbau eines Säugetiergehirns und besteht (vgl. Abbildung 8a) aus sechs Teilen: dem Verlängerten Mark (Medulla oblongata), der Brücke (Pons), dem Kleinhirn (Cerebellum), dem Mittelhirn (Mesencephalon), dem Zwischenhirn (Diencephalon) und dem End- oder Großhirn (Telencephalon). Mittelhirn, Brücke und Verlängertes Mark werden zusammen als Hirnstamm bezeichnet.

Die Großhirnrinde
Die Großhirnrinde, der *Cortex cerebri*, ist beim Menschen tatsächlich groß und umfasst auseinandergefaltet 2200 Quadratzentimeter, deren Fläche also knapp ein Viertel Quadratmeter umfasst. Darin sind rund 15 Milliarden Nervenzellen, überwiegend sogenannte Pyramidenzellen, untergebracht, die über eine halbe Trillion (d.h. 5×10^{14}) Kontaktpunkte miteinander verbunden sind.

Diese Kontaktpunkte werden *Synapsen* genannt, und über deren wichtige Eigenschaften wird noch zu sprechen sein. Das Ganze bildet ein Netzwerk von ungeheurer Komplexität – weit komplexer, als wir uns das vorstellen können. Dieses Gesamtnetzwerk ist allerdings in zahllose Unternetzwerke eingeteilt, die jeweils bestimmte Eingänge und Ausgänge haben und in ganz bestimmter Weise miteinander verknüpft sind. Eingang, Verknüpfungsstruktur und Ausgang bestimmen die Funktion dieser einzelnen Netzwerke, und Veränderungen in diesen Netzwerken haben mit dem zu tun, worum es in diesem Buch geht, nämlich dem Lernen.

Die Großhirnrinde gilt als Sitz von allem, was uns Menschen zu Menschen macht, und deshalb findet sie seit jeher das besondere Interesse der Hirnforscher. Der Cortex im engeren Sinne, der sechsschichtige Neo- oder Isocortex, wird in vier große Bereiche oder »Lappen« eingeteilt, nämlich einen Stirnlappen (Frontalcortex), einen Scheitellappen (Parietalcortex), einen Schläfenlappen (Temporalcortex) und einen Hinterhauptslappen (Okzipitalcortex) (vgl. Abbildung 8b). Die Großhirnrinde wird klassischerweise in anatomische Felder oder Areale (sogenannte Brodmann-Areale, benannt nach dem deutschen Neuroanatomen Korbinian Brodmann) eingeteilt. Funktionell gesehen unterscheiden wir in der sechsschichtigen Großhirnrinde, dem Isocortex, drei Bereiche, nämlich einen *sensorischen* für die Wahrnehmung, einen *motorischen* für die Bewegungssteuerung und einen *kognitiv-assoziativen* für Denken, Erinnern, Vorstellen und Handlungsplanung.

Die sensorischen Areale haben mit der Verarbeitung von Informationen des Sehens (visuelles System), des Hörens (auditorisches System), der Körperempfindungen (somatosensorisches System) und des Gleichgewichts (Vestibularsystem) zu tun. Das visuelle System befindet sich überwiegend im Hinterhauptslappen, das Hörsystem am oberen vorderen Rand des Schläfenlappens und das somatosensorische System sowie das Vestibularsystem am Vorderrand des Scheitellappens. Geschmacksinformationen

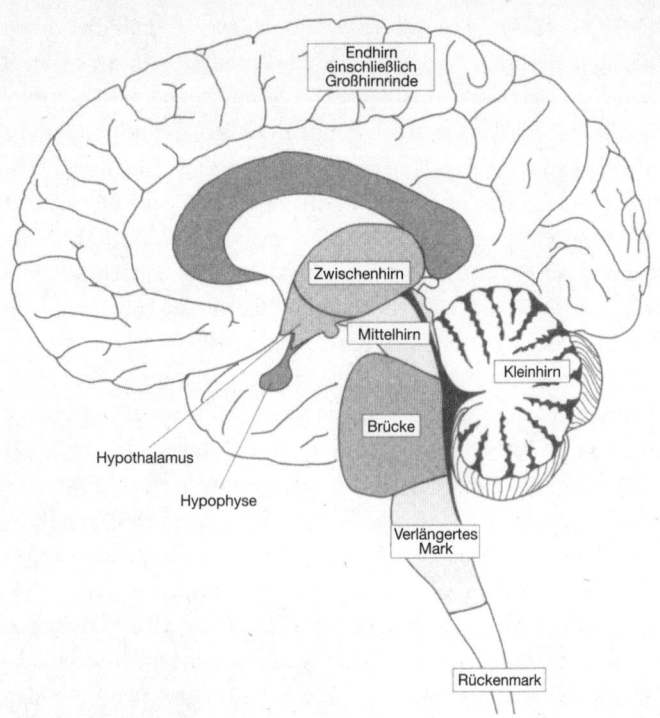

Abbildung 8a: Längsschnitt durch das menschliche Gehirn mit den sechs Hauptirnteilen (plus Rückenmark). Weitere Erläuterungen im Text (nach Eliot 2001; verändert).

(gustatorisches System) werden nicht im Neocortex verarbeitet, sondern in einem Rindentyp »älterer Bauart«, den man insulären Cortex nennt und der tief eingesenkt zwischen Stirn-, Schläfen- und Scheitellappen liegt (vgl. Abbildung 4). Der insuläre Cortex gehört zu dem nicht-sechsschichtigen limbischen Cortex und ist Verarbeitungsort des Körpergefühls einschließlich der affektiven Schmerzempfindung, der Eingeweidewahrnehmung (»Bauchgefühl«) und der Geschmacksempfindungen. Riechinformationen

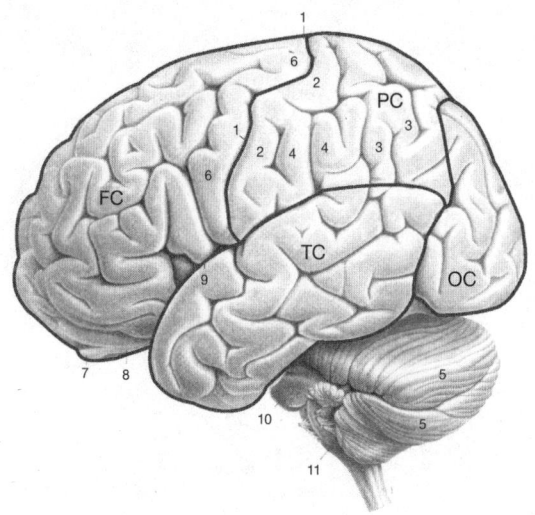

Abbildung 8b: Seitenansicht des menschlichen Gehirns. Sichtbar sind die Großhirnrinde mit ihren Windungen (Gyrus/Gyri) und Furchen (Sulcus/Sulci) und das ebenfalls stark gefurchte Kleinhirn. Umrandet sind die »Lappen« der Großhirnrinde. Abkürzungen: FC = Stirnlappen; OC = Hinterhauptslappen; PC = Scheitellappen; TC = Schläfenlappen; 1 = Zentralfurche (Sulcus centralis); 2 = Gyrus postcentralis; 3 = Gyrus angularis; 4 = Gyrus supramarginalis; 5 = Kleinhirn-Hemisphären; 6 = Gyrus praecentralis; 7 = Riechkolben; 8 = olfaktorischer Trakt; 9 = Sulcus lateralis; 10 = Brücke; 11 = Verlängertes Mark (nach Nieuwenhuys et al. 1991; verändert).

werden ebenfalls nicht im Neocortex, sondern wie der Geschmack in limbischen Rindenarealen, eben der Riechrinde (olfaktorischer Cortex), verarbeitet.

Zu den motorischen Hirnrindenfeldern gehören das primäre motorische, das prämotorische und das supplementärmotorische Feld, die alle am oberen hinteren Rand des Frontallappens liegen (vgl. Abbildung 9 und 10). Das *primäre motorische Feld* ist mit der Steuerung einzelner Muskeln und hierüber mit der Kontrolle

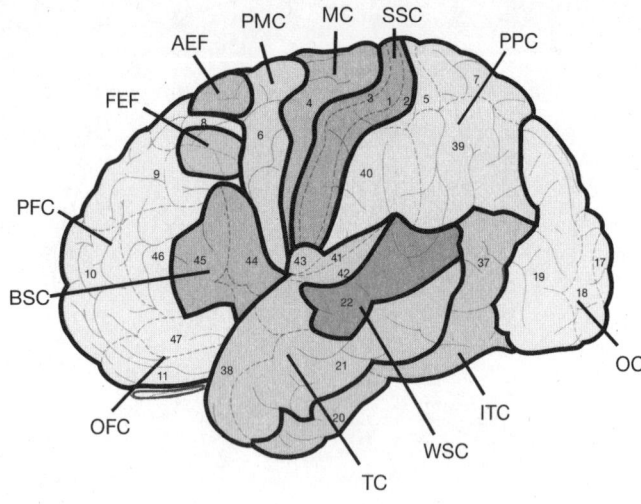

Abbildung 9: Anatomisch-funktionelle Gliederung der Hirnrinde von der Seite aus (lateral) gesehen. Die Zahlen geben die Einteilung in cytoarchitektonische Felder nach K. Brodmann an. Abkürzungen: AEF = vorderes Augenfeld; BSC = Broca-Sprachzentrum; FEF = frontales Augenfeld; ITC = inferotemporaler Cortex; MC = motorischer Cortex; OC = occipitaler Cortex (Hinterhauptslappen); OFC = orbitofrontaler Cortex; PFC = präfrontaler Cortex (Stirnlappen); PMC = dorsolateraler prämotorischer Cortex; PPC = posteriorer parietaler Cortex; SSC = somatosensorischer Cortex; TC = temporaler Cortex (Schläfenlappen); WSC = Wernicke-Sprachzentrum (nach Nieuwenhuys et al. 1991; verändert).

von Feinbewegungen befasst. Das *prämotorische Feld* ist an der Steuerung von größeren Bewegungsabläufen beteiligt, und das *supplementärmotorische und prä-supplementärmotorische Feld* sind immer beteiligt, wenn wir etwas planen und bewusst wollen und sind interessanterweise auch dann aktiv, wenn wir uns nur *vorstellen*, wir würden etwas tun. Hier entsteht auch das Gefühl, die eigenen Bewegungen »frei« kontrollieren zu können.

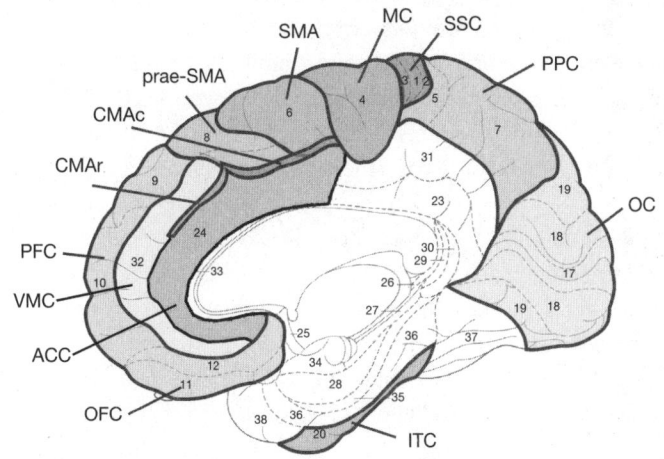

Abbildung 10: Anatomisch-funktionelle Gliederung der Hirnrinde von der Mittellinie aus (medial) gesehen. Abkürzungen: ACC = anteriorer cingulärer Cortex (Gyrus cinguli); CMAc = caudales cinguläres motorisches Areal; CMAr = rostrales cinguläres motorisches Areal; ITC = inferotemporaler Cortex; MC = motorischer Cortex; OC = occipitaler Cortex; prae-SMA = prä-supplementärmotorisches Areal; PFC = präfrontaler Cortex; PPC = posteriorer parietaler Cortex; SMA = supplementär-motorisches Areal; SSC = somatosensorischer Cortex; VMC = ventromedialer (präfrontaler) Cortex. Weitere Erläuterungen siehe Text (nach Nieuwenhuys et al. 1991; verändert).

Alle anderen Hirnrindenfelder bezeichnet man als *kognitive* oder *assoziative* Areale, da sie keine primären sensorischen oder motorischen Informationen verarbeiten, sondern solche Informationen miteinander verbinden (»assoziieren«) und in Verbindung mit Gedächtnisinhalten hierdurch komplexere, bedeutungshafte Informationen erzeugen. Der hintere und untere *Scheitellappen* hat linksseitig mit symbolisch-analytischer Informationsverarbeitung zu tun, d.h. mit Rechnen, Mathematik, Sprache, Schrift und allgemein mit der Bedeutung von Zeichnungen und Symbolen; der rechtsseitige hintere Scheitellappen ist befasst mit realer und vorgestellter räumlicher Orientierung, mit räumlicher Aufmerksamkeit und Perspektivwechsel. Im Scheitellappen sind unser Körperschema und die Verortung unseres Körpers im Raum lokalisiert; auch trägt er zur Planung, Vorbereitung und Steuerung von Greif- und Augenbewegungen bei. Der obere und mittlere *Schläfenlappen* hat mit komplexer auditorischer Wahrnehmung zu tun. Hier befindet sich, bei den meisten Menschen auf der linken Seite, das *Wernicke-Sprachareal*, das mit dem Verstehen und Sprechen einfacher Sätze zu tun hat (vgl. Kapitel 9). Der untere Schläfenlappen und der Übergang zwischen Scheitel-, Schläfen- und Hinterhauptslappen sind wichtig für die komplexe visuelle Informationsverarbeitung, das Erfassen der Bedeutung und korrekten Interpretation von Objekten, Gesten sowie von ganzen Szenen.

Eine besonders wichtige Funktion des Schläfenlappens ist das Erkennen von Gesichtern und deren emotionalem Ausdruck, dies geschieht gleich in zwei Arealen, nämlich dem Gesichtsareal im oberen temporalen Sulcus (STS), das mit der Gesichtsdynamik und Mimik, d.h. dem emotionalen Ausdruck, zu tun hat, und dem Gyrus fusiformis am unteren Rand des rechten Schläfenlappens, der für das Erkennen *individueller* Gesichter zuständig ist. Dies spielt auch bei der emotionalen Kommunikation einschließlich des Eindrucks der Vertrauenswürdigkeit einer Person eine große Rolle (vgl. Kapitel 7). Wenn das obere Areal zerstört ist, dann können wir die Mimik eines Gesichts nicht mehr »lesen«, wenn das untere Areal nicht mehr funktioniert, dann können wir Personen nicht mehr an ihren Gesichtern erkennen (eine Krankheit, die *Prosopagnosie* heißt).

Der *präfrontale Cortex* (PFC, Abbildung 9) ist der vordere Teil des Stirnhirns. Er hat mit seinem oberen (dorsolateralen) Teil mit

Denken, kurzfristigem Erinnern, Beurteilen, Problemlösen, Entscheiden und Handlungsplanung zu tun, also mit »hochkognitiven« Funktionen. Dort befindet sich auch das Arbeitsgedächtnis und mit ihm der Sitz der »allgemeinen Intelligenz«, die zu den genannten Funktionen benötigt werden (vgl. Kapitel 6). Der mittlere und untere (ventrolaterale) präfrontale Cortex – wiederum meist der linke – ist zudem Sitz des Broca-Sprachareals, das im Gegensatz zum Wernicke-Sprachareal mit Aspekten von Syntax und Grammatik unserer Sprache und hierüber mit komplexem Sprachverständnis und der Formulierung komplexer Sätze zu tun hat (vgl. Kapitel 9). Das Broca-Sprachareal steht auch in enger Beziehung zum Arbeitsgedächtnis und zur allgemeinen Intelligenz (vgl. Kapitel 4 und 5).

Bewusst erlebte Gefühle bzw. *Emotionen*, um die es in Kapitel 3 geht, entstehen in *limbischen* Cortexarealen, die mit Ausnahme des unteren Stirnhirns, des *orbitofrontalen Cortex* (OFC, Abbildung 9 und 10), nicht sechsschichtig sind. Der OFC hat zusammen mit dem sich nach innen anschließenden *ventromedialen präfrontalen Cortex* (VMC) mit der Bewertung unseres Verhaltens und seiner Konsequenzen und hierüber mit der Steuerung unseres Sozialverhaltens, mit Moral und Ethik und allgemein mit der Regulation unserer Emotionen zu tun. Hier geht es auch um die Fähigkeit, starke Gefühle und Impulse zu zügeln und sich nicht von ihnen »übermannen« zu lassen. Eine Beeinträchtigung der Funktionen dieser beiden Zentren kann zu Mängeln in der Impulshemmung und zu antisozialem Verhalten führen.

Ein sich auf der Innenseite der Großhirnrinde anschließendes limbisches Areal ist der *vordere* (anteriore) *cinguläre Cortex* (ACC, Abbildung 10, 11). Er hat mit innengeleiteter Aufmerksamkeit zu tun (vgl. Kapitel 5), mit Fehlererkennung, dem Abschätzen der Risiken unseres Verhaltens nach Erfolg und Misserfolg, aber auch mit dem eigenen Schmerzempfinden, das ja stark von Aufmerksamkeit abhängt, und mit dem Empfinden des Leidens Anderer, also mit *Empathie* (vgl. Kapitel 2). Funktionsstörungen im Bereich des ACC führen zur Beeinträchtigung unserer Aufmerksamkeit und stehen deshalb im Zusammenhang mit dem bekannten *Aufmerksamkeitsdefizit-Hyperaktivitäts-Syndrom* (ADHS). Am Übergang zwischen Frontal-, Parietal- und Temporallappen liegt – tief eingesenkt – der *insuläre* Cortex (vgl. Abbildung 4). Er hat mit Geschmack zu tun, der bekanntlich zusammen mit dem Geruch eine große Nähe zu Gefühlen hat, mit Schmerzwahrnehmung und in diesem Zusammenhang ebenso wie der ACC mit Empathie, nämlich der Wahrnehmung des Schmerzes bei Anderen.

Diese assoziativen Gebiete des Cortex sind für die konkreten Inhalte des Bewusstseins zuständig, also für die Details dessen, was wir sehen, hören und ertasten, aber auch für das, was wir uns vorstellen, erinnern, denken und planen sowie für Informationen darüber, wer oder was wir sind und wo wir uns befinden. Die genannten »limbischen« Rindengebiete fügen Informationen über Geschmack, Geruch und Schmerz hinzu. Schmerz als ein besonderer Bewusstseins- und Erlebniszustand wird zum einen im schon erwähnten insulären Cortex verarbeitet, aber auch im vorderen cingulären Cortex. Der limbische Cortex ist auch der Ort des Bewusstwerdens von Emotionen und Motiven, die – wie wir gleich sehen werden – zum großen Teil in limbischen Zentren außerhalb des Cortex entstehen.

Generell kann man sagen, dass der Cortex »Sitz« des Bewusstseins ist, denn nur solche Ereignisse, die mit Aktivität des Cortex verbunden sind, können uns überhaupt bewusst werden – alles andere ist prinzipiell unbewusst (s. Kapitel 5). Man nennt diese prinzipiell unbewusst arbeitenden Hirnzentren »subcortical«, d.h. unter- und außerhalb des Cortex liegend. Allerdings muss hinzugefügt werden, dass auch viele Teile des Cortex nicht »bewusstseinsfähig« sind, z.B. die genannten primären und sekundären sensorischen und motorischen Areale. Nur die assoziativ-kognitiven und limbischen Areale sind bewusstseinsfähig.

Das subcorticale limbische System

Zu den subcorticalen Teilen des Gehirns gehören limbische Zentren, die im Endhirn, Zwischenhirn und im Hirnstamm (Mittelhirn, Brücke und Verlängertes Mark) liegen. Diese und im Zwischen- und Endhirn lokalisierten und überwiegend unbewusst arbeitenden Zentren fasst man zum »limbischen System« zusammen (vgl. Abbildung 11). Das limbische System hat ganz unterschiedliche Funktionen, die aber alle am unbewussten Entstehen und der Regulation von körperlichen Bedürfnissen, Affekten und Gefühlen beteiligt sind, wie sie in Kapitel 3 behandelt werden.

Der Hypothalamus befindet sich im unteren Teil des Zwischenhirns direkt über der gut erkennbaren Hirnanhangsdrüse, der Hypophyse (vgl. Abbildung 4, 11). Er ist das wichtigste Kontrollzentrum für biologische Grundfunktionen wie Nahrungs- und Flüssigkeitsaufnahme, Schlaf- und Wachzustand, Temperatur- und Kreislaufregulation, Angriffs- und Verteidigungsverhalten und Sexualverhalten. Deshalb ist er auch der Entstehungsort der damit verbundenen Trieb- und Affektzustände. In Entsprechung dieser lebens- und überlebenswichtigen Funktionen ist der Hypothalamus mit nahezu allen verhaltensrelevanten Teilen des übrigen Gehirns verbunden, besonders mit der Hypophyse, dem zentralen Höhlengrau im Mittelhirn und den vegetativen Zentren des Hirnstamms, die ihrerseits mit dem sogenannten peripheren Nervensystem eng verknüpft sind. Hypophyse und peripheres Nervensystem wiederum innervieren und beeinflussen unsere Organe und deren Funktionen, und sie werden umgekehrt auch von ihnen beeinflusst.

Das unbewusste Entstehen von Emotionen im engeren Sinne ist vornehmlich Sache der Amygdala und des mesolimbischen Systems. Die Amygdala, der »Mandelkern«, befindet sich am inneren unteren Rand des Temporallappens (vgl. Abbildung 4A, 11). Sie besteht aus vielen verschiedenen Teilen, z.B. aus der corticomedialen Amygdala, die mit der Verarbeitung geruchlicher Infor-

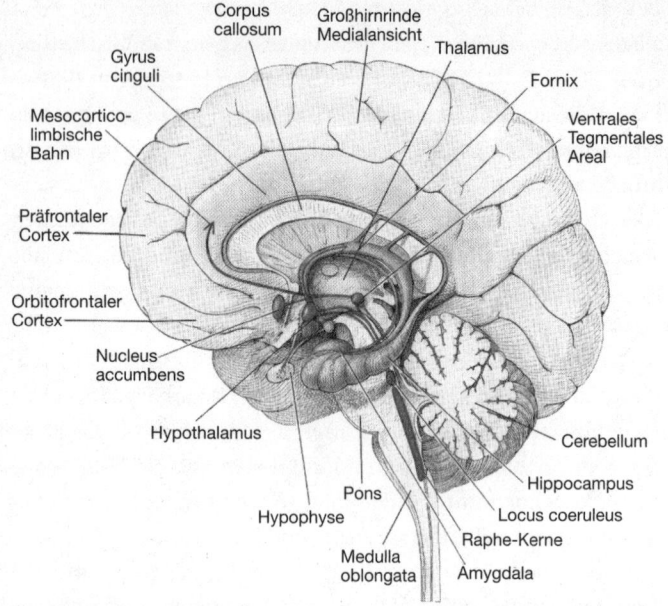

Abbildung 11: Medianansicht des menschlichen Gehirns mit den wichtigsten limbischen Zentren. Diese Zentren sind Orte der Entstehung von Affekten, von positiven (Nucleus accumbens, ventrales tegmentales Areal) und negativen Gefühlen (Amygdala), der Gedächtnisorganisation (Hippocampus), der Aufmerksamkeits- und Bewusstseinssteuerung (basales Vorderhirn, Locus coeruleus, Thalamus) und der Kontrolle vegetativer Funktionen (Hypothalamus) (nach Spektrum/Scientific American, 1994; verändert).

mationen einschließlich sozial wirkender Gerüche (Pheromone genannt) zu tun hat, der zentralen Amygdala, die bei Affekten und Stress eng mit dem Hypothalamus zusammenarbeitet und dem großen Komplex der basolateralen Amygdala, die mit komplexer emotionaler Konditionierung zu tun hat. Sie spielt deshalb eine zentrale Rolle beim Entstehen von überwiegend negativen oder stark bewegenden Emotionen und beim emotionalen Lernen und wird deshalb als Zentrum der furcht- und angstgeleiteten Verhaltensbewertung angesehen. Die Amygdala hat in diesem Zusammenhang auch mit dem unbewussten Erkennen riskanter, bedrohlicher Dinge und Ereignisse zu tun, z.B. einer wackligen Brücke, einem gähnenden Abgrund, einem wütenden Gesicht oder einer aggressiven Gebärde. Sie ist aber nicht nur mit den negativen Dingen in unserem Leben befasst, sondern ganz allgemein mit starken Emotionen, z.B. großer Freude und großer Überraschung, die uns ähnlich wie Furcht und Angst »überwältigen« können.

Ein Gegenspieler der Amygdala, zumindest was Furcht, Angst und Stress betrifft, ist das mesolimbische System. Dieses System besteht vornehmlich aus dem ventralen tegmentalen Areal (VTA) und der Substantia nigra, die sich beide im Mittelhirnboden befinden, und dem Nucleus accumbens, der einen Teil des Striato-Pallidum im Endhirn bildet (vgl. Abbildung 4A, 11). Das mesolimbische System hat drei Funktionen. Zum einen stellt es das Belohnungssystem des Gehirns dar, denn hier werden Stoffe besonders wirksam, die zu positiven Empfindungen bis hin zu Euphorie und Ekstase führen. Hierzu gehören vor allem die hirneigenen Belohnungsstoffe (die »endogenen Opioide«), die chemisch mit den Drogen verwandt sind. Zum zweiten ist es das System, das positive Konsequenzen von Ereignissen oder unseres Handelns registriert, im Belohnungsgedächtnis festhält und bei Wiederholung derselben positiven Ereignisse oder ähnlicher Ereignisse handlungssteuernde Zentren im Gehirn aktiviert. Dies bildet die Grundlage der dritten Funktion, nämlich uns anzutreiben, zu *motivieren*, damit wir dasjenige wiederholen, was zuvor zu einem positiven Zustand geführt hat. Dies geschieht über die Ausschüttung des Botenstoffs Dopamin. Wie diese Motivation genauer abläuft, ist in Kapitel 3 genauer dargestellt.

Der merkwürdig geformte Hippocampus (das griechisch-lateinische Wort für »Seepferdchen«) ist ein wichtiger Träger des Vorbewussten und nimmt entsprechend eine Zwischenstellung zwischen dem Isocortex und dem limbischen System ein (vgl. Abbildung 4B, 11). Er ist der »Organisator« des bewusstseinsfähigen und sprachlich formulierbaren deklarativen Gedächtnisses.

Neben der Großhirnrinde, der Amygdala und dem Hippocampus wird das Großhirn von einer großen Struktur ausgefüllt, nämlich dem *Striato-Pallidum*, das zu den Basalganglien gehört (vgl. Abbildung 4A). Es setzt sich zusammen aus dem »Streifenkörper«, lateinisch *Corpus striatum* oder einfach *Striatum* genannt, und der »bleichen Kugel«, lateinisch *Globus pallidus* oder einfach *Pallidum* genannt, die sich im Innern des Endhirns befinden. Das Striato-Pallidum ist unser Gedächtnis für alle Handlungen, die wir ausführen können, ohne detailliert darüber nachdenken zu müssen; es hat also mit dem prozeduralen Gedächtnis zu tun, das in Kapitel 4 behandelt wurde. Hier sind auch alle unsere Gewohnheiten und Automatismen lokalisiert.

Schließlich sind noch Zentren im Hirnstamm zu erwähnen, die den Grad unserer Wachheit und Bewusstheit allgemein steuern; man bezeichnet sie als *retikuläre Formation* (dies bedeutet »netzartiges Gebilde«) (vgl. Kapitel 5). Diese Struktur zieht sich vom Verlängerten Mark über die Brücke bis zum vorderen Mittelhirn und spielt eine entscheidende Rolle bei lebenswichtigen Körperfunktionen wie Schlafen und Wachen, Blutkreislauf und Atmung sowie bei Erregungs-, Aufmerksamkeits- und Bewusstseinszuständen. Entsprechend tritt unwiderruflich der Hirntod ein, wenn Teile dieser Struktur zerstört sind. In der retikulären Formation finden sich u.a. der *Locus coeruleus* als Produktionsort des Neurotransmitters/Neuromodulators Noradrenalin und ganz an der Mittellinie des Gehirns die *Raphe-Kerne* als Produktionsort des Neurotransmitters/Neuromodulators Serotonin (vgl. Abbildung 11).

Die zellulären Bausteine des Gehirns

Das Gehirn besteht aus Nervenzellen, Neuronen, 50 bis 100 Milliarden an der Zahl, und mindestens der doppelten Zahl an Stütz-, Hilfs- und Ernährungszellen, Gliazellen genannt. Nervenzellen sind umgewandelte Körperzellen, die spezielle Eigenschaften im Dienst der Verarbeitung hirneigener elektrischer und chemischer Signale haben. Diese Signale erhalten die Nervenzellen über Sinnesorgane (Augen, Ohren, Haut usw., aber auch über Körperorgane) und geben sie über Muskeln, Haut und Drüsen wieder ab, und zwar als Bewegung oder externe Körpersignale, aber auch als Veränderungen von körperinternen Funktionen. Zu diesem Zweck sind die Nervenzellen eine Art von Mini-Batterien und elektrischen Schaltkreisen, die elektrische Signale aufnehmen, verändern und wieder abgeben, sie sind aber auch Produzenten und Verarbeiter von chemischen Kommunikationssignalen, Neurotransmitter, Neuropeptide und Neurohormone genannt. Das Gehirn ist also ein System der miteinander verwobenen elektrischen und chemischen Informationsverarbeitung, wobei die elektrische Informationsverarbeitung die schnelle und einfache, die chemische die langsame und komplexe ist.

Alle Nervenzellen besitzen »Eingangsstrukturen«, Dendriten genannt, über die sie Erregungen aufnehmen (vgl. Abbildung 12). Diese laufen dann über die Oberfläche der Zelle zu den »Ausgangsstrukturen«, die aus meist langen und dünnen Nervenfasern, Axone genannt, bestehen. Diese Axone entspringen an einem besonderen Ort der Zelle, dem »Axonhügel«. Die Art und Weise, wie diese Fortleitung zwischen Eingangs- und Ausgangsstrukturen geschieht, bestimmt nachhaltig die Verarbeitung der aufgenommenen Information durch die Nervenzelle. Die Axone enden in Endknöpfchen, Synapsen genannt, die auf anderen Nervenzellen ansetzen.

Kontakte zwischen Nervenzellen finden über Synapsen statt (vgl. Abbildung 12 und 13). Diese setzen an den Dendriten und

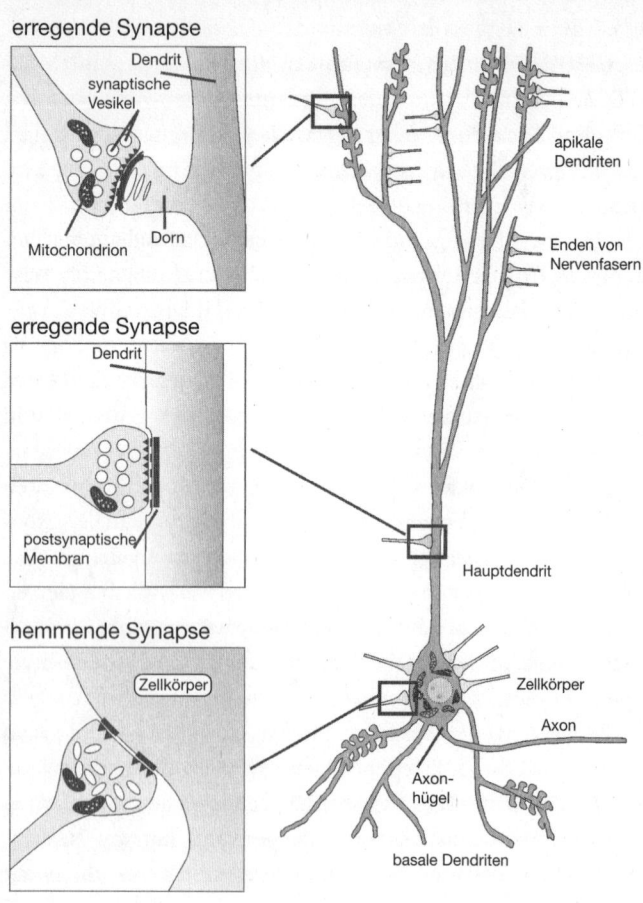

Abbildung 12: Aufbau einer idealisierten Nervenzelle (Pyramidenzelle der Großhirnrinde). Die apikalen und basalen Dendriten dienen der Erregungsaufnahme, das Axon ist mit der Erregungsweitergabe an andere Zellen (Nervenzellen, Muskelzellen usw.) befasst. Links vergrößert drei verschiedene Synapsentypen: oben eine erregende Synapse, die an einem »Dorn« eines Dendriten ansetzt (»Dornsynapse«); in der Mitte eine erregende Synapse, die direkt am Hauptdendriten ansetzt; unten eine hemmende Synapse, die am Zellkörper ansetzt (aus Roth 2003).

Zellkörpern, gelegentlich auch an den Axonen anderer Nervenzellen an. Jede Nervenzelle ist über Synapsen mit Tausenden anderer Nervenzellen verbunden – bei den Pyramidenzellen der Großhirnrinde sind es schätzungsweise 20 000. Synapsen sind die wichtigsten Elemente der neuronalen Informationsverarbeitung.

Es gibt zwei Arten von Synapsen, elektrische und chemische. Bei den elektrischen Synapsen sind zwei Nervenzellen über sehr enge Zellkontakte miteinander verbunden. Hier kann die elektrische Erregung direkt und ohne nennenswerte Verzögerung von einer Zelle zur anderen hinüberfließen; auch kann die Stärke der Erregung reguliert werden, allerdings nicht in dem Ausmaß wie bei chemischen Synapsen.

Bei den chemischen Synapsen wird die elektrische Erregung zwischen den Nervenzellen durch chemische Botenstoffe, Neurotransmitter (meist einfach Transmitter genannt), vermittelt (vgl. Abbildung 13). Chemische Synapsen bestehen aus der Präsynapse (in der Regel dem Endknöpfchen eines Axons) und der Postsynapse; diese ist je nach Lage ein Stück Membran des Zellkörpers, eines Dendriten oder des Axons einer anderen Nervenzelle. Oft tragen die Dendriten einer Nervenzelle kleine Vorsprünge, Dornfortsätze (spines), die bevorzugte Orte für Synapsen zwischen axonalen Endknöpfchen und Dendriten darstellen. Prä- und Postsynapse stehen nicht in unmittelbarem Kontakt, sondern sind durch den synaptischen Spalt getrennt, der weniger als ein Tausendstel eines Millimeters breit ist. Dieser Spalt wird bei synaptischer Aktivität durch die Ausschüttung von Transmittern überbrückt.

Die wichtigsten Transmitter, auch »klassische Transmitter« genannt, im Gehirn der Wirbeltiere und vieler Wirbelloser sind Acetylcholin, Noradrenalin bzw. Octopamin, Serotonin, Dopamin, Glutamat, Gamma-Aminobuttersäure (abgekürzt GABA) und Glycin. Innerhalb des Gehirns dienen Glutamat, Glycin und

GABA der direkten Signalübertragung an der Synapse innerhalb von Millisekunden, während die Transmitter Noradrenalin, Serotonin, Dopamin und Acetylcholin im Gehirn eine modulatorische Wirkung haben, denn sie können die Wirkung der anderen Transmitter verändern, und zwar in der Regel im Zeitintervall von Sekunden. Sie heißen deshalb auch Neuromodulatoren. Neben Transmittern und Neuromodulatoren sind im Gehirn Neuropeptide und Neurohormone aktiv, von denen zur Zeit bereits mehr als 100 bekannt sind, sowie Neurohormone. Bekannte Neuropeptide und Neurohormone sind Cortisol, Oxytocin, die endogenen Opioide oder Testosteron. Diese Substanzklassen haben eine längere Wirkung als Neurotransmitter und Neuromodulatoren, sie liegt im Bereich von Minuten bis Tagen, manchmal sogar länger.

Wie in Abbildung 13 dargestellt, befinden sich Neurotransmitter und Neuromodulatoren in winzigen Bläschen, Vesikeln, verpackt in den synaptischen Endknöpfen eines Axons, der Präsynapse. Aufgrund einer einlaufenden elektrischen Erregung werden die Vesikel veranlasst, zur präsynaptischen Membran zu wandern, mit ihr zu verschmelzen (»Fusionierung«) und eine sehr geringe Menge Transmitter freizusetzen. Dabei ist die Menge des freigesetzten Transmitters proportional zur einlaufenden Erregung.

Die Transmittermoleküle diffundieren in den synaptischen Spalt und wirken je nach Transmitterart auf unterschiedliche »Andockstellen«, Rezeptoren genannt, auf der gegenüberliegenden, postsynaptischen Membran des nachgeschalteten Neurons ein und bewirken das Öffnen und Schließen sogenannter Ionenkanäle. Durch diese Kanäle können positiv und negativ geladene Teilchen, Ionen, durch die Nervenzellmembran hinein- und hinauswandern und so den elektrischen Ladungszustand der Zellmembran verändern. Bewirkt das »Andocken« der Transmittermoleküle und das Öffnen der Ionenkanäle einen positiven

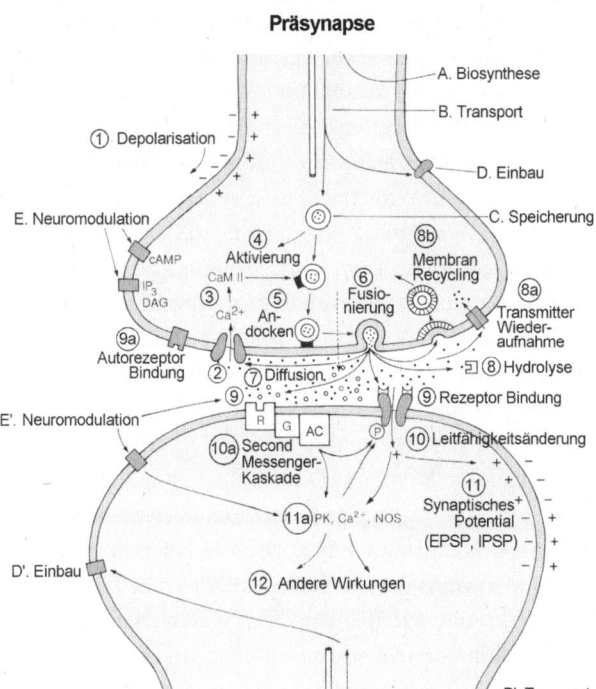

Abbildung 13: Biochemisch-molekularbiologische Vorgänge an einer chemischen Synapse. 1–12 kennzeichnen schnelle Vorgänge im Millisekundenbereich, die während der unmittelbaren Verarbeitung und Weitergabe von Signalen an der Synapse ablaufen. A–E bzw. A'–E' bezeichnen eher langsamere prä- bzw. postsynaptische Vorgänge im Sekundenbereich: Synthese, Transport, Speicherung von Transmittern und Modulatoren; Einbau von Kanalproteinen und Rezeptoren in die Membran und modulatorische Wirkungen. AC = Adenylatcyclase, cAMP = cyclisches Adenosinmonophosphat, Ca^{2+} = Calcium-Ionen, CaMII = calmodulinabhängige Proteinkinase II, DAG = Diacylglycerin, G = GTP-bindendes Protein, IP3 = Inositoltriphosphat, NOS = Stickstoffmonoxid-Synthase, PK = Proteinkinase, R = Rezeptor (aus Roth 2003).

Bau und Funktion des menschlichen Gehirns

Ladungszustand, so entsteht eine Erregung, auch exzitatorisches postsynaptisches Potenzial, (abgekürzt EPSP) genannt. Wird der Ladungszustand negativ, so tritt eine Hemmung, inhibitorisches postsynaptisches Potenzial (abgekürzt IPSP) genannt, auf.

Wenn die Ionenkanäle in der postsynaptischen Membran durch erregende Transmitter wie Glutamat geöffnet werden, können vermehrt Na^+- oder Ca^{++}-Ionen in die Zelle einströmen. Es kommt dann jedoch nicht wie am Axonhügel zum Auftreten eines Aktionspotenzials, da das selbstverstärkende Öffnen von spannungsabhängigen Natrium-Kanälen fehlt, sondern zu einer lokalen Depolarisation der Membran. Bei der Ausschüttung des hemmenden Transmitters GABA strömen K^+-Ionen aus der Zelle bzw. Cl^--Ionen in die Zelle, und es kommt hierdurch zu einer Hyperpolarisierung der Membran. Dies macht die Membran für weitere Erregungen vorübergehend unempfindlicher. Beim EPSP oder IPSP handelt es sich um ein abgestuftes, graduiertes Potenzial, dessen Stärke von der Menge des freigesetzten Transmitters und der Zahl der aktivierten Ionenkanäle abhängt: Je mehr Transmitter ausgeschüttet wurden, desto stärker sind EPSP und IPSP. Beide sind also analoge Signale. Ein EPSP löst nun in den angrenzenden Membranregionen der Dendriten ebenfalls eine Erregung aus, die – falls sie stark genug ist – bis hin zum Axonhügel fortgeleitet wird und dort ein Aktionspotenzial oder eine Salve von Aktionspotenzialen auslöst. Diese dendritische Weiterleitung eines EPSP geschieht jedoch nicht in selbstverstärkender Weise wie am Axon, sondern das EPSP wird mit zunehmender Entfernung von seinem Entstehungsort schwächer, falls es nicht zu »verstärkenden Maßnahmen« kommt.

Über bestimmte chemische Prozesse werden Transmitter und Neuromodulatoren sehr schnell aus dem synaptischen Spalt entfernt und über die präsynaptische Membran erneut in die Zelle aufgenommen (Transmitter-Wiederaufnahme über einen Transportermechanismus). In der Präsynapse findet dann eine Resynthese der Stoffe statt (vgl. Abbildung 13). Dies bedeutet, dass die Wirkung eines Transmitters bzw. Neuromodulators nicht nur über die ausgeschüttete Menge kontrolliert werden kann, sondern auch über die Beeinflussung der Wiederaufnahme und der Resynthese. Je länger die Wiederaufnahme hinausgezögert oder in ihrer Effektivität verringert wird, und je schneller die Resynthese abläuft, desto länger kann die neuroaktive Substanz im synaptischen Spalt verbleiben und auf die subsynaptische Membran einwirken. Auf diesen beiden Prozessen beruht die Wirkung vieler Neuro- und Psychopharmaka, z.B. der Serotonin-Wiederaufnahme-Hemmer, die zur Behandlung von Depressionen eingesetzt werden.

ANHANG 2

Wie verbessere ich mein Gedächtnis?

Wer möchte nicht seine Gedächtnisleistungen verbessern? Hier gibt es eine schlechte und eine gute Botschaft. Die schlechte lautet: Wir können unser Gedächtnis nicht im eigentlichen Sinne verbessern. Jemand verbessert sein schlechtes Namens- oder Zahlengedächtnis nicht dadurch, dass er viele Namen oder Zahlen auswendig lernt. Auch das Ortsgedächtnis einer Person wird bekanntlich nicht durch Übung besser, sondern diese Person wird sich weiterhin ständig verfahren und verirren. Wie bereits erwähnt, ist der Umstand, in welchen Gedächtnisarten jemand gut oder schlecht ist, weitgehend genetisch vorgegeben.

Die gute Botschaft lautet: Es gibt Maßnahmen, mit denen man seinem schlechten Teilgedächtnis auf die Beine helfen kann. Den ersten Trick kennen wir eigentlich schon, denn er besteht darin, sich auf die Lerninhalte zu konzentrieren und sie möglichst plastisch zu erleben; dies steigert das Behalten enorm. Häufig lernen wir Dinge deshalb nicht gut, weil wir abgelenkt sind. Die meisten weiteren Gedächtnistricks beruhen darauf, dass wir *semantisch problematische* Gedächtnisse wie das Gedächtnis für Namen, Zahlen und Reihenfolgen primär sinnloser Ereignisse mit *hochsemantischen* Gedächtnisinhalten verbinden, nämlich solchen aus dem Gedächtnis für Gesichter, Bilder und Örtlichkeiten. Ein Beispiel: Wir haben mit einer Gruppe von vier Menschen zu tun, deren Namen wir uns schnellstmöglich merken müssen. Nehmen wir einmal an, es handle sich um die Herren Schmidt, Schreiber und Metzger und eine Frau Weidemann. Wir sehen sie uns genau an und stellen fest, dass Herr Schmidt kräftig ist wie ein Schmied, Herr Schreiber hat große Ohren, hinter denen man gut einen Bleistift zum Schreiben verstecken kann. Herr Metzger hat eine Nase wie ein Fleischerhaken, und Frau Weidemann ist schlank wie eine Weidengerte. Natürlich wird es nicht immer so einfach sein wie in diesem Beispiel, aber man muss nur seine Phantasie walten lassen. Z. B. könnte es sein, dass Frau Weidemann sehr beleibt ist, und wir assoziieren »Weidengerte« sozusagen als Kontrastprogramm. Hier gilt: Je bizarrer und lustiger die Assoziation, desto eher werden wir sie behalten.

Schwieriger wird es mit Zahlen. Diese sind erst einmal völlig ohne Sinn und deshalb schwer zu behalten. Der Trick besteht also darin, ihnen einen sekundären Sinn oder eine einigermaßen sinnhafte Struktur zu verleihen. Jeder von uns weiß, dass es hilft, wenn wir Abfolgen von Zahlen wie Telefon- oder Kontonummern in Zweiergruppen einteilen. Die Ziffernfolge 268147 ist viel schwerer zu behalten als die Folge 26–81–47, die wir uns mehrfach und rhythmisch laut vorsagen. Wir nutzen dabei nicht nur die Tatsache, dass *Gestaltbildung* das Behalten fördert, sondern wir verstärken unser notorisch schlechtes visuelles Zahlengedächtnis mit dem besseren sprachlich-auditorischen Gedächtnis. Eine weitere Möglichkeit der »Sinnstiftung« besteht darin, Ordnungen zwischen den Ziffern zu entdecken. Dies ist relativ einfach, wenn die Folge 246753, 135246 oder 192837 heißt. Bei komplizierteren Ordnungen muss man sich die Ordnungsstruktur mühsam merken, was den Erleichterungseffekt stark behindert. Ergibt sich keine unmittelbar sinnfällige Ordnung, so müssen wir zu anderen Tricks greifen. Einer besteht darin, dass wir jeder Ziffer von 0 bis 9 einen bzw. mehrere Konsonanten zuordnen. Eine gängige Zuordnung lautet: 1 = t, 2 = n, 3 = m, 4 = r, 5 = l, 6 = sch, 7 = k, g, 8 = f, v, pf, 9 = d, p, b und 0 = z, s. Dann schreiben wir entsprechend diesem Code die Konsonanten hintereinander auf und versuchen sie so mit Vokalen »aufzufüllen«, bis sie ein sinnfälliges Wort ergeben. Gegebenenfalls benutzen wir bei den Ziffern, denen mehrere Konsonanten zugeordnet sind, die Alternativen. Lautet die Geheimzahl unseres Bankkontos z.B. 6592, so ergibt dies die Konsonantenfolge Sch-l-d-n. Was liegt näher, als daraus das zum Bankkonto höchst passende Wort »Schulden« zu bilden! Lautet die Ziffernfolge 3471, so können wir die Konsonantenfolge M-r-g-t einfach zum Vornamen unserer Frau, Freundin oder Cousine ergänzen – also einer Person, die uns lieb und besonders teuer ist. Wir können auch ganze Sätze bilden, indem wir der Geheimzahl 7753 (k-g-m-d) die Feststellung »Kein Geld mehr da!« zuordnen. Wenn wir erst einmal eine gewisse Mühe darauf verwandt haben, uns den Ziffern-Konsonanten-Code zu merken, ist das Behalten kurzer Ziffernfolgen kein Problem mehr!

Bei längeren Ziffernfolgen wie Telefonnummern müssen wir einen anderen Trick anwenden. Hier weisen wir jeder Ziffer von 0 bis 9 einen möglichst einfachen, ähnlich klingenden Begriff zu. Dies kann etwa so aussehen: Ein(s) ist ein Schwein, zwei ist Heu, drei ist ein Schrei, vier ist eine Tür, fünf sind Strümpf', sechs ist eine Hex', sieben ist ein Sieb, acht ist die Nacht, neun ist eine Scheun', null ist ein Bull'. Wenn wir uns z.B. die Ziffernfolge 921583 merken sollen, so formulieren wir den Merksatz: »Eine Scheune mit Heu drin, dort sitzt ein Schwein in Strümpfen und stößt nachts einen Schrei aus«. Schließlich können wir jeder Ziffer auch einen Gegenstand zuordnen, der bildlich der Ziffer ähnelt, z.B. der 1 einen Kirchturm, der 2 einen Schwan, der 3 eine halbe Brezel und so weiter, und die Gegenstände zu möglichst komischen Geschichten reihen. Dabei gilt wiederum: je verrückter und bizarrer, desto besser.

Selbstverständlich gibt es noch eine Reihe weiterer bewährter Rezepte. Das berühmteste Rezept zum Erinnern der Reihenfolge von Dingen, Namen, Personen und Argumenten besteht darin, bestimmten Räumen eines uns sehr vertrauten Gebäudes bzw. (wenn das Gebäude nicht besonders groß ist) den Ecken und Nischen der Räume bestimmte Dinge fest zuzuordnen und die Räume dann in einer festgelegten Reihenfolge im Geiste zu durchschreiten. Mit einigem Training erreichen wir dann, dass die zu erinnernden Dinge in der richtigen Reihenfolge plastisch vor unserem Geiste auftauchen. Diese Tricks haben bereits die antiken Rhetoriker erfolgreich angewandt. Interessanterweise wenden Gedächtnisakrobaten bewusst oder unbewusst genau diesen Trick an, »Palast der Erinnerung« genannt, und natürlich auch die anderen genannten Tricks. Gedächtniskünstler haben nach allem, was wir wissen, hochgradig automatisierte Methoden des Sinnhaftig- und Anschaulichmachens von Merkinhalten. Wir müssen nur mit einiger Mühe eine solche Routine ausbilden, um ein bisschen näher an das heranzukommen, was sie können. Überdies hat mir ein bekannter Rechenkünstler verraten, dass er mehrere Stunden am Tag »trainiert« und die Ergebnisse vieler Rechenaufgaben, die er bei seinen Auftritten gestellt bekommt, auswendig kennt.

Vergessen dürfen wir allerdings nicht, dass das Vergessen-Können ebenso wichtig ist wie Behalten-Können. Gedächtniskünstler leiden nämlich darunter, all das sinnlose Zeug nicht vergessen zu können. Daran sollten wir uns gelegentlich erinnern, wenn wir beim Lernen oder im Alltag über unser schlechtes Gedächtnis schimpfen.

Literatur

Ackermann, H. (2006): Neurobiologische Grundlagen des Sprechens. In: Karnath, H.-O. und P. Thier (Hrsg.), Neuropsychologie. Springer, Heidelberg, S. 333–339.

Adolphs, R., D. Tranel und A. R. Damasio (1998): The human amygdala in social judgement. Nature 393: 470–474

Ainsworth, M. D. S. (1964): Pattern of Attachment behavior shown by the infant in interaction with his mother. Merrill-Palmer Q 10: 51–58.

Allen, K. J., D. L. Galvis und R. V. Katz (2004): Evaluation of CDs and chewing gum in teaching dental anatomy. Journal of Dental Research 83: A 1399.

Altenmüller, E. (2006): Musikwahrnehmung und Amusien. In: Karnath, H.-O. und P. Thier (Hrsg.), Neuropsychologie. Springer, Heidelberg, S. 39–434.

Amelang, M. und D. Bartussek (2001): Differentielle Psychologie und Persönlichkeitsforschung. Kohlhammer, Stuttgart.

Anand, K. J. S. und F. M. Scalzo (2000): Can adverse neonatal experiences alter brain development and subsequent behavior? Biology of the Neonate 77: 69–82.

Anderson, J. R. (1996): Kognitive Psychologie. Spektrum Akademischer Verlag, Heidelberg, Berlin.

Anderson, S. W., A. Bechara, H. Damasio, D. Tranel und A. R. Damasio (1999): Impairment of social and moral behavior related to early damage in human prefrontal cortex. Nature Neuroscience 2: 1032–1037.

Anderson, M. C., K. N. Ochsner, B. Kuhl, J. Cooper, E. Robertson, S. W. Gabrieli, G. H. Glover und J. D. Gabrieli (2004): Neural systems underlying the suppression of unwanted memories. Science 303: 202–205.

Artelt, C. (1999): Lernstrategien und Lernerfolg. Eine handlungsnahe Studie. Zeitschrift für Entwicklungspsychologie und Pädagogische Psychologie 31: 86–96.

Asendorpf, J. B. und F. J. Neyer (2012): Psychologie der Persönlichkeit. Springer, Heidelberg u. a.

Aston-Jones, G. und J. D. Cohen (2005): An integrative theory of locus coeruleus-norepinephrine function: adaptive gain and optimal performance. Ann. Rev. Neurosci. 28: 403–450.

Atkinson, J. W. (1964): An introduction to motivation. Van Nostrand, Princeton, NJ.

Aufschnaiter, C. von (2003): Prozessbasierte Detailanalysen der Bildungsqualität von Physik-Unterricht: Eine explorative Studie. Ztschr. f. Didaktik der Naturwissenschaften 9: 105–124.

Baddeley, A. D. (1986): Working Memory. Clarendon Press, Oxford.

Baddeley, A. D. (2000): The episodic buffer: a new component for working memory? Trends in Neurosciences 2001: 417–423

Bandura, A. (1997): Self-efficacy: The exercise of control. Freeman, New York.

Bauer, J. (2005): Warum ich fühle, was du fühlst: intuitive Kommunikation und das Geheimnis der Spiegelneurone. Hoffmann und Campe, Hamburg.

Baumert, J. und O. Köller (1996): Lernstrategien und schulische Leistungen. In: Möller J. und O. Köller (Hrsg.), Emotionen, Kognitionen und Schulleistung. Beltz, Weinheim, S. 137–154.

Bechara, A., D. Tranel, H. Damasio, R. Adolphs, C. Rockland und A. R. Damasio (1995): Double dissociation of conditioning and declarative knowledge relative to the amygdala and hippocampus in humans. Science 269: 1115–1118.

Becker, N. (2006): Die neurowissenschaftliche Herausforderung der Pädagogik. Verlag Julius Klinkhardt, Bad Heilbrunn.

Benner, D. (1997): Johann Friedrich Herbart: Systematische Pädagogik. Dt. Studienverlag, Weinheim.

Berger, M., J. A. Gray und B. L. Roth (2009): The expanded biology of serotonin. Ann. Rev. Neurosci. 60: 355–366.

Berridge, C. W. (2008): Noradrenergic modulation of arousal. Brain Res. Rev. 58: 1–17.

Berridge, K. C. (2006): The debate over dopamine's role in reward: the case for incentive salience. Psychopharmacology (Berl.) 191: 391–431.

Bliss, T. V. P. und G. L. Collingridge (1993): A synaptic model of memory: Long-term potentiation in the hippocampus. Nature 232: 31–39.

Bliss, T. V. P. und W. Lømo (1973): Long-lasting potentiation of synaptic transmission in the dentate area of the anesthetized rabbit following stimulation of the perforant path. J. Physiology 232: 331–356.

Bohannon, J. N. (1988): Flashbulb memories for the space shuttle disaster: A tale of two stories. Cognition 29: 179–196.

Boekaerts, M. (1996): Self-regulated learning at the junction of cognition and motivation. European Psychologist 1: 100–112.

Boekaerts, M. (1999): Self-regulated learning: where we are today. International Journal of Educational Research 31: 445–457.

Bönsch, M. (2009): Selbstgesteuertes Lernen. Zu einer sehr aktuellen Entwicklungsaufgabe im Unterricht heute. Schulmagazin 12: 51–55.

Borkenau, P. und F. Ostendorf (2008): NEO-Fünf-Faktoren Inventar nach Costa und McCrae (NEO-FFI). Manual (2. Aufl.). Hogrefe, Göttingen.

Broadbent, D. (1958): Perception and Communication. Pergamon Press, London.

Brown, C. M., P. Hagoort und M. Kutas (2000): Postlexical integration processes in language comprehension: Evidence from brain-imaging research. In: M. S. Gazzaniga (Hrsg.), The New Cognitive Neurosciences, 2nd edition. MIT Press, Cambridge, Mass., S. 881–895.

Brown, J. W. und T. S. Braver (2007): Risk prediction and aversion by anterior cingulate cortex. Cognitive, Affective & Behavioral Neuroscience 7: 266–277.

Brown, R. und J. Kulik (1977): Flashbulb memories. Cognition 5: 73–99.

Brown, S. M., S. B. Manuck, J. D. Flory und A. R. Hariri (2006): Neural basis of individual differences in impulsivity: Contributions of corticolimbic circuits for behavioral arousal and control. Emotion 6: 239–245.

Butterworth, B. (1992): Origins of self-perception in infancy. Psychological Inquiry 3: 103–111.

Byrne, R. (1995): The Thinking Ape. Evolutionary Origins of Intelligence. Oxford University Press, Oxford, New York.

Cacioppo, J. T., G. C. Berntson, J. T. Larsen, K. M. Poehlmann und T. A. Ito (2000): The psychophysiology of emotion. In: M. Lewis und J. M. Haviland-Jones (Hrsg.), Handbook of Emotions, 2. Aufl. Guilford Press, New York, London, S. 173–191.

Cahill, L. und J. McGaugh (1998): Mechanisms of emotional arousal and lasting declarative memory. Trends in Neurosciences 21: 294–299.

Campbell, A. (2008): Attachment, aggression and affiliation: The role of oxytocin in female social behavior. Biological Psychology 77: 1–10.

Canli, T. und K.-P. Lesch (2007): Long story short: the serotonin transporter in emotion regulation and social cognition. Nature Neuroscience 10: 1103–1109.

Caspi A., K. Sugden, T. E. Moffitt, A. Taylor, I. W. Craig, H. Harrington, J. McClay et al. (2003): Influence of life stress on depression: moderation by a polymorphism in the 5-HTT gene. Science 301: 386–389.

Cattell, R. B. (1963): Theory of fluid and crystallized intelligence: A critical experiment. J. Educational Psychology 54: 1–22.

Charmandari, E., C. Tsigos und G. Chrousos (2005): Endocrinology of the stress response. Ann. Rev. Physiol. 67: 259–84.

Cheour, M., R. Ceponiene, A. Lehtokoski, A. Luuk, J. Allik, K. Alho und R. Näätänen (1998): Development of language-specific phoneme representations in the infant brain. Nature Neuroscience 1: 351–353.

Cierpka, M. (1999): Kinder mit aggressivem Verhalten. Ein Praxismanual für Schulen, Kindergärten und Beratungsstellen. Hogrefe, Göttingen.

Cierpka, M., D. Doege und A. Eickhorst (2010): Keiner fällt durchs Netz – ein Präventionsprojekt zur Identifikation und Unterstützung hoch belasteter Familien. EREV-Schriftenreihe 51: 40–48.

Cloninger, C. R. (2000): Biology of personality dimensions. Current Opinions in Psychiatry 13: 611–616.

Clore, G. L. und A. Ortony (2000): Cognition in emotion: Always, sometimes or never? In: R. D. Lane und L. Nadel (Hrsg.), Cognitive Neuroscience of Emotion. Oxford University Press, New York, Oxford, S. 24–61.

Comer, R. J. (1995): Klinische Psychologie. Spektrum Akademischer Verlag, Heidelberg, Berlin.

Cools, R., A. C. Roberts und T. W. Robbins (2008): Serotonergic regulation of emotional and behavioural control processes. Trends Cogn. Sci. 12: 31–40.

Costa, P. T. Jr. und R. R. McCrae (1992): Normal personality assessment in clinical practice: The NEO Personality Inventory. Psychological Assessment 4: 5–13.

Creutzfeldt, O. D. (1983): Cortex Cerebri. Leistung, strukturelle und funktionelle Organisation der Hirnrinde. Springer, Berlin.

Crick, F. H. C. und C. Koch (2003): A framework for consciousness. Nature Neuroscience 6: 119–126.

Cube, F. von (2006): Die kybernetisch-informationstheoretische Didaktik. In: H. Gudjons, R. Winkel (Hrsg.), Didaktische Theorien. Bergmann und Helbig Verlag, Hamburg, S. 57–74.

Dale, E. (1954): Audio-Visual Methods in Teaching. Dryden, New York.

Davidson, R. J. (1999): Neuropsychological perspectives on affective styles and their cognitive consequences. In: T. Dagleish und M. J. Power (Hrsg.), Handbook of Cognition and Emotion. Wiley, Chichester u.a., S. 103–124.

Davis, E. P., L. M. Glynn, C. Dunkel-Schetter, C. Hobel, A. Chicz-Demet, A. und C. A. Sandman (2005): Corticotropin-releasing hormone during pregnancy is associated with infant temperament. Developmental Neuroscience 27: 299–305.

Dayan, P. und Q. J. M. Huys (2009): Serotonin in affective control. Ann. Rev. Neurosci. 32: 95–126.

Deci, E. L. und R. M. Ryan (1985): Intrinsic motivation and self-determination in human behavior. Plenum, New York.

De Florio-Hansen, I. (2014): Lernwirksamer Unterricht. Eine praxisorientierte Anleitung. Wissenschaftliche Buchgesellschaft, Darmstadt.

Dilthey, W. (1910/1970): Der Aufbau der geschichtlichen Welt in den Geisteswissenschaften. Suhrkamp, Frankfurt a.M.

Dollase, R. (2015): Was ist guter Unterricht? Antworten der internationalen empirischen Unterrichtsforschung. In: G. Roth (Hrsg.), Zukunft des Lernens. Schöningh, Paderborn, S. 27–36.

Duncan J., R. J. Seitz, J. Kolodny, D. Bor, H. Herzog, A. Ahmed., F. N. Newell und H. Emslie (2000): A neural basis for general intelligence. Science 289: 457–460.

Duncan, J. (2003): Intelligence tests predict brain response to demanding task events. Nature Neuroscience 6: 207–208.

Ebbinghaus, H. (1885/1992): Über das Gedächtnis: Untersuchungen zur experimentellen Psychologie. Wissenschaftliche Buchgesellschaft, Darmstadt.

Edelman, G. M. und G. Tononi (2000): Consciousness. How Matter Becomes Imagination. Penguin Books, London.

Edelmann, W. (2000): Lernpsychologie. Beltz, Weinheim.

Ekman, P. (1999): Basic emotions. In: T. Dagleish und M. J. Power (Hrsg.), Handbook of Cognition and Emotion. Wiley, Chichester u.a., S. 45–60.

Ekman, P. (2004): Gefühle lesen. Wie Sie Emotionen erkennen und richtig interpretieren. Spektrum-Elsevier, München.

Elbert, T. und B. Rockstroh (2006): Kortikale Reorganisation. In: H.-O. Karnath und P. Thier (Hrsg.), Neuropsychologie. Springer, Heidelberg, S. 640–653.

Eliot, L. (2001): Was geht da drinnen vor? Die Gehirnentwicklung in den ersten fünf Lebensjahren. Berlin Verlag, Berlin.

Eliot, L. (2010): Wie verschieden sind sie? Die Gehirnentwicklung bei Mädchen und Jungen. Berlin-Verlag, Berlin.

Ellis, H. C. und B. A. Moore (1999): Mood and memory. In: T. Dagleish und M. J. Power (Hrsg.), Handbook of Cognition and Emotion. Wiley, Chichester u.a., S. 193–210.

Fecteau, S., A. Pascual-Leone und H. Théoret (2008): Psychopathy and the mirror neuron system: Preliminary findings from a non-psychiatric sample. Psychiatry Research 160: 137–144.

Fingerhut, N. (2013): Kritische Untersuchung selbstregulierten Lernens als Wegweiser für eine zukunftsorientierte Entwicklung von Schule und Unterricht. Bachelorarbeit im Fach Biologie, Universität Bremen.

Förstl, H. (2002): Frontalhirn. Funktionen und Erkrankungen. Springer, Berlin u.a.

Förstl, H. (Hrsg.) (2012): Theory of Mind – Neurobiologie und Psychologie sozialen Verhaltens. Springer, Heidelberg.

Forbes, C. E. und J. Grafman (2010): The role of the human prefrontal cortex in social cognition and moral judgment. Ann. Rev. Neurosci. 33: 299–324.

Friederici, A. D. (2006): Neurobiologische Grundlagen der Sprache. In: Karnath, H.-O. und P. Thier (Hrsg.), Neuropsychologie. Springer, Heidelberg, S. 346–355.

Friederici, A. D. und A. Hahne (2001): Neurokognitive Aspekte der Sprachentwicklung. In: H. Grimm (Hrsg.), Enzyklopädie der Psychologie, Themenbereich C, Serie III, Bd. 3 Sprachentwicklung. Hogrefe, Göttingen, S. 273–310.

Gadamer, H.-G. (1960): Wahrheit und Methode. Grundzüge einer philosophischen Hermeneutik. Mohr Siebeck, Tübingen.

Gardner, H. (1983): Frames of Mind. The Theory of Multiple Intelligences. Basic Books, New York.

Gardner, H. (2002): Intelligenzen. Die Vielfalt des menschlichen Geistes. Klett-Cotta, Stuttgart.

Glasersfeld, E. von (1995): Radikaler Konstruktivismus: Ideen, Ergebnisse, Probleme, Suhrkamp, Frankfurt a.M.

Götz, T. (2006): Selbstreguliertes Lernen. Förderung metakognitiver Kompetenzen im Unterricht der Sekundarstufe. Auer, Donauwörth.

Goodman, S. H. und I. H. Gotlib (1999): Risk for psychopathology in the children of depressed mothers: A developmental model for understanding mechanisms of transmission. Psychological Review 106: 458–490.

Goschke, T. (1996): Gedächtnis und Emotion: Affektive Bedingungen des Einprägens, Erinnerns und Vergessens. In: D. Albert und K.-H. Stapf (Hrsg.), Enzyklopädie der Psychologie. Themenbereich C, Serie II, Bd. 4 Gedächtnis. Hogrefe, Göttingen, S. 603–692.

Grabner, R. H., A. C. Neubauer und E. Stern (2006): Superior performance and neural efficiency: The impact of intelligence and expertise. Brain Research Bulletin 69: 422–439.

Gray, J. A. (1990): Brain systems that mediate both emotion and cognition. Cognition and Emotion 4: 269–288.

Grimm, H. (1995): Sprachentwicklung – allgemeintheoretisch und differentiell betrachtet. In: R. Oertner und L. Montada (Hrsg.), Entwicklungspsychologie. Psychologie-Verlags-Union, Weinheim, S. 705–759.

Gunnar, M. R. und K. Quevedo (2007): The neurobiology of stress and development. Annual Review of Psychology 58: 145–173.

Gunnar, M. R., M. H. M. van Dulmen and the International Adoption Project Team (2007): Behavior problems in postinstitutionalized internationally adopted children. Development and Psychopathology 19: 129–148.

Habermas, J. (1981): Theorie des kommunikativen Handelns (2 Bde.). Suhrkamp, Frankfurt a.M.

Haier, R. J., B. V. Siegel, A. MacLachlan, E. Soderling, S. Lottenberg und M. S. Buchsbaum (1992): Regional glucose metabolic changes after learning a complex visuospatial/motor task: A positron emission tomographic study. Brain Research 570: 134–143.

Hattie, J. G. (2009): Visible learning: A synthesis of over 800 meta-analyses relating to achievement. Routledge, New York.

Hattie, J. G. (2013): Lernen sichtbar machen. Schneider Verlag Hohengehren GmbH, Baltmannsweiler.

Hausmann, M. und O. Güntürkün (2000): Progesteron und die interhemisphärische Interaktion. Zeitschr. f. Neuropsychologie 11: 230–233.

Heilmann, K. (1999): Begabung, Leistung, Karriere. Hogrefe, Göttingen.

Heimann, P., G. Otto und W. Schulz (1965): Unterricht – Analyse und Planung. Schroedel, Hannover.

Heinrichs M., B. von Dawans und G. Domes (2009): Oxytocin, vasopressin, and human social behavior. Frontiers in Neuroendocrinology 30: 548–557.

Helmholtz, H. (1998): Schriften zur Erkenntnistheorie, Springer, New York.

Helmke, A. (1992): Bedingungsfaktoren der Schulleistung. In: K. H. Ingenkamp, R. S. Jäger, H. Petillon und B. Wolff (Hrsg.), Empirische pädagogische Forschung 1970–1990 in der BRD. Deutscher Studienverlag, Weinheim, S. 592–602.

Helmke, A. und F. E. Weinert (1997): Bedingungsfaktoren schulischer Leistungen. In: F. E. Weinert (Hrsg.) Psychologie des Unterrichts und der Schule Bd. 3. Göttingen, Hogrefe S. 71–176.

Hennig, J. und P. Netter (2005): Biopsychologische Grundlagen der Persönlichkeit. Elsevier-Spektrum Akademischer Verlag, München, Heidelberg.

Hensler, J. G. (2006): Serotonergic modulation of the limbic system. Neuroscience and Biobehav. Rev. 30: 203–214.

Herbart, J. F. (1997): Über die ästhetische Darstellung der Welt als das Hauptgeschäft der Erziehung. In: D. Benner und J. F. Herbart: Systematische Pädagogik. Deutscher Studienverlag, Weinheim, S. 49.

Herrmann, U. (2009a): Neurodidaktik – die Kooperation von Neurowissenschaften und Didaktik. In: P. Gasser und M. Schratz (Hrsg.), Neurowissenschaften in der LehrerInnenbildung. Journal für LehrerInnenbildung 9: 8–21.

Herrmann, U. (Hrsg.) (2009b): Neurodidaktik. Grundlagen und Vorschläge für ein gehirngerechtes Lehren und Lernen. Beltz, Weinheim.

Herrnstein, R. J. und M. C. Murray (1994): The Bell Curve. Intelligence and Class Structure in American Life. Free Press, New York.

Hoppe, C., K. Fliessbach, S. Stausberg, J. Stojanovic, P. Trautner, C. E. Elger und B. Weber (2012). A key role for experimental task performance: Effects of math talent, gender and performance on the neural correlates of mental rotation. Brain & Cognition 78: 14–27.

Hüther, G. und U. Hauser (2012): Jedes Kind ist hoch begabt: Die angeborenen Talente unserer Kinder und was wir aus ihnen machen. Knaus, München.

Jank, W. und H. Meyer (2009): Didaktische Modelle. Cornelsen, Berlin.

Kally, E. (2012): Learning strategies and metacognitive awareness as predictors of academic achievements in a sample of Romanian second-year students. Cognition, Brain, Behavior: An Interdisciplinary Journal 16: 369–385.

Kandel, E. R. (2001): The molecular biology of memory storage: a dialogue between genes and synapses. Science 294: 1030–1038.

Karnath, H. O. und P. Thier (Hrsg.) (2006): Neuropsychologie. Springer, Heidelberg. S. 117–127.

Kastner, S., P. de Weerd, R. Desimone und L. G. Ungerleider (1998): Mechanisms of directed attention in the human extrastriate cortex as revealed by functional MRI. Science 282: 108–111.

Klafki, W. (1963): Studien zur Bildungstheorie und Didaktik. Beltz, Weinheim.

Klafki, W. (2006): Die bildungstheoretische Didaktik im Rahmen kritisch-konstruktiver Erziehungswissenschaft. In: H. Gudjons, R. Winkel (Hrsg.), Didaktische Theorien. Bergmann und Helbig Verlag, Hamburg. S. 13–34.

Klauer, K. J. (2006): Anlage und Umwelt. In: D. H. Rost (Hrsg.), Handwörterbuch pädagogische Psychologie, 3. Aufl., Beltz, Weinheim, S. 8–14.

Koch, I. (2002): Konditionierung und implizites Lernen. In: J. Müsseler und W. Prinz (Hrsg.), Allgemeine Psychologie. Spektrum Akademischer Verlag, Heidelberg, Berlin, S. 387–431.

Kolb, B. und I. Q. Wishaw (1993): Neuropsychologie. Spektrum Akademischer Verlag, Heidelberg, Berlin.

Kraft, S. (1999): Selbstgesteuertes Lernen. Problembereiche in Theorie und Praxis. Oldenburg, München.

Kreiter, A. K. und Singer, W. (1996): Stimulus dependent synchronization of neuronal responses in the visual cortex of the awake macaque monkey. J. Neurosci. 16: 2381–2396.

Kretschmann, R. und M. A. Rose (2002): Was tun bei Motivationsproblemen? Förderung und Diagnose bei Störungen der Lernmotivation. Persen-Verlag, Horneburg.

Kringelbach, Morten L. und E. T. Rolls (2004): The functional neuroanatomy of the human orbitofrontal cortex: Evidence from neuroimaging and neuropsychology. Progress in Neurobiology 72: 341–372.

Kröger, C. (2014): Zusammenhang zwischen Schüler-Motivation, Bezugsnormen und Elementen des selbstregulierten Lernens. Masterarbeit FB Biologie der Universität Bremen.

Kuhl, J. (2001): Motivation und Persönlichkeit: Interaktionen psychischer Systeme. Hogrefe, Göttingen.

Lachnit, H. (1993): Assoziatives Lernen und Kognition. Spektrum Akademischer Verlag, Heidelberg, Berlin.

Lamme, V. A. F. (2000): Neural mechanisms of visual awareness: a linking proposition. Brain and Mind 1: 385–406.

Lamme, V. A. F. und P. R. Roelfsema (2000): The two distinct modes of vision offered by feedforward and recurrent processing. Trends Neurosci. 23: 571–579.

Lautenbacher S., O. Güntürkün und M. Hausmann (Hrsg.) (2007): Gehirn und Geschlecht. Springer, Heidelberg.

LeDoux, J. (1998): Das Netz der Gefühle. Wie Emotionen entstehen. Carl Hanser Verlag, München, Wien.

Liljeholm, M. und J. P. O'Doherty (2012): Contributions of the striatum to learning, motivation, and performance: an associative account. Trends in Cognitive Sciences 16: 467–475.

Loftus, E. F. (2000): Remembering what never happened. In: E. Tulving (Hrsg.), Memory, Consciousness and the Brain: The Tallinn Conference. Psychology Press, Philadelphia, PA, S. 106–118.

Loftus, E. F. und J. E. Pickerell (1995): The formation of false memories. Psychiatric Annals 25: 720–725.

Logothetis, N. K., J. Pauls, M. Augath, T. Trinath und A. Oeltermann (2001): Neurophysiological investigation of the basis of the fMRI signal. Nature 412: 150–157.

Loman, M. M. und M. R. Gunnar (2009): Early experience and the development of stress reactivity and regulation in children. Neuroscience and Biobehav. Rev. 34: 867–876.

Lupien, S. J., B. S. McEwen, M. R. Gunnar und C. Heim (2009): Effects of stress throughout the lifespan on the brain, behaviour and cognition. Nature Reviews Neuroscience 10: 434–445.

Lynch, G. (1986): Synapses, Circuits, and the Beginnings of Memory. Oxford University Press, New York.

Mack, A. und I. Rock (1998): Inattentional Blindness. MIT Press, Cambridge, MA.

Main, M. und J. Solomon (1986): Discovery of a new, insecure-disorganized/disoriented attachment pattern. In: T. B. Brazelton und M. Yogman (Hrsg.), Affective Development in Infancy. Ablex, Norwood, N.J., S. 95–124.

Markowitsch, H.-J. (1999): Gedächtnisstörungen. Kohlhammer, Stuttgart.

Markowitsch, H.-J. (2000): The anatomical bases of memory. In: M. S. Gazzaniga et al. (Hrsg.), The New Cognitive Neurosciences, 2. Aufl., MIT Press, Cambridge, Mass., S. 781–795.

Markowitsch, H.-J. (2002): Dem Gedächtnis auf der Spur. Vom Erinnern und Vergessen. Wissenschaftliche Buchgesellschaft, Darmstadt.

Marois, R. und J. Ivanoff (2005): Capacity limits of information processing in the brain. Trends Cog. Sci. 9: 296–305.

Marshall, E. (2014): An experiment in zero parenting. Science 345: 752–754.

Marshall, L. und J. Born (2007): The contribution of sleep to hippocampus-dependent memory consolidation. Trends Cog. Sci. 11: 443–450.

Maturana, H. R. (1982): Erkennen: Die Organisation und Verkörperung von Wirklichkeit. Vieweg, Braunschweig.

McCelland, S., A. Korosi, J. Cope, A. Ivy und T. Z. Baram (2011): Emerging roles of epigenetic mechanisms in the enduring effects of early-life stress and experience on learning and memory. Learning and Memory 96: 79–88.

Meltzoff, A. N. und A. Gopnik (1993): The role of imitation in understanding persons and developing a theory of mind. In: S. Baron-Cohen, H. Tager-Flusberg und D. J. Cohen, (Hrsg.), Understanding Other Minds: Perspectives from Autism. Oxford University Press, Oxford, S. 335–366.

Meltzoff, A. N. und M. Moore (1992): Early imitation within a functional framework: The importance of person identity, movement, and development. Infant Behavior and Development 15: 379–505.

Menzel, R. und G. Roth (1996): Verhaltensbiologische und neuronale Grundlagen von Lernen und Gedächtnis. In: G. Roth und W. Prinz (Hrsg.), Kopfarbeit. Kognitive Leistungen und ihre neuronalen Grundlagen. Spektrum Akademischer Verlag, Heidelberg, Berlin, S. 239–277.

Messner, R. (2004): Selbstreguliertes Lernen. Mehr Schüler-Selbständigkeit durch ein neues Konzept. Praxis Schule: 6–8.

Metzger, W. (2001). Psychologie. 6. Aufl., Verlag Wolfgang Krammer, Wien.

Meyer, H. (2004): Was ist guter Unterricht? Cornelsen, Berlin.

Meyer, H. (2007/2010): Leitfaden Unterrichtsvorbereitung. Cornelsen, Berlin.

Miller, G. A. (1955): The magical number seven, plus or minus two. Some limits on our capacity for processing information. Psychological Review 10: 343–352.

Möller, C. (2006): Die curriculare Didaktik. In: H. Gudjons und R. Winkel (Hrsg.), Didaktische Theorien. Bergmann und Helbig Verlag, Hamburg, S. 75–92.

Müller, H. und Krummenacher, J. (2006). Funktionen und Modelle der selektiven Aufmerksamkeit. In: H.-O. Karnath und P. Thier (Hrsg.), Neuropsychologie. Springer, Heidelberg, S. 239–253.

Münte, T. F. und H.-J. Heinze (2001): Beitrag moderner neurowissenschaftlicher Verfahren zur Bewußtseinsforschung. In: M. Pauen und G. Roth (Hrsg.), Neurowissenschaften und Philosophie. UTB/W. Fink, München, S. 298–328.

Myers, D. (2014): Neuropsychologie. Springer, Berlin, Heidelberg.

Neubauer, A. C. und H. H. Freudenthaler (1994): The mental speed approach to the assessment of intelligence. In: J. Kingma und W. Tomic (Hrsg.): Advances in Cognition and Educational Practice: Reflections on the Concept of Intelligence. JAI Press, Reenwich, CT, S. 149–174.

Neubauer, A. C., H. H. Freudenthaler und G. Pfurtscheller (1995): Intelligence and spatiotemporal patterns of event-related desynchronization (ERD). Intelligence 20: 249–266.

Neubauer, A. C. und E. Stern (2007): Lernen macht intelligent – Warum Begabung gefördert werden muss. DVA, München.

Noesselt, T., S. A. Hillyard, M. G. Woldorff, A. Schoenfeld, T. Hagner, L. Jäncke, C. Tempelmann, H. Hinrichs und H.-J. Heinze (2002): Delayed striate cortical activation during spatial attention. Neuron 35: 575–587.

Nota, L., S. Soresia, B. J. Zimmerman (2004): Self-regulation and academic achievement and resilience: A longitudinal study. International Journal of Educational Research 41: 198–215.

Öhman, A. (1999): Distinguishing unconscious from conscious emotional processes: methodological considerations and theoretical implications. In: T. Dagleish und M. J. Power (Hrsg.), Handbook of Cognition and Emotion. Wiley, Chichester u. a., S. 321–352.

Panagiotaropoulos, T. I., G. Deco, V. Kapoor und N. K. Logothetis (2012): Neuronal Discharges and gamma oscillations explicitly reflect visual consciousnessin the lateral prefrontal cortex. Neuron 74: 924–935.

Paré, D., W. R. Collins und J. G. Pelletier (2002): Amygdala oscillations and the consolidation of emotional memories. Trends in Cognitive Sciences 6: 306–314.

Parrot, W. G. und M. P. Spackman (2000): Emotion and memory. In: Lewis und Haviland-Jones (Hrsg.), Handbook of Emotions, 2. Aufl., Guilford Press, New York, London, S. 476–499.

Pascalis, O., M. de Haan und C. A. Nelson (2002): Is face processing species-specific during the first year of life? Science 296: 1321–1323.

Pauen, M. (1999): Das Rätsel des Bewußtseins. Eine Erklärungsstrategie. Mentis, Paderborn.

Pauen, M. (2001): Grundprobleme der Philosophie des Geistes und die Neurowissenschaften. In: M. Pauen und G. Roth (Hrsg.), Neurowissenschaften und Philosophie. UTB/W. Fink, München, S. 83–122.

Pauen, S. (2000): Wie werden Kinder selbst-bewußt? Frühkindliche Entwicklung von Vorstellungen über die eigene Person. In: K. Vogeley und A. Newen (Hrsg.), Selbst und Gehirn: Menschliches Selbstbewußtsein und seine neurobiologischen Grundlagen. Mentis, Paderborn.

Pearce, J. M. (1997): Animal Learning and Cognition: An Introduction. Psychology Press, Hove.

Phillips, A. G., G. Vacca und S. Ahn (2008): A top-down perspective on dopamine, motivation and memory. Pharmacology, Biochemistry and Behavior 90: 236–249.

Pillemer, D. B. (1984): Flashbulb memories of the assassination attempt on President Reagan. Cognition 16: 63–80.

Pintrich, P. R. (2000): The role of goal orientation in self-regulated learning. In: Boekaerts, M., P. R. Pintrich, M.Zeidner (Hrsg.), Handbook of Self-Regulation. Academic Press, San Diego, CA, S. 451–502.

Pintrich, P. R. und E. de Groot (1990): Motivational and self-regulated learning component of classroom academic performance. Journal of Educational Psychology 82: 33–40.

Popper, K. R. (1935/1976): Logik der Forschung. Mohr Siebeck, Tübingen.

Puca, R. M. und T. A. Langens (2002): Motivation. In: J. Müsseler und W. Prinz (Hrsg.), Allgemeine Psychologie. Spektrum Akademischer Verlag, Heidelberg, Berlin, S. 225–269.

Rauscher, F. H., G. L. Shaw und K. N. Ky (1993): Music and spatial task performance. Nature 365: 611.

Rauscher, F. H., G. L. Shaw und K. N. Ky (1995): Listening to Mozart enhances spatial-temporal reasoning: Toward a neurophysiolological basis. Neuroscience Letters 185: 44–47.

Ray, R. D. und D. H. Zald (2012): Anatomical insights into the interaction of emotion and cognition in the prefrontal cortex. Neuroscience and Biobehavioral Reviews 36: 479–501.

Reich, K. (2008): Konstruktivistische Didaktik. Beltz, Weinheim.

Rizzolatti, G. und L. Craighero (2004): The mirror-neuron system. Annual Rev. Neurosci. 27: 169–192.

Rilling, J. und L. J. Young (2014): The biology of mammalian parenting and its effect on offspring social development. Science 345: 771–776.

Rizzolatti, G. und M. Fabbri-Destro (2008): The mirror system and its role in social cognition. Curr. Opinion Neurobiol. 18: 179–184.

Rochat, P. (1989): Object manipulation and exploration in 2-to-5-month-old infants. Developmental Psychology 25: 871–884.

Rodrigues, S. M., J. E. LeDoux und R. M. Sapolsky (2009): The influence of stress hormones on fear circuitry. Ann. Rev. Neurosci. 32: 289–313.

Rosenthal, R. und L. F. Jacobson (1966): Teacher's expectancies: Determinants of pupils' IQ gains. Psychological Reports 19: 115–118.

Rosenthal, R. und L. F. Jacobson (1968): Pygmalion in Classroom. Teacher expectation and pupils' intellectual development. Holt, Rinehardt & Winston, New York.

Ross, H. E. und L. J. Young (2009): Oxytocin and the neural mechanisms regulating social cognition and affiliative behavior. Frontiers in Neuroendocrinology 30: 534–547.

Rost, D. H. (2009): Intelligenz. Fakten und Mythen. Beltz, Weinheim.

Rost, D. H. (2013). Handbuch Intelligenz. Fakten und Mythen. Beltz, Weinheim.

Roth, G. (1996): Das Gehirn und seine Wirklichkeit. 2. veränderte Aufl., Suhrkamp, Frankfurt a.M.

Roth, G. (2003): Fühlen, Denken, Handeln. Wie das Gehirn unser Verhalten steuert. Suhrkamp, Frankfurt a.M.

Roth, G. (2007/2015): Persönlichkeit, Entscheidung und Verhalten. Warum es so schwierig ist, sich und andere zu ändern. Klett-Cotta, Stuttgart.

Roth, G. (2010): Wie einzigartig ist der Mensch? Spektrum Akademischer Verlag, Heidelberg, Berlin.

Roth, G. und U. Dicke (2006): Funktionelle Neuroanatomie des limbischen Systems. In: H. Förstl, M. Hautzinger und G. Roth (Hrsg.), Neurobiologie psychischer Störungen. Springer, Heidelberg. S. 1–74.

Roth, G. und M. Koop (2015): Besser lehren, besser lernen. Schulpraxis und Hirnforschung im Tandem. Raabe-Verlag, Stuttgart.

Roth, G. und N. Strüber (2014): Wie das Gehirn die Seele macht. Klett-Cotta, Stuttgart.

Roth, T. L. und J. D. Sweatt (2008): Rhythms of memory. Nature Neurosci. 11: 993–994.

Rothbarth, M. K. (1989): Temperament and development. In: G. A. Kohnstamm, J. E. Bates und M. K. Rothbarth (Hrsg.), Temperament in Childhood. John Wiley & Sons, Chichester, S. 187–248.

Ruppert, W. (2012): Selbstreguliertes Lernen im Biologieunterricht. Unterricht Biologie 36: 2–9.

Sarter, M., M. E. Hasselmo, J. P. Bruno, J. P. und B. Givens (2005): Unraveling the attentional function for cortical cholinergic inputs: interactions between signal-driven and cognitive modulation of signal detection. Brain Res. Rev. 48: 98–111.

Sauer, J. und E. Gamsjäger (1996): Ist Schulerfolg vorhersehbar? Hogrefe, Göttingen.

Schacter, D. L. (1996): Searching for Memory. The Brain, the Mind, and the Past. Basic Books, New York.

Schacter, D. L. und T. Curran (2000): Memory without remembering and remembering without memory: Implicit and false memories. In: M. S. Gazzaniga et al. (Hrsg.), The New Cognitive Neurosciences, 2. Aufl., S. 829–840.

Scherer, K. R. (1999): Appraisal theory. In: T. Dagleish und M. J. Power (Hrsg.), Handbook of Cognition and Emotion. John Wiley & Sons, Chichester, S 637–663.

Schoenbaum, G., M. R. Roesch, T. A. Stalnaker und Y. K. Takahashi (2009): A new perspective on the role of the orbitofrontal cortex in adaptive behaviour. Nature rev. Neuroscience 10: 885–892.

Schulz, W. (2006): Die lehrtheoretische Didaktik. In: H. Gudjons und R. Winkel (Hrsg.), Didaktische Theorien. Bergmann und Helbig Verlag, Hamburg, S. 35–56.

Schultz, W. (2007): Multiple dopamine functions at different time courses. Ann. Rev. Neurosci. 30, 259–288.

Scoville, W. B. und B. Milner (1957): Loss of recent memory after bilateral hippocampal lesions. J. Neurology, Neurosurgery and Psychiatry 20: 11–21.

Shannon, C. E. und W. Weaver (1949): The Mathematical Theory of Communication. The University of Illinois Press, Urbana.

Singer, T., B. Seymour, J. O'Doherty, H. Kaube, J. D. Dolan und C. Frith (2004): Empathy for pain involves the affective but not sensory components of pain. Science 303: 1157–1162.

Skinner, B. F. (1953): Science and Human Behavior. MacMillan, New York. Dt: Wissenschaft und menschliches Verhalten. Kindler, München (1973).

Skinner, B. F. (1954): The science of learning and the art of teaching. Harvard Educational Review 24: 86–97.

Smith, B. W., D. Mitchell, G. V. Derek, M. G. Hardin, S. Jazbec, D. Fridberg, R. J. R. Blair und M. Ernst (2009): Neural substrates of reward magnitude, probability, and risk during a wheel of fortune decision-making task. NeuroImage 44, 600–609.

Sousa, N., J. J. Cerqueira und O. F. X. Almeida (2008): Corticosteriod receptors and neuroplasticity. Brain Res. Rev. 57: 561–570.

Spitz, R. (1967): Vom Säugling zum Kleinkind. Klett-Cotta, Stuttgart.

Spitzer, M. (2002): Lernen. Gehirnforschung und die Schule des Lebens. Spektrum Akademischer Verlag, Heidelberg, Berlin.

Spitzer, M. (2003): Medizin für die Pädagogik. Die Zeit, Nr. 39.

Spörer, N. und J. C. Brunstein (2006): Erfassung selbstregulierten Lernens mit Selbstberichtsverfahren. Ein Überblick zum Stand der Forschung. Zeitschrift für Pädagogische Psychologie 20: 147–160.

Squire, L. R. (1987): Memory and Brain. Oxford University Press, New York.

Stern, E. (2004): Rezepte statt Rezeptoren. Die Zeit, Nr. 40.

Strauß, B., A. Buchheim und H. Kächele (2002): Klinische Bindungsforschung. Theorien, Methoden, Ergebnisse. Schattauer, Stuttgart.

Strüber, D., S. Rach, S. A. Trautmann-Lengsfeld, A. K. Engel und C. S. Herrmann (2014): Antiphasic 40 Hz oscillatory current stimulation affects bistable motion perception. Brain Topography 27: 158–171.

Strüber, N., D. Strüber und G. Roth (2014): Impact of early adversity on glucocorticoid regulation and later mental disorders. Neuroscience und Biobehavioral Reviews 38: 17–37.

Tang, Y. und M. Posner (2009): Attention training and attention state training. Trends in Cognitive Sciences 13: 222–227.

Taylor, K., S. Mandon, W. A. Freiwald und A. K. Kreiter (2005): Coherent oscillatory activity in monkey area v4 predicts successful allocation of attention. Cereb. Cortex 15: 1424–37.

Tenorth, H.-E. (1991): Empirisch-analytisches Paradigma: Programm ohne Praxis – Praxis ohne Programm. In: D. Hoffmann (Hrsg.), Bilanz der Paradigmendiskussion in der Erziehungswissenschaft: Leistungen, Defizite, Grenzen. Beltz, Weinheim.

Terhart, E. (2000): Lehr-Lern-Methoden. Eine Einführung in die Probleme der methodischen Organisation von Lehren und Lernen. Juventa, Weinheim, München.

Terhart, E. (2002): Fremde Schwestern. Zum Verhältnis von Allgemeiner Didaktik und empirischer Lehr-Lehr-Forschung. Zeitschrift für Pädagogische Psychologie 16: 77–86.

Terhart, E. (Hrsg.) (2014): Die Hattie-Studie in der Diskussion. Klett-Kallmeyer, Seelze.

Thomas, A. und S. Chess (1980): Temperament und Entwicklung. Enke, Stuttgart.

Todorov, A., S. P. Said, A. D. Engell und N. N. Oosterhof (2008): Understanding evaluation of faces on social dimensions. Trends Cog. Sci. 12: 455–460.

Tomasello, M. (2002): Die kulturelle Entwicklung des menschlichen Denkens. Suhrkamp, Frankfurt a.M.

Treisman, A. M. (1969): Selective attention in man. British Medical Bulletin 20: 12–16.

Treue, S. und J. H. R. Maunsell (1996): Attentional modulation of visual motion processing in cortical areas MT and MST. Nature 382: 539–541.

Trevarthen, C. (1993): The self born in intersubjectivity: The psychology of an infant communicating. In: U. Neisser (Hrsg.), The Perceived Self. Cambridge University Press, Cambridge, S. 121–173.

Tyrka, A. R., L. H. Price, J. Gelernter, C. Schepker, G. M. Anderson und L. L. Carpenter (2009): Interaction of childhood maltreatment with the corticotropin-releasing hormon receptor gene: effects on hypothalamic-pituitary-adrenal axis reactivity. Biol. Psychiatry 66: 681–685.

van Goozen, S. H. M und G. Fairchild (2006): Neuroendocrine and neurotransmitter correlates in children with antisocial behavior. Hormones and Behavior 50: 647–654.

Vester, F. (1975): Denken, Lernen, Vergessen. DVA, Stuttgart.

Vukman, K. B. und M. Licardo (2010): How cognitive, metacognitive, motivational and emotional self-regulation influence school performance in adolescence and early adulthood. Educational Studies 36: 259–268.

Weiner, B. (1994): Motivationspsychologie. 3. Aufl., Beltz, Weinheim.

Wickett, J. C., P. A. Vernon und D. H. Lee (1994): In vivo brain size, head perimeter, and intelligence in a sample of healthy adult females. Personality and Individual Differences 16: 813–838.

Wiener, N. (1948): Cybernetics or Control and Communication in the Animal and the Machine. MIT Press, Cambridge, MA.

Wild, E. (2003): Lernen lernen: Wege einer Förderung der Bereitschaft und Fähigkeit zu selbstreguliertem Lernen. Unterrichtswissenschaft 31: 2–5.

Wilkinson, L., A. Scholey und K. Wesnes (2002): Chewing gum selectivity improves aspects of memory in healthy volunteers. Appetite 38: 235–236.

Winkel, R. (2006): Die kritisch-kommunikative Didaktik. In: H. Gudjons und R. Winkel (Hrsg.), Didaktische Theorien. Bergmann und Helbig Verlag, Hamburg, S. 93–112.

Winston, J. S., B. A. Stranger, J. O'Doherty und R. J. Dolan (2002): Automatic and intentional brain responses during evaluation of trustworthiness of faces. Nature Neuroscience 5: 277–192.

Zimmerman, B. J. und M. Martinez Pons (1986): Development of a structured interview for assessing student use of self-regulated learning strategies. American Educational Research Journal 23: 614–628.

Zuckerman, M. (2005): Psychobiology of Personality. Cambridge University Press, New York.

Sachindex

Abwechslungssucht 46, 200
Acetylcholin 56, 66, 132, 157, 312, 373
Adoptionsstudien 176
Adrenalin 56, 58, 82
Adrenocorticotropes Hormon (ACTH) 58 ff., 63, 90
Affektzustände, elementare 49, 83, 367
Ambiguitäten s. Doppel- und Mehrfachbedeutung
Amnesie 135
- anterograde, retrograde 118, 120, 216
- infantile 129
- psychische 139
Amygdala 49 f., 53, 57 f., 61–65, 86–91, 121, 126–132, 150, 157, 160, 215 f., 219, 222 f., 312, 367–370
- basolaterale 50 f., 87, 216 f., 368
- corticale 51
- mediale 51
- zentrale 49 f., 368
Angriffs- und Verteidigungsverhalten 49, 64, 68, 83, 367
Ängstlichkeit 43 ff., 61 f., 92
Angststörung 64, 337
Annäherungssystem, Appetenzsystem 85, 91, 93
Anschlussfähigkeit 136, 313, 347, 354, 356
Anschlussmotiv 92
Anstrengungsbereitschaft 101, 199 f., 220, 314, 341 f.
Arbeitsgedächtnis 54, 66, 76, 119, 136, 151–160, 186, 191–197, 200, 239, 260, 313, 317, 344 ff., 353, 365
Aufmerksamkeit 28–31, 52, 58, 66, 76, 81, 88, 103 f., 117, 126 f., 133, 140–161, 181, 186, 192 ff., 199, 215, 244, 250, 256–260, 281, 294, 311 f., 330, 343, 345 f., 364–370
Aufmerksamkeits-Hyperaktivitäts-Störung (ADHS) 199 ff., 337, 366
Ausdauer 46, 227, 229, 234, 236 f., 340, 341
Autismus 181, 201–205, 337

Basalganglien 50, 61, 121, 124, 126 f., 150, 200, 241, 370
Bedeutungskonstruktion 32, 320
Begabungsunterschiede 177 f., 185, 227, 348, 351
Behaviorismus 21–24, 28, 32, 111, 166, 262, 296–305
Behinderung, geistige 202–205, 351
Bekanntheitsgedächtnis s. Vertrautheitsgedächtnis
Belohnung 22, 40, 45 f., 51, 53, 62 ff., 68 f., 94, 98, 100 f., 110, 200, 300, 340 f.
Belohnungsempfänglichkeit 45 f., 51, 63 f., 70

Belohnungsentzug 110
Belohnungserwartung 40, 63, 95, 312
Belohnungssucht 46
Belohnungssystem, zerebrales 51, 70, 215, 312, 369
Bestrafung 45, 53, 63, 110, 300 f.
Bestrafungsempfänglichkeit 45, 63, 68
Bewegungswahrnehmung, -sehen 159, 205, 253 ff.
Bewusstsein 21 f., 31, 40, 48, 50, 71 f., 86–89, 113, 117, 121–160, 190, 207, 214, 236, 264, 278, 304, 311, 366–370
Big Five 43–46, 57
Bindungserfahrung 52, 76–80, 92, 99, 187, 206, 231
Bindungsfähigkeit 67, 339
Bindungshormon s. Oxytocin
Bindungsstudien 38, 79
Bindungstypen 78 ff.
Bindungsverhalten, erwachsenes 79
Blitzlicht-Erinnerung 211 f.
Broca-Aphasie 205, 239
Broca-Sprachzentrum, -areal 239 f., 248 ff., 316, 344, 362–365
Buchstabieren 257 f.
Bundeswettbewerb Mathematik 232–235

Cerebellum (Kleinhirn) 239, 241, 361
Cochlea s. Hörschnecke
Cocktailparty-Effekt 104, 144

Corpus striatum (Striatum) 127, 370
Cortex 48 ff., 88, 120–132, 149–160, 197, 215, 217, 222, 241, 245 f., 250 f., 276 f., 317, 358 f., 361–366, 370, 372
– anteriorer cingulärer (ACC) 50–55, 61–67, 192, 194, 203, 363, 365 f.
– auditorischer 54, 122, 154, 159, 243–247, 359
– insulärer 50, 52, 61 f., 65, 126, 203, 219, 360, 366
– okzipitaler 191, 195, 359
– orbitofrontaler (OFC) 50–55, 59–67, 217, 362, 365
– präfrontaler (PFC) 53 ff., 66 f., 88, 139, 155 f., 192–197, 203, 238 f., 241, 362–365
– posteriorer, parietaler 65, 122, 156, 199 f., 255, 359–364
– temporaler 65, 122, 156, 222, 239, 255, 359–364
– ventromedialer präfrontaler (VMC) 50, 53 f., 63, 192, 363, 365
– visueller 54, 88, 122, 154, 159 f., 252 f., 255, 280, 359
Corticotropin-Ausschüttungshormon (CRF) 58 ff., 63, 90
Cortisol 58 ff., 63, 69, 77, 90, 374

Didaktik
– allgemeine 289
– bildungstheoretische 27, 32, 290 ff., 305
– curriculare 33, 297, 302, 327
– kommunikative 32, 296–303

- konstruktivistische 28, 33, 304–308, 319 f., 329, 332
- kritisch-konstruktive 27, 32, 290 ff., 296
- lerntheoretische 32, 292–295, 305
- lernzielorientierte 21, 298–303, 328 f., 331, 353

Dopamin 51, 56 f., 63 f., 69 f., 93, 157, 200 f., 215, 312, 369, 373 f.
Doppel- und Mehrfachbedeutung (Ambiguitäten) 249, 277
Dualismus, ontologischer 264
Dyskalkulie 198 f., 351

Ebene, kognitiv-sprachliche 53 f., 67
Einsichtslernen 102, 111
Einzelarbeit 40, 161, 208, 332, 336, 343, 350–356
Elektroenzephalographie (EEG) 131, 158, 194, 245
Emotionen 25, 28, 39, 46–55, 64, 67, 78–90, 98, 117, 121 f., 127–131, 134, 136, 139, 148, 151, 161, 179 f., 185, 187, 205–226, 285, 318 f., 364–369
Emotionsregulation 39
Empathie, -fähigkeit 39, 48, 52, 64–70, 202 f., 206, 236, 365 f.
Erinnern 23, 48 f., 52, 80, 107 f., 113–121, 128 f., 133–139, 347 ff., 354 ff., 359, 380
Erklären 261–266, 329
Eselsbrücken 116, 155, 317
Extraversion 43–47, 57, 70, 92, 101, 339

Faktengedächtnis 114, 116
Farb- und Kontrastwahrnehmung, -sehen 253
Feedback 328, 331, 339
Feinfühligkeit 37 f., 319, 331, 334, 336, 339, 342 f.
Fertigkeitsgedächtnis s. Gedächtnis, prozedurales
Fixation 255 ff.
Fleiß 32, 40, 96, 140, 176, 206, 227, 229, 231–237, 243, 341 f.
fMRT, fMRI, fNMR s. Kernspintomographie, funktionelle
Förderung, familiäre 36, 177, 187 f., 208, 227, 231 f., 236
Formatio reticularis 156 f.
Frontalunterricht 161, 323, 331 f., 343, 356

Ganztagsunterricht 351 ff., 356
Gedächtnis
- autobiographisches 114, 210
- deklaratives, explizites 66, 88, 113 f., 117, 120–123, 126, 128, 130–136, 148–152, 160, 214–217, 313, 370
- emotionales 62, 88 f., 117 f., 127–131
- episodisches 113–116, 134, 178, 210, 214, 216, 313
- prozedurales, implizites 113, 116 f., 121, 124, 127, 131, 134, 149, 370

Gedächtniskonsolidierung, Konsolidierungsphase 119 f., 130–133, 209, 215 f., 312, 330, 343

Gedächtnisverbesserung 347, 349, 378–381
Gefühl, Gefühle s. Emotionen
Gehirn, Bau und Funktion 358f., 361–376
Gehirngröße, -gewicht und Intelligenz 189f.
Geschlechtsunterschiede in der Intelligenz 177, 183ff., 327
Gesichtererkennung 65, 144, 222, 334
Gestik 51, 82, 217–220, 223, 334f.
Gewalt, gewalttätiges Verhalten 39, 46, 61, 64, 77, 83, 89f., 93, 208, 295, 337
Gewissenhaftigkeit 43–47, 70, 327, 339
Glaubwürdigkeit 223, 334, 336
Globus pallidus (Pallidum) 124, 126, 241, 369f.
Großhirnrinde s. Cortex
Grundmotive 92–96
Gruppenarbeit 40, 161, 208, 323, 326, 332, 336, 343, 350ff., 354, 356

Habituation 102ff., 111, 122, 141, 311
Hattie-Studie 325–328, 331, 336, 343, 348f.
Herausforderung 40, 161, 208, 314, 318, 339, 341
Herkunft, soziale 38, 169, 170, 174ff., 198, 230, 234ff., 285, 338, 340
Hermeneutik, hermeneutische Methode 20, 27, 263, 264ff., 302, 305

Hinterhauptslappen s. Cortex, okzipitaler
Hippocampus 59ff., 66, 88, 120–126, 129–132, 139, 157, 160, 215ff., 368ff.
Hirnanhangsdrüse s. Hypophyse
Hochbegabung, Hochbegabte 96, 162, 165, 175–185, 188, 229–237, 327, 349, 355
Hörorgan (Corti-Organ) 244–250
Hörschnecke 244, 246f.
Hörsystem, Hörverarbeitung 146, 159, 243f., 246, 277f., 359
Hypercortisolismus 60, 213
Hypophyse 58, 126, 367
Hypothalamus 50, 58–65, 93, 126, 150, 216, 367f.
Hypothalamus-Hypophysen-Nebennierenrinden-Achse (HHN) 58, s. auch Stressachse

Ich-Entwicklung 70–76
Imitation 66, 72, 102, 111f.
Impulsivität 43f., 57, 61, 63f., 69, 199f.
Impulskontrolle, -hemmung 39, 53, 63, 67ff., 76, 81, 200, 215, 339, 365
Informationsgehalt 270f.
Informationstheorie 24f., 262, 267f., 273
Informationsverarbeitung 24–27, 88f., 103, 146–149, 159f., 163f., 194, 262–272, 344f., 363f., 371ff.
Inselbegabung 165, 179f.

Intelligenz 40, 45, 49, 54, 67, 81, 97, 99, 112, 162–170, 175–195
- allgemeine 154, 163 f., 176, 180, 185, 192, 197 f., 206, 334, 346
- angeborene 165–172, 175 ff.
- bereichsspezifische 163 f.
- erworbene 165–168, 172, 174–177
- fluide 163, 192
- kristalline 163

Intelligenzen, multiple 163 f.
Intelligenz-Förderung, -Training, -Verbesserung 38, 177, 184–188, 227 f., 228 f., 231–237, 323, 326 f.
Intelligenzminderung 175, 196, 201
Intelligenzquotient (IQ) 164–168, 174–195, 227–232
Intelligenz, Verteilung der 163 ff., 173, 177 f.
Intimitätsmotiv 92
Ionenkanäle 374, 376

Kaugummi-Effekt 186
Kernspintomographie, funktionelle 159, 195, 223
Kernkompetenzen der Persönlichkeit 334–342
Kleinhirn s. Cerebellum (Kleinhirn)
Kniehöcker
- lateraler 88, 253 f.
- medialer 244, 246 f.

Kognitivismus 23, 25
Kommunikation, emotionale 201, 217–226, 364
Kompetenz
- fachliche 37, 225, 336
- sozial-emotionale 36, 39

Konditionierung
- emotionale 50 f., 67, 98, 117, 127 f., 217, 368
- klassische, Pawlowsche 22, 102, 105–108, 116, 272, 300, 311
- negative s. Vermeidungslernen
- operante, instrumentelle 22, 102, 108 ff., 300
- positive s. Belohnung

Konnektionismus 25 ff.
Konstruktivismus 27
- radikaler 28

Kontextgedächtnis 114
Kontextkonditionierung 105–108
Konzentration s. Aufmerksamkeit
Kriminalität 200
Kritikfähigkeit 336 f.
Kurzzeitgedächtnis 118–121, 152–157, 178, 210, 344 f.
Kybernetik 24–27, 299 f., 304

Langzeitgedächtnis 118–124, 132, 151, 344–349, 355
Langzeitpotenzierung (LTP) 123 f., 311
Legasthenie 196 ff., 337
Lehrerautorität s. Vertrauenswürdigkeit
Lehrerpersönlichkeit 333, 337
Lehrer-Schüler-Verhältnis 189, 328
Lehrerteam 292, 352
Lehrerzentriertheit 295, 320, 324 f., 331, 343, 349 f.
Lehr- und Lernerfolg 22, 32, 111 f., 140, 209, 227–237, 293 f., 298 f.,

Sachindex **405**

302 f., 312 ff., 318 ff., 323, 328 ff., 333, 336, 341 f., 349, 355
Lehr- und Lernforschung, empirische 17, 19, 288 f., 296, 310, 326, 348, 351
Leistungsmotiv 94 ff., 324 f.
Leistungsverweigerer s. auch Minderleistende
Lernbehinderung 201, 203, 205, 355
Lernen
- assoziatives, nichtassoziatives 102, 105, 116
- implizites s. Gedächtnis, prozedurales
- massiertes 328, 348
- programmiertes 275, 298–301
- prozedurales s. Gedächtnis, prozedurales
- rhythmisierendes 328, 348
- selbstorganisiertes 28, 275, 305, 313, 319, 321 f., 324, 325, 330, 333, 335, 343, 350
- überwachtes, unüberwachtes 274 f., 336, 351
Lesegeschwindigkeit 256 f.
Lesen 32, 197, 252–257, 320, 344 f., 351
Lesenlernen 257 ff.
Limbische Ebene
- mittlere 51 ff., 67–70
- obere 52 ff., 63, 67–70
- untere, unterste 49 f., 53, 67–70
Limbisches System 48 f., 70, 367–370

Macht, Machtmotiv 92 ff., 97 f., 301
Magnetresonanztomographie, funktionelle (fMRI) 158
Maßnahmen, kompensatorische s. Intelligenz-Förderung
Mechanismen, konsensuelle 284–287, 309
Mesolimbisches System 51, 53, 61–65, 86, 88–91, 121, 127 ff., 215 f., 367, 369
Metakognition 321, 323, 328
Methoden-Mix 332, 343, 349–356
Migrationshintergrund 38, 338
Mikroexpressionen 219–222
Mimik 51, 53, 65, 202, 217–223, 334 f., 364
Minderleistende 229
Motive, Motivation 91–101, 324, 338 f., 355, 366
- biogene 92
- extrinsische 96 ff., 233, 339
- intrinsische 96 ff., 233, 235 f., 339
- soziogene 92
Motivkongruenz, -inkongruenz 99 ff.
Mozart-Effekt 185 f.
Mutter-Kind-Beziehung 64 f., 77 f.
Namensgedächtnis 116, 137 f., 154 f., 251, 378 ff.
Neocortex, Isocortex s. Cortex
Nervenzelle, Bau und Funktion der 371–376
Netzhaut (Retina) 87, 143, 252–255
Neurobiologie, pädagogische 309–314

Neurodidaktik 28, 33, 318f., 328ff.
Neuromodulatoren, neuromodulatorische Systeme 56–66
Neuronale-Effizienz-Hypothese 194ff.
Neurone s. Nervenzellen
Neuropädagogik s. Neurodidaktik
Neurotizismus 43–47, 57, 68ff. 92, 101, 339
Noradrenalin 56, 58, 70, 132, 156f., 201, 370, 373f.
Nucleus accumbens 50f., 57, 62, 200, 312, 368f.

Offenheit 40, 43–47, 69f., 206, 339
Opioide, endogene 51, 59, 62, 65, 312, 369
Ortsgedächtnis 378
Oxytocin 62, 65, 69, 90, 93, 374

Pädagogik, kybernetische 23, 298, 299–303, 329
Pallidum s. Globus pallidus (Pallidum)
Parallelverarbeitung 26, 147, 149, 153, 252f.
Partnerarbeit 350, 354
Persönlichkeitsentwicklung 29, 35f., 71, 171, 231f., 237, 262
Persönlichkeitsmerkmale 31f., 42–45, 47, 49, 55, 57, 70, 92, 168, 173, 177, 206, 230–236, 333, 340
Pfad, dorsaler, ventraler 254f.
Pheromone 51, 368
Positronen-Emissions-Tomographie (PET) 192
Posttraumatische Belastungsstörung (PTBS) 60, 139, 213
Potenzial, ereigniskorreliertes (EKP) 245–249
Projektunterricht 322, 352–357
Psychische Traumatisierung s. Posttraumatische Belastungsstörung (PTSD)
Pygmalion-Effekt 188f.

Quellengedächtnis 114

Realitätssinn 54, 66f., 69, 76, 81, 100, 148, 206
Risikobewertung 52, 54, 66, 68f., 95, 206
Rosenthal-Effekt s. Pygmalion-Effekt
Rückzugssystem, Vermeidungssystem 85

Sakkaden 144, 255f.
Scheitellappen s. Cortex, posteriorer parietaler
Schichtzugehörigkeit s. Herkunft, soziale
Schläfenlappen s. Cortex, temporaler
Schlaf und Gedächtnis 130–133
Schule, demokratische 292, 302, 322
Schülerpersönlichkeit 303, 339
Sehgrube (Fovea) 143f., 252, 255f.
Selbstbestimmung 36, 96, 98, 100, 292
Selbsterkennen im Spiegel 73

Selbstmotivation 40, 229, 340
Selbstreguliertes Lernen (SRL) s. Lernen, selbstorganisiertes
Selbstvertrauen 37, 81, 206, 229
Selbstwertgefühl 40
Selbstwirksamkeit 68, 94–101
Sensationslust 46 f., 200
Sensitivierung 102 ff., 111, 116, 122, 311
Serotonin 56, 59–70, 90–93, 157, 312, 370–376
Soziale Gerüche s. Pheromone
Sozioökonomischer Status (SöS) 175 f., 198, 230, 232, 236, 327
Spiegelneurone 65
Sprachbedeutung, Konstruktion von 259
Sprachentwicklung 74 f., 197 f., 202 f.
Spracherwerb 198, 238
Sprache, syntaktische 54, 75, 205, 238 f., 242, 248 ff., 257
Sprachgedächtnis 250 ff., 258, 279
Sprachverstehen, Sprachverständnis 205, 238, 243, 245, 247–251, 365
Stationenlernen 322
Stirnlappen s. Cortex, präfrontaler
Stressachse 58, 60, 171, 213
Stress, chronischer 60, 213
Stressmanagement 37 f., 77, 206, 339
Stressreaktion 58 ff.
Stresstoleranz s. Stressmanagement

Striatum s. Corpus striatum (Striatum)
Studienstiftung des deutschen Volkes 179–184, 232–237
Substanz-P 62, 90
Synapse 123 f., 157, 215, 217, 317, 359, 371–377

Temperament 42, 46 f., 50, 67, 77, 81, 98 f., 206
Theorie kommunikativen Handelns 32, 296, 304, 329
Theory of Mind 39, 65, 73, 203

Überprüfen des Wissensstandes 347, 354, 356
Ultrakurzzeitgedächtnis 119 ff.
Unaufmerksamkeits-Blindheit 143 f.
Unbewusste, das 50, 52, 86 ff., 98, 100, 107, 127 f., 139, 147–152, 157, 214, 335, 367
Unglaubwürdigkeit s. Glaubwürdigkeit
Unterricht
– fachübergreifend 349, 351 ff., 356
Unterrichtsformen 19, 320, 342, 349
Unterricht, wahldifferenziert 321
Unterstützung, familiäre s. Förderung, familiäre

Ventrales tegmentales Areal (VTA) 50 f., 368 f.
Verdrängen 135, 139
Vergessen 133–139, 154, 381

Verhalten, antisoziales 64, 365
Verlängertes Mark 358
Vermeidungslernen (negative Konditionierung) 23, 110
Verstand 54 f.
Verstärkungslernen 23, 109 f., 298, 300
Verstehen 261–287
Verträglichkeit 43–46, 70, 339
Vertrauenswürdigkeit 114, 140, 217–226, 331, 334, 343, 364
Vertrautheitsgedächtnis 114 f., 133
Vier-Ebenen-Modell der Persönlichkeit 48–55
Visuelles System 252–255, 280 f., 359
Vorbewusste, das 147–153
Vorlesegeschwindigkeit 256

Wahrnehmung, bewusste, unbewusste 87 ff., 103 f., 149 f., 152, 222, 255
Wernicke-Aphasie 240
Wernicke-Sprachzentrum, -areal 239 f., 362, 364 f.
Wiederholung des Stoffes 119, 137, 345, 348 f., 355 f.
Wissensgedächtnis s. Faktengedächtnis
Wochenplanarbeit 321
Wortschatz 205, 249

Zahlengedächtnis 378 ff.
Zeitstruktur des Gedächtnisses 113, 118 ff.
Zielorientierung 340

Personenindex

Adolphs, R. 223
Ainsworth, M. 78f.
Amelang, M. 163
Asendorpf, J. 63, 92, 162ff. 167, 180
Atkinson, J. 94

Baddeley, A. 153
Bandura, A. 23, 94, 96, 100, 321
Bartussek, D. 163
Becker, N. 19, 288f., 301, 312, 314f., 330
Berger, M. 61, 64, 308
Born, J. 130ff.
Broadbent, D. 23, 146
Butterworth, B. 73

Caspi, A. 60, 62
Cattell, R. 163
Chomsky, N. 23
Cierpka, M. 340
Cloninger, C. R. 46
Cools, R. 61, 64
Costa, P. 43, 46, 57
Cube, F. von 23, 297, 299, 301ff.

Davidson, R. 85
Dayan, P. 61, 64
Dewey, J. 307f.
Dilthey, W. 27, 262, 265, 290
Du Bois-Reymond, E. 147

Ebbinghaus, H. 135f.
Ekman, P. 82ff., 219, 221
Eliot, L. 29, 70, 190, 246, 360
Eysenck, H. J. 43, 45, 57, 70

Frank, H. 23, 297, 299f.
Freudenthaler, H. H. 191
Freud, S. 53, 129, 150
Friederici, A. 245, 250, 316

Gadamer, H.-G. 263
Gardner, H. 163f., 192
Glasersfeld, E. von 27, 283, 304f., 308
Grabner, R. H. 195
Gray, J. A. 45, 57, 63, 70
Gudjons, H. 301

Habermas, J. 32, 286, 296, 298, 304, 306ff., 329
Haier, R. 193f.
Hattie, J. G. 11, 325–328
Heilmann, K. 232–235
Heimann, P. 27, 293f.
Hensler, J. G. 61
Herbart, J. F. 21
Herrmann, U. 318
Herrnstein, R. J. 184
Hillyard, S. A. 249
Hoppe, C. 195
Hull, C. 22

Hüther, G. 162, 310
Huys, Q. J. P. 61

Jacobson. L. F. 188
Jank, W. 27, 289, 291 f., 308, 343

Kandel, E. R. 123 f.
Klafki, W. 27, 32, 290–293
Kleist, H. von 242
Kolb, B. 156, 251
Kreiter, A. K. 158, 160

LeDoux, J. E. 87, 89, 127
Loftus, E. F. 214
Maturana, H. R. 27, 284, 286, 304
McCrae, R. R. 43, 46, 57
Meltzoff, A. N. 72, 112
Meyer, H. 20, 27, 289, 291 f., 308, 314, 332, 343, 350
Miller, G. A. 154
Milner, B. 120
Möller, C. 297, 302 f.
Murray, C. 184

Neisser, E. 23
Neubauer, A. C. 163, 177 f., 191, 194 f., 229 ff., 330

Öhman, A. 85 ff.

Pauen, M. 148, 264
Pauen, S. 29, 70 f.
Pawlow, I. 111, 272
Pearce, J. M. 102, 108, 110, 112
Piaget, J. 27, 75, 304

Picht, G. 17, 299
Popper, K. R. 263, 302

Reich, K. 306 ff., 329
Rizzolatti, G. 65
Rosenthal, R. 188
Rost, D. H. 15, 163 f., 176–181, 185 f., 188, 227 f.
Rothbarth, M. K. 77
Roth, H. 166

Schacter, D. L. 113, 211–214
Schäfer, K.-H. 297
Schaller, K. 297
Scheich, H. 310
Schultz, W. 63
Schulz, W. 293 ff.
Scoville, W. B. 120
Shannon, C. E. 24 f., 266, 268, 300
Skinner, B. F. 22 f., 108 f., 298–303
Spearman, C. 163
Spitzer, M. 310
Spitz, R. 77 f.
Squire, L. R. 113, 120
Stern, E. 20, 163, 177 f., 195, 229 ff., 310, 330
Strauß, B. 29, 64, 78, 80

Tenorth, H.-E. 19
Terhart, E. 18 ff., 33, 288, 312, 314, 325 f., 330
Tomasello, M. 72 f.
Treisman, A. M. 147
Trost, G. 15, 183
Tulving, E. 113

Varela, F. 27, 304
Vester, F. 315

Watson, J. B. 22
Weaver, W. 24 f., 266, 268, 300
Wiener, N. 24, 299 f.

Winkel, R. 297, 301
Wishaw, I. Q. 156, 251
Wundt, W. 24

Zuckerman, M. 46

Abbildungsverzeichnis

Abbildung 1: Die vier Ebenen der Persönlichkeit, S. 50
Abbildung 2: Schema der menschlichen Gedächtnisarten, S. 115
Abbildung 3: Neuronale Grundlagen der Langzeitpotenzierung (LTP), S. 124
Abbildung 4: Querschnitte durch das menschliche Gehirn, S. 126
Abbildung 5: Hörbahn des Menschen (Kind), S. 246
Abbildung 6: Schema des visuellen Systems der Primaten einschließlich des Menschen, S. 254
Abbildung 7: Norddeutsche Landschaft mit Kuh, die einen anblickt, S. 280
Abbildung 8a: Längsschnitt durch das menschliche Gehirn mit den sechs Haupthirnteilen (plus Rückenmark), S. 360
Abbildung 8b: Seitenansicht des menschlichen Gehirns, S. 361
Abbildung 9: Anatomisch-funktionelle Gliederung der Hirnrinde von der Seite aus (lateral) gesehen, S. 362
Abbildung 10: Anatomisch-funktionelle Gliederung der Hirnrinde von der Mittellinie aus (medial) gesehen, S. 363
Abbildung 11: Medienansicht des menschlichen Gehirns mit den wichtigsten limbischen Zentren, S. 368
Abbildung 12: Aufbau einer idealisierten Nervenzelle (Pyramidenzelle der Großhirnrinde), S. 372
Abbildung 13: Biochemisch-molekularbiologische Vorgänge an einer chemischen Synapse, S. 375

Gerhard Roth, promovierter Philosoph und Biologe, ist Professor für Verhaltensphysiologie und Entwicklungsneurobiologie am Institut für Hirnforschung der Universität Bremen. Er war langjähriger Direktor des Instituts, Gründungsrektor des Hanse-Wissenschaftskollegs in Delmenhorst sowie Präsident der Studienstiftung des deutschen Volkes.